Abu Dhabi

Ausflug nach Dubai

Gerhard Heck

Gratis-Download: Updates & aktuelle Extratipps des Autors

Unsere Autoren recherchieren auch nach Redaktionsschluss für Sie weiter. Auf unserer Homepage finden Sie Updates und persönliche Zusatztipps zu diesem Reiseführer.

Zum Ausdrucken und Mitnehmen oder als kostenloser Download für Smartphone, Tablet und E-Reader.
Besuchen Sie uns jetzt!
www.dumontreise.de/abu-dhabi

short.travel/stcdh

DUMONT
Reise-Taschenbuch

Unterwegs in Abu Dhabi

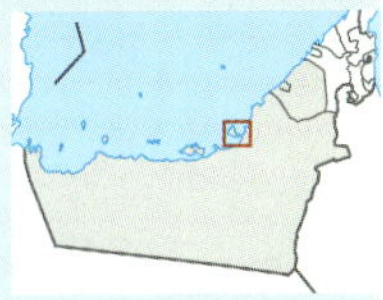

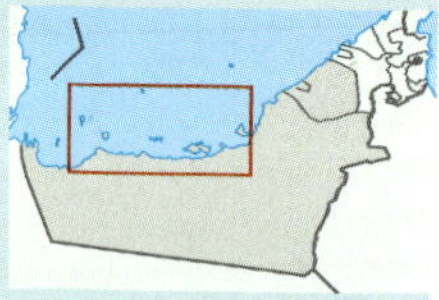

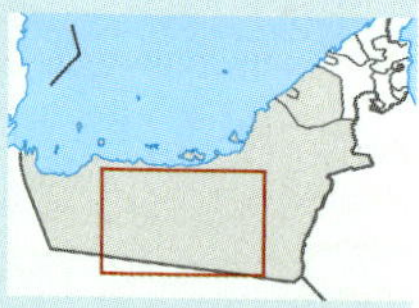

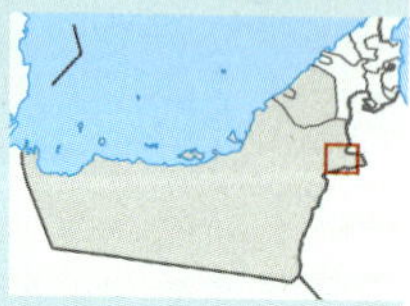

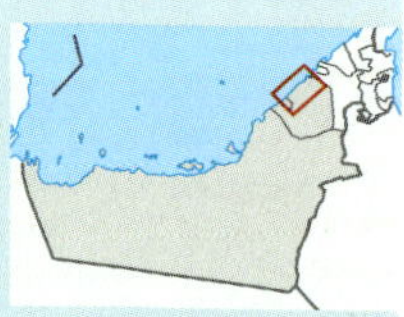

Auf Entdeckungstour

Karten und Pläne

s. hintere Umschlagklappe

▶ ■ ■ ■ ■ ■
Diese Symbole im Buch verweisen auf die Extra-Reisekarte Abu Dhabi

Liebe Leserin, lieber Leser,

Warum sollte man eigentlich Urlaub am Arabischen Golf machen? Nirgendwo sonst findet man im Umkreis von fünf Flugstunden eine ganzjährige (!) Sonnengarantie, Sandstrände, erschwinglichen Luxus und Shoppingmöglichkeiten ohne Grenzen. Ein Urlaub in Abu Dhabi steht dem im viel bekannteren Nachbaremirat Dubai in nichts nach. In Abu Dhabi herrscht sogar weniger Hektik, gibt es weniger Besucher, mehr Raum, mehr Gelassenheit. Außerdem besitzt das Emirat Abu Dhabi eine über 300 km lange Küste mit vielen vorgelagerten natürlichen Inseln, riesige Wüstengebiete mit bis zu 300 m hohen Dünen sowie die schönen und landesgeschichtlich bedeutenden Oasen Al Ain und Liwa.

Das Erdöl, die Quelle des heutigen Reichtums, wurde in Abu Dhabi erstmals in den 1960er-Jahren entdeckt, der Staat der Vereinigten Arabischen Emirate, zu denen Abu Dhabi gehört, erst 1971 gegründet. Binnen nur einer Generation wurden die Menschen am Golf aus einem einfachen kargen Leben als Beduinen in eine hochtechnologisierte Welt des finanziellen Überflusses katapultiert. Dass nichts mehr so ist, wie es vor vier Jahrzehnten noch war, dass die Emirate gerade deshalb an vielen ihrer Traditionen festhalten, macht eine Begegnung mit Dabi'in so spannend.

Mit meinem Reiseführer möchte ich Sie durch das Emirat Abu Dhabi begleiten und Ihnen dabei die Geschichte, die Kultur und den Alltag der Emirati näherbringen. Da das Ziel der meisten Besucher die Hauptstadt ist, die ebenfalls Abu Dhabi heißt, steht sie im Mittelpunkt meiner Empfehlungen. Ein Hauch von Luxus gehört meines Erachtens zu einem Abu Dhabi-Aufenthalt dazu. Gönnen Sie sich beispielsweise einen halben Tag Wellness im Anantara Spa des Emirates Palace oder im Chi-Spa des Shangri-La. Sollte während Ihres Aufenthalts eines der bedeutenden Sportereignisse stattfinden – das Formel-1-Rennen, ein Golfturnier oder ein Pferde- bzw. Kamelrennen –, wäre es unverzeihlich, nicht hinzugehen, zumal die Preise niedriger sind als zuhause.

Ich wünsche Ihnen für Ihren Aufenthalt im Emirat Abu Dhabi interessante Erlebnisse und Begegnungen und freue mich auf Ihre Rückmeldung.

Ihr

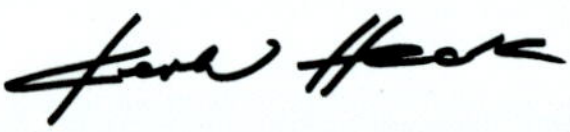

Welch ein Kontrast: eine Dhau vor der Skyline von Abu Dhabi Stadt

Leser fragen, Autoren antworten

Abu Dhabi persönlich – meine Tipps

Was ist ein gutes erstes Ziel in Abu Dhabi?

Bis zur Entdeckung des Erdöls (1967) war Abu Dhabi eine kleine unbekannte beduinische Siedlung an der arabischen Golfküste. Wer das heutige Abu Dhabi mit seinen Wolkenkratzern und neuen Luxushotels besucht, sollte deshalb zuerst das **Heritage Village** in Breakwater besuchen. Dort erfährt man viel über das Leben vor dem Ölreichtum und behält doch dank der Skyline der gegenüberliegenden Corniche die Gegenwart im Auge.

Nur wenig Zeit? Abu Dhabi zum ersten Kennenlernen

Die Hauptstadt Abu Dhabi, deren alter Kern auf einer Insel liegt, erkundet man nicht zu Fuß, sondern mit dem Auto. Die meisten Besucher steigen in einem Strandhotel an der **Corniche** ab, deshalb beginnt auch hier am besten eine Orientierungsfahrt mit dem Taxi oder dem Leihwagen. Von der Corniche fährt man entweder an der Südwestseite der Insel durch die Stadtviertel **Al Bateen** und **Al Mushrif** mit den schönen weitläufigen Palästen der Herrscherfamilie oder an ihrer Nordostseite entlang der **Al Salam Street** zuerst durch die innerstädtische Geschäftswelt und später entlang der

Abu Dhabi zum Kennenlernen

Besucherinnen in den Höfen der Sheikh-Zayed-Moschee

Ostküste. Beide Straßen führen zum **Khor Al Maqta'a**. Hier steht die neue imposante **Sheikh Zayed Grand Mosque.** Der Weg zurück ins Zentrum führt über die zentrale **Sheikh Rashid Bin Saeed Al Maktoum Street.** Am **Etihad Square** erreicht man wieder die Corniche, diesmal in ihrer Mitte. Man kann eine erste Erkundungsfahrt übrigens auch mit dem Big Bus, einem doppelstöckigen Bus, unternehmen.

Gibt es im Emirat sehenswerte Kunstmuseen?

Abu Dhabi besitzt keine großen Museen mit bedeutenden Gemälde- und Kunstsammlungen – das heißt: noch nicht! Auf dem stadtnahen **Saadiyat Island** werden 2017 der **Louvre Abu Dhabi** und 2018 das **Guggenheim Abu Dhabi** mit großen Sammlungen dieser beiden weltbekannten Museen eröffnet. Zugleich werden diese beiden neuen Museen Architekturikonen der Stadt sein. Im **Manarat Al Saadiyat** werden die Zukunftspläne Abu Dhabis, eingebunden in seine historische Entwicklung und sein Bemühen um hohe ökologische Standards vorgestellt. Die wertvollste und schönste Kunstsammlung im Emirat findet man derzeit in 20 großen Glasvitrinen im **Emirates Palace.** Hier präsentiert der palästinensische Sammler Fayez Barakat seine unermesslichen Schätze antiker Weltzivilisationen als permanente Verkaufsausstellung, bevor sie später wieder bei Sotheby's oder im Louvre Abu Dhabi landen. Wen die lokalen Kulturleistungen interessieren, sollte unbedingt das **Qasr Al Hosn** mit seiner *Oral History*-Dokumentation besuchen.

Abu Dhabi von oben – wo hat man die beste Aussicht?

Mein Tipp: das Observation Deck im **Jumeirah at Etihad Towers.** Dort kann man Abu Dhabi aus 300 m Höhe betrachten. Wer zusätzlich zum 360°-Panorama ein ausgiebiges Essen genießen möchte, sollte die Drehrestaurants **Tiara** an der Dubai Marina oder das **Al Fanar** an der Corniche aufsuchen.

Wer das Ungewöhnliche sucht – Sightseeing einmal anders

Wo sonst gibt es eine Klinik nur für Falken oder Kamele auf dem *catwalk*? Tatsächlich werden kranke oder verletzte Falken im Falcon Hospital von Abu Dhabi auf Krankenschein behandelt; Besucher können dabei zuschauen. Und einmal im Jahr konkurrieren Tausende von Kamelen von der gesamten Arabischen Halbinsel auf einem Volksfest in der Wüste um den Titel des weltweit schönsten Kamels.

Wie ist es um die politische Lage und die Sicherheit bestellt?

Abu Dhabi ist ein von beduinischen Traditionen geprägtes, politisch autoritär geführtes Scheichtum. Es herrscht große, von der einheimischen Bevölkerung getragene Akzeptanz dieses Herrschaftssytems und seiner Rechtssicherheit auf der Grundlage eines liberalen islamischen Rechtsverständnisses, das sich allerdings in manchen Bereichen von unserem Rechtssystem unterscheidet. Frauen verfügen über die gleichen öffentlichen Rechte wie Männer. Amnesty International formuliert keine Beanstandungen. Ausländische Besucher genießen die große öffentliche Sicherheit. Den Respekt vor dem Gastland sollten Reisende auch durch ihre Kleidung zum Ausdruck bringen.

In welcher Gegend wohnt man nett?

Meeresblick inklusive Strandlage bietet ein Hotel an der **Corniche,** an der östlichen Stadtküste oder auf **Saadiyat Island**. Wer aber unmittelbar vor seiner Tür ins pulsierende Leben eintauchen möchte, dem sei die **Innenstadt** empfohlen. Da alle Zimmer in allen Hotels klimatisiert sind, schläft man in allen Häusern gleichermaßen ›ruhig‹. Außerhalb der Hauptstadt findet man in den **Oasen Liwa und Al Ain** sowie auf der **Insel Sir Bani Yas** ebenfalls sehr schöne Hotels.

Welches Stadtviertel ist besonders spannend?

Von allen Straßen und Stadtvierteln besitzt die **Corniche,** die 6 km lange Uferstraße mit ihrer Promenade die meiste Atmosphäre. An ihrem Strand, vor ihren Cafés und Restaurants ist immer etwas los. Hier trifft man Badegäste, Jogger, Fahrradfahrer, flanierende Paare und vor allem die *expatriates* – die Gastarbeiter aus aller Welt. Besonders am Abend erfreut die Corniche die Spaziergänger und Sportler mit einer kühlen Brise.

Wohin am Abend als Abu Dhabi-Neuling?

Nightlife findet in Abu Dhabi ausschließlich in den Restaurants und Bars der Luxushotels statt. Sehr empfehlenswert sind z. B. **Ray's Bar** im 63. Stock des Hotels Jumeirah at Etihad Towers oder die **Pearl's Bar** im Shangri-La. Zum abendlichen Bummeln entlang des Meeres lädt die **Corniche** ein. Oder man besucht – um es den meisten Dhabi'in gleichzutun –

Im Einklang mit der Wüste: das Qasr Al Sarab Desert Resort in der Oase Liwa

abends eine Shopping Mall zum Flanieren, Einkaufen, Essen und Trinken oder zum Schlittschuhlaufen.

Gibt es typische Locations?

Die Shisha-Spots! Abu Dhabi hat beduinische Wurzeln. Erst mit den ausländischen Arbeitskräften und touristischen Besuchern entwickelt sich seit ca. zehn Jahren eine Nachfrage nach öffentlicher abendlicher Unterhaltung, die sich folgerichtig an westlichen Maßstäben orientiert, vereinzelt beeinflusst von libanesisch-orientalischen Traditionen (z. B. Bauchtanz). Typisch arabisch ist das gemeinsame Shisha-Rauchen der Männer. Allerdings rauchen heute auch Frauen und die *expatriates* gerne Shisha. Es ist natürlich Geschmackssache, aber als Besucher sollte man die arabischen Wasserpfeifen mit ihren Früchtetabaksorten einmal probieren. In jedem Hotel gibt es eine Garten-Lounge, in der man sich zu den rauchenden Emirati dazu gesellen kann.

Shishas für daheim

Welcher Stadtpark ist am schönsten?

Abu Dhabi verfügt über viele Grünflächen und Parks mit großen Liegewiesen unter Palmen. Sie dienen in erster Linie an Abenden oder am Wochenende *expatriates* aus den Entwicklungsländern als ›Wohnzimmer‹. Einige werden wegen ihrer Ausstattung mit Spielgeräten bevorzugt von einheimischen Familien mit Kindern an Nachmittagen oder an Feiertagen aufgesucht. Europäische Besucher, die sich in der mittäglichen Hitze auf einer Wiese ausruhen möchten, sollten wegen der ständigen Brise einen der Parks entlang der **Corniche** aufsuchen. In **Al Ain** empfehle ich die alte Oase mit ihren Palmenhainen hinter dem **Sheik Palace Museum.**

Wohin geht man für den Einkaufsbummel?

Shopping als Erlebnis findet in den großen **Shopping Malls** der Stadt statt, wobei die meisten größer sind als die in Europa; unter dem Dutzend dieser gigantischen Einkaufstempel ist die **Yas Mall** auf Yas Island die zzt. größte der Welt. Alle haben bis 23 Uhr, während der Id-Feiertage manchmal sogar bis morgens um 4 Uhr geöffnet. Alle weltbekannten Marken sind dort mit eigenen Filialen vertreten. Das Kontrastprogramm sind die **Souqs,** in denen Händler ein- und dieselbe Ware in Dutzenden von Ständen nebeneinander anbieten und Handeln zur ›gerechten‹ Preisfindung dazugehört.

Wer mehr möchte als shoppen

Das Emirat Abu Dhabi bietet spannende Erlebnisse auch jenseits seiner Hauptstadt, z. B. Ausflüge zu einer der vielen küstennahen Inseln, in eine der großen Oasen oder in die Wüste mit über 100 m hohen Dünen. Zudem liegt Dubai nur zwei Autostunden entfernt.

Das noble Emirates Palace sollte man unbedingt anschauen

Was tut sich in Abu Dhabi, was ist neu und spannend?

Vor allem die zeitgenössische Architektur sucht ihresgleichen. Die bedeutendsten Architekten der Welt haben im Emirat ihre Spuren hinterlassen, und jedes Jahr kommen neue, beeindruckende Gebäude dazu. Als *landmarks* drücken sie der Stadt ihren Stempel auf. Alleine auf Saadiyat Island werden Frank Gehry, Jean Nouvel und Zaha Mohammad Hadid mit ihren Museumsbauten neue Architekturikonen verwirklichen. Mitten in Abu Dhabi Stadt wurden gerade die Türme des Central Market von Sir Norman Foster fertiggestellt.

Und noch ein Trend: Motorsport auf Yas Island

Nicht nur, dass die **Formel-1-Rennstrecke** auf dem stadtnahen Yas Island durch den ersten Weltmeisterschaftssieg von Sebastian Vettel bekannt wurde, inzwischen können Besucher dort auch ihre Runden in geliehenen Sportwagen drehen. Und zu den neuen großen Attraktionen der Insel gehört die **Ferrari World,** ein gigantischer Freizeitpark des italienischen Autoherstellers – ein Erlebnis, nicht nur für Ferraristas!

Mein ganz persönlicher Tipp: Ein Besuch im Emirates Palace

Erbaut im Jahr 2004 als Gästehaus der Regierung für auswärtige Staatsbesucher, sind zwei Flügel des **Emirates Palace** zugleich ein Luxushotel unter deutschem Kempinski-Management. Das prächtige Bauwerk inmitten einer gigantischen Parkanlage beeindruckt durch seine Verbindung von orientalischem Luxus und moderner Infrastruktur. Außerdem stellt hier Fayez Barakat seine Kunstschätze antiker Weltzivilisationen aus.

NOCH FRAGEN?

Die können Sie gern per E-Mail stellen, wenn Sie die von Ihnen gesuchten Infos im Buch nicht finden:

heck@dumontreise.de

info@dumontreise.de

Auch über eine Lesermail von Ihnen nach der Reise mit Hinweisen, was Ihnen gefallen hat oder welche Korrekturen Sie anbringen möchten, würden wir uns freuen.

Dinieren vor einer Märchenkulisse – im Shangri-La, S. 145

Den Burj Khalifa bestaunen – den besten Blick bietet The Address in Dubai, S. 272

Lieblingsorte!

Sich ungestört den Schwimmfreuden hingeben – im Hilton Al Ain, S. 257

Frühstücken wie ein Kaiser – im Le Vendôme, S. 157

Gemütlich schmökern – in der Bibliothek des Anantara Hotel, S. 201

Erholung am Strand mit Großstadtflair – im Hiltonia Beach Club, S. 131

Die Reiseführer von DuMont werden von Autoren geschrieben, die ihr Buch ständig aktualisieren und daher immer wieder dieselben Orte besuchen. Irgendwann entdeckt dabei jede Autorin und jeder Autor seine ganz persönlichen Lieblingsorte. Im schnelllebigen Abu Dhabi kommen dabei binnen kurzer Zeit immer neue attraktive Orte und Plätze hinzu – Wohlfühlorte, an die man gerne zurückkehren möchte.

Wandern zwischen Palmen – in der Oase Al Ain, S. 240

Wüste erleben – im Qasr Al Sarab Desert Resort in der Oase Liwa, S. 218

Schnellüberblick

Die Inseln entlang der Westküste
Zum Emirat gehören mehr als zweihundert Inseln, darunter auch Sir Bani Yas mit seinem Arabian Wildlife Park. S. 176

Oase Liwa
In dieser Oase am nördlichen Rand der Rub Al Khali spürt man bereits intensiv den Zauber der Wüste. Hier erreichen Dünen bis zu 300 m Höhe. S. 202

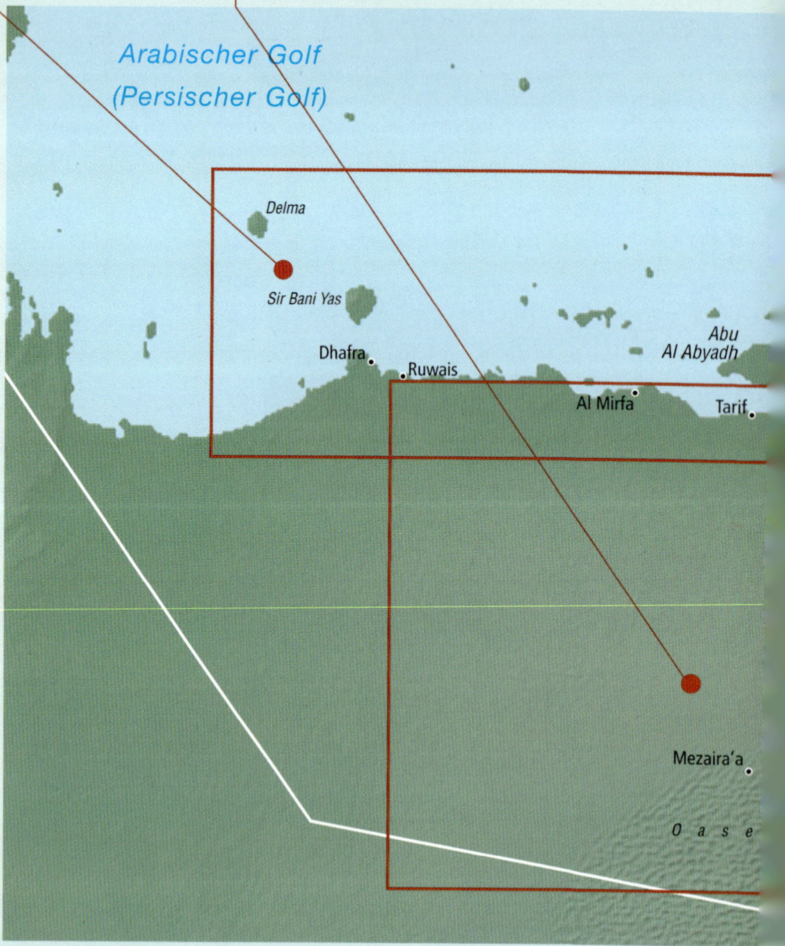

Abu Dhabi Stadt
Die Hauptstadt des gleichnamigen Emirats ist die neue pulsierende Metropole am Golf, eine Stadt voller harmonischer Gegensätze und großer Visionen. S. 102

Ausflug nach Dubai
Die rasante Entwicklung Dubais manifestiert sich in architektonischen Rekorden. Seit 2010 steht hier der höchste Wolkenkratzer der Welt. S. 258

Al Ain
Die grüne Oasenstadt am Fuße des Jebel Hafeet besitzt viele historische Festungen und den größten Kamelmarkt der Arabischen Halbinsel. S. 226

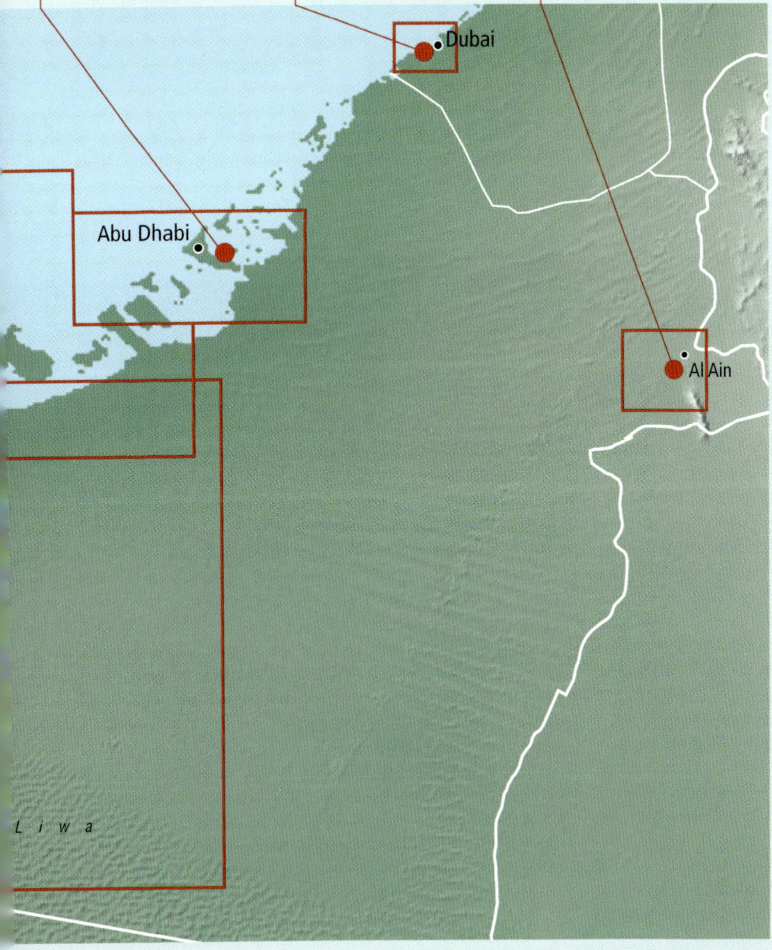

Reiseinfos, Adressen, Websites

Abu Dhabi hat noch mehr zu bieten als seine Hauptstadt – Al Jahili Fort in Al Ain

Informationsquellen

Infos im Internet

www.visitabudhabi.ae
Websites des Tourismusministeriums, auch auf Deutsch verfügbar. Hier findet man alle Infos zur Reiseplanung und -gestaltung, zu Unterkünften, Freizeitaktivitäten, Zoos, Parks, Rundfahrten, Reisewetter, Zeitzonen, Stromspannung und Kreditkarten. Sehr informativ und systematisch, stets aktualisiert.

www.adnh.com
Website der Abu Dhabi National Hotels Company, die über Hotels in Abu Dhabi informiert, aber auch weitere Informationen – z. B. über Taxi- und Limo-Service in Abu Dhabi, Touren und Rundreisen – bereitstellt.

www.abu-dhabi.diplo.de
Website der Botschaft der Bundesrepublik Deutschland mit touristischen Informationen sowie Tipps zum Leben und Arbeiten in den VAE.

www.abudhabi.ae
Das Internetportal der Regierung bietet viele ausführliche Informationen, geordnet nach Themen (z. B. Museen, Sehenswürdigkeiten, Aktivitäten, Events), die für Touristen interessant sind. In englischer Sprache.

www.ead.ae
Auf den Websites des Umweltministeriums findet man verlässliche Informationen zu den ambitionierten Umweltprojekten des Emirats.

www.timeoutabudhabi.com
Die Internetseiten des gleichnamigen Magazins informieren über »best restaurants, nightlife, films, things to do and places to see«. Aufgrund der täglichen Aktualisierung sind die Websites für Abu-Dhabi-Kenner eine wichtige Entscheidungshilfe, was man unternehmen könnte. Es ist möglich, über die Website direkt Tickets für Veranstaltungen zu buchen.

www.expatarrivals.com/abu-dhabi/keeping-in-touch
Blog von *expatriates,* die in Abu Dhabi leben und arbeiten. Die ›*expats*‹ – in der Regel hochqualifizierte Gastarbeiter aus den USA, Frankreich, Großbritannien und Asien – informieren über ihre Arbeit, aber auch ihr *daily life* in Abu Dhabi.

www.abudhabiwoman.com
Ein Blog von Frauen für Frauen, die in Abu Dhabi leben bzw. dort leben möchten. Nicht nur örtliche frauenspezifische Themen, sondern auch Beschreibungen von Cafés und Restaurants sowie ein verlässlich aktualisierter Veranstaltungskalender.

livingabudhabi.com/en
Alltagshinweise für ein Leben im Emirat aus der Feder einer Neuangekommenen, die ihre nützlichen Erfahrungen in vielen Lebensbereichen gerne mitteilt. Systematisch nach Begriffen geordnet. Wer will, kann auch mit Raffaella korrespondieren: raffaella@livingabudhabi.com.

www.yellowpages.ae/c/advs/abu-dhabi/internet-cafes.html
Damit man in Abu Dhabi jederzeit Zugang ins World Wide Web hat: Die »Yellow Pages« des örtlichen Telefonbuchs listen die vielen Internetcafés in Abu Dhabi (geordnet nach Stadtteilen und Adressen) auf.

Fremdenverkehrsämter

Die im Jahr 2012 durch organisatorische Zusammenlegung geschaffene Abu Dhabi Tourism and Culture Authority ist zusammen mit ihren weltweit zehn Niederlassungen die für alle Tourismusfragen zuständige Landesbehörde. Sie hat sich zum Ziel gesetzt, das kulturelle Erbe des Emirats in den Vordergrund zu rücken. In den letzten Jahren kamen jährlich etwa 2,5 Mio. ausländische Besucher ins Emirat, davon ca. 120 000 aus Deutschland, Österreich und der Schweiz.

Abu Dhabi Tourism and Culture Authority (TCA)
www.visitabudhabi.ae

... in Deutschland
(auch zuständig für Österreich und die Schweiz)
Goethestr. 27
60313 Frankfurt/Main
Tel. 069 29 92 53 920
Fax 069 299 25 39 11
germany@tcaabudhabi.ae
(sehr engagiert und hilfsbereit!)

... in Abu Dhabi
Tourism & Culture Headquarter:
Nation Tower, Building B
Corniche (direkt neben St. Regis)
Tel. 02 444 04 44

Fort al Maqta:
an der Al Maqta Bridge
Tel. 02 558 85 17
So–Do 8–14 Uhr
(Informationsmaterial und Stadtpläne)

... in Al Ain
Ali Bin Abi Taleb St.
Tel. 03 764 20 00
Fax 03 764 44 56

Lesetipps

Al-Fahim, Mohammed: From Rags to Riches. London 1995. Ein Zeitzeuge schildert anschaulich den Aufstieg des Emirats.
Behrens-Abouseif, Doris: Schönheit in der arabischen Kultur. München 1998. Besonders schöne Beispiele aus Kunst, Architektur und Literatur.
Codrai, Ronald: Abu Dhabi – An Arabian Album. Dubai 1972. Ein kommentierter Bildband mit historischen Aufnahmen.
Haarmann, Ullrich: Geschichte der Arabischen Welt. München 1994. Gut lesbare Geschichtsdarstellung des arabischen Kulturraums.
Heard-Bey, Frauke: Die Vereinigten Arabischen Emirate zwischen vorgestern und übermorgen. Hildesheim 2010. Eine deutsche Historikerin veröffentlichte die erste umfassende Geschichte der VAE.
Maitra, Jayanti und Afra Al-Hajii: Qasr Al Hosn. The History of the Rulers of Abu Dhabi 1793–1966. Dubai 2001. Politische Biografien der Herrscher der Al Nahyan.
Naudin, Jean-Bernod/Godard, Odile: Zu Gast bei Scheherazade – Kulinarische Genüsse aus 1001 Nacht. München 1994. Ein umfangreich bebildertes Kochbuch für arabische Gerichte.
Nowell, Christine/Crawley, Nick: Now & Then Abu Dhabi. Dubai 2001 (Bildband). Kommentiertes Kaleidoskop historischer und aktueller Fotos.
Thesiger, Wilfred: Arabian Sands. London 2005. Reisebericht von der abenteuerlichen Durchquerung der Rub Al Khali.
Tibi, Bassam: Die fundamentalistische Herausforderung. München 1993. Die politischen Positionen des Islam.
Williams, Jeremy: Don't they know it's Friday. Dubai 1998. Die häufigsten interkulturellen Missverständnissse am Golf.

Wetter und Reisezeit

Klima

In der Fachsprache der Meteorologen herrscht in Abu Dhabi subtropisch arides Klima, d. h. es ist das ganze Jahr über warm bis heiß und trocken. Von Mitte Oktober bis Mitte April ist es angenehm warm. Tagsüber herrschen bei meist blauem HimmelTemperaturen von 25–30 °C, nachts kann das Thermometer auf 14 °C sinken, von November bis Februar sogar auf 12 °C. Dies ist für Reisende die Hauptsaison der Arabischen Wüste.

Der Sommer ist dagegen sehr heiß. Ab April muss man tagsüber 35 °C aushalten, von Mai bis September 40 °C, im Juli/August sogar bis zu 50 °C. Nachts ist es von Mai bis Oktober zwischen 25 und 30 °C, im Juli und August auch noch 35 °C heiß. Im Allgemeinen lässt sich die Hitze wegen der Trockenheit aber ertragen. Allerdings kann schon ab Ende Mai die Luftfeuchtigkeit zunehmen.

Klimadaten Abu Dhabi Stadt

	J	F	M	A	M	J	J	A	S	O	N	D
Mittlere Tagestemperaturen in °C	24	25	28	33	38	39	40	40	39	35	30	26
Mittlere Nachttemperaturen in °C	14	14	17	21	25	27	29	29	27	23	19	16
Mittlere Wassertemperaturen in °C	22	21	23	25	27	30	31	32	32	30	27	25
Sonnenstunden/Tag	8	8	8	9	11	11	10	10	10	10	10	8
Regentage/Monat	1	2	3	1	0	0	0	0	0	0	1	1

Regen fällt selten und unregelmäßig, im Durchschnitt nur fünf Tage im Jahr. Von Juni bis September ist es aber etwas feuchter als in den anderen Monaten. In dieser Zeit wird ein Aufenthalt im Freien zwischen 11 und 16 Uhr für Besucher aus europäischen Breiten zum Tropenerlebnis. Wenn dann noch der *shamal*, ein Sandsturm aus dem Hinterland, hinzukommt und den Himmel eintrübt, wird das Klima unangenehm.

Abu Dhabi im Sommer

Trotz der hohen Sommertemperaturen ist Abu Dhabi inzwischen für europäische Reiseveranstalter eine Ganzjahresdestination. Die insgesamt hohen Hotelpreise sind von Mai bis September sowie während des Ramadan, der in den kommenden Jahren in die Sommermonate fällt, niedriger. Wer im Sommer die Hitze nicht verträgt, bewegt sich in klimatisierten Taxis zwischen den klimatisierten Hotels und den klimatisierten Shopping Malls. Das machen bereits viele Besucher aus Ländern der Arabischen Halbinsel, die dann die Luxus-Suites der Hotels einen Sommer lang buchen, statt ins kühlere Europa zu fahren.

Welche Kleidung?

Mit leichter Sommerkleidung liegt man das ganze Jahr über richtig. Unbedingt erforderlich ist eine sehr gute Sonnenbrille, ein Schutz für den Kopf (Hut, Baseballkappe oder Kopftuch) und eine Sonnenschutzcreme mit hohem Lichtschutzfaktor. Wer leicht friert, der sollte auf jeden Fall auch wärmere Kleidungsstücke für den Aufenthalt in klimatisierten Räumen mitnehmen! In den Wintermonaten sollte man in jedem Fall für abends eine Jacke oder einen Pulli einpacken.

Frauen

Zwar ist die Kleiderordnung in den Emiraten Abu Dhabi und Dubai verglichen mit der anderer Länder auf der Arabischen Halbinsel lockerer, dennoch sollten Frauen und junge Mädchen aus Respekt vor den kulturellen und religiösen Normen des Gastlandes keine Kleidung tragen, die Begehrlichkeiten auslösen und Empfindlichkeiten verletzen könnte.

Männer

Für Männer gilt: Lange Hosen sind immer ein Muss, bei Einladungen sollte man im Anzug erscheinen und auch im Sommer sollte man dann zu kurz- oder langärmeligen Hemden eine Krawatte tragen. Ein Jackett ist im Sommer nur bei ganz wichtigen Anlässen nötig.

Aktuelle Wetterinfos

Aktuelle Klimadaten und Wettervorhersagen bieten u. a. die folgenden Websites unter Eingabe des gewünschten Reiselandes:

www.wetteronline.de
www.wetter.com
www.wetter.net

www.weatherandtime.net
Nach Auswahl des Landes (VAE) und des Ortes (Abu Dhabi) erhält man eine Wetterprognose für die nächsten 24 Stunden.

Bootsfahrten entlang der Corniche kann man ganzjährig genießen

Anreise und Verkehr

Einreisebestimmungen

Die VAE erleichtern die Einreise für Flugpassagiere aus Deutschland, Österreich und der Schweiz. Diese erhalten ihr Visum kostenlos in Form eines **Visit Visa** an der Passkontrolle bei der Ankunft auf den Flughäfen. Es berechtigt zu einem Aufenthalt von bis zu 30 Tagen und innerhalb der Frist auch zur Wiedereinreise nach Ausflügen z. B. in den Oman oder nach Qatar. Eine Verlängerung um einen weiteren Monat ist bei den *Immigration Offices* vor Ort möglich (500 Dh Gebühr).

Informationen über die aktuellen Vorschriften zur Einreise (insbesondere die von Kindern) erteilt die Botschaft der VAE (s. S. 42).

Deutsche, die mehrmals im Jahr Abu Dhabi besuchen möchten, können bei der Botschaft ein **Multiple Entry Visa** für ein oder zwei Jahre beantragen (1500 Dh). Sie benötigen keinen Sponsor, dürfen sich aber nie länger als drei Monate am Stück in den VAE aufhalten.

In allen Fällen muss der **Reisepass** des Besuchers noch mindestens sechs Monate gültig sein; dies prüfen auch die Fluggesellschaften vor dem Einchecken im Heimatland.

Zoll

Einreise: Zollfrei sind 400 Zigaretten, 2 kg Tabak und insgesamt 4 l Alkohol (nur von Nichtmuslimen!), Geschenke bis zu einem Wert von 800 US-$.

Ausfuhr: Bei der Rückkehr in das Heimatland sind die Einfuhrbestimmungen der EU bzw. der Schweiz zu beachten. So dürfen nur 50 Zigarren oder 200 Zigaretten oder 250 g Tabak, 1 l Spirituosen und 4 l Wein sowie Waren im Wert von 400 € zollfrei in die EU (Schweiz 300 CHF) eingeführt werden. Bei exotischen ›Souvenirs‹ sollte man vorsichtshalber nachfragen (www.auswaertigesamt.de).

Anreise und Ankunft

... mit dem Schiff

Abu Dhabi wird von Europa aus nur von Kreuzfahrtschiffen angesteuert. Die **Frachtschiff-Touristik Kapitän Zylmann GmbH** macht die Seereise jedoch ab Hamburg mit dem Frachtschiff möglich (Mühlenstr. 2, 24376 Kappeln, Tel. 04642 965 50, www.zylmann.de).

... mit dem Flugzeug

Abu Dhabi ist ca. 5000 km Luftlinie von Deutschland entfernt, die Flugzeit beträgt von Frankfurt/Main ca. 6 Std. 30 Min. **Abu Dhabi International Airport** (AUH, www.abudhabiairport.ae) liegt 32 km außerhalb der Stadt in östlicher Richtung auf dem Festland. Er wurde mehrfach für seine Sicherheit ausgezeichnet.

Für einen direkten Hin- und Rückflug zahlt man zwischen 500 und 700 € in der Economy Class. Die komfortabelsten Verbindungen mit den höchsten Standards bietet Etihad Airways.

Etihad Airways: Etihad Head Office, Call Center in der VAE Tel. 08 00 22 77 (kostenlos), in Deutschland Tel. 030 959 99 05, www.etihadairways.com. Die staatliche Fluggesellschaft fliegt 2-mal tgl. ab Frankfurt, ab München und ab Düsseldorf nonstop nach Abu Dhabi. Aus der Schweiz fliegt Etihad 3-mal die Woche von Genf direkt nach Abu Dhabi. Etihad Airways besitzt weltweit die jüngste Flugzeug-Flotte. Die Sitzabstände sind auch in der Co-

ral Economy Class großzügig bemessen, der Service herausragend, jeder Sitzplatz verfügt über einen eigenen 26er-Bildschirm und eine riesige Auswahl an Filmen. Wer den Nachtflug wählt, kann als Business- oder First Class Passagier in der Etihad Lounge in der Fine Dining Area ein Menu à la carte zu sich nehmen und dann direkt im Flugzeug ›zu Bett gehen‹. Wer mit Etihad einen Flug nach Dubai (via Abu Dhabi) bucht, wird vom Flughafen Abu Dhabi kostenlos per Bus (Economy Class) oder Limousine (Business und First Class) nach Dubai oder Al Ain gebracht.
Emirates Airlines: www.emirates.com, über 60-mal pro Woche von Deutschland nach Dubai, von dort kostenlos weiter per Bus oder Taxi nach Abu Dhabi.

Vom Flughafen zum Hotel: Noch bevor Sie die Passkontrolle erreichen, können Sie sich im großen Duty-free-Shop mit ein paar Dingen eindecken. Das ist hier – im Gegensatz zur Ankunft in Ländern der EU – erlaubt, und Sie gewinnen eine erste Vorstellung vom Preisniveau in Abu Dhabi.

Wenn Sie mit einem Reiseveranstalter reisen, organisiert dieser den Transfer zum Hotel. Haben Sie Anreise und das Hotel direkt gebucht, gehört das – nicht immer kostenlose – Abholen vom Flughafen bereits zum Service des Hotels. Am Ausgang des Flughafens erwartet Sie zu diesem Zweck eine Person, die eine Tafel mit Ihrem Namen hochhält und Sie zum Wagen geleitet.

Wer nicht abgeholt wird, findet vor dem Flughafengebäude genügend Taxis. Die Fahrt zu einem der Hotels an der Corniche kostet ca. 90 Dh. Oder man nimmt den Bus (Linie A 1), der vom großen Parkhaus gegenüber der Ankunftshalle stündlich zwischen 6 und 24 Uhr in die Innenstadt zum Tourist Club City Air Terminal (gegenüber Abu Dhabi Mall) fährt.

Wer einen Leihwagen reserviert hat bzw. sich in Abu Dhabi für einen Leihwagen entscheidet, findet im Parterre des Parkhauses auch alle internationalen Rent-a-car-Anbieter.

Öffentliche Verkehrsmittel

Busse in Abu Dhabi Stadt

Zentraler Busbahnhof: ▶ Karte 3, F 5, Al Wahda. Weitere Informationen erteilt das Department of Transport, Tel. 0800 555 55, www.dot.abudhabi.ae/en; hier auch Fahr-und Linienpläne.
Innerstädtische Busse: Das öffentliche Busnetz Abu Dhabis wird durch moderne klimatisierte Busse bedient. Die meisten Linien starten am zentralen Busbahnhof, verkehren zwischen 5 und 24 Uhr im 15-Min.-Takt und kosten pro Linie 2 Dh. Fahrkarten kauft man bar beim Fahrer, eine Tageskarte kostet 8 Dh. Personen über 60 Jahre und behinderte Fahrgäste fahren kostenlos. Wer in Abu Dhabi City öfter Bus fahren wird, kann den Ojra-Wochenpass für 30 Dh erwerben; Infos: www.dot.abudhabi.ae/en.
Wichtige Buslinien für Touristen: Linie 7: von Breakwater (Al Marina) entlang der Corniche nach Reem Island; Linie 32: von Breakwater (Al Marina) durch die Stadt bis Al Maqta'á; Linie 8: von Al Bateen (Central Bank) bis Al Mina (Fish Market).
Überlandbusse: Busse in alle Orte des Landes ab Central Busstation Al Wahda (s. o.). Nach **Al Ain** tgl. 4.30, 9.30, bis 22 Uhr (insgesamt 8 x), 15 Dh; nach **Liwa** tgl. 5.10–19.10 Uhr alle 2 Std. (insgesamt 8 x), 10 Dh; nach **Jebel Dhanna** 7.45, 9.15, 13.15 und 17.45 Uhr, 12 Dh.
Ins Nachbaremirat Dubai: Linie E100, Tel. 0800 90 90, www.rta.ae, tgl. 5–23 Uhr alle 20 Min., 25 Dh.

Taxis

Taxis sind in allen Orten des Emirats das verbreitetste Transportmittel. In Abu Dhabi Stadt sind ca. 8000 Taxis zugelassen. Die silbergrauen, fünfsitzigen Mittelklasselimousinen haben alle ein Taxameter, man zahlt 1,5 Dh/km (zzgl. Grundgebühr 3,50 Dh bzw. 4 Dh von 22 bis 6 Uhr). Taxis winkt man am Straßenrand herbei. Bestellt man sie telefonisch (Tel. 600 53 53 53), erhöht sich die Grundgebühr (8 Dh). Die Mehrzahl der Taxifahrer spricht nur wenig Englisch und kennt nur wenige Straßennamen. Deshalb sollten Sie bei weniger bekannten Zielen eine *landmark* in der Nähe des Fahrziels nennen können (s. S. 104).

Taxistände befinden sich vor den Hotels und Malls. Darüber hinaus stehen vor den großen Hotels **Limousinen-Taxis** (BMW- bzw. Mercedes-Limousinen). Ihre Grundgebühr beträgt 15 Dh (nach 22 Uhr 20 Dh) und 2 Dh/km.

Selbst am Steuer

Alle Teile von Abu Dhabi Stadt sind schnell mit dem Auto zu erreichen, alle Verbindungsstraßen zu anderen Orten im Emirat befinden sich in ausgezeichnetem Zustand. Nach Dubai, Al Ain, Sharjah oder zu den Emiraten im Nordosten führen vierspurige Highways, die Straße nach Al Ain ist sogar durchgängig beleuchtet.

Verkehrsregeln

In den VAE herrscht Rechtsverkehr. Die zulässige Höchstgeschwindigkeit beträgt innerhalb der Stadt 50 km/h, auf Landstraßen und Autobahnen 100 km/h (Radarkontrollen!). Die Benutzung eines Handys während des Fahrens ist nur mit Freisprechanlage gestattet. Benzin kostet etwa 1,20 Dh/l (ca. 25 ct).

Die Polizei ahndet Übertretungen von Verkehrsregeln mit strengen Strafen: z. B. Überfahren einer roten Ampel

Ein Wüstentrip gehört zu einem Urlaub in Abu Dhabi einfach dazu

800 Dh, Geschwindigkeitsübertretung ab 200 Dh; abgebucht wird automatisch über das Leihwagenunternehmen, das den Betrag von Ihnen einzieht. Unbedingt zu beachten: Bei einem Verkehrsunfall müssen die Beteiligten in jedem Fall (!) die Polizei rufen und am Unfallort auf deren Eintreffen warten (Tel. 999).

Parken

Die Parkuhren entlang der Straßen und Plätze nennen zulässige Parkzeiten; die maximale Parkdauer beträgt 4 Stunden (bei 3 Dh/Std.). In bestimmten ausgewiesenen Bereichen kann man bis zu 24 Stunden parken (dann 2 Dh/Std.). Die Strafen bei Zuwiderhandlung liegen sehr hoch (ab 200 Dh, www.mawaqif.ae). In Al Ain bereitet das Parken keine Probleme.

Leihwagen

Ein Leihwagen bietet ein großes Maß an Unabhängigkeit im Innenstadtbereich und im gesamten Emirat. Alle großen internationalen Leihwagenfirmen unterhalten Niederlassungen am Flughafen. Um auf der sicheren Seite zu sein, empfiehlt es sich, den Leihwagen schon von Europa über einen Anbieter mit allen Zusatzwünschen zu reservieren. Dies erspart vor Ort eine Menge Diskussionen. Preiswert und zuverlässig ist z. B. Auto Europe Deutschland, Landsberger Str. 155, 80687 München, Tel. 089 244 47 35 00, Reservierung: Tel. 800 5600 333, www.autoeurope.de. Das Unternehmen arbeitet in Dubai mit dem jeweils preiswertesten unter den zuverlässigen Verleihern zusammen.

Man benötigt als Besucher in Abu Dhabi offiziell einen internationalen Führerschein; bei Bürgern aus D, A und CH genügt auch der nationale. Der Fahrer muss mindestens 21 Jahre alt sein. Ein Leihwagen kostet zwischen 150 Dh und 450 Dh/Tag, mit Vierradantrieb ab 600 Dh.

Die nachstehenden Anbieter unterhalten Filialen im Parkhaus gegenüber dem Flughafen:

Al Ghazal: Downtown Office, Al Nasr St., Tel. 634 22 00, www.adnh.com; Flughafen, Tel. 575 75 87; Al Ain, Tel. 03 751 65 65. Der Service des Unternehmens ist hervorragend. Sollte ein Leihwagen unterwegs Mängel aufweisen, wird sofort ein neuer Wagen gebracht (sogar ins 200 km entfernte Dubai).

Budget: Muroor Rd., Tel. 443 84 26; Flughafen, Tel. 599 89 66, www.budget-uae.com.

Europcar: Khalifa St., Tel. 626 14 41, www.europcar-uae.com; Beach Rotana Abu Dhabi, Tel. 697 91 30; Flughafen, Tel. 599 89 59; Al Ain, 03 721 01 80.

Dollar Rent a Car: c/o Zabeel Rent a Car, Tel. 336 50 65; Flughafen Tel. 599 89 49, www.dollaruae.com.

FAST: Corniche Rd. (NBADBankBuilding), Tel. 632 40 00; Flughafen, Tel. 575 71 37, www.fastuae.com, 24-Std.-Service.

Motorräder

Die Straßen sind breit und der Himmel immer wolkenfrei, wer einen Motorradführerschein besitzt, sollte es unbedingt versuchen. Leihfirmen sind z. B.:

Al Ghazal: Adresse s. o.

Harley Davidson: Mussafah 4, St. 10, Tel. 554 06 67; www.harley-davidson-abu-dhabi.com, ab 400 Dh/Tag.

Rundfahrten und geführte Touren

Big Bus

The Big Bus Company lädt ein zu Stadtrundfahrten in einem doppelstöckigen Bus mit Gelegenheit zum

Hop-on/Hop-off an allen größeren Sehenswürdigkeiten (tgl. 9–17 Uhr, Reservierung Tel. 449 00 26, Streckenplan in jedem Hotel, Preis: 24 Std 220 Dh, Kinder 100 Dh, Familien (2 Erw. und 2 Kinder) 540 Dh; 48 Std: 260 Dh, Kinder 130 Dh, Familien 650 Dh, www.bigbustours.com).

Abu Dhabi aus der Luft

Einen unvergesslichen Eindruck von der Stadt in ihrer ganzen Ausdehnung vermittelt ein Rundflug über die Stadt.

... mit einem Wasserflugzeug: Seawings, 8-sitzige Cessna 208 Caravan vom Emirates Palace über Saadiyat Island nach Yas Island und Ferrari World zur Marina des Yas Hotels bzw. umgekehrt. Fotografieren erwünscht, Dauer: 30 Min, Preis: 995 Dh, Kinder 845 Dh; Tel. 564 63 03, www.seawings.ae.

... mit einem Hubschrauber: Falcon Aviation, Tel. 444 00 07, Abflug ab Giant Flag Pool oder Marina Mall, max. 6 Pers., 30 Min. 230 US $, www.falconaviation.ae).

Stadtrundfahrten und Ausflüge mit dem Tour Operator

Die folgenden Touren gehören zum Standardprogramm der Reiseveranstalter vor Ort.

Abu-Dhabi-Stadtrundfahrt: Zu jedem Angebot gehören eine Fahrt entlang der Corniche, Besuche auf einem Markt, im Heritage Village, in der Sheikh Zayed Moschee und im Qasr Al Hosn (halber Tag, ab 200 Dh).

Dhau-Fahrt: Entlang der Golfküste zwischen Corniche und Lulu Island, inklusive Abendessen an Bord (tgl. 18–22.30 Uhr, ab 400 Dh).

Touren in die Wüste: Meist führen sie in die Region Al Khatim, auf dem Programm Beduinenbegegnung, Kamelausritt, Henna-Bemalungsprogramm und Abendessen (halber Tag, 14.30–22 Uhr, ab 400 Dh).

Dubai: Tagesausflug mit Besuch des Goldsouqs und des Al-Fahidi-Forts.

Sharjah: Islamisches Museum und Al Markazi Souq (8–18 Uhr, ab 450 Dh).

Al Ain: Besuch des Kamelmarkts, des Al Ain National Museum und Al Ain Palace Museum, Fahrt auf den Jebel Hafeet (8–18 Uhr, ab 250 Dh).

Hatta: Besuch der Enklave im Nachbaremirat Dubai einschließlich eines Mittagessens im beeindruckenden Hotel Hatta Fort (8–18 Uhr, ab 400 Dh).

Tour Operator

So abenteuerlich es auch sein kann, auf eigene Faust loszuziehen, so bequem ist es, sich bei einer Stadtrundfahrt oder einer Wüstensafari einem erfahrenen Veranstalter *(tour operator)* anzuvertrauen. Hier eine Auswahl:

Ask Ali: Embrace Arabia VIP Tours, Tel. 641 99 14 oder 050 114 66 75, www.ask-ali.com. Wer einen Dhabi'in als sachkundigen Führer engagieren und zugleich auch sehr viel über das Emirat erfahren möchte, sollte sich an Ali al Saloom wenden. Ali schreibt auch landeskundliche Kolumnen in der Zeitung ›The National‹.

Net Tours & Travel: Khalifa Road (gegenüber dem Sheraton Resort & Towers), Tel. 679 46 56, www.nettoursvae.ae. Sehr professioneller Anbieter, vernetzt in allen Emiraten.

Orient Tours: Tel. 667 56 09, www.orient-tours-uae.com; in Deutschland: Barbara Berve, Osserstr. 40, 81679 München, Tel. 089 322 74 88, www.berve.com. Der Veranstalter wurde mit dem Global Travel Award für seine touristische Pionierarbeit ausgezeichnet. Eine umfangreiche Liste örtlicher Tour Operator finden Sie unter www.vistabudhabi.ae.

Übernachten

Im Vergleich zum Nachbaremirat Dubai verfügt das größere Abu Dhabi über weit weniger Hotels, und diese konzentrieren sich in der Hauptstadt. Dort gibt es etwa drei Dutzend Hotels der 4- und 5-Sterne-Kategorie, in Al Ain nicht mal ein Dutzend und in Liwa nicht einmal ein halbes. Unter den Desert Islands ist bisher nur Sir Bani Yas auf gehobenen Übernachtungstourismus vorbereitet.

Luxushotels

Abu Dhabi Stadt ist bereits jetzt eine Hochburg der Luxushotels. Und dennoch befinden sich weitere Hotelprojekte in der *pipeline*, wie die örtlichen Tourismusplaner es formulieren.

Es gibt in Abu Dhabi drei traditionsreiche Luxushotels – das **Hilton,** das **InterContinental** und das **Sheraton** –, die die rasante Entwicklung des Emirats in den letzten 30 Jahren miterlebt haben und in denen auch Geschichte geschrieben wurde. Alle drei liegen an der Corniche, gehören zu internationalen Hotelketten, wurden im Laufe der Jahre mehrfach renoviert, umgebaut, erweitert – und ohne Veränderung des äußeren Erscheinungsbildes; sie sind heute stadtbekannte »landmarks« in Abu Dhabi City.

An der Spitze der Luxushotels im Emirat Abu Dhabi steht heute das 2005 eröffnete **Kempinski Emirates Palace.** Jeder Abu-Dhabi-Besucher sollte diesen Märchenpalast einmal kennenlernen. Genau gegenüber hat 2011 das nicht minder attraktive **Jumeirah at Etihad Towers** eröffnet.

Unter den Luxushotels sind jene am Strand von Abu Dhabi Stadt und auf den angrenzenden Inseln Saadiyat und Yas unter Europäern und Familien mit Kindern besonders beliebt.

Mittelklasse

Hotels im Deluxe- und Mittelklasse-Bereich sind in erster Linie als Stadthotels für Geschäftsleute konzipiert; sie liegen alle im Stadtgebiet von Abu Dhabi Stadt oder Al Ain. Einzig **The Traders** in Abu Dhabi Stadt hat einen Strand.

Einfache Hotels

In den billigen, sehr einfach ausgestatteten Hotels trifft man hauptsächlich Besucher aus Indien und Pakistan, die ihre in Abu Dhabi arbeitenden Verwandten besuchen. Diese Unterkünfte entsprechen keineswegs europäischen Vorstellungen von einem

Mein Tipp

Hotel-Hopping
Zwar wohnt man ja bereits in einem schönen Hotel, aber man will doch auch noch ein paar andere sehen, zumal diese, nur eine kurze Taxifahrt entfernt, entlang der Corniche, auf Yas und Saadiyat Island oder am Khor Al Maqtaa liegen. Allein das Vorfahren und Betreten der Eingangshalle lässt erste Vergleiche mit dem eigenen Hotel zu. Vielleicht steigt man ja beim nächsten Urlaub in Abu Dhabi dort ab. Wenn man nicht bereits im **Emirates Palace** wohnt, sollte man sich dort unbedingt einen Kaffee im Le Café gönnen (s. S. 155).

Mein Tipp

Wohnen und Einkaufen unter einem Dach

Wer sich ganz auf's Einkaufen konzentrieren und lange Wege vermeiden möchte, kann direkt in einer Shopping Mall wohnen bzw. findet unmittelbar neben einer Mall das passende Hotel. Die Kombination ist bei arabischen Familien durchaus beliebt. Herausragend ist z. B. das **Beach Rotana Abu Dhabi.** Es gehört zu den Leading Hotels of the World und besitzt einen eigenen Übergang zur großen **Abu Dhabi Mall.**

Urlaub am Golf und sind nicht zu empfehlen. Leider verfügt Abu Dhabi noch über keine Jugendherberge.

Apartments

Eine Alternative zum Hotel ist die Anmietung eines Apartments. Sie sind preisgünstiger z. B. für Familien mit mehreren Kindern oder für befreundete Paare. Inzwischen gibt es sie in allen Stadtteilen in unterschiedlichen Preiskategorien (s. S. 148).

Standortwahl

Eine große Zahl der Hotels von Abu Dhabi Stadt liegt an oder im nahen Einzugsbereich der Corniche. Andere, insbesondere neuere, haben am Khor Al Maqta'a, auf Yas Island und am Raha Beach eröffnet. Ihr Vorteil ist es, dass sie in der Nähe des Flughafens, aber weit vom Zentrum entfernt liegen. Beide Standorte sind ca. 30 km voneinander entfernt. Wegen des rasant gestiegenen Verkehrsaufkommens und der damit verbundenen Verkehrsstaus sollte man je nach Standort immer entsprechende Anreisezeiten zu Sehenswürdigkeiten etc. einplanen.

Buchung und Preise

Inzwischen bewegen sich die Hotelpreise in Abu Dhabi auf dem Niveau großer Weltstädte. Preisgünstiger sind sie nur im Sommer (Mai–Sept.) und während des Ramadan, weil dann muslimische Gäste zu Hause bleiben. Am schwierigsten ist es, während großer Events ein Zimmer zu finden.

Beim Vergleich eines konkreten Übernachtungspreises in einem Hotel ist zwischen drei Hotelpreisen zu unterscheiden: Der Preis, der in den Zimmern ausgewiesen ist und an den Rezeptionen bei spontaner Buchung genannt wird, heißt *rack rate*. Es ist der höchste, nicht reduzierte Preis. Dann gibt es einen Preis für Reisebüros, Reiseveranstalter und Unternehmen, die *corporate rate*, die bis zu 50 % unter der *rack rate* liegen kann. Wer sein Hotel über ein Reisebüro zuhause bucht, bucht also meist billiger als direkt in Abu Dhabi, weil das Reisebüro einen Teil seines Anteils an den Kunden weitergibt. Und es gibt Last-Minute- und Internet-Angebote, bei denen man auf noch günstigere Preise stoßen kann.

Immer werden zu den Preisen (mind.) 10 % Bedienung und 6 % *tourism fee* addiert. Einzelzimmer sind geringfügig billiger als Doppelzimmer.

Infos und Buchung im Internet:

www.emirates-hotelguide.com: örtliche Buchungsagentur, gute Gesamtübersicht für erste Auswahl.

www.ewtc.de: Reiseveranstalter für die Emirate mit günstigen Pauschalangeboten.

Essen und Trinken

An einem Ort, an dem Menschen aus über 100 Ländern der Welt zusammenkommen, um dort über längere Zeiträume zu leben und zu arbeiten, etabliert sich immer sehr schnell eine internationale Gastronomie. In Abu Dhabi Stadt erreicht sie höchstes Niveau, weil sich hier bereits seit Jahren Geschäftsreisende aus aller Welt die Klinke in die Hand geben und die Dhabi'in gerne zum Essen ausgehen.

Restaurantbesuche sind in Abu Dhabi Teil des Unterhaltungsprogramms, d. h. zum Essen auszugehen bedeutet mehr, als nur eine Mahlzeit zu sich zu nehmen. In den Restaurants erfährt man die ganze Gastlichkeit, die das Emirat zu bieten vermag, auf besonders angenehme Weise, und die Qualität der Küche lässt nichts zu wünschen übrig.

Zu Abu Dhabi gehört auch, dass ein Restaurantbesuch zu einem besonderen Erlebnis wird: Sei es wegen der schönen Aussicht (z. B. auf dem Dachrestaurant hoch über der Stadt), oder wegen des ausgefallenen Ambientes (zum Beispiel in einem Terrassenrestaurant am Strand oder auf einer zu einem Restaurantschiff umgebauten Dhau).

Die Vielfalt der arabischen Küche

Selbstverständlich lädt Abu Dhabi vor dazu ein, die arabisch-orientalische Küche in ihren unterschiedlichen Varianten zu probieren und neben den lokalen beduinischen auch die feinen Unterschiede zwischen iranischen, marokkanischen oder libanesischen Spezialitäten kennenzulernen. Unter den mehr als 1,5 Mio. Gastarbeitern im Emirat kommen sehr viele aus arabischen Ländern, von denen einige sehr schnell die Chance erkannt haben, mit einem eigenen Restaurant und den Gerichten aus ihrer Heimat gutes Geld zu verdienen. Da nicht nur ihre Landsleute, sondern auch die Dhabi'in gerne dort speisen, erfreuen sich arabische Restaurants großer Beliebtheit, und die besten unter ihnen werden regelmäßig ausgezeichnet.

Hauptgerichte

Arabische Gerichte sind stärker gewürzt als europäische. Jedes Essen wird von flachem Fladenbrot *(pita)* begleitet, das zum Teil die Gabel ersetzt, denn man bricht davon kleine Stücke ab, umwickelt Teile der Speisen und führt damit das Essen zum Mund. Fast immer gibt es auch Reis, der zusammen mit verschiedenen Soßen *(curries)* serviert wird, sowie Kichererbsenpüree *(hoummus)*. Kamel, Lamm und Huhn sind die bevorzugten Fleischsorten, Rindfleisch ist selten und teuer, Schwein gibt es gar nicht. Es wird besonders als *pork meat* gekennzeichnet, damit Muslime es meiden. Wegen der Nähe zum Meer findet man frischen Fisch auf jeder Speisekarte, da er schon immer zu den Köstlichkeiten der Region gehörte.

Nachspeisen

Die beliebtesten Nachspeisen am Golf sind **Umm Ali** (›Alis Mutter‹), ein leckerer Brotpudding mit Zucker, Zimt, Muskat und Rosenwasser, oder **Mehalabiya,** ein Pudding mit Rosenwasser, Mandeln und Pistazien, unterschiedliches **orientalisches Obst** oder frische Erdbeeren, die inzwischen auch in Sharjah wachsen. Wer Wert auf Käse zum Abschluss seines Essens legt, muss diesen ausdrücklich anfordern, denn in der örtlichen Küche ist er nicht als Gang vorgesehen. Aber selbstverständlich gehört zum Abschluss eines Essens ein **arabischer Kaffee,** zu dem meist auch Datteln gereicht werden. Wer Spaß daran findet, kann danach noch eine **Shisha,** eine arabische Wasserpfeife, probieren.

Mein Tipp

Cocktails und Mocktails

In den Bars und Lounges in Abu Dhabi finden Sie auf der Getränkekarte alle gängigen Cocktails. Die Bartender kommen meist aus Europa und sind versierte Spezialisten des Mixens. Die Grundsubstanz ihrer Cocktails ist immer Alkohol. Besonders zu empfehlende Cocktail-Bars sind **Hemingways** im Hotel Abu Dhabi Hilton, **Illusions** im Hotel Eastern Mangroves, **Ray's** im Hotel Jumeirah at Etihad Towers und **Al Hanah** im Shangri-La Qaryat Al Beri.

Gläubige Muslime trinken keinen Alkohol, und wer nach einem Barbesuch noch mit dem Auto nach Hause fahren möchte, sollte es wegen der Null-Promille-Grenze im Emirat Abu Dhabi auch nicht tun. Deshalb gibt es in Bars und Lounges auch immer alkoholfreie Mixgetränke. Sie heißen Mocktails, tragen – wie ihre alkoholischen Verwandten – ebenfalls verlockende Namen, verursachen aber keinen Brummschädel. Abu Dhabis beliebtester Mocktail ist zurzeit der ›Kiwi Cooler‹ (Zitrone, Minze, Holunderblüten und viel Kiwisaft). Meist werden Mocktails aus frischem Püree unterschiedlicher Früchte, in Schichten durch gecrushtes Eis getrennt, als farblich abgestimmtes Kunstwerk gereicht. Mocktails sehen nicht nur gut aus, sondern schmecken auch gut.

Die traditionelle beduinische Küche

Heute gibt es in Abu Dhabi Stadt ca. 500 Restaurants für gehobene Ansprüche. Aber nach einem Restaurant mit typisch traditionellen Gerichten der Dhabi'in muss man lange suchen. Denn die einheimische Küche ist relativ einfach und unterscheidet sich von der klassischen arabischen Küche, die stark libanesisch dominiert ist. Die Grundnahrungsmittel der beduinisch geprägten Bevölkerung an den Küsten bildeten Fisch, Fleisch, Geflügel und Reis. Fleisch lieferten traditionell Kamel, Ziege oder Lamm, Geflügel hauptsächlich das Huhn, und die Fische und Meeresfrüchte der Küstenregion waren Doraden, Sardinen sowie lokale Arten.

Hauptzubereitungsarten für Fisch und Fleisch waren das Grillen auf Spießen oder langes Kochen in Tontöpfen, die mit glühender Kohle in den Sand eingegraben und dort ein-, mitunter zwei Tage langen Garprozessen überlassen wurden. Beliebte traditionelle Gerichte, die man aber nur noch selten auf der Speisekarte findet, sind heute noch

Harees: ein einfaches, breiähnliches Gericht aus kleinen Fleischstücken, grobgemahlenen Weizenkörnern, Wasser und Gewürzen, das so lange im Tontopf auf kleiner Flamme gekocht wird, bis das Fleisch gar ist und der Weizen eine breiige Konsistenz hat.

Machboos: eine Art Eintopf aus Lamm bzw. Hühnerfleisch, der zusammen mit Zwiebeln, Reis, Salz und Gewürzen sowie getrockneten Zitronen ebenfalls über mehrere Stunden gekocht bzw. gegart wird.

Thareed: ein sehr populäres Abendessen, vor allem während des Ramadan. Die Grundlage ist sehr dünnes, frischgebackenes Fladenbrot, auf das scharf gewürztes Lamm- oder Hühnerfleisch, gemischt mit gewürfelten Karotten, Kartoffeln und Kürbisstücken, gelegt wird.

Balaleet: eine Art Omelette, das gerne zum Frühstück gereicht wird, zubereitet aus Eiern, Zwiebelwürfeln, Zimt und Zucker. Dazu gibt es *mohall,* ein mit Honig oder Dattelsirup bestrichenes Fladenbrot.

Batheeth: Dessert aus frischen, reifen Datteln und einer süßen Soße.

Lukaimat: Teigbällchen in Dattelsoße.

Khamir: ein dickeres, in der Pfanne gebratenes Fladenbrot aus Mehl, Zucker, Eiern, Sesamkörnern und Ghee (Butterfett), das gerne mit Dattelsirup gegessen wird.

Khabeesah: Süßspeise aus geröstetem Mehl, Wasser, Zucker und Safran, die in einer Pfanne zubereitet wird.

In Abu Dhabi Stadt gibt es leider keine Restaurants, in denen man diese Gerichte der traditionellen Küche probieren kann, im benachbarten Dubai immerhin drei. Aber in Al Ain und in der Oase Liwa sollte man danach fragen.

Mein Tipp

All you can eat – Friday's brunch

Der Freitag ist in Abu Dhabi Brunch-Tag. Die Buffets der Restaurants laden von 11.30 Uhr bis 16 Uhr ein. Ihre *All you can eat*-Angebote reichen von 150 Dh bis 500 Dh. Die Entscheidung, wohin man zum Brunchen geht, fällt bei der großen Auswahl schwer: Will man beim Essen Abu Dhabi von oben sehen (z. B. im Tiara in der Marina Mall) oder besonders edel speisen in einem der Luxushotels. Reizt der Blick aufs Meer (z. B. im Nahaam im Jumeirah at Etihad Towers) oder möchte man nach dem Essen baden gehen? Denn wer am Freitag das Restaurant eines Strandhotels zum Lunch aufsucht, kann oft das Schwimmbad und den Strand mitbenutzen. Ein Preisvergleich der Brunch-Angebote in den Donnerstagsausgaben der Tageszeitungen lohnt sich.

Internationale Küche der Hotels

An der Spitze der vielfältigen Restaurantauswahl stehen die Spezialitätenrestaurants in den großen internationalen Hotels, in denen es stets mehrere gibt – vom gehobenen Coffeeshop bis zum eleganten Abendlokal. Auch Nicht-Hotelgäste sind hier gern gesehen. An Wochenenden werden sie besonders gerne von der einheimischen Bevölkerung aufgesucht. Wein und andere alkoholische Getränke dürfen auch nur hier ausgeschenkt werden.

Das Angebot der Hotelrestaurants orientiert sich an den beliebtesten National- oder Regionalküchen der Kontinente: Aus Europa sind Frankreich und Italien häufig vertreten, Asien wird vor allem von chinesischen, japanischen und indischen Restaurants kulinarisch repräsentiert. Selbst diejenigen, denen die deftige Variante der deutschen Küche nach ein paar Tagen fehlt, werden fündig. Für Amerika stehen Steak-Häuser und natürlich die US-Fastfood-Ketten von McDonalds bis Kentucky Fried Chicken. Diese verdrängen zunehmend die örtlichen Schnellküchen und die Sharwarma-Stände an den Straßen, in denen man mit gegrilltem Lamm oder Hühnerfleisch, Salat und arabischem Fladenbrot den kleinen Hunger ab ca. 5–10 Dh stillen kann.

Food Court in der Marina Mall in Abu Dhabi Stadt

Food-Courts in den Shopping Malls

An jeder Straßenecke in Abu Dhabi Stadt und zunehmend auch in Al Ain findet man heute eine Filiale der amerikanischen Fastfood-Ketten. Aber es gibt eine Alternative: Die Food-Courts der Shopping Malls bieten einen preiswerten, einfachen Mittagstisch ab ca. 15 Dh. Jedes große Kaufhaus besitzt im obersten Stock einen sogenannten Food-Court mit mehreren Selbstbedienungsrestaurants.

Diese liegen nebeneinander, gekocht wird hinter der Theke, die angebotenen Gerichte berücksichtigen die Geschmacksinteressen der Gäste. Besonders beliebt sind deshalb Speisen der asiatischen und arabischen Küche und italienische Pizza und Pasta. In diesen Food-Courts können sich die Besucher auf eine kleine kulinarische Weltreise begeben. Zwar wird das Essen auf Plastikgeschirr gereicht und man sitzt an Tischen ohne Tischdecke, aber man kann unter der lichtdurchfluteten Glaskuppel auf die darunter liegenden Ebenen der Shopping Malls blicken und das dortige Einkaufstreiben beobachten.

Dinner Cruises

Dinner Cruises gehören für die meisten ausländischen Besucher zum Urlaubsprogramm, und das zu Recht. Mehrere alte Dhaus (engl. Dhow) wurden in Abu Dhabi Stadt restauriert und zu schwimmenden Restaurants umgebaut. Eine der wenigen, die noch vor der Corniche kreuzt, ist die Sea Tour (siehe Mein Tipp s. S. 127).

Einkaufen

Für die beduinischen und seefahrenden Familien am Golf spielte seit jeher der Handel eine wichtige Rolle für die Organisation ihres Lebensunterhalts. Ungeachtet der Erdölförderung haben auch ihre Enkel daran festgehalten; mehr noch, sie haben aus dieser Tradition heraus neue Akzente für den Handel gesetzt. Ihre Zauberformel heißt Steuerfreiheit. Deshalb sind die meisten Waren auch oft wesentlich billiger als in den Ländern, in denen sie produziert werden. So kostet z. B. ein Armani-Anzug in Abu Dhabi ca. ein Drittel weniger als in Mailand. Denn es kommt noch ein zweiter Kosten reduzierender Faktor hinzu: Alle, die dazu beitragen, dass der Armani-Anzug in einem exklusiven Geschäft gekauft werden kann – vom Hafenarbeiter bis zur Verkäuferin –, verdienen in Abu Dhabi nur zwischen 300 und 400 US-$ pro Monat (siehe auch S. 68).

Was kaufe ich wo?

Abgesehen von den relativ günstigen Preisen sind es die unterschiedlichen Einkaufsmöglichkeiten, die Abu Dhabi so attraktiv machen. Da gibt es die Souqs, die man am ehesten mit unseren Märkten vergleichen kann. Touristen besuchen sie in erster Linie wegen ihrer Atmosphäre. Doch die Souqs haben seit den 1990er-Jahren starke Konkurrenz durch die Shopping Malls bekommen, jene klimatisierten Einkaufstempel, die alles bieten, was ein Käufer sich nur wünschen kann. Und wenn man sich während seines Aufenthalts noch nicht hat entscheiden können, so gibt es in Abu Dhabi noch am Flughafen einen der größten Duty-free-Shops am Golf. Neben diesen Möglichkeiten sollen auch die vielen schönen Einzelhandelsgeschäfte nicht unerwähnt bleiben, die in der ganzen Stadt zu finden sind.

Souqs

In arabischen Städten ist der Souq noch immer Zentrum des gesellschaftlichen Lebens. Auch wenn er für die alltäglichen Großeinkäufe nicht mehr die Hauptrolle spielt, weil diese in den Supermärkten getätigt werden, bleibt er bei Arabern wie Europäern gleichermaßen beliebt. Atmosphäre, Stimmengewirr, Gedränge, eindrucksvolle Handelsszenen – ein Besuch im Souq gehört zu jedem Besichtigungsprogramm.

Die alten Souqs von Abu Dhabi zwischen Khalifa Bin Zayed und Hamdan Street mit dem typischen Flair arabischer Märkte wurden zwar im Zuge der Modernisierung der Innenstadt abgerissen, aber an gleicher Stelle im Parterre-Bereich zweier gläserner Türme als **Central Market** wieder eröffnet. Sir Norman Foster, der britische Stararchitekt, der auch die Kuppel für den Berliner Reichstag geplant hat, hat diesen Market entworfen, dessen gen Himmel stürmende Türme zu einer neuen *landmark* der Stadt avancieren. Der Souq besteht jetzt aus mehr als 100 kleinen Läden mit einem vorwiegend touristisch orientierten Angebot.

Allerdings gibt es zurzeit noch drei größere, vielbesuchte Märkte in Hafennähe, auf denen der Charakter eines traditionellen Souqs ein wenig erhalten geblieben ist: den **Vegetable Souq,** den **Iranian Souq** und den **Fish Souq.**

In den Souqs, insbesondere im **Iranian Souq** und im **Afghan Souq,** sollte man um den Preis handeln (s. Abu-Dhabi-Knigge S. 97).

Mein Tipp

Shopping Malls für alle Fälle

Wer ausgefallene Weltmarken-Artikel sucht, ist in den klimatisierten Konsumpalästen, den Malls, am rechten Ort. Wer nur der Mittagshitze entfliehen will und saubere Toiletten sucht, ebenfalls. Zudem bieten sie genügend Parkplätze. Für Kinder gibt es meist eine eigene Spiel- und Unterhaltungsabteilung, auf allen Stockwerken laden Cafés und Restaurants zum Verweilen ein. In der **Abu Dhabi Mall** darf man sogar joggen (s. S. 155). Neben den großen innerstädtischen Shopping Malls, zu denen auch die **Marina Mall** (s. S. 159) und die **Al Wahda Mall** (s. S. 158) gehören, hat auf Yas Island 2014 die größte Mall der Welt, die **Yas Mall,** eröffnet (s. S. 173).

Shopping Malls

Der US-Amerikaner Franklin W. W. Woolworth hatte vor mehr als 100 Jahren als erster die Idee: ein breites Warensortiment zu billigen Preisen unter einem Dach. Niemand hätte ahnen können, dass einstmals diese Idee mit edelsten Marken in den größten Kaufhäusern der Welt am Arabischen Golf ihre höchste Stufe der Verwirklichung erreichen würde. Die Shopping Malls sind wahre Einkaufstempel, wie wir sie als edle Großkaufhäuser bekannter Weltstädte kennen, vergleichbar mit Harrods in London, Bloomingdales in New York oder dem KaDeWe in Berlin, nur vielfach größer.

2001 eröffnete als erste größere Shopping Mall nach US-amerikanischem Vorbild die Abu Dhabi Mall. Heute gibt es in Abu Dhabi Stadt 18 derartige Shopping Malls, in Al Ain fünf und im benachbarten Dubai bereits 58. Besuche in Shopping Malls sind mittlerweile ein verbreitetes Vergnügen unter den Dhabi'in. Für Besucher sind sie einfach ein Muss. Sie verteilen sich über die ganze Stadt und haben sich zu neuen Zentren gesellschaftlichen Lebens entwickelt.

Duty-free-Shop

Der Abu Dhabi International Airport wurde 1986 eröffnet. Sein Zentralgebäude ist sternförmig angelegt. In seinem Zentrum befindet sich unter einer riesigen blauen Kuppel der Duty-free-Shop, angelegt in Form eines Kreises, an dessen Rand sich die großen Geschäfte platziert haben. Spötter sagen, man brauche den Flughafen Abu Dhabis eigentlich nicht zu verlassen und könne doch direkt dort seinen Shopping-Urlaub verbringen (zumal es dort zwei 5-Sterne-Hotels gibt). Der Duty-free-Shop hat mehrere Preise gewonnen, und alle Artikel sind zu relativ günstigen Preisen zu erwerben. Es gibt nur ein Problem: Haben Sie bei den günstigen Preisen immer auch die Zollvorschriften der EU im Kopf?

Geschäfte und Galerien

In Abu Dhabi gibt es wenige Geschäfte, die *pieces of the past,* d. h. Gegenstände beduinischer Alltagskultur (z. B. die typischen gebrauchten Kaffeekannen aus Messing oder älteren arabischen Schmuck) anbieten. Das liegt in erster Linie daran, dass aus dieser Zeit nur ganz wenig im Emirat noch vorhanden ist. Meist wird das Angebot durch Produkte aus anderen arabischen Ländern (etwa Jemen, Marokko oder Oman) ergänzt.

Abu Dhabi fördert Kunst. In den letzten Jahren haben mehrere Galerien in der Hauptstadt eröffnet, die Bilder, Objekte, aber auch edles Design anbieten.

Aktiv sein, Sport und Wellness

Für sportliche Aktivitäten unter freiem Himmel sind die klimatischen Bedingungen von Oktober bis April ideal. Danach wird es heiß.

Im Folgenden wird eine Auswahl der wichtigsten Sportarten in Abu Dhabi vorgestellt. Welche Sportmöglichkeiten es ansonsten noch gibt bzw. welche Veranstaltungen wo stattfinden, kann man am besten der Tageszeitung oder den Magazinen **Concierge, Time out Abu Dhabi** oder **What's on** entnehmen (s. S. 40).

Golfen

Die britische Royal Airforce legte auf ihrer Airbase am Golf in Sharjah in den 1950er-Jahren den ersten Sand-Golfplatz an. Er war mehr als 40 Jahre lang der einzige am Arabischen Golf. Erst Anfang der 1990er-Jahre eröffnete Dubai den Emirates Golf Club. Er war der erste 18-Loch-Rasenplatz in den VAE. Mittlerweile besitzen die Emirate zwei Dutzend der schönsten und anspruchsvollsten Plätze der Welt und weitere sind in Planung.

Abu Dhabi Stadt verfügt heute über acht 18-Loch-Rasenplätze, darunter neue auf Saadiyat Island und Yas Island. Auch in Al Ain kann man Golf spielen. Allgemeine Informationen über Golfen in den Emiraten und Termine der Turniere bietet **Emirates Golf Federation (EGF)**, Tel. 00971 4 295 22 77, www.egfgolf.com (Adressen der Golfplätze s. S. 161).

Hochseefischen

Hochseefischen gehört in den Emiraten zu den beliebtesten Aktivitäten der Wohlhabenden, denn der Fischreichtum vor den Küsten Abu Dhabis ist groß. Charterschiffe mit Mannschaft und kompletter Ausrüstung werden von diversen Anbietern verliehen.

Reiten

Reiten gehört traditionell zu den Sportarten der Araber. Deshalb gibt es in Abu Dhabi einen sehr großen Reitclub und vor den Toren der Stadt das große Gestüt **Al Wathba Stables.** In beiden sind Gäste willkommen.

Schwimmen/Baden

Zu einem Aufenthalt in Abu Dhabi gehört auch Baden im Meer. Das kann man an den kilometerlangen Sandstränden der stadtnahen Inseln, **Saadiyat Island** und **Yas Island,** oder an denen der Westküste vorgelagerten Inseln, z. B. auf **Sir Bani Yas,** und natürlich in Abu Dhabi Stadt entlang der **Corniche.**

Schwimmen an Hotelstränden

Jedes der großen Luxushotels verfügt über ein großes Schwimmbad, aber nur wenige bieten ihren Gästen auch einen Strand. Um an dem Strand eines Hotels zu baden, in dem man nicht

Mein Tipp

Eissport in der Wüste

Abu Dhabi besitzt drei Eisbahnen mit olympischen Ausmaßen: eine in Al Ain und zwei in Abu Dhabi Stadt. Wer in der Wüste **Schlittschuhlaufen** möchte, ist hier jederzeit willkommen.

Gast ist, kann man für einen oder mehrere Tage Mitglied des hoteleigenen **Beach Club** werden. Dann kann man das Schwimmbad und den Strand mitbenutzen. In diesen Beach Clubs werden in der Regel auch Schwimmkurse für Kinder und Erwachsene angeboten.

Tauchen

Die warmen Wassertemperaturen bieten ideale Voraussetzungen auch für das Tauchen (*scuba diving*). Allerdings liegen die schönsten Tauchreviere am Golf nicht vor den Küsten Abu Dhabis, sondern jenseits der Straße von Hormus an der Ostküste im Emirat Fujeirah bzw. in Khor Fakhan, einer ebenfalls dort liegenden Enklave des Emirats Sharjah. Aber auch die Unterwasserwelt vor der Küste Abu Dhabis mit ihrem relativ flachen Strand und den vorgelagerten Inseln bietet genügend Abwechslung für Taucher. Clownfische, Seepferdchen, kleine Haifische, Wasserschildkröten und Barracudas gilt es zu entdecken, auch Schiffswracks gehören zum Tauchabenteuer. Weitere Infos bei der **Emirates Diving Association**, Tel. 393 93 90; www.emiratesdiving.com.

Wellness

Der Wellness-Hype hat auch den Golf erreicht. Abu Dhabi scheint mit seinen Luxushotels der richtige Ort für diese Institutionen des Wohlbefindens zu sein. Tatsächlich öffneten in den neuen Luxushotels in den letzten Jahren wahre Wellnesstempel ihre Tore und überbieten sich heute mit ihren Anwendungsprogrammen. Ihr Plus: Die hohe Qualität an Dienstleistungen zu relativ günstigen Preisen und die aufwendige Ausstattung der Einrichtungen. Wer im Dschungel von Ayurveda, Feng Shui, Shiatsu und Qi Gong nach Orientierung sucht, kann sich auf der Website www.wellnessverband.de informieren.

Zuschauersport

Die Emirate Abu Dhabi und Dubai gehören neben Qatar zu den führenden Sportmetropolen des Mittleren Ostens. Hier finden mehr internationale Sportveranstaltungen statt als irgendwo sonst in der Region. Aber auch nationale Sportereignisse haben einen hohen Stellenwert.

Endurance Race

Langstreckenrennen auf Pferden über eine Distanz von mindestens 120 km erfordern von Pferden und Reitern extreme Ausdauer. Die VAE gehören zu den Staaten, die bei dieser Sportart zu den besten zählen. Dies ist aus den Lebensverhältnissen der Beduinen in der Zeit vor der Entdeckung des Öls und den Qualitäten der von ihnen gezüchteten arabischen Pferde auch verständlich.

An diesen jährlichen Endurance Races durch die Wüste zwischen Abu Dhabi und Dubai nehmen bis zu 200 Reiter aus 40 Ländern teil, und immer ist auch der örtliche Adel hoch zu Pferde beteiligt. Die Endurance-Rennen finden mehrere Male im Jahr in den Wintermonaten statt (Näheres in den Tageszeitungen).

Fußball

In den VAE ist Fußball sehr beliebt und sehr bedeutend. Das kann man z. B. auch daran ermessen, das Sheikh Suleiman Al Fahim aus Abu Dhabi das britische Fußballunternehmen Manchester United gekauft hat. Viele Fußballspiele der europäischen Ligen, auch die der Bundesliga, werden im VAE-TV gesendet, und die National-

Golfspielen in der Wüste, fern jeden getrimmten Rasens …

mannschaft der Emirate gehört zu den besten der Arabischen Staaten. Die bekanntesten Fußballmannschaften der Emirate der VAE sind Al Wahda (Abu Dhabi), Al Wasl, Al Nasr (Dubai) und Al Ain. Das neue Fußballstadion in Abu Dhabi Stadt heißt **Emirates Stadium** und fasst 60 000 Zuschauer. Gespielt wird zwischen Oktober und März.

Kamelrennen

Auf der Arabischen Halbinsel haben Kamelrennen eine lange Tradition und sind eine seriöse Angelegenheit. Wetten sind untersagt. Es geht ausschließlich um Ruhm und Ehre. Wer unter den Beduinen das schnellste Tier besaß, hatte zwar wegen des Zuchtpotentials auch materielle Vorteile, ihm wurde aber vor allem hohes Ansehen entgegengebracht.

Obwohl das Kamel heute ökonomisch so gut wie keine Bedeutung mehr hat, gibt es in den Emiraten mehr als 15 Kamelrennbahnen. Zu den bedeutenden im Emirat Abu Dhabi gehören die Strecke von **Al Wathba**, 45 km östlich von Abu Dhabi Stadt an der Truck Road nach Al Ain, und die **Al Maqam** in Al Ain, 5 km westlich der Stadt.

Die Rennsaison dauert von Oktober bis April, die Rennen finden immer donnerstags, freitags und an den nationalen Feiertagen statt, Rennbeginn ist 7.30 Uhr morgens, der Eintritt ist frei. Meist Mitte April ist eine spannende Rennwoche, das Final Annual Camel Races Festival.

Seit 2005 ist es verboten, Kinder unter 18 Jahren und Jockeys von einem Gewicht unter 45 kg einzusetzen. Eine derartige Regelung war nötig, weil in all den Jahren gerne Kinderjockeys aus Pakistan im Alter von sechs bis zehn Jahren eingesetzt worden waren. Wie ernst es der Regierung mit dieser Bestimmung gegen Kinderjockeys ist, beweist die hohe Geldstrafe von 50 000 Dh bei Zuwiderhandeln.

Seit 2004 werden bei diesen Rennen nur sogenannte *robot riders* (auch: *robotic jockeys*) zugelassen, sie ersetzen die Jockeys. Dabei handelt es sich um in der Schweiz hergestellte kleine Roboterfiguren, die auf den Kamelen sitzen, die Kleidung von Jockeys tragen und deren Rennverhalten von den Trainern auf der Tribüne aus ferngesteuert beeinflusst wird.

Problematischer Sport

Obwohl die Emirate unter ihrem Herrscher Sheikh Zayed Bin Sultan der Erhaltung der Natur und dem Umweltschutz hohe Prioritäten eingeräumt haben, sind einzelne Gruppen doch vom technologischen Fortschritt derart fasziniert, dass sie Auto- und Motorradrennen durch die Dünen der Wüste veranstalten und die örtlichen Tour-Operators *wadi bashing* und *dune bashing* als Teil ihres Ausflugs- und Unterhaltungsangebots anbieten.

Bashing heißt übersetzt ›heftig prügeln‹. Und genau das geschieht mit den Wadis und Sanddünen. Denn zu dieser ›Sportart‹ gehört, dass man mit allradgetriebenen Komfortjeeps durch die trockenen Flussläufe der Wadis oder die Dünen hinauf- und hinunterrast und dies als sportliches Abenteuer definiert. Es schadet in den seltensten Fällen den Autos oder den Fahrern, aber immer der Natur.

Gleiches gilt für das **Sand Boarding**, bei dem die ›Sportler‹ die hohen Dünen mit Skiern oder Snowboards hinunterfahren und als ›Lift‹ hinauf ebenfalls einen Jeep benutzen.

Nicht minder problematisch sind die großen **Desert-Challenge-Rennen,** die auf Sandpisten quer durch die Wüste ausgetragen werden.

Pferderennen

Auch Pferderennen haben in den VAE eine lange Tradition. Erst seit der Entdeckung des Erdöls finden sie auf Rennbahnen statt, die den bekannten europäischen und US-amerikanischen in nichts nachstehen. So nimmt z. B. Dubai heute im Reitsport eine weltweit anerkannte Rolle ein.

Auch in Abu Dhabi werden regelmäßig auf der Rennbahn des **Abu Dhabi Equestrian Club** Pferderennen veranstaltet. Diese Rennen sind in der Regel ein gesellschaftliches Ereignis, insbesondere das um den **President's Cup,** bei dem der Sieger 250 000 US-$ erhält. Dann sind auch führende Mitglieder der Herrscherfamilie Al Nahyan auf den Tribünen anwesend (www.presidentscup.ae).

Polo

Wer ein Polospiel erleben möchte, dem bietet sich in Abu Dhabi die Gelegenheit. Auf dem Gelände des **Abu Dhabi Equestrian Club** wird regelmäßig gespielt. Der eleganteste Poloclub Abu Dhabis ist der Ghantoot Racing and Polo Club. Er liegt an der Grenze zwischen Abu Dhabi und Dubai und zählt zu den angesehensten der Welt.

Bei den großen Spielen, z. B. den **Emirates Polo Championships** (März) oder dem **HH The President's Polo Cup** (Jan.), trifft sich hier die Elite des Emirats **(Ghantoot Racing and Polo Club,** Tel. 562 90 50, www.grpc.ae.)

Feste und Unterhaltung

In Abu Dhabi finden mit Ausnahme der Sommermonate (Mai–September) das ganze Jahr über Veranstaltungen statt, die sich in erster Linie an Tradition, Gepflogenheit und Interesse der einheimischen Bevölkerung orientieren. Dazu gehören **Kamel- und Pferderennen**, aber auch das **Al Dhafra Camel Festival,** ein Schönheitswettbewerb für Kamele. Darüber hinaus gelang es der Herrscherfamilie Al Nahyan, ihr Emirat durch medienwirksame **Sport- und Kulturveranstaltungen** in kurzer Zeit weltweit bekannt zu machen. Golf- und Tennisturniere mit Weltklassespielern, die Austragung der Formel-1-Rennen oder Auftritte bedeutender Symphonieorchester sowie große Kunstmessen machen das Emirat zu einer attraktiven Destination.

Islamische Feiertage

Der Freitag ist gesetzlicher Feiertag, Freitag und Samstag – nicht Donnerstag und Freitag, wie in den meisten arabischen Staaten – bilden das Wochenende. Alle großen islamischen Feste sind ebenfalls gesetzliche Feiertage (s. S. 43).

UAE National Celebration

Der zweite Dezember ist der Nationalfeiertag der VAE. Er hat eine integrative Funktion für den jungen Staat, denn am 2. Dezember 1971 schlossen

Folkloregruppe beim Tanz des Ardah

sich die sieben einzelnen und bis dahin unabhängigen Emirate zur United Arab Emirates (UAE) zusammen. Jedes Jahr wird dieser Tag in allen Emiraten mit großen Feierlichkeiten begangen, die an die beduinischen Traditionen anknüpfen. Meist erstrecken sie sich über drei Tage (1.–3. Dezember).

Kulturevents

Abu Dhabi Classics

Abu Dhabi strebt an, das kulturelle Zentrum am Golf zu werden. Zu dieser Vision wird das **Saadiyat-Island-Kulturprojekt** beitragen, in dessen Rahmen seit 2008 die Abu Dhabi Classics stattfinden. Orchester der internationalen Klassikelite gastieren im prächtigen Auditorium des Kempinski Emirates Palace Hotel und im großen Innenhof des restaurierten Al Jahili Fort in Al Ain. Mehrere Meisterwerke der Klassik stehen zwischen Oktober und Mai auf dem Programm. Die Abu Dhabi Classics sind schon jetzt ein besonderes Urlaubserlebnis für Musikliebhaber, Opernfans und alle, die eine hochkarätige Konzertreihe der Superlative entdecken möchten, gepaart mit der Exklusivität der Destination Abu Dhabi. Wer ein VIP-Ticket erwirbt, erhält Plätze in unmittelbarer Nähe der einheimischen Royalties und deren Ehrengäste.

Programmvorschau und Spielorte der Abu Dhabi Classics: www.abudhabiclassics.com.

Calendar of Events

Die Abu Dhabi Tourism and Culture Authority (TCA) veröffentlicht jedes Jahr im Internet »The official Abu Dhabi Calendar« (https://abudhabievents.ae), eine Übersicht, die detailliert Auskunft gibt über alle großen Veranstaltungen mit aktuellen Terminen und Austragungsorten.

Magazine

Einen aktuellen Überblick über alle Sparten des Unterhaltungsangebots in Abu Dhabi (und den Nachbaremiraten) bieten drei wöchentlich erscheinende Magazine, die sich als Lifestyle-Magazine verstehen und alle Kultur-, Unterhaltungs- und Musikevents aufführen. Sie liegen in den 5-Sterne-Hotels aus bzw. kann man sie im Buchhandel für 7–10 Dh erwerben:

Concierge, The Luxury Five-Star-Visitor Magazine, www.conciergeabudhabi.com, Tel. 04 424 36 00.

Time Out, Veranstaltungsmagazin für *expatriates,* ITB Executive Publishing, www.timeoutabudhabi.com, Tel. 04 44 43 00.

What's on, The Best Selling Entertainment Magazine, Motivate Publishing Dubai, Tel. 04 282 40 60.

Abu Dhabi Film Festival

Jedes Jahr im Oktober/November kommt die internationale Filmwelt nach Abu Dhabi Stadt. Große Filmaufführungen finden u. a. im Emirates Palace Hotel statt, (weitere Infos: www.abudhabifilmfestival.ae).

Sportevents

Formula 1 Etihad Airways Abu Dhabi Grand Prix

Das Formel-1-Rennen, das Mitte November ausgetragen wird, besitzt unter allen internationalen Sportveranstaltungen im Emirat das größte Renommée. Im Vorfeld des Rennens findet ab Mitte Oktober in Abu Dhabi City und auf Yas Island das vielfältige Kultur- und Sportprogramm **Yasalam** statt mit Open-Air-Veranstaltungen und internationalen Stars. Bei den sogenannten After Race Concerts tra-

Festkalender

Die genauen Termine der Feste und Veranstaltungen werden jedes Jahr neu festgelegt, aber der Zeitraum wird in etwa beibehalten.

Januar
Abu Dhabi HSBC Golf Championship: s. S. 168
Al Wathba Endurance Cup: Langstrecken-Pferderennen, s. S. 168
Volvo Ocean Race: s. S. 168

Februar
Traditional Dhow Race: s. S. 168

März
Abu Dhabi Yacht Show: s. S. 168
Show Jumping Competition: Springreitturnier, s. S. 168
Abu Dhabi Festival: s. S. 168
Abu Dhabi International Book Fair: s. S. 168

April
Abu Dhabi Desert Challenge: Wüstenralley, s. S. 41.
City Scape Abu Dhabi: Messe zur Stadtentwicklung, s. S. 168
Big Boys Toys: Männerluxus, darunter auch Luxusautos, s. S. 168
Al Gharbia Watersports Festival: in Al Mirfa, s. S. 182

Juli/August
Summer in Abu Dhabi: Drei Monate lang preiswerte Angebote für Familien und Kinder, s. S. 45
Liwa Date Festival: s. S. 225

September/Oktober
Abu Dhabi Classics: Beginn des Festivals klassischer Musik, s. S. 40
Abu Dhabi Film Festival: s. S. 40
International Hunting and Equestrian Exhibition: s. S. 168
Yasalam: Kultur- und Sportprogramm bis Mitte Nov., s. S. 40

November
Formula 1 Etihad Airways Abu Dhabi Grand Prix: Formel-1-Rennen auf Yas Island, s. S. 40 u. S. 172
Abu Dhabi Art: s. S. 168

Dezember
UAE National Celebration: Nationalfeiertag, 1.–3. Dez., s. S. 39
Powerboat Race: Bootsrennen, Dez.–April, s. S. 168

Dezember/Januar
Abu Dhabi World Tennis Championship: s. S. 168
Al Dhafra Camel Festival: Schönheitswettbewerb für Kamele, s. S. 225

ten beispielsweise Paul Mc Cartney, Britney Spears und Depeche Mode auf (www.yasalam.ae).

Abu Dhabi Desert Challenge

Diese Offroad-Rallye gehört zu den schwersten der Welt und wird oft mit der bekannten Dakar-Rallye verglichen. Seit Jahren nimmt die internationale Elite der Rallye-Fahrer daran teil und kommt Ende März/Anfang April auch in die Oase Liwa. Hier beginnt die Route der mehr als 100 km langen Wüstenetappe. Jahrelang hieß dieses Autorennen UAE Desert Challenge. Seit 2009 wird sie von der Abu Dhabi Tourism Authority organisiert und hat deshalb den Namen gewechselt (www.abudhabidesertchallenge.com).

Reiseinfos von A bis Z

Alkohol

Im Emirat Abu Dhabi herrscht ein gelockertes Alkoholverbot. Im öffentlichen Verkauf und in Restaurants wird kein Alkohol angeboten, nur in Hotelrestaurants und -bars sowie in Clubs zum direkten Verzehr.

Apotheken

Wer ein Medikament erwerben muss, geht in einen *drugstore* oder die Pharmacy-Abteilungen der Shopping Malls. Deutsche Medikamente sind dort ebenso zu erhalten wie britische und US-amerikanische. Eine aktuelle Übersicht aller Apotheken im Land, die 24 Stunden am Tag geöffnet sind, findet man unter www.abudhabi.ae, Stichwort: Health, dann Stichwort: Emergency Medical Assistance.

Ärztliche Versorgung

Den niedergelassenen, zumeist in Europa oder den USA ausgebildeten Ärzten und den vorbildlich ausgestatteten Krankenhäusern kann man sich sorglos anvertrauen. Die deutsche Botschaft veröffentlicht auf ihrer Homepage (www.abu-dhabi.diplo.de) eine Liste mit Ärzten ihres Vertrauens.

Mitnahme von Medikamenten
Bestimmte Medikamente, die hier zugelassen sind und von Patienten auch in Abu Dhabi benötigt werden, dürfen nicht in die VAE eingeführt werden (www.auswaertiges-amt.de, Rubrik: Reise & Sicherheit, Stichwort: Reise- und Sicherheitshinweise: Länder A–Z).

Touristen zahlen die Behandlungskosten meist in bar oder via Hotel mit einer Kreditkarte. Der Abschluss einer Auslandskrankenversicherung ist empfehlenswert. In Notfällen sind Krankenhäuser die beste Anlaufstelle:
Corniche Hospital: staatlich, Abu Dhabi Stadt, Corniche Rd. (hinter dem Sheraton Abu Dhabi Hotel Resort), Tel. 672 49 00, www.cornichehospital.ae, 24-Std.-Notaufnahme.
Al Noor Hospital: Khalifa St., neben der NBAD-Bank, Tel. 626 52 65, www.alnoorhospital.com; Rettungsdienst und Notaufnahme.
Khalifa Medical City: Al Karamal St. nahe der Al Wahda Mall, Tel. 819 00 00; www.skmc.ae; beste Notfallstation.
Al Ain Hospital: Al Ain, Baldiya St., Tel. 763 58 88, www.alain-hospital.com (Zusammenarbeit mit der Wiener Universitätsklinik).

Diplomatische Vertretungen

... in Deutschland

Botschaft der VAE: Hiroshimastr. 18,10785 Berlin, Tel. 030 51 65 16, www.vae-botschaft.de.
Generalkonsulat: Lohengrinstr. 21, 81925 München, Tel. 089 412 00 10.

... in Österreich

Botschaft der VAE: Peter-Jordan-Str. 66, 1190 Wien, Tel. 01 368 14 55, emirates@aon.at oder vienna@mofa.gov.ae.

... in der Schweiz

Botschaft der VAE: 3074 Muri bei Bern, Tel. 031 312 17 10, bern@mofa.gov.ae.

Konsulat: 56, rue de Moillebeau, 1209 Genf, Tel. 022 918 00 00, www.mission-emirats.ch.

... in Abu Dhabi Stadt

Deutsche Botschaft: Abu Dhabi Mall, 14. Stock, Towers of the Trade Centre West Tower, Tel. 596 77 00, www.abu-dhabi.diplo.de, So–Do 9–12 Uhr.
Botschaft der Republik Österreich: Sky Tower, Office Nr. 504, Reem Island, Tel. 694 49 99, www.bmeia.gr.at.
Schweizer Botschaft: Al Khaleej Al Arabi St., Centro Capital Center, 17. Stock (nahe Rotana Centro Hotel; ADNEC / Exhibition Centre Area), Tel. 627 46 36, www.eda.admin.ch.

Elektrizität

Die Stromspannung beträgt 220/240 Volt. Viele Hotels in Abu Dhabi Stadt sind mit britischen bzw. US-amerikanischen 3-Pin-Steckdosen ausgestattet, was einen entsprechenden Adapter nötig macht.

FKK

Nacktbaden und Oben-ohne sind in Abu Dhabi streng verboten.

Feiertage

Der wöchentliche Feiertag ist in Abu Dhabi der Freitag. Der zweite arbeitsfreie Tag ist seit 2006 der Samstag (bis dahin war es der Donnerstag); das Wochenende im Emirat ist also Freitag und Samstag. Alle hohen islamischen Feste sind auch staatliche Feiertage.

Christliche Feiertage wie Weihnachten oder Ostern finden nur in den Dekorationen der Schaufenster und auf den Speisekarten der Hotelrestaurants ihre Würdigung. Gleiches gilt für die großen iranischen und indischen Feste. Die jeweiligen Communities feiern aber ihre Feste ungestört und ausgiebig.

Bei den Daten der Feiertage unterscheiden sich die unbeweglichen (staatlich-politischen) von den beweglichen (religiösen). Die islamischen Feste werden nach der islamischen Zeitrechnung festgelegt. Sie basiert auf dem Mondkalender, dessen Jahr um zehn bis elf Tage kürzer ist als das unsrige.

Islamische Feiertage

Id al Fitr: Das Fest des Fastenbrechens wird am Ende des Fastenmonats Ramadan drei Tage lang gefeiert. Beginn 2016: 7. Juli; 2017: 26. Juni; 2018: 15. Juni.
Id al Adha: Das große Opferfest im Zusammenhang mit der Pilgerfahrt nach Mekka *(hadj)* dauert ebenfalls drei Tage. Beginn 2016: 12. Sept.; 2017: 1. Sept.; 2018: 20. Aug.
Ras al Sana al Hijra: Islamisches Neujahrsfest, Beginn des islamischen Jahres im Gedenken an die Flucht des Propheten aus Mekka nach Medina im Jahre 621 (2016: 3. Okt. (1438); 2017: 22. Sept. (1439); 2018: 11. Sept. (1440).
Mawlid al Nabi: Geburtstag des Propheten (2016: 12. Dez.; 2017 1. Dez.; 2018 20. Nov.).
Ramadan: Der Fastenmonat beginnt 2016 am 6. Juni, 2017 am 26. Mai, 2018 am 15. Mai.

Nationale staatliche Feiertage

New Year's Day: 1. Januar
National Day (Gründung der VAE): 2./3. Dezember, s. S. 39.

Fotografieren

Beim Fotografieren und Filmen von Personen sollten Besucher Zurückhaltung walten lassen. Besonders empfindlich sind verschleierte Frauen; sie sollte man nur mit ihrer Zustimmung bzw. der ihres männlichen Begleiters fotografieren. Eine Ablehnung gilt es zu respektieren, sonst können tätliche Angriffe, ja sogar Ärger mit der Polizei die Folge sein. Das Fotografieren von Regierungsgebäuden, militärischen Einrichtungen und am Flughafen ist verboten. Die Paläste der Herrscher kann man aus der Entfernung fotografieren; aus der Nähe empfiehlt es sich, die davor stehenden Wachen zu fragen.

In den Golfstaaten sind Digitalkameras und ihr Zubehör übrigens billiger als in Deutschland.

Geld

Währung

Die Währung Abu Dhabis und der Vereinigten Arabischen Emirate (VAE) ist der **Dirham** (Dh, offiziell AED), unterteilt in 100 Fils. Er ist seit 1980 fest an den US-Dollar gekoppelt (1 US-$ = 3,67 Dh).

Der Wechselkurs zum Euro hängt vom Kurs zwischen US-Dollar und Euro ab.

Kreditkarten

Mit Kreditkarten oder Bank-Karten (cirrus- und Maestro-Kennung) kann man an Bankautomaten Dirham abheben; Automaten stehen auch in Hotels und in Shopping Malls. Pro Abhebung werden bei der heimischen Bank Gebühren fällig (um 5 €). Hotels, Restaurants und Geschäfte akzeptieren alle gängigen Kreditkarten.

Wer keine Kreditkarte zur Begleichung seiner Rechnungen in Hotels oder bei Mietwagenfirmen vorweisen kann, muss damit rechnen, dass er ein ›Deposit‹ in bar hinterlegen muss.

Bargeld

Bargeld kann in unbegrenzter Höhe eingeführt werden. Hotelrezeptionen und Banken tauschen Euro-Noten zum Tageskurs i. d. R. ohne Gebühren – in Hotels und am Flughafen immer zu ungünstigeren Wechselkursen.

Am günstigsten tauscht man (Euro oder US-$) **Wechselstuben,** in Abu Dhabi Stadt z. B. in der Hamdan St. im **Wall Street Exchange Centre** (Sa–Do 8.30–13.30, 6.30–21.30, Fr 9–11.30 Uhr). Wechselstube in Al Ain: Western Union (Niederlassung in der Al Jimi Mall, Hazah St., Tel. 800 48 51).

Am ungünstigsten ist der Wechselkurs im Flughafen: schlechter Kurs plus Gebühr. Wer sofort nach der Ankunft Dirham benötigt, sucht besser den Car-Rental-Flur im großen Parkhaus gegenüber dem Flughafengebäude auf.

Wechselkurs (Aug. 2015)
1 Dh = ca. 0,29 €, 1 € = ca. 4 Dh
1 Dh = ca. 0,25 CHF, 1 CHF = ca. 4 Dh

Gebetszeiten

Fünfmal am Tag erinnert ein Muezzin unüberhörbar vom Minarett aus per Lautsprecher an die Gebetszeiten. Auch die Tageszeitungen informieren über die Gebetstermine, die vom jeweiligen Stand der Sonne abhängen und sich innerhalb der Emirate zwischen Abu Dhabi im Westen und Fujairah im Osten um ca. 10 Minuten verschieben. Die Höflichkeit gebietet, dass man ca. 30 Minuten vor und nach diesen Zeiten keine Verabredungen mit einem Dhabi'in vorschlägt. Gebetszeit in Abu Dhabi z. B. Ende September:

Morgengebet *(fajr)*: ca. 5 Uhr
Mittagsgebet *(thuher)*: ca. 12.20 Uhr
Nachmittagsgebet *(asr)*: ca. 15.40 Uhr
Abendgebet *(maghrib)*: ca. 18.05 Uhr
Nachtgebet *(isha)*: ca. 19.35 Uhr

Internet

Smartphones mit Internetzugang gehören heute zum Alltag in Abu Dhabi. Man besitzt eines und gebraucht es überall. Alle größeren Hotels bieten aber WLAN-Zugänge auf den Zimmern.

Im Emirat gibt es nur ganz wenige **Internetcafés** (bevorzugt in den großen Shopping Malls). Wer einen Laptop, einen Tablet-Computer oder ein Smartphone mit Internetzugang besitzt, findet überall in der Stadt (z. B. in Cafés, Restaurants, Shopping Malls etc.) WLAN-Hotspots.

Kinder

In den Hotels der oberen Preisklasse organisiert die Rezeption stets einen **Babysitter,** in einigen Strandhotels gibt es **Kinderclubs** mit kompletten Tagesprogrammen. Viele der großen Hotels haben besonders sichere **Kinderpools,** die ganzjährig temperiert sind.

Zu den großen Shopping Malls gehören selbstverständlich immer eigene **Unterhaltungsabteilungen** für Kinder und Jugendliche mit Computerspielgeräten, z. B. in der Abu Dhabi Mall oder in der Marina Mall.

Besonders kinderfreundlich sind die Stadtparks in Abu Dhabi Stadt mit ihren großen Spielanlagen und vielen Spielgeräten. Zu den besonders gut ausgestatteten zählen der **Sheikh Khalifa Park** (Eastern Ring Rd., kurz vor der Al Maqta'a-Brücke, Tel. 406 60 01, tgl. von Sonnenaufgang bis Mitternacht, Eintritt frei) und der **Al Mushrif Children's Garden** mit seinen vielen Teichen (in der Nähe des Abu Dhabi Golf & Equestrian Club, Sa–Do 15–22, Fr 15–21.30 Uhr, nur für Frauen mit Kindern, Fotografieren nicht erlaubt, Eintritt frei).

In der **Cultural Foundation** in Abu Dhabi Stadt gibt es ein eigenes **Children Center** mit vielen Bilderbüchern in verschiedenen Sprachen, die man dort durchblättern und lesen kann (bis 2016 geschl.). Jedes Jahr im Sommer von Ende Juni bis Ende August wandelt sich das große **Abu Dhabi National Exhibition Center (ADNEC)** zu einem klimatisierten **Themenpark für Kinder** zwischen vier und 16 Jahren. Auf sieben thematischen ›Inseln‹ werden kindgerechte Spiel- und Wissensvermittlungsaktivitäten angeboten. Die Veranstaltung ist Teil des Festivals **Summer in Abu Dhabi** (www.abudhabieventa.ae, tgl. 12–21 Uhr).

Notruf

Polizei (Abu Dhabi Police): 999
Tourism Police: 800 26 26
Ambulanz: 999
Feuerwehr: 997
Sperrung von Bank- und Kreditkarten: +49 116 116

Öffnungszeiten

Banken und Behörden: So–Do 8–13 Uhr.
Geschäfte: Sa–Do 9–13 und 16.30–22.30 Uhr; Shopping Malls: Sa–Do 10–23, Fr 14–23 Uhr. Manche Läden öffnen auch am Fr, aber meist erst am späten Nachmittag. Während des Ramadans sind tagsüber nahezu alle Geschäfte geschlossen und öffnen erst etwa zwei Stunden nach Sonnenuntergang, die Restaurants direkt nach Sonnenuntergang.

Post

Die Post in Abu Dhabi arbeitet zuverlässig, Postämter gibt es in allen Stadtteilen und in allen größeren Orten des Emirats. Hotelgäste können ihre Post an der Rezeption abgeben. Eine Postkarte nach Europa kostet 3 Dh. Briefmarken werden in den Bookshops der Hotels zumeist nur mit Aufschlag verkauft.

Reisen mit Handicap

Besucher mit Behinderungen werden in Abu Dhabi mit unterschiedlichen Standards konfrontiert. Der Flughafen und alle großen Hotels verfügen über barrierefreie Einrichtungen. Am Flughafen kann man auch in der Al Manara Pharmacy (Tel. 645 25 25) Rollstühle für den Aufenthalt ausleihen oder alternativ unter www.rentacrib.ae. Auch das Museum in Al Ain besitzt barrierefreie Zugänge. Jedoch verfügen nur wenige Tour Operators über barrierefreie Transportmöglichkeiten.

Unterstützung erhalten Besucher mit Handicap im **Corniche Hospital** (s. S. 42), das eine Behandlungs- und Beratungsabteilung unterhält.

Sicherheit

Abu Dhabi und seine Nachbaremirate können ohne zu übertreiben den drei ›S‹ ihres Attraktivitätslogos *(sun, sand, shopping)* ein viertes für *safety* hinzufügen, denn es gibt praktisch keine Straßenkriminalität. Betrug, Gewalttätigkeit oder Raub sind am Golf so gut wie unbekannt. Aggressiv bettelnde Kinder gibt es ebenso wenig wie aufdringliche Händler, die den Besucher im Souq zum Kauf ihrer Waren nötigen.

Frauen

Da Abu Dhabi zu den sichersten Reisezielen der Welt zählt, können sich auch Frauen sehr sicher bewegen. Von männlicher Gewalt gegenüber allein reisenden Europäerinnen wurde nie berichtet. Es braucht also weniger Mut als Menschenkenntnis und grundlegende Kenntnisse über das Land und seine Sitten. Dazu gehören auch solche über das Bild einheimischer Männer von allein reisenden Europäerinnen.

Potenzielle Belästigungen lassen sich deshalb auch durch die Übernahme der erwarteten Frauenrolle vermeiden, z. B. durch sittsame Kleidung, Vermeidung längerer Blickkontakte, einen demonstrativen Ehering, ggf. durch Erzählungen von einem mitreisenden Ehemann und wartenden Kindern. Sollte sich im Gedränge des Souqs mal eine Männerhand verirren, so hilft ein lautes »Will you take your hands off me immediately« – so laut, dass alle Umstehenden es hören.

Souvenirs

Vieles ist im Emirat wesentlich billiger: z. B. **Zigaretten** (gibt es ab 15 € pro Stange), **Elektronik** (minus 15–20 %), **Designer-Mode** (z. B. Anzüge von Armani minus 20 %) oder Markenartikel aus dem Duty-free-Shop wie etwa Kosmetika, Parfum oder edle Federhalter. Oder ›typische‹ Souvenirs wie **Perlen,** auch wenn sie nicht mehr aus dem Golf stammen; **Gold** als Schmuck oder Münzen; **alte Kaffeekannen** aus Messing; traditioneller **Beduinenschmuck** aus Silber; alte Dolche, Schwerter oder eine Holztruhe. **Perserteppiche** sind außerhalb des Iran in den VAE sehr günstig; **Datteln** (frisch, mit Schokoladenüberzug oder als Praline), **Gewürze** wie Safran oder Kardamom, **Weihrauch;** ein **Golfball** aus einem Abu Dhabi Golf Club.

Telefonieren

Gespräche von Festnetzanschlüssen innerhalb Abu Dhabis sind gebührenfrei. Für öffentliche Fernsprecher benötigt man für In- und Auslandsgespräche Telefonkarten (ab 20 Dh, erhältlich in allen Geschäften).

Telefonieren mit dem Handy

Tri-Band-Handys deutscher Netzanbieter funktionieren zwar, ihre Nutzung ist aber mit hohen Roaming-Gebühren verbunden. Mit der SIM-Karte New Wasel von Etisalat können Besucher ein Jahr lang zum Ortstarif innerhalb der VAE telefonieren. Im Anschaffungspreis von 55 Dh ist ein Telefonguthaben von 25 Dh enthalten, Gespräche in den VAE kosten 0,30 Dh/ Min., nach Deutschland 2 Dh/Min. Die Karte kann man am Etisalat-Counter am Flughafen oder in allen Etisalat-Business-Centers erwerben und in jedem Supermarkt nachladen. Um auch auf der eigenen Handy-Nr. weiter erreichbar zu sein, sollte man ein zweites Handy mit nach Abu Dhabi nehmen (**Etisalat,** Tel. 00 97 14 00 41 01 aus dem Ausland oder 101 aus den VAE, Anrufservice 181, www.etisalat.ae).

Gebühren: 1 Min. Inland 30 Fils (Freitag 20 Fils), 1 Min. nach Europa 2,50 Dh.

Vorwahlen

nach Deutschland:	0049
nach Österreich:	0043
in die Schweiz:	0041
in die VAE:	00971

nach Abu Dhabi (ohne Al Ain): 009712
Vorwahlen innerhalb der VAE: Abu Dhabi 02; Al Ain 03; Dubai 04; Ajman, Sharjah und Umm Al Qaiwain 06; Ras al Khaimah 07; Khor-Fakkan und Fujairah 09
Mobilvorwahl innerhalb der VAE: 050

Trinkgeld

10 % stehen auf der Rechnung, aber es ist nicht sicher, dass es, insbesondere bei Kreditkartenzahlung, auch an die Bedienung ausgezahlt wird. Geizen Sie nicht mit Trinkgeld, wenn der Service gut war; die *expatriates,* die Sie bedienen, verdienen nicht viel. Übliche Regel: **Bell Boy** (pro Koffer aufs Zimmer): 5 Dh, **Zimmermädchen** *(housekeeping)*: 10–20 Dh pro Tag, **Concierge** (z.B. für die Besorgung einer Eintrittskarte): 10 Dh, **Kellner:** ab 10 Dh (zu den 10 % auf der Rechnung), **Parking Valet:** (Auto parken und holen): 3 Dh, **Gepäckhilfe am Flughafen:** 5 Dh pro Gepäckstück, **Taxi:** großzügig aufrunden (2–5 Dh).

Umgangsformen

Restaurantbesuch

Man sollte sich nach Betreten eines Restaurants nicht einfach an einen scheinbar freien Tisch begeben und ohne Absprache dort Platz nehmen. Auf diese Etikette weist eine dezente Tafel an der Eingangstür hin: »Please wait to be seated« (weitere Hinweise s. Abu Dhabi-Knigge S. 97).

Zeit

Die Zeitverschiebung zwischen Abu Dhabi und Mitteleuropa beträgt drei Stunden; d. h. wenn es in Frankfurt 12 Uhr Mittag ist, zeigen die Uhren in Abu Dhabi bereits 15 Uhr. Während der deutschen Sommerzeit beträgt der Zeitunterschied nur zwei Stunden.

Zeitungen

In Abu Dhabi erscheinen die englischsprachigen Tageszeitungen ›Gulf News‹ (www.gulfnews.com), ›Khaleej Times‹, ›The National‹ und ›The Gulf Today‹. Das Datum der Blätter wird doppelt, nach dem islamischen und dem gregorianischen Kalender, angegeben. Deutschsprachige Zeitungen sind mit eintägiger Verspätung in Hotels und Buchläden erhältlich.

Panorama – Daten, Essays, Hintergründe

Abendliches Fastenbrechen im Ramadan vor der Skyline von Abu Dhabi Stadt

Steckbrief Abu Dhabi

Daten und Fakten

Name: Abu Dhabi (arab. für Vater der Gazelle), Emirat und Stadt
Lage: Größtes Emirat unter den sieben Mitgliedern der Vereinigten Arabischen Emirate – (VAE; arab. *Dawlat Al Imarat Al Arabiya Al Mutahida)* an der Nordküste der Arabischen Halbinsel
Fläche: 67 000 km^2 und damit 80 % des Territoriums der VAE (83 688 km^2)
Amtssprache: Arabisch
Einwohner: 300 000 Dhabi'in und 1,9 Mio. Ausländer *(expatriates)*; VAE insgesamt ca. 7,5 Mio. Einwohner, davon ca. 85 % *expatriates*
Währung: Dirham (Dh oder AED), 1 Dh entspricht 100 Fils
Zeitzone: MEZ plus 3 Std.; während der europäischen Sommerzeit plus 2 Std.
Landesvorwahl: 00 9712
Internet-Kennung: ae
Flagge: Rote Flagge mit weißem Rechteck oben links für Abu Dhabi; Flagge in den panarabischen Farben für die VAE, bestehend aus einem roten senkrechten Streifen parallel zum Mast und drei waagerechten Streifen in Grün – der Farbe des Islam –, Weiß und Schwarz.

Natur und Geografie

Das Emirat Abu Dhabi erstreckt sich auf rund 300 km entlang der südwestlichen Küste des Arabischen bzw. Persischen Golfs zwischen Qatar und Dubai. Jenseits des Golfs liegt der Iran. Landeinwärts grenzt Abu Dhabi an Saudi-Arabien und Oman. Die flache Küstenregion des Emirats besteht zumeist aus Salzsümpfen *(sabkhas);* vorgelagert sind Sandbänke und kleinere Inseln aus Schwemmsand sowie Korallenriffe. Im östlichen Abschnitt der Küste liegt auf einer rund 70 km^2 großen Insel Abu Dhabi Stadt, die mit ca. 1 Mio. Einwohnern größte Metropole des Emirats, zugleich seine Hauptstadt und Hauptstadt der VAE. Das Hinterland des Emirats ist größtenteils von Sandwüste bedeckt und vorwiegend flach. Allerdings erreichen die Sandberge an den Ausläufern der großen arabischen Wüste Rub al Khali teilweise Höhen von bis zu 200 m. Die beiden größten Oasen der VAE – Liwa und Al Ain – befinden sich auf dem Territorium Abu Dhabis.

Geschichte

Archäologische Funde auf der Insel Umm al Nar bei Abu Dhabi Stadt und Ausgrabungen in Hili bei Al Ain belegen frühe hochentwickelte Kulturen in der Region um 2500 v. Chr. Im 7. Jh. wird die Arabische Halbinsel islamisiert. Ab 1507 üben die europäischen Kolonialmächte Einfluss an der Küste des Arabischen Golfs aus, zunächst die Portugiesen, nach 1622 die Briten. Als Piratenküste machte das Gebiet zwischen Qatar und der Straße von Hormuz im 18. und beginnenden 19. Jh. von sich reden. 1793 gründen Beduinen der Familie Al Nahyan aus der Oase Liwa an der Küste die Siedlung Abu Dhabi. 1820 übernimmt Großbritannien die Außen- und Verteidigungspolitik der Scheichtümer am Golf. Die bittere Armut der Region wird nur durch die Perlenfischerei etwas gemildert. Mit dem Erdölexport beginnt Anfang der 1960er-Jahre der wirtschaftliche Aufschwung. Als sich Großbritannien 1971 aus der Region zurückzieht, schließen sich Abu Dhabi, Dubai, Sharjah, Fujairah, Ajman und Umm Al Qaiwain zu den Vereinigten Arabischen Emiraten zusammen, 1972 tritt auch Ras Al Khaimah der Föderation bei.

Staat und Verwaltung

An der Spitze der VAE steht der vom Obersten Rat *(Supreme Council)* der sieben Emire gewählte Präsident, der Emir von Abu Dhabi, gegenwärtig Sheikh Khalifa Bin Zayed Al Nahyan. Sein Stellvertreter ist immer der Emir von Dubai, der zugleich der Regierungschef der VAE ist. Der Rat der Emire bestimmt die Richtlinien der Politik und ernennt die 24 Minister und ihre Stellvertreter. Diese Ämter haben fast ausschließlich Verwandte der Emire inne. Beratend steht ihnen der Federal National Council (FNC) zur Seite, dessen 40 Mitglieder zur Hälfte vom Regierungschef ernannt, zur anderen Hälfte von der Bevölkerung gewählt werden; Frauen haben dabei aktives und passives Wahlrecht. Die Gesetzgebung geht formell vom Kabinett aus, de facto wird die Macht von den sieben Emiren ausgeübt. Gewerkschaften und Parteien sind nicht zugelassen. Die Verwaltung der einzelnen Emirate erfolgt autonom. Das Budget der VAE wird hauptsächlich von Abu Dhabi (75 %) und Dubai (21 %) aufgebracht.

Wirtschaft und Tourismus

Die VAE gehören dank großer Erdölvorkommen bei relativ geringer Bevölkerung zu den reichsten Staaten der Welt. Unter den Emiraten steht Abu Dhabi in der Ölproduktion an erster Stelle. Über 90 % aller Reserven liegen auf seinem Territorium. 2011 verzeichnete Abu Dhabi dank der steigenden Erdölpreise Mehreinnahmen von ca. 25 Mrd US-$. Sein BIP stieg 2014 auf eine Höhe von ca. 400 Mrd. US-$. Erst seit 2004 setzt Abu Dhabi verstärkt auf den Tourismus. Es begann mit dem Bau des Luxushotels Emirates Palace, der Gründung der eigenen Fluglinie Etihad Airways und den Plänen für vier Museen von Weltrang. Heute verfügt das Emirat über Dutzende von Luxushotels und eine Formel-1-Strecke. Sein Ziel: 2015 ca. 3 Mio. Hotelgäste.

Bevölkerung und Religion

Etwa 85 % der ca. 1,65 Mio. Einwohner des Emirats Abu Dhabi sind Ausländer, *expatriates* genannt. Sie besitzen eine zeitlich beschränkte Arbeitserlaubnis und kommen überwiegend aus Staaten der Dritten Welt, allen voran Indien und Pakistan. Die einheimische Bevölkerung *(Dhabi'in)* ist sehr jung: Etwa 50 % sind unter 20 Jahre alt. Der Islam ist die Staatsreligion, alle islamischen Feiertage sind staatliche Feiertage. Andersgläubigen ist die Ausübung ihrer Religion gestattet.

Vereinigte Arabische Emirate

Geschichte im Überblick

Frühgeschichte und Islamisierung der Golfküste

2500–2000 v. Chr.	Während der Umm-Al-Nar-Periode entstehen befestigte Oasensiedlungen in Hili (bei Al Ain) und Umm Al Nar (bei Abu Dhabi Stadt). Die Toten werden in Rundgräbern bestattet. Handelskontakte bestehen zu Mesopotamien und Afghanistan. Materialienfunde belegen den Gebrauch von Kupfer.
1500 v. Chr.	Das Kamel wird auf der Arabischen Halbinsel domestiziert.
1000 v. Chr.	Im Südwesten der Arabischen Halbinsel (heute: Jemen) entsteht das Königreich Saba.
326 v. Chr.	Seit Alexander dem Großen erfolgen Siedlungsgründungen an der Karawanenstraße entlang der Golfküste, z. B. in Ad Dour (heute: Umm Al Qaiwain). Erste Benutzung von Pferden.
500–600 n. Chr.	Christliche Gemeinden der Nestorianer finden sich im Südwesten des Iran und Mesopotamien, ein christliches Kloster auf der Insel Sir Bani Yas (heute Abu Dhabi).
622	Mit der Auswanderung des Propheten Mohammed von Mekka nach Medina *(hidschra)* beginnt die islamische Zeitrechnung.
632	Nach Mohammeds Tod wird Abu Bakr zum ersten Kalifen (arab. *chalifa* = Nachfolger) gewählt. Kämpfe gegen Glaubensabtrünnige und aufständische arabische Stämme.
635	Die Arabische Halbinsel ist nach der Schlacht bei Dibba (heute: Emirat Fujairah) vollständig islamisiert.
661	Nach der Ermordung des vierten Kalifen Ali spaltet sich der Islam in die rivalisierenden Richtungen der Schiiten und Sunniten.
786–809	Unter dem Kalifat von Harun Al Rashid entwickelt sich Julfar (heute Emirat Ras Al Khaimah) zum bedeutendsten Hafen an der Golfküste; es unterhält Handelsbeziehungen mit China.

Die Golfküste unter europäischem Einfluss

1498	Der portugiesische Seefahrer Vasco da Gama umrundet als erster Europäer Afrika und erreicht die Ostküste der Arabischen Halbinsel.
1507	Die Portugiesen erobern Muscat (heute: Oman). Im 16. Jh. dominieren sie von Julfar aus die Küste, werden aber von See durch britische und niederländische Schiffe, von Land durch arabische Stämme bedrängt.

1550 Die Osmanen unterwerfen die Golfküste bis Qatar.

1580 Der venezianische Reisende Gasparo Balbi beschreibt die Golfküste von Qatar bis Ras Al Khaimah.

1622 Schah Abbas von Persien und die Flotte der britischen East India Company verbünden sich, um die Portugiesen vom Golf zu vertreiben.

1742 Carsten Niebuhr, ein deutscher Reisender, besucht die Arabische Halbinsel im Auftrag des dänischen Königs. Seinen Berichten zufolge wird die gesamte Küste von Sharjah bis Musandam von den Qawasim, einem Stamm seefahrender Araber (ihre Nachfahren regieren heute die Emirate Sharjah und Ras Al Khaimah), kontrolliert.

1765 Großbritannien sichert sich zum Schutze der East India Company zunehmenden Einfluss am Golf.

1793 Beduinen der Familie Al Nahyan aus dem Stamme der Bani Yas verlassen die Oase Liwa und siedeln an der Küste im Bereich der heutigen Stadt Abu Dhabi. Ihr Führer Sheikh Shakhbout Bin Dhiyab (1793–1816) gilt als Gründer des Emirats Abu Dhabi. Bau des Palastes Quasr Al Hosn (heute ältestes Gebäude in Abu Dhabi Stadt). Beginn der Perlenfischerei im Emirat.

1803 Die Qawasim rauben britische Schiffe aus. Für die südliche Golfküste setzt sich daher in Europa die Bezeichnung *Pirate Coast* (Piratenküste) durch.

1819 Die britische Flotte zerstört alle größeren Schiffe der Qawasim sowie ihre Festung in Ras Al Khaimah.

1820 Großbritannien schließt mit einzelnen Sheikhs am Golf erste Verträge und übernimmt deren Außen- und Verteidigungspolitik.

1833 Unter der Führung von Sheikh Maktoum Bin Buti (1833–52) verlässt ein Beduinenstamm den Herrschaftsbereich von Abu Dhabi und siedelt am Dubai Creek.

1835 Die *Pirate Coast* wird zur *Trucial Coast* (Vertragsküste), als die Sheikhs mit Großbritannien Verträge schließen, denen zufolge sie auf Piraterie und jede Kriegsführung verzichten.

1838 In den Scheichtümern der *Trucial Coast* wird auf Drängen Großbritanniens der Sklavenhandel untersagt.

1843 Im *Maritime Truce* verpflichten sich die Scheichtümer, keine Kriege mehr gegeneinander zu führen. Streitigkeiten werden britischen Vertretern unterbreitet.

1855 Unter Sheikh Zayed Bin Khalifa (1855–1909) wird Abu Dhabi erfolgreichste Macht am Golf.

1892 Die Sheikhs der *Trucial Coast* garantieren Großbritannien, keine Niederlassungen anderer Staaten an ihren Küsten zu dulden. Der Name *Trucial States* (Vertragsstaaten) setzt sich weltweit für die Scheichtümer am Golf durch.

1911 Großbritannien sichert sich ein Mitspracherecht bei der Vergabe von Tauchkonzessionen für Perlen und Schwämme an ausländische Staaten.

Abu Dhabis Aufbruch ins Ölzeitalter

1909 Nach dem Tod von Sheikh Zayed kommt es in Abu Dhabi zu Nachfolgestreitigkeiten, bei denen bis 1928 vier seiner Söhne ermordet werden. Die Entdeckung des Verfahrens der künstlichen Züchtung von Perlen und deren Massenproduktion in Japan führen zum Niedergang der Perlenfischerei am Golf.

1928 Sheikh Shakhbout Bin Sultan (1928–66), der Onkel des heute regierenden Sheikh Kahlifa, stabilisiert Abu Dhabi.

1932 Am Golf wird zum ersten Mal Erdöl auf der Insel Bahrain entdeckt.

1945–48 Kriegerische Auseinandersetzung um Landgebiete in der Nähe des Jebel Ali zwischen Dubai und Abu Dhabi.

1962 Erstmals verlässt ein Tanker der britischen BP mit einer Ladung von 33 000 Barrel Rohöl Abu Dhabi.

1966 Regierungsantritt von Sheikh Zayed Bin Sultan Al Nahyan (1966–2004), dem ›Vater‹ des Emirats Abu Dhabi.

1968 Großbritannien verkündet seinen Rückzug vom Golf und drängt auf Schaffung einer Föderation der Scheichs.

1971 Am 2. Dezember schließen sich auf Initiative von Abu Dhabi und Dubai sechs Scheichtümer zu den Vereinigten Arabischen Emiraten (VAE) zusammen, deren Präsident Sheikh Zayed Bin Sultan Al Nahyan wird. Im Februar 1972 tritt auch Ras Al Khaimah der Föderation bei.

1981 Die VAE und fünf weitere Anrainerstaaten am Golf – Saudi-Arabien, Bahrain, Qatar, Oman und Kuwait – schließen sich zum Golf-Kooperationsrat *(Gulf Cooperation Council)* zusammen. Der GCC unterstützt im Ersten Golfkrieg (1980–89) zwar Irak, verweigert aber nach Kriegsende Wiederaufbauzahlungen an diesen.

1982 Eröffnung des Internationalen Flughafens Abu Dhabi.

1990/91 Irak überfällt Kuwait (Zweiter Golfkrieg). Die VAE unterstützen die UNO bei der Befreiung Kuwaits.

Abu Dhabi im 21. Jahrhundert

2001 Nach dem Anschlag der Al Qaida auf das World Trade Center in New York beteiligen sich die VAE am Kampf gegen den Terrorismus. Die VAE missbilligen, dass Israel seine völkerrechtswidrige Besiedlung der Westbank verstärkt, und verweigern Israelis und Passinhabern mit israelischen Stempeln die Einreise; Juden ist die Einreise erlaubt.

2004 Am 2. November stirbt Sheikh Zayed Bin Sultan Al Nahyan. Sein ältester Sohn Khalifa wird Herrscher von Abu Dhabi und Präsident der VAE. Per Dekret wird Abu Dhabi zur Urlaubsdestination und die Tourismusbehörde Abu Dhabi Tourism Authority (ADTA) gegründet.

2005 Eröffnung des Emirates Palace Hotel in Abu Dhabi Stadt.

2007 Abu Dhabi unterschreibt Verträge mit dem Pariser Louvre und der Guggenheim Foundation New York für Museumsneugründungen.

2009 Bundeskanzlerin Merkel ist zu Gast in der VAE.
Abu Dhabi unterstützt das von der internationalen Finanzkrise angeschlagene Dubai. Auf dem Yas Marina Circuit wird zum ersten Mal ein Formel-1-Rennen ausgetragen, das Sebastian Vettel gewinnt.

2011 Die VAE feiern im Dezember ihr 40-jähriges Bestehen.

2012 Das US-amerikanische Wirtschaftsmagazin Forbes stuft die VAE als zweitbeste arabische Wirtschaft (nach Saudi Arabien) ein.

2013 Abu Dhabi feiert den 250. Geburtstag seiner Gründung. Yas Island und Saadiyat Island werden als Tourismusdestinationen entwickelt.

2015 Seit Mai benötigen VAE-Staatsbürger kein Visum mehr zum Besuch der Bundesrepublik Deutschland (und damit auch aller Schengen-Staaten).

Einst Piratenküste – heute Petro-Dollar-Nation

Die Region am Arabischen Golf war bis ins 19. Jh. ein weißer Fleck auf der Landkarte. Dennoch reicht ihre Geschichte bis weit in die Vorzeit. Bei den Europäern stieß die Golfregion erstmals im 16. Jh. wegen der Straße von Hormuz und verstärkt im 20. Jh. wegen des Erdöls auf Interesse.

Dänische Archäologen stießen 1958 auf der Insel Umm Al Nar nahe der Hauptstadt Abu Dhabi und in Hili bei Al Ain auf Spuren früher Zivilisationen, die um 2500 v. Chr. bereits Handelsbeziehungen zu Mesopotamien unterhielten. Griechen und Römer kannten nachweislich die Golfküste als Karawanenroute, und kurze Zeit später rückte zu Beginn des 16. Jh. die Golfküste in die Sphäre europäischer Machtansprüche, zunächst der Portugiesen, später der Briten. Ihr Ziel war es, die Abwicklung des Handels von Indien nach Europa durch den Golf zu sichern.

Von einer eigenen nationalen Geschichte kann man aber erst seit Ende des 18. Jh. sprechen. Beduinenstämme verließen damals ihre Oasen im Landesinneren und gründeten Siedlungen an der Küste des Golfs, um sich an der lukrativen Perlenfischerei zu beteiligen. Aus diesen frühen Siedlungen entstanden die Scheichtümer, die heute als Golfstaaten bezeichnet werden.

Gründerjahre

Im frühen 18. Jh. hatte sich die Familiendynastie der Al Bu Said die Region des heutigen Oman gesichert, während den Stämmen der Bani Yas und der Qawasim Küste und Hinterland zwischen Qatar und der Halbinsel Mu-sandam zufielen. Die Qawasim knüpften an die Traditionen der seefahrenden Araber an und hatten ihr Zentrum in Ras Al Khaimah, die Bani Yas hingegen waren beduinischer Herkunft und wählten die Oase Liwa im Landesinneren als Hauptstandort. 1790 verließ als Erste die beduinische Familie Al Nahyan die Oase und siedelte an der Golfküste in Abu Dhabi.

Anführer der Al Nahyan und Gründer des Emirats Abu Dhabi war Scheich (arab. Sheikh; bei Herrschern zugleich auch Teil des Namens) Shakhbout Bin Dhiyab (1793–1816). Ihm gelang es, andere Stammesfamilien und ihre Gebiete, z. B. Al Ain, mit Abu Dhabi zu verbinden. Seit dieser Zeit ist unter der Führung der Familie Al Nahyan Abu Dhabi flächenmäßig als das größte der späteren sieben Emirate der VAE entstanden.

Die kleine Insel an der Küste des Arabischen Golfes, auf der sich die aus

Jebel Hafeet – höchster Berg und Wahrzeichen des Emirats

der Oase Liwa kommenden Beduinen der Al Nahyan niederließen, nannten sie Abu Dhabi (Vater der Gazelle), weil – so die Überlieferung – bereits Jäger und Kundschafter der Bani Yas unter Führung von Shakhbouts Vater Dhiyab Bin Isa dort Gazellen entdeckt hatten, die inmitten der Dünen an einer Süßwasserquelle weideten. Hier errichtete Sheikh Shakhbout Bin Dhiyab seinen neuen Familienstammsitz. Aber Zentren seines Machtbereichs blieben nach wie vor die südlich am Rande der Sandwüste Rub Al Khali im Landesinneren gelegene Oase Liwa und Teile der Oase Buraimi am Fuße des Jebel Hafeet.

Zu Beginn des 19. Jh. bestanden enge Beziehungen zwischen der von Großbritannien unterstützten Al-Bu-Said-Dynastie, die Oman regierte, und den Sheikhs der Al Nahyan in Liwa und Abu Dhabi. Das stärkste Interesse der Briten in der Region galt dem Sultan von Oman, denn er kontrollierte den Zugang zur Straße von Hormuz, der Meerenge auf dem Weg der britischen East India Company nach Indien. Oman sah sich damals den Angriffen der saudischen Wahabiten, insbesondere im Gebiet der Oase Buraimi ausgesetzt. Gleichermaßen bedrohten diese damit auch die Gebiete von Abu Dhabi im Landesinneren.

Großbritanniens Einfluss

Bedroht wurde die Passage nach Indien von den Qawasim und ihrer Flotte aus Ras Al Khaimah, die zudem die strengen wahabitischen Auslegungen des Islam von den Saudis übernommen und sich mit ihnen gegen den Oman verbündet hatten.

1819 mischten sich die Briten direkt in die Geschehnisse am Golf ein. Denn Schiffe der Qawasim hatten wieder einmal britische Handelsschiffe im Indischen Ozean überfallen, was der Golfküste jahrzehntelang den Namen Piratenküste eintrug. Großbritannien ging es aber bei allem Ärger über die Seeräuberei in erster Linie um die Sicherung seiner Handelsrouten nach Indien, und deshalb zerstörten sie den Hafen von Ras Al Khaimah und mehr als 300 (!) Schiffe der Qawasim.

Die Zerstörung der Flotte 1819 leitete den Niedergang des Macht- und Handelsbereichs der Qawasim ein. Als ihr Stammesführer Sheikh Sultan Bin Saqr den Friedensvertrag mit den Briten auch im Namen der von ihm beherrschten Scheichtümer von Ajman und Umm Al Qaiwain unterzeichnen wollte, wehrten sich deren Sheikhs. Die Briten nutzten die Gelegenheit, die Qawasim weiter zu schwächen, und seitdem sind Ajman und Umm Al Qaiwain unabhängig von Ras Al Khaimah und selbständige Emirate.

Von nun an drängten die Briten auf Sicherheiten, 1820 kam es zu jenem Vertrag zwischen Großbritannien und den Scheichtümern am Golf, in dem auch Abu Dhabi zusagte, sich der Piraterie, des Sklavenhandels und kriegerischer Auseinandersetzungen mit den Nachbarn zu enthalten. Damit akzeptierte Sheikh Tahnoun Bin Shakhbout zwar die britische Schutzhoheit am Golf, sicherte sich aber damit gleichzeitig die internationale Anerkennung Abu Dhabis als unabhängiges Scheichtum und territorial zudem jene Wüstengebiete, in denen später das Öl gefunden werden sollte.

Die Sheikhs

In den kommenden Jahren unterzeichneten die Sheikhs von Abu Dhabi und Dubai Verträge, die den Briten den Zugang zu ihren Häfen sicherten. Bereits 1826 hatten die Briten im Zuge ihrer Kanonenboot-Politik in Sharjah einen Political Residency Agent stationiert, der alle Entwicklungen auf dieser Küstenseite des Golfs den British Political Residents im iranischen Bushir zu berichten hatte.

Man muss sich in Erinnerung rufen: Die Briten mit ihren überlegenen Waffen, ihren modernen Schiffen, ihren Handelsbeziehungen und ihren Vorstellungen von Recht und Lebensart trafen am Golf auf eine arme, beduinische Gesellschaft. Bescheidene Landwirtschaft gab es nur in den weiter nördlich gelegenen Gebieten von Ras Al Khaimah und Fujairah sowie in den Oasen Liwa und Al Ain. Datteln waren das Grundnahrungsmittel, nur entlang der Küste gab es Fisch, Kamelmilch war eines der wichtigsten Nahrungsmittel, Fleisch lieferten Ziegen und Kamele. Ein wenig Handel mit den gegenüberliegenden Orten im Iran bereicherte das kärgliche Leben.

Das politische System dieser Region konzentrierte sich auf wenige Sheiks, bei denen alle Macht des jeweiligen Stammes zusammenlief. Sie schlichteten Streitigkeiten innerhalb des Stammes, sprachen Recht, bestraften, erklärten Kriege und schlossen Frieden, empfingen fremde Repräsentanten, schlossen Verträge und kümmerten sich um die ›Versorgung‹ ihrer Stammesmitglieder. Im Idealfall hatten nur die engsten männlichen Verwandten innerhalb der Herrscherfamilie Zugang zu den Prozessen der Entscheidungsfindung. Dieses System der absoluten Stammesherrschaft, das die Geschicke entlang der arabischen Seite des Golfes jahrhundertelang bestimmte, hielt sich im Grunde bis in die 1960er-Jahre. Erleichtert wurde diese Machtstruktur durch eine gemeinsame sunnitische Glaubensrichtung.

Die Trucial States
1838 hatten die Briten mit allen Sheiks entlang der Küste Verträge geschlossen, die den Sheiks zwar territorialen Besitzstand und finanzielle Unterstützung, Großbritannien aber die politische Vorherrschaft am Golf sicherten. In amtlichen Dokumenten hießen die Scheichtümer am Golf seit der Mitte des 19. Jh. deshalb Trucial States (Vertragsstaaten).
Für die Weltmacht Großbritannien waren gesicherte Friedensvereinbarungen am Golf von großer Bedeutung für die Aufrechterhaltung ihrer Macht in Indien. Da die Scheichtümer bis in jüngste Zeit über keinerlei wertvolle Handelsgüter verfügten, blieben der Bevölkerung Formen des europäischen Kolonialismus erspart, und innerhalb der Stammesgebiete blieben die traditionellen Herrschafts- und Lebensformen bis zur Gründung der VAE erhalten.

Die Macht des Erdöls

Die politische Bedeutungslosigkeit der Scheichtümer am Golf änderte sich schlagartig mit der Entdeckung des Erdöls. Bahrain und Saudi-Arabien profitierten seit 1932 davon, die VAE aber erst seit 1962. Damit begann quasi über Nacht in den Emiraten eine ökonomische Entwicklung, die sie binnen weniger Jahrzehnte in die Moderne katapultierte und sie – gemessen am Pro-Kopf-Einkommen – zu den reichsten Staaten der Welt machte.

Politik am Golf – Abu Dhabi und seine Nachbaremirate

Abu Dhabi ist in zwei Bereichen das herausragende Emirat unter den sieben Emiraten der VAE: Es ist flächenmäßig das größte, und es ist dank seiner Erdölvorräte ökonomisch mit Abstand das reichste. Deshalb kommt ihm die wichtigste Rolle im Staatenverbund der VAE zu.

Die Vereinigten Arabischen Emirate, VAE, sind ein föderal aufgebautes Staatsgebilde, doch haben die sieben Emire nur einen Teil ihrer Souveränität an die Bundesgesetzgebung abgegeben: Diese regelt die Außen- und Verteidigungspolitik, das Erziehungs- und Gesundheitswesen sowie wirtschaftspolitische Bereiche wie die Infrastrukturpolitik (etwa Post, Telefon, Luftfahrt, Währung) sowie die Wirtschafts- und Zollunion. Für das Familien- und Strafrecht sind auf der Grundlage der *sharia* zuerst die traditionellen islamischen Gerichtshöfe in den Emiraten zuständig.

Die Verfassung der VAE

Die provisorische Verfassung von 1971 sollte ursprünglich nur fünf Jahre gelten, wurde dann immer wieder verlängert und 1996 für endgültig erklärt. Sie sieht als zentrale Institutionen der VAE ihren Präsidenten, seinen Stellvertreter, den Obersten Rat *(supreme council)*, einen Nationalen Föderationsrat *(federal national council)* und ein Oberstes Gerichtswesen vor. Ausdrücklich spricht sie von einem einheitlichen Staatsvolk der Emirati mit gemeinsamer Sprache und Religion.

Wichtigste Zentralinstitution ist der Oberste Rat, die Versammlung der sieben Emire. Sie bestimmen aus ihrem Kreis das Staatsoberhaupt der VAE und ernennen auch die Minister und den Chef der Streitkräfte. Jeder der Emire hat nur eine Stimme. Für einen Beschluss in diesem Gremium genügen fünf Stimmen, aber den Herrschern von Abu Dhabi und Dubai wird ein Vetorecht zugestanden. Der Präsident (bislang immer aus Abu Dhabi) und der Vizepräsident (aus Dubai) werden jeweils für fünf Jahre gewählt; eine Wiederwahl ist unbegrenzt möglich.

Demokratische Anfänge

Der Oberste Rat regiert mithilfe eines Ministerrats, dem der Vizepräsident vorsteht und dem 24 Minister angehören. Diese Ressortminister kommen zum größten Teil aus den Herrscherfamilien. Dem Obersten Rat stehen die 40 Mitglieder des Nationalen Föderationsrats (Federal National Council, FNC) zur Seite. Sie haben nur ein Beratungsrecht. Seit 2006 wird die Hälfte von ihnen gewählt. Gemäß der Bevölkerungsgröße der Emirate kommen jeweils acht aus Abu Dhabi und Dubai, je sechs aus Sharjah und Ras Al Khaimah und je vier aus den drei anderen Emiraten. Dieses Gremium berät den Haushalt und kann Gesetze des Ministerrats zurückweisen. Parteien und Gewerkschaften sind verboten. Innerhalb der einzelnen Emirate obliegt die Verwaltung den jeweiligen Emiren. Für die zentrale Verwaltung, d. h. für den Haushalt der VAE, kommen Abu Dhabi und Dubai mehr oder weniger alleine auf.

Das Herrschaftssystem

Die politische Herrschaftsstruktur in den VAE ist eine Mischung aus traditionellem Feudalismus, großzügigem Paternalismus und konstitutioneller Monarchie. Im engen Kreis der Herrscherfamilien werden durch interne Abstimmungen alle wesentlichen Regierungs- und Behördenämter besetzt, sehr häufig mit eigenen Familienangehörigen. Ablösungen von Ministern oder Kabinettsumbildungen erfolgen daher ausgesprochen selten. 2013 kam es zu einer solchen Umbildung, und zwar aus der Notwendigkeit heraus, das Parlament zu verjüngen. Solange die Vetternwirtschaft den wachsenden Reichtum in den Emiraten und den perfekt organisierten Wohlfahrtsstaat nicht mindert, gibt es unter den Emirati keine Unzufriedenheit. Die Regierung ist der Hauptarbeitgeber der männlichen Einheimischen, sofern sie nicht selbstständige Geschäftsleute sind.

Der Wohlfahrtsstaat

Die soziale Situation und die gesundheitliche Versorgung aller Emirati sind ausgezeichnet. Alle Krankenhäuser und Ambulanzstationen des Landes sind mit modernstem technischem Gerät ausgestattet und jede Versorgung ist kostenlos. Wasser und Strom werden hoch subventioniert, für jedes Kind zahlt der Staat jeden Monat Erziehungsgeld. Witwen, alte Menschen, Behinderte und unverheiratete Frauen über 40 erhalten großzügige Alimentationen, Emirati als Angestellte in Behörden, Firmen und z. B. in Hotels erhalten einen sehr hohen Mindestlohn, der den der *expatriates* bei gleicher Arbeit um ein Vielfaches übertrifft. Sehr gut ausgestattete Schulen sichern die Schulpflicht für Jungen und Mädchen, der bildungspolitische Entwicklungssprung binnen einer Generation manifestiert sich am deutlichsten in der

Kriege am Golf
Im Ersten Golfkrieg (1980–89) unterstützte der GCC den Irak unter Saddam Hussein mit großzügigen Finanzhilfen gegen den schiitischen Iran. Zehn Jahre später, nach dem Überfall des Irak auf Kuwait, brachte der GCC ca. 100 Mrd. US-$ gegen Irak auf, um sein Mitglied Kuwait mithilfe der UN, der USA und 36 anderer Staaten wieder zu befreien. Im Dritten Golfkrieg, in dem die USA und Großbritannien den irakischen Diktator Saddam Hussein 2002 stürzten, gewährten die GCC-Staaten den USA umfassende logistische Unterstützung, entsandten aber keine Soldaten. Der Iran ist für die VAE der größte Unsicherheitsfaktor am Golf. 1972 besetzte er drei Inseln, die zu Sharjah (Abu Musa) und zu Ras Al Khaimah gehören. 1992 annektierte er sie.

landeseigenen Universität von Al Ain. Hier studieren zurzeit 21 000 junge Emirati mit großzügigen Stipendien, die besten erhalten Auslandsstipendien an Universitäten ihrer Wahl. Unter den Studierenden sind drei Viertel junge Frauen, deren Großmütter in ihrem Leben keine Chance hatten, eine Schule zu besuchen.

Außenpolitik

Die Außenpolitik der VAE ist pro-westlich ausgerichtet und an engen freundschaftlichen Verbindungen mit allen arabischen Staaten orientiert; die VAE unterhalten diplomatische Beziehungen zu 140 Staaten der Welt. Die Emirate sind Mitglied der UNO, der OPEC, der Arabischen Liga und des Golf-Kooperationsrats.

Den Gulf Cooperation Council (GCC) gründeten Saudi-Arabien, Kuwait, Qatar, Oman, Bahrain und die VAE 1981 als Reaktion auf den Ausbruch des Ersten Golfkriegs. Ziel des GCC ist eine enge Koordination in der Außen-, Sicherheits- und Wirtschaftspolitik der Unterzeichnerstaaten. Iran und Irak sind bislang von diesem Gremium ausgeschlossen.

Bringt die Zukunft eine ›EU am Golf‹?

Vor Ort wird über einen gemeinsamen Wirtschaftsmarkt, eine ›EU am Golf‹ nachgedacht. So begannen Verhandlungen im GCC über einheitliche Zölle und eine Vernetzung der Energiesysteme. Ob die Staatsoberhäupter aber bereit sind, um dieses Ziels willen auf einen Teil der absoluten Herrschaft in ihren Emiraten zu verzichten, darf bezweifelt werden. Trotzdem gibt es kleine Fortschritte für die Untertanen: Sie können mittlerweile ohne Visum mit ihren Autos in die Länder des GCC reisen, und über eine gemeinsame Währung, den »Golfo«, spricht man auch, um eine Abkopplung vom US-$ zu erleichtern.

Aus der ungelösten Sicherheitsfrage resultiert die Anlehnung an die Schutzmacht USA, die aber zugleich wegen der positiven Haltung zu Israel Kritiker aus dem islamisch-fundamentalistischen Lager auf den Plan ruft.

Auf internationalem Parkett erwarben sich die VAE große Anerkennung: Sie beteiligt sich an Einsätzen der UNO (z. B. in Somalia und im Kosovo), sie arbeitet eng mit UNICEF zusammen und hat 2005 als erster Erdöl-Staat das Kyoto-Protokoll zur Stärkung des Klimaschutzes unterzeichnet.

Schwarzes Gold – das Erdöl der Golfregion

Rund die Hälfte aller derzeit nachgewiesenen Ölreserven der Welt befinden sich in der Region des Arabischen Golfes. Auf die VAE entfallen ca. 10 % davon. Sollten die gegenwärtigen Fördermengen beibehalten werden, reichen allein die Vorräte Abu Dhabis noch ca. 130 Jahre.

Seit Beginn des 20. Jh. war sich die Fachwelt der Geologen darüber einig, dass es sich im Bereich der Arabischen Halbinsel lohnen würde, nach Erdöl zu suchen. Konkret entdeckt wurden die ersten Ölquellen jedoch erst nach dem Ersten Weltkrieg in Bahrain und in Saudi-Arabien (1932). Abu Dhabi gehört seit 1962 zu den Erdöl-Staaten.

Ein Geschenk Allahs

Allah habe seinen treuesten Anhängern bereits auf Erden etwas von seiner grenzenlosen Güte zuteil werden lassen, erklärten wahabitische Geistliche ihren Koranschülern vor wenigen Jahrzehnten die Tatsache, dass ausgerechnet in Saudi-Arabien so viel Erdöl gefunden wurde. Für die Anhänger dieser Theorie machte Allahs Güte nicht an den Grenzen zum Nachbarn VAE halt. Auch dort hört man manch-

Erdölraffinerie auf der Insel Das

Entstehung des Erdöls
Eine der wesentlichen Voraussetzungen für Erdöl ist die Existenz von Sedimentgestein. Denn Sedimentgestein, das sich unter großem Druck aus Sandformationen bildet, hat Poren, Kavernen und Hohlräume. Vor Jahrmilliarden entstand in den Meeren aus unzähligen winzigen Lebewesen, die abgestorben auf den Meeresboden herabgesunken waren, ein Faulschlamm, der nicht verwesen konnte, weil es in der Tiefe zu wenig Sauerstoff gab. Dieser Schlamm verwandelte sich vor allem in Tonablagerungen durch sauerstoffunabhängige Bakterien zu Kohlenwasserstofftropfen. Aufgrund tektonischer Verwerfungen und durch die Verfestigung der Erdoberfläche entstanden Deckgebirge, die später die Tone überlagerten und mit ihrem ungeheuren Gewicht die Öltropfen aus den Poren in die Hohlräume der Sedimentgesteine pressten. Die einzelnen Öltropfen sammelten sich zu Blasen und bildeten unterirdische Seen. Unter Druckeinwirkung sickerten sie durch das Sedimentgestein, bis sie auf undurchdringliche Gesteinsformationen trafen oder auf Stellen, wo sich das Sedimentgestein selbst verfestigt hatte. An solchen Barrieren, zu denen auch die Erdoberfläche gehört, staute sich das Öl in Becken, die sich zunehmend füllten und unter immer größeren Druck gerieten. Bereits im Altertum trat deshalb Erdöl aus geologisch porösen Stellen ans Tageslicht und fand z. B. Verwendung als Pech.

mal noch von älteren Menschen diese Erklärung eines Zusammenhangs von göttlicher Auserwähltheit und irdischem Reichtum.

Heute wird in den Schulen der VAE naturwissenschaftlichen Erklärungen der Vorzug eingeräumt, die die geologische Entstehungsgeschichte der Region im weitesten Sinne berücksichtigen. In der Region des Arabischen Golfs sammelte sich vor etwa 100 Mio. Jahren aufgrund gigantischer Sedimentgesteinvorkommen ungeheuer viel Öl. Bis heute wurde keine Region auf der Welt entdeckt, wo Öl in solchen Mengen und so dicht unter der Erdoberfläche lagert. Als weitere Vorteile kommen – im Gegensatz z. B. zu Alaska oder Sibirien – noch das günstige Klima und problemlose geografische Bedingungen für die Förderung hinzu.

Das erste Erdöl

1932 wurde auf der Insel Bahrain zum ersten Mal Erdöl am Golf entdeckt. 1935 unterzeichneten die Sheikhs der Trucial States die ersten Explorationsverträge für ihre Territorien mit britischen Gesellschaften. Das brachte den Herrscherfamilien zum ersten Mal größere finanzielle Zuwendungen. Den Explorationsverträgen folgten Bohrkonzessionen. Zuerst unterzeichnete 1937 Dubai. Sheikh Shakhbout akzeptierte erst 1939 das britische Angebot. Er erhielt 300 000 Rupien, damals die indisch-britische Währung am Golf; zudem sicherte ihm die britische Erdölgesellschaft jährliche Zahlungen zu.

Mit zunehmendem Alter aber wurde Sheikh Shakhbout Bin Sultan immer exzentrischer. Er forderte von den Erdölgesellschaften ständig mehr Geld, weigerte sich aber hartnäckig, die anderen Emirate, die über keine Erdöleinnahmen verfügten, an seinen Einnahmen zu beteiligen. Dies sah aber der von den Briten gegründete Trucial States Developing Fund vor. Erst nach intensivem Drängen der Briten erklärte er sich bereit, im Falle erfolgreicher Bohrungen und Förderungen den anderen Emiraten 4 % seiner Einnahmen für Infrastrukturmaßnahmen zu überlassen. Sein Nachfolger Sheikh Zayed Bin Sultan zahlte dann 1966 größere Summen nachträglich ein. Bis heute wird dieser ›Länderfinanzausgleich‹ in den VAE praktiziert.

Abu Dhabis Ölreichtum

Am 5. Juli 1962 verließ der britische Tanker British Signal mit 33 000 *off-shore* geförderten Tonnen Erdöl die viele Kilometer vor Abu Dhabi liegende Insel Das, am 15. Dezember 1963 der Tanker Esso Dublin die Reede von Jebel Dhanna, ca. 250 km westlich von Abu Dhabi Stadt. Sein Erdöl war das erste, das auf dem Festland gefördert wurde. Zahlungen von 10 Mio. Pfund für 1964 und 25 Mio. für 1965 als *royalty income* wurden für Abu Dhabi in britischen Zeitungen genannt. Doch aus dem Palast in Abu Dhabi drang davon kein Wort. Sheikh Shakhbout sammelte die Einnahmen in seiner Schatulle für eventuelle Notfälle. Eine einzige verschwenderische Ausgabe leistete er sich: Mithilfe von zwei Generatoren ließ er Ende 1963 elektrisches Licht in seinen Palast Qasr al Hosn bringen.

Gerechte Gewinnverteilung

Der Entwicklung Abu Dhabis standen die rückwärtsgewandten Sichtweisen Sheikh Shakhbouts im Wege. Das Ansehen seines jüngeren Bruders Zayed, dessen Erfolge in Al Ain und vor allem die Forderung der Briten nach Modernisierung veranlassten schließlich den Familienrat der Al Nahyan zum Handeln. Zayed selbst hatte zuvor die Familienmitglieder überzeugt, dass der Ausbau der Infrastruktur und die Beteiligung der Dhabi'in an den Erdölgewinnen die größte Sicherheit für die Familie Al Nahyan darstellte. 1966 wurde Zayed Bin Sultan vom Familienrat der Al Nahyan die Herrschaft über Abu Dhabi übertragen. Mit dem Regierungsantritt von Sheikh Zayed Bin Sultan (1966–2004) änderten sich die Verhältnisse in Abu Dhabi schlagartig. Unter seiner Regentschaft erreichte Abu Dhabi dank der Erdöleinnahmen jenen wirtschaftlichen Aufschwung, der die Bewohner des Emirats heute zu den wohlhabendsten der Welt macht.

Die Erdölinsel Das
Die Insel Das liegt ca. 140 km nordwestlich von Abu Dhabi inmitten des Arabischen Golfes und ist heute Hauptzentrum der Ölindustrie vor der Küste. Sie ist der große Ölausfuhrhafen für die Offshore-Ölfelder und für verflüssigtes Naturgas, das hier von der Abu Dhabi National Oil Company (ADNOC) produziert wird. Früher war Das ein wichtiger Brutplatz für Schildkröten und für Tausende von Seevögeln. Doch die meisten von ihnen wurden in den frühen 1960er-Jahren vertrieben. In den letzten Jahren kehrten jedoch weißschwänzige Seeschwalben (Sterna repressa) zum Brüten zurück. Nach wie vor ist Das ein wichtiger Zwischenstopp für Zugvögel.

Abu Daimler – die Auslandsinvestitionen des Emirats

Das Emirat Abu Dhabi ist reich, sehr reich. So reich, dass es 2009 nicht nur aus Anlass der Finanzkrise dem Nachbaremirat Dubai mit 10 Mrd. US-Dollar zu Hilfe eilte, sondern darüber hinaus noch ein Vielfaches im Ausland investierte.

Im Jahr 2009 erwarb Abu Dhabi für ca. 2 Mrd. € 9 % der Aktien des traditionsreichen deutschen Automobilherstellers Daimler. Nach Kuwait, das seit 1974 bereits 7 % der Daimler-Aktien besitzt, war damit Abu Dhabi der zweite Großaktionär vom Golf. 2012 hatte sich der Aktienkurs von Daimler verdoppelt. Daraufhin trennte sich Abu Dhabi wieder von seiner Beteiligung. Bei allen Aktienbeteiligungen der Golfstaaten ist davon auszugehen, dass sie keinen Einfluss auf das operative Geschäft der ausländischen Firmen nehmen wollen.

Auch um die Rendite allein geht es den Investoren vom Golf nicht. Denn sie sind keine privaten Anleger mit kurzfristigen Shareholder-Value-Interessen. Vielmehr legen sie die vielen US-Dollars, die sie durch Erdölexporte einnehmen, in Staatsfonds der internationalen Kapitalmärkte an für die Zeit nach dem Versiegen der Ölquellen. Denn wenn man am Golf mit Öl eines fernen Tages nichts mehr verdienen kann, sollen diese breit gestreuten Investitionen auf den weltweiten Finanzmärkten ein Ersatzeinkommen schaffen.

Petro-Dollar-Recycling

Abu Dhabi besitzt knapp 10 % der weltweiten Ölreserven. Angesichts des steigenden Ölpreises stand Sheikh Zayed vor 30 Jahren vor der Frage: Wohin mit all den Petrodollars? Damals befahl er die Gründung eines Staatsfonds, der den Namen Abu Dhabi Investment Authority (ADIA) trägt. Heute ist die ADIA der größte Staatsfonds der Welt. Wie groß er ist, weiß niemand genau. Die Schätzungen schwanken zwischen 500 und 875 Mrd. US-$. Liegt die Wahrheit bei dem oberen Wert, könnte die ADIA nahezu alle 30 deutschen DAX-Unternehmen von Adidas bis Volkswagen aufkaufen. Den ADIA-Vorstand bestimmt Sheikh Khalifa Bin Zayed, der heutige Herrscher Abu Dhabis, per Dekret. Er ist der Vorsitzende, seine Brüder, Neffen und Söhne stellen die Mehrheit der Mitglieder. Sheikh Hamad bin Zayed, sein Bruder, ist der Geschäftsführer. Er überwacht die Geschäfte der ADIA im Sinne seines Vaters. Die Zuarbeit leisten allerdings ca. 2000 Fondsmanager, alle *expatriates,* im globalen Bankerdresscode der dunkelblauen Anzüge mit dezenten Krawatten, ausgebildet an den besten Universitäten, mit Berufserfahrungen in den renommiertesten Banken; sie werden »berufen«, bewerben können sie sich nicht.

Wie viel Geld Abu Dhabi jedes Jahr neu anlegt, kann man aus seinen Handelsbilanz-Überschüssen von rund 50 Mrd. US-$ erschließen. Mindestens die Hälfte, schätzen Finanzexperten, werden in Dollarmärkten, etwa 5 % in der Bundesrepublik, angelegt.

Unter Sheikh Zayed galt seit der Gründung der ADIA die Maxime, sich an Auslandsunternehmen nur mit weniger als 4,5 % des Aktienanteils zu beteiligen, damit blieb man unter der Schwelle, ab der die nationalen Gesetze eine Veröffentlichung vorschreiben. Unter Sheikh Khalifa, seinem Sohn, zeichnete sich eine Trendwende ab.

Illustre Projekte

Seit 2006 organisiert die Abu Dhabi Investment Company (ADIC) die Investitionen des Emirats. Sie ist eine hundertprozentige Tochter der ADIA, die sich jetzt als Beratungsorgan der Holding versteht. 2008 kaufte z. B. die ADIC für 800 Mio. US-$ das weltbekannte Chrysler-Building in New York. Auch gibt es jetzt einen zweiten staatlichen Investitionsfonds, der den Namen Mubadala trägt und den der jüngere Bruder des Herrschers, Mohammed Bin Zayed, leitet. Der Mubadala-Fonds erwarb beispielsweise 2007 5 % der Aktien der italienischen Autofirma Ferrari. Er investiert die Einnahmen aus den Erdölexporten auch im eigenen Land, so etwa in den Bau einer Formel-1-Strecke auf Yas Island und in die großen Dependancen des Louvre und des Guggenheim-Museums, die auf Saadiyat Island entstehen werden. Mubadala finanziert auch das Projekt Masdar, eine Wohn- und Industriestadt, die ausschließlich mit alternativen Energien betrieben wird. Das alles sind Projekte, die Abu Dhabis Abhängigkeit vom Öl reduzieren sollen. Aber den größten Teil der Petrodollars investiert Abu Dhabi nach wie vor im Ausland.

Seit 2009 besitzt Abu Dhabi 80 % der Schiffsbauwerft und 50 % des Marine-Schiffsbaus der Hamburger Traditionswerft Blohm & Voss, die der deutsche Stahlkonzern ThyssenKrupp an die Scheichs veräußerte. Abu Dabi habe konkrete Aufträge an der Hand sowohl im Militär- als auch im Jachtbereich, hieß es in der Begründung des Ankaufs.

Vor der Finanzkrise hatte es Befürchtungen gegeben, die Sheikhs der Familie Al Nahyan könnten unerwünschten politischen Einfluss auf die wichtigen europäischen Industriezweige nehmen. Doch die Vorwürfe sind kleiner geworden, seit große Banken des Westens, allen voran die Citibank, mithilfe der Staatsfonds vom Golf ihre Liquiditätskrisen haben abwenden können.

Expatriates – Abu Dhabi und seine ›Gastarbeiter‹

Wenn es um Bevölkerungszahlen in den Emiraten der VAE geht, muss man zwischen ›locals‹ und ›expatriates‹, Einheimischen und Gastarbeitern, differenzieren. Die VAE, und allen voran die Emirate Abu Dhabi und Dubai, gehören zu den ganz wenigen Ländern der Welt, in denen nur jeder achte Einwohner auch Staatsbürger ist und einen nationalen Pass besitzt.

Um die Wende zum 20. Jh. lebten auf dem heutigen Gebiet der Arabischen Emirate schätzungsweise 50 000 Menschen, die meisten beduinischer Abstammung. Als die VAE 1971 ein unabhängiger Staat wurden, zählten britische Statistiker bereits 200 000 Einwohner. Schon damals betrug der Anteil ausländischer Einwohner ca. 75 %, sodass 1971 in den beiden größten Emiraten Dubai und Abu Dhabi

Die eigentlichen Akteure des rasanten Aufbaus von Abu Dhabi sind die Expatriates

jeweils nur ca. 20 000 einheimische Dubai'in und Dhabi'in lebten.

Bis heute hat sich dieses Verhältnis zwischen *locals* und *expatriates* nicht verändert. 45 Jahre nach der Staatsgründung leben in den Emiraten der VAE zusammen ca. 7,5 Mio. Menschen, von denen weniger als ein Fünftel einen einheimischen Pass besitzt. Die anderen ca. 6 Mio. sind Arbeitsmigranten, davon allein in Abu Dhabi ca. 1,9 Mio. (im Emirat Dubai ca. 2 Mio.). Sie sind es, die den insgesamt ca. 300 000 Emirati in Abu Dhabi und den mehr als 10 Mio. Touristen während ihres Aufenthalts in den VAE zu großen Annehmlichkeiten verhelfen und durch deren Arbeit die Arabischen Emirate sich zu dem entwickeln konnten, was sie heute darstellen.

Arbeitsmigranten-Alltag

Ein Leben ohne ›Gastarbeiter‹ ist für die Emirati undenkbar. Jede einheimische Familie hat durchschnittlich zwei ausländische Hausmädchen, beschäftigt einen Chauffeur und einen Gärtner. Und alle körperlichen Arbeiten, z. B. in Hotels oder Shopping Malls, aber insbesondere auf den Baustellen und im Hafen, werden ausschließlich von ausländischen Arbeitskräften erledigt.

Alle Gastarbeiter aus Ländern der Dritten Welt, die in den Ölstaaten am Golf eine Zeit lang arbeiten, verdienen dort wesentlich besser als zu Hause (das ca. Dreifache), wobei man wissen muss, dass viele zu Hause überhaupt keinen Arbeitsplatz haben.

Entlohnung nach Pass

Karim, ein Baggerfahrer aus Pakistan, wohnt in einer Sammelunterkunft, arbeitet viel und spart. Da auch am Golf die Preise steigen, geht er am Freitag mit anderen Pakistani zuerst in die Moschee, dann in einem Park oder entlang der Corniche spazieren, trinkt einen Tee und geht früh nach Hause, weil am nächsten Morgen der Firmenbus zur Arbeitsstätte um 5 Uhr losfährt. Sein Freund Abdul arbeitet in einem Hotel. Seine Arbeitsbedingungen sind zwar klimatisch angenehmer als auf einer Baustelle, aber sein Lohn ist derselbe. Auch der von Asra aus Sri Lanka, einer Verkäuferin in einer Shopping Mall, die sogar Englisch spricht, beträgt ca. 300 €. Denn die Agenturen, die die ausländischen Gastarbeiter vermitteln, und die ›Sponsoren‹, die örtlichen Arbeitgeber, orientieren sich in erster Linie an den Löhnen im Herkunftsland. Verkürzt: Der Pass bestimmt den Lohn eines *expatriate*. So verdient z. B. ein deutscher Ingenieur auf der gleichen Baustelle weitaus mehr als ein ägyptischer.

Viele verlängern deshalb auch ihre in der Regel auf zwei Jahre befristeten Erstverträge um weitere Jahre. Jedes Jahr am Nationalfeiertag danken die Herrscher den *expatriates* ausdrücklich für ihren Beitrag zur Entwicklung in den Emiraten.

Drei Viertel aller *expatriates* kommen aus asiatischen Ländern, allen voran Indien und Pakistan. Die meisten müssen alleine hier leben, denn nur wer über 5000 Dh im Monat verdient und die schriftliche Zustimmung seines Arbeitgebers vorlegen kann, darf seine Familie nachholen. Schon bei kleinen Vergehen, wie mehrmaliger Unpünktlichkeit am Arbeitsplatz oder körperlichen Auseinandersetzungen in der Öffentlichkeit, verlieren sie ihre Arbeitsstelle und müssen ausreisen; bei schweren sowieso. Doch die *expatriates* wissen das, bevor sie einreisen. Sie erhalten in Abu Dhabi eine nahezu kostenlose Krankenversorgung, der Arbeitgeber sorgt für eine bescheidene Unterkunft in Mehrbettzimmern, den Transport zum Arbeitsplatz und einmal im Jahr einen Freiflug inklusive bezahltem Heimaturlaub. Dafür arbeiten sie sechs Tage in der Woche und können große Teile ihres Lohns nach Hause überweisen. Solange sich die ökonomischen Verhältnisse in der Dritten Welt nicht ändern, werden Menschen unter diesen Bedingungen am Golf arbeiten. Allein in Abu Dhabi beträgt ihre Zahl ca. 1,9 Mio. So arbeiteten z. B. allein auf der kleinen Insel Yas 45 000 *expatriates* in drei Schichten rund um die Uhr an der rechtzeitigen Fertigstellung der Formel-1-Rennstrecke.

Proteste mit Wirkung

Bei dem riesigen Bedarf der Emirate an Arbeitskräften, insbesondere für körperliche Arbeiten und vor allem im Dienstleistungsbereich, kommt aber Bewegung in diese Lohnpraxis und in die Lebensbedingungen der Arbeitsmigranten. Zum ersten Mal in der Geschichte der VAE kam es 2010 im Nachbaremirat Dubai zu Arbeitsniederlegungen von Bauarbeitern am Prestige-Bauwerk Burj Khalifa (Burj Dubai), dem höchsten Turm der Welt, obwohl Streiks und Gewerkschaften gesetzlich verboten sind. Mehr als 5000 ›Gastarbeiter‹ indischer und pakistanischer Herkunft beklagten, dass ihr Arbeitgeber sowohl den Transport zur Arbeitsstätte (zu wenige Busse, zu lange Wartezeiten) als auch die Stechuhren (bis zu einer Stunde Schlange stehen) derart schlecht organisiert hatte, dass sie pro Tag vier Stunden Arbeitszeit verlören. Die örtliche englischsprachige Presse berichtete ausführlich darüber. Der zuständige Minister drängte sofort die Firma zur Abhilfe und insistierte bei mehreren privaten Unternehmen, ihre Löhne pünktlich zum Monatsende zu zahlen, denn immer wieder kam es in der Presse zu diesbezüglichen Klagen.

›Ask the law‹

Inzwischen gibt es eine Internet-Kampagne von Menschenrechtlern, die die Regierung der VAE auffordern, die Konvention der UN-nahen International Labour Organisation (ILO) zu unterzeichnen und Mindestlöhne einzuführen. Sie appellieren nicht an die Firmen und erheben ihnen gegenüber keine Forderungen nach mehr Lohn. Die Forderung nach Mindestlohn richtet sich vielmehr an die VAE-Regierung. Denn die reichen Herrscher – die selbst auch Unternehmer sind – können schlecht eine Mindestlohnhöhe festlegen, die sie vor der Weltöffentlichkeit zu Ausbeutern abstempeln würde.

Und es hat sich was getan am Golf: 2009 verabschiedete Abu Dhabi als erstes Emirat sogenannte Labour Accomodation Standards, in Al Wathbar nahe der Großbaustelle am Raha Beach eröffnete im selben Jahr eine große Siedlung für ›Gastarbeiter‹ nach diesen Vorstellungen. Dubai hatte bereits 2008 eine eigene Abteilung bei der Polizeibehörde eingerichtet, die nur für *workers complaints* zuständig ist. In der Zeitung Gulf News gibt es eine Rubrik Ask the law, in der Leserbriefe von *expatriates* zu Rechtsfragen und Beispiele ihrer unrechtmäßigen Behandlung abgedruckt werden. Und der Arbeitsminister der VAE hat 2012 angeordnet, dass im Sommer auf keiner Baustelle mehr zwischen 12 und 16 Uhr gearbeitet werden darf und der Arbeitgeber zudem eine ausreichende Getränkeversorgung sicherzustellen habe.

Die Arbeitsbedingungen der am Golf beschäftigten Arbeitskräfte aus der Dritten Welt sind nach europäischen Maßstäben absolut unzulänglich. Aber sie spiegeln nur die globalen Machtverhältnisse des mit ihnen einhergehenden neoliberalen Zeitgeistes.

Einwanderung ausgeschlossen

Für alle ›Gastarbeiter‹ *(expatriates)* ist ungeachtet ihrer Nationalität die Einbürgerung ausgeschlossen, auch wenn sie – und oft sogar schon ihre Eltern – seit Jahrzehnten am Golf leben und arbeiten. Angesichts der Zahlenverhältnisse – z. B. in Abu Dhabi stehen ca. 300 000 Dhabi'in 1,9 Mio. Arbeitsmigranten gegenüber – kann man die offizielle Argumentation nachvollziehen: »Wenn wir allen die Staatsangehörigkeit geben würden, wären wir kein arabisches Land mehr. Seit 2005 aber können Ausländer in bestimmten, abgegrenzten Gebieten der VAE (im Emirat Dubai z. B. auf den künstlichen Halbinseln The Palm Jumeirah oder im Emirat Abu Dhabi in Al Raha Beach und auf Al Reem Island) Land- und Immobilienbesitz erwerben und erhalten damit für 99 Jahre einen Residenz-Status.

Wunderwesen der Wüste – das Kamel

Das bedeutendste Tier der Arabischen Halbinsel ist das Kamel. Ohne das Kamel war menschliches Leben vor der Entdeckung des Erdöls auf der Arabischen Halbinsel undenkbar. Denn Kamele legen selbst bei großer Hitze ohne Mühe 30–50 km am Tag zurück. Dabei können sie noch bis zu 250 kg Last tragen und brauchen nur alle fünf Tage Wasser. Die dadurch entstandene innige Beziehung, ja Verehrung des Kamels schlägt sich in Liedern, mündlichen Erzählungen und in der Literatur nieder.

Für Beduinen war das Kamel das höchste Gut: Es schenkte ihnen Bewegungsfreiheit, es versorgte sie mit Milch und Fleisch, es lieferte das Material sowohl für Sandalen, Gürtel und Wassersäcke (Haut) als auch für Kleidung, Zelte und Teppiche (Haare und Fell), und selbst der Kot fand in getrocknetem Zustand Verwertung als Heizmaterial.

Ideales Wüstentier

Wie kein anderes Tier hat das Kamel in einem langen Evolutionszeitraum eine Fülle physiologischer Anpassungen an seinen extremen Lebensraum vollzogen: In seinen Höckern sammelt es Fett an, sodass es mehrere Tage ohne Nahrung leben kann (entgegen

Kamele – dem Wüstensand auch farblich gut angepasst

der verbreiteten Meinung ist der Höcker kein Wassertank!); die schwielensohligen, tellerförmig gespreizten Fußballen wirken wie Niederdruckreifen, die nicht in den Sand einsinken – die dicke Hornschwiele schützt überdies gegen den heißen Sandboden.

Die Nasenmembran des Kamels besitzt eine vierzigmal größere Fläche als die menschliche und hält alle Feuchtigkeit der eingeatmeten Luft im Körper zurück, um sie zur Kühlung von Blut, Augen und Gehirn zu verwenden. Bei extremen Außentemperaturen kann ein durstiges Kamel seine Körpertemperatur auf 42 °C ansteigen lassen; dies vermindert das Schwitzen und damit Wasserverlust.

Sein Magensystem kann innerhalb kurzer Zeit bis zu 180 l Wasser aufnehmen und in Speicherzellen einlagern; die Kamelniere resorbiert zudem viel Wasser aus dem Harn und spezialisierte Zellen des Enddarms entziehen dem Kot die letzte Feuchtigkeit und führen dieses Wasser dem Organismus wieder zu. Lange, dichte Augenwimpern verhindern das Eindringen von Sand und Staub, sodass das Kamel auch bei Sandstürmen weiterwandern kann. Zudem wird ein Sekret abgesondert und bildet einen Tränenflor, der verhindert, dass die Augen sich durch Sandkörner wundreiben.

Statussymbol statt Wirtschaftsfaktor

All diese Eigenschaften lassen das Kamel, das im Arabischen *gamal* heißt, zum Symbol für Schönheit, Geduld, Ausdauer und Genügsamkeit werden. Tausend unterschiedliche Namen kennt die arabische Sprache für dieses Tier – unermesslich ist seine Wertschätzung. Auf der unmittelbar vor dem Festland gelegenen Insel Umm Al Nar bei Abu Dhabi wurden bei Ausgrabungen eines prähistorischen Siedlungsgebiets große Mengen von Kamelknochen aus einer Zeit entdeckt, in der das Kamel bisher noch nicht als domestiziert galt. Für Historiker aus der Golfregion steht damit fest, dass an der Küste der Emirate jene arabischen Vorfahren siedelten, die das wild lebende Kamel zum Nutztier zähmten.

Heute spielt das Kamel als Wirtschaftsfaktor nur noch eine geringe Rolle, obwohl sich in Al Ain der größte Kamelmarkt der Arabischen Halbinsel befindet. Aber noch immer gilt es auf der Arabischen Halbinsel als Statussymbol, und ein junges Kamel kostet in den Golfstaaten so viel wie ein gebrauchtes Auto. Ganz andere Preise erzielen Rennkamele; die bisher notierte Rekordsumme liegt bei 6,5 Mio. Dh. Größter Kamelbesitzer der Emirate ist ihr Präsident, seine Hoheit Sheikh Khalifa Bin Zayed Al Nahjan. Er besitzt ca. 400 Rennkamele.

Bedeutender Wirtschaftsfaktor vor dem Öl – die Perlenfischerei

Im Sommer 1949 verließen zum letzten Mal Perlenfischer an Bord mehrerer Dhaus die Häfen von Abu Dhabi und Dubai. Als sie im Oktober 1949 zurückkehrten, wussten die Mannschaften, dass ihr Erlös der niedrigste sein würde, den sie je mit Perlentauchen erarbeitet hatten. Denn in den Souqs der Region wurden bereits ab den 1930er-Jahren billigere japanische Zuchtperlen angeboten.

Die feinsten Perlen der Welt – so sagen Kenner – wurden vor den Küsten der heutigen Emirate und in der Nähe Bahrains gefunden. Das Geheimnis ihres schimmernden Glanzes liegt in der konstant warmen, einzigartigen Mischung aus süßem und salzigem Wasser, in dem die Muscheln hier lebten. Denn vor nicht allzu langer Zeit sprudelten am Meeresboden noch Süßwasserquellen, und die Muschelbänke gediehen unter diesen Bedingungen besonders gut.

Lange bevor das Erdöl zum alles beherrschenden Wirtschaftsfaktor am Golf aufstieg, verlieh die Perlenfischerei der Region eine ähnliche, wenn auch geringere Vormachtstellung. Im 19. Jh. begannen Perlenfischer aus den Emiraten systematisch vor ihren Küsten nach Perlen zu tauchen. Von Juni bis September – in den heißesten Monaten, wenn das Meer auch in tieferen Schichten warm genug ist und Haie die kühleren und küstenferneren Gewässer bevorzugen – fuhren die Schiffe in einer Distanz von bis zu 50 km entlang der Küste von Austernbank zu Austernbank. Die Perlentauchschiffe waren kleine Dhaus. Ihre Besatzung bestand aus dem Kapitän und zehn bis 15 Mann.

Akkordarbeit unter Wasser

Ausfahrt und Rückkehr der Perlenflotte war immer ein großes Ereignis, denn die Perlenfischer verbrachten zwischen Juni und September bis zu vier Monate auf dem Meer. Bei den Tauchgängen waren sie lediglich mit einer Nasenklammer, einem Messer, einem Korb und Handbandagen ausgerüstet; Letztere sollten sie vor Schnitten beim Lösen scharfkantiger Muscheln von den Riffen schützen. Getaucht wurde am Golf mit zwei Seilen: Das erste Seil wurde durch einen größeren Stein beschwert, das zweite hatte nur eine Schlinge. Der Taucher ließ sich von Bord des Schiffes mit dem beschwerten Seil auf den Meeresgrund in 15–20 m Tiefe ziehen – hinabzuschwimmen hätte zu viel Zeit und Luft gekostet! Dort sammelte er in einer Minute ca. zehn Muscheln in seinen Korb und ließ sich mit der anderen Leine wieder nach oben ziehen. Inzwischen war auch das beschwerte Seil wieder an Bord gezogen worden. Bis zu 120 Tauchgänge am Tag waren die Regel, d. h. ein Taucher war täglich mehr als zwei Stunden unter Wasser. Die tägliche Hauptmahlzeit an Bord wurde nach dem Abendgebet eingenommen; täglich gab es Fisch, Datteln, Brot und Kaffee. Geschlafen wurde an Deck.

Mit dem Perlengeschäft war ein kompliziertes System der Verschuldung verbunden. Taucher liehen sich vor Antritt der Fahrt Geld von den Kapitänen, um die Versorgung ihrer Familien während der Abwesenheit sicherzustellen. War der Vorschuss größer als der Saisonlohn, mussten sie sich für das nächste Jahr verpflichten, um ihre Schulden zurückzuzahlen. Die Boote wurden hingegen von Händlern finanziert, sodass die Kapitäne diesen gegenüber in der Schuld standen. Am Ende der Saison bekam der Kapitän 25 % des Verkaufserlöses der Perlen, drei Viertel wurde zwischen den Tauchern und Seilziehern geteilt. Am meisten verdienten die Händler, am schlechtesten waren die Taucher dran, denn sie erkrankten häufig aufgrund der körperlichen Strapazen. Starb ein Taucher, ohne seine Schulden bezahlt zu haben, musste sein Sohn oder ein anderes männliches Familienmitglied ihn ersetzen. Auf diese Weise wurden Familien generationenlang gezwungen, Taucher zur Verfügung zu stellen.

Heute sind Japan und Australien die größten Zuchtperlenproduzenten der Welt. Auch gibt es inzwischen Kunstperlen, die nur schwer von echten Perlen zu unterscheiden sind. Von der Perlentradition am Golf ist wenig übrig geblieben. Bahrain ist heute der einzige Staat der Welt, in dem der Verkauf von Zuchtperlen verboten und nur der Handel mit Naturperlen erlaubt ist.

Das Geheimnis der Perlen
Lange Zeit war die Entstehung von Perlen ein Mysterium. Heute weiß man: Sie entstehen als Abwehrreaktion der Muscheln auf eingedrungene Sandkörner. Die Muschel sondert dann verstärkt Perlmutt ab, das sich um die Fremdkörper legt und sie unschädlich macht. Diesen Mechanismus macht man sich bei der Zucht zunutze: Den Muscheln werden künstlich Fremdkörper injiziert. Mit bloßem Auge ist kein Unterschied zu Naturperlen zu erkennen. Der Echtheit kann man sich nur im Labor mithilfe von Röntgenstrahlen versichern.

20 000 l Wasser für ein Glas Orangensaft

»Im Paradies«, so verspricht der Koran den Gottesfürchtigen (Sure 47 Vers 15), »findet Ihr Bäche voll Wasser«. So gesehen leben die Einwohner des Emirats Abu Dhabi bereits auf Erden an einem paradiesischen Ort.

Die Vereinigten Arabischen Emirate verbrauchen mehr Wasser pro Einwohner als jedes andere Land der Welt, obwohl ihre natürlichen Wasserressourcen zu den knappsten des Globus zählen. Nach Berichten der Emirates News Agency liegt der Wasserverbrauch eines jeden Einwohners der VAE bei mehr als 500 l pro Tag und ist damit höher als beispielsweise der der USA (295 l), Frankreichs (156 l) und Deutschlands (122 l). Insgesamt verbrauchen die VAE jährlich ca. 5 Mrd. m^3 Wasser.

Grundwassermangel

Gemessen an seinen natürlichen Reserven herrscht in den VAE großer Wassermangel. Dem Weltressourceninstitut (WRI) zufolge belegen die VAE in puncto Wasser im internationalen Vergleich von 185 Ländern den neuntletzten Platz. Von Wasserknappheit wird in internationalen Statistiken gesprochen, wenn das erneuerbare Wasserangebot unter 1000 m^3 pro Kopf und Jahr liegt. In den Emiraten beträgt es lediglich 293 m^3. Nur ein bescheidener Teil, etwa 20 % seines Verbrauchs, deckt Abu Dhabi durch oberflächennahe Grundwasserquellen. Diese befinden sich an wenigen Orten, insbesondere in den Regionen der Oasen Al Ain und Liwa. Grundwasservorkommen sind aber abhängig von Niederschlägen, und diese sind am Golf selten. Deshalb werden die nicht generierbaren Wasserressourcen des Emirats eines Tages unwiederbringlich zu Ende gehen.

Aus salzig wird süß

Den hohen Wasserverbrauch kann sich Abu Dhabi nur leisten, weil es viele Meerwasserentsalzungsanlagen betreibt, um Süßwasser zu gewinnen. Alleine für die Stadt Abu Dhabi werden so pro Tag eine halbe Million m^3 Süßwasser produziert. Dank des preisgünstigen Energieeinsatzes macht das nicht einmal große Mühe: Meerwasser wird zum Kochen gebracht, damit sich aus dem Dampf dann salzfreies Kondenswasser bilden kann. Diesem destillierten Wasser werden dann wieder Mineralien zugeführt, um die Qualität des Grundwassers zu erreichen und um es als Trinkwasser verwenden zu können.

In Abu Dhabi werden etwa 80 % des Süßwassers durch Entsalzung des Meerwassers gewonnen. Die Anlagen zur Meerwasserentsalzung sind allerdings potenziell als Wasserquelle ständig von Ölteppichen bedroht. Das zeigte sich z. B., als im zweiten Golfkrieg weite Teile im Norden des Golfes monatelang durch kuwaitisches Öl verschmutzt waren. Auch die Tatsache, dass Tanker untergehen oder Öl verlieren können, muss zu denken geben.

Der Gewinnung von Süßwasser aus Salzwasser sind in Abu Dhabi dank eigener preisgünstiger Energieressourcen keine Grenzen gesetzt. Mit jedem neuen Hotel, mit jedem neuen Bürohochhaus oder mit jedem neuen Golfplatz müssen tagtäglich Millionen Liter Süßwasser aus Salzwasser aufbereitet werden. Da solche Meerwasserentsalzungsanlagen am günstigsten mit Elektrizitätswerken gekoppelt werden, entstehen gigantische Industriekomplexe, die niemand gerne in unmittelbarer Nachbarschaft angesiedelt haben möchte. Um von vornherein potenzielle Unannehmlichkeiten zu vermeiden, werden in jüngster Zeit die ersten landeinwärts in der Wüste errichtet und das Meerwasser über riesige Pipelines von der Küste dorthin gepumpt. Das gewonnene Süßwasser (und den Strom) dann in die Zentren zurückzuleiten ist das geringste Problem bei dieser Form der Wassergewinnung.

Das teuerste Heu der Welt

In Kenntnis der Probleme um die Ressource Süßwasser betreibt die Regierung der VAE dennoch eine ausgiebige Landwirtschaft, und ein eigenes Ministerium fördert diese sogar. In den Oasen Liwa und Al Ain werden auf über 100 000 ha Ackerland Gemüse, Salat, Kartoffeln, Viehfutter, Blumen und Früchte angebaut. Teile dieser Agrarprodukte werden gegen jede ökonomische Vernunft produziert. Das Futtergras für die Kamele ist daher wohl das teuerste Heu der Welt und ein besonderer Luxus ist der Anbau von Zitrusfrüchten. Um 1 kg Orangen wachsen zu lassen, müssen bis zu 55 m^3 Wasser – das sind 55 000 l – aufgewendet werden. Daraus presst man knapp drei Gläser Saft.

Aus der Wüste eine grüne Oase zu schaffen, war der Traum des 2004 verstorbenen Herrschers Sheikh Zayed Bin Sultan. Während seiner Regierungszeit wurden im Emirat Abu Dhabi mehr als 4 Mio. Palmen gepflanzt, darunter alleine 1 Mio. entlang den Straßen.

Beduinisches Kulturerbe – Verlust und Rekonstruktion

Die Bedeutung des kulturellen Erbes wird in den Emiraten und besonders in Abu Dhabi immer in öffentlichen Erklärungen hervorgehoben. Tatsächlich sehen sich die Herrscher zum Handeln in diesem Bereich veranlasst, weil der Staat selbst sehr jung ist und die Kinder und erst recht die Enkel der Staatsgründer-Generation nur ein Leben im Erdölzeitalter mit all seinen Annehmlichkeiten kennen.

Viele Emirati wissen nur aus Erzählungen und der Literatur, welch hartes Leben ihre Großeltern zu meistern hatten, wie deren Alltag aussah, welche Sitten, Regeln und Gebräuche in früheren Zeiten das Überleben sicherten. Insbesondere die älteren Staatsbürger der VAE sind deshalb zutiefst davon überzeugt, dass das Bewahren der alten beduinischen Werte im Zeitalter von Satelliten-TV und Internet dringend notwendig ist, um einem Verlust von Identität und Charakterstärke vorzubeugen. Deshalb wird so viel Wert auf Folklore, auf traditionelle Musik, Tänze, Lesungen, aber auch auf traditionelle Aktivitäten – wie etwa Reiten und Pferderennen, Falknerei, Kamelzucht und -rennen und Dhau-Segeln – gelegt.

Oral Tradition

Um dies zu verstehen, müssen sich die Besucher Abu Dhabis ins Gedächtnis rufen: Bis in die Mitte des 20. Jh. gab es so gut wie keine eigene schriftliche Überlieferung. Jede Geschichtskenntnis stützt sich in beduinischen Gesellschaften auf mündliche Erzählungen, die von Generation zu Generation weitergegeben wurden. Deren Objektivität scheint dadurch gesichert, dass ein jeder jeden kannte und verfälschende Darstellungen ein und desselben Ereignisses durch Gegenerzählungen im Kollektiv korrigiert wurden. So wurden natürlich auch Lebensdaten wie Geburt, Tod oder Hochzeit nicht systematisch registriert. Deshalb haben die meisten der Bewohner, die vor den Jahren um 1950 in den Emiraten geboren sind, nur vage Anhaltspunkte bezüglich des Zeitpunkts ihrer Geburt.

Auch bei der Bewältigung des alltäglichen Kampfes ums Überleben, gegen Hitze und Wassermangel, gegen Armut und Hunger konnte man keine schriftlichen Quellen zu Rate ziehen. So benötigte man z. B. noch 1950 sieben Tage, um auf einem Kamel quer durch die Wüste unter sengender Hitze von Abu Dhabi nach Al Ain zu gelangen. Diesen Weg fand nur derjenige, der ihn aus Erfahrung oder eben mündlicher Erzählung kannte, denn Wegweiser, geschweige denn Wegbeschreibungen gab es nicht.

Die wenigen historischen Dokumente der Emirate aus der Zeit vor 1950 sind die an das britische Außen-

Das Kamel ist und bleibt das Symboltier der beduinischen Tradition

Korbflechterinnen bei der Arbeit zuschauen kann man nur noch in Heritage Villages

ministerium adressierten Berichte des britischen Political Agent über die Ereignisse in den Herrscherfamilien. Sie und alle Verträge mit den Trucial States findet man in britischen Archiven. Da auch die Herrscher der Emirate des Lesens und Schreibens unkundig waren, befanden sie sich gegenüber den Briten immer im Nachteil, wenn es darum ging, Beweise oder Belege für Ansprüche geltend zu machen.

Traditionspflege als Staatsaufgabe

Ein ganz wesentlicher Beitrag des Bewahrens einer VAE-Identität besteht in den archäologischen Ausgrabungen, der Errichtung von Museen und sogenannten *heritage villages,* aber auch in der Rekonstruktion zerstörter historischer Gebäude. Vor welchen Schwierigkeiten die Verantwortlichen dabei stehen, wird besonders bei den Rekonstruktionen deutlich. Es gibt keine Baupläne, so gut wie keine Fotografien, vielleicht aus Zufall ein paar alte Zeichnungen. In mehreren Emiraten haben sich trotz dieser Schwierigkeiten in den letzten Jahren örtliche Kulturgesellschaften liebevoll dieser Aufgabe angenommen. Sharjah wurde dafür von der UNESCO als ›Kulturhauptstadt der arabischen Welt‹ ausgezeichnet.

Im Emirat Abu Dhabi kümmert sich die Cultural and Heritage Authority um die Traditionspflege. Die 2013 begonnenen Restaurierungen des Qasr Al Hosn sind Beispiele für diese kulturelle Identitätsarbeit. Erst 2017 werden die Restaurierungen abgeschlossen sein, denn es wird ausschließlich mit Werkstoffen aus »historischer Zeit« gearbeitet. Jeder Schritt wird in Ausstellungen der Öffentlichkeit dokumentiert, parallel dazu läuft ein »Oral History Project«: Die letzten Zeitzeugen berichten in Interviews, wie sie »damals«, vor Regierungsantritt des Staatsgründers Sheikh Zayed, den Alltag vor den Mauern des Qasr Al Hosn erlebten.

Saadiyat Island – ein kulturelles und städtebauliches Megaprojekt

Noch ist Saadiyat Island – arabisch »Insel des Glücks« – nur eine Insel aus Sand mit drei Luxushotels, einem Golfplatz, einem museumähnlichen Ausstellungsgebäude und traumhaft langen schönen Sandstränden. Aber keiner zweifelt im Emirat, dass die Vision eines Kulturzentrums von Weltrang dort Realität werden wird.

Es ist eines der großen ehrgeizigen Ziele des Emirats, sich in der internationalen Welt der Kunst einen Namen zu machen. Es will das Kulturzentrum des Mittleren Ostens werden. Spätestens 2018 wird es dieses Ziel erreicht haben. Wie kann das gelingen? Die Antwort lautet: Nach dem Muster der Entwicklungsstrategie, die auch in anderen Sektoren im Emirat bereits Erfolg hatte.

Man fängt zwar im internationalen Kunstmetier bei null an, aber man verfügt dank ausreichender Erdölvorkommen über genügend Mittel, um gleich ganz oben einzusteigen, in globalen Maßstäben nur die renommiertesten *brands* auszuwählen, um

Die Computersimulation macht es möglich: Ansicht des zukünftigen Cultural District

Miniaturen eines gigantischen Projekts
Im Manarat Al Saadiyat hat sich die permanente Ausstellung »Saadiyat Island« zum Ziel gesetzt, das ambitionierte Projekt bekannt zu machen. In hervorragenden Modellen werden sowohl der gesamte Cultural District als auch die vier Museen sowie das Konzert- und Theatergebäude mit Erläuterungen ihrer Architekten vorgestellt. Am Eingang zur Ausstellung liegen Informationsbroschüren (s. S. 169).

seinen Besuchern nur das Weltbeste zu bieten und damit zugleich als Tourismusdestination größere Bekanntheit zu erlangen. In die pragmatische Philosophie der Tourismus-Behörde übersetzt: »With big cultural developments comes international attention. And with international attention«, davon ist Sheikh Mubarak Al Muhairi, Direktor der Abu Dhabi Tourism and Culture Authority überzeugt, »will come high spending tourists.« Mit Kultureinrichtungen von Weltrang will Abu Dhabi also die internationale Aufmerksamkeit und, damit verbunden, zahlungskräftige Besucher aus aller Welt anziehen.

Stararchitekten

Weltbekannte Architekten werden an der Westspitze der Insel gegenüber dem Hafen Mina Zayed das »weltgrößte Ensemble erstklassiger Kultureinrichtungen« entstehen lassen, darunter vier Museen, die es mit den berühmtesten der Welt aufnehmen werden.

Nur der Vollständigkeit halber soll erwähnt werden, dass der Cultural District zwar das Aushängeschild von Saadiyat Island sein, aber lediglich einen kleinen Teil der Insel umfassen wird. In anderen Distrikten der Insel entstehen weitere Luxushotels und Luxusapartments, es werden Golfplätze und Sandstrände angelegt, aber auch große Bereiche umweltfreundlich renaturiert. Das Visitors Centre Manarat Al Saadiyat informiert anschaulich über das Vorhaben (s. Kasten).

Die Verträge mit den Architekten sind geschlossen, die Zusammenarbeit mit Paris und New York unter Dach und Fach. In die infrastrukturelle Erschließung von Saadiyat wurden bereits 3 Mrd. Dh investiert.

Als Erster wurde im Jahr 2006 der US-amerikanische Stararchitekt Frank Gehry beauftragt, Pläne für das weltgrößte Guggenheim Museum für zeitgenössische Kunst auf Saadiyat zu entwerfen. Frank Gehry, der durch den Bau des Guggenheim Museum in Bilbao bei uns bekannt wurde, wird mit dem Guggenheim Abu Dhabi die größte Filiale des New Yorker Museums entstehen lassen. Gezeigt werden in diesem eindrucksvollen Gebäude Leihgaben der New Yorker Guggenheim Foundation in ständigen und wechselnden Ausstellungen.

Der Franzose Jean Nouvel errichtet derzeit unweit davon eine Dependance des Pariser Louvre. Der Louvre Abu Dhabi wird als erstes der vier Museen demnächst eröffnet (s. Abb. links). Der architektonisch faszinierende Bau ist von einer gigantischen Betonkuppel überwölbt, durch deren verglaste Öffnungen lichtdurchflutete Räume entstehen.

Am Vertrag zwischen der französischen Regierung und der VAE über den neuen Louvre von Abu Dhabi kann man exemplarisch die Ernsthaftigkeit und die Anstrengungen des Emirats erkennen, eine Kulturmetropole zu werden. Über einen Zeitraum von 30 Jahren wird eine wissenschaftlich-künstlerische Zusammenarbeit mit dem Pariser Louvre vereinbart, die eine Förderung und Weiterbildung des Personals ebenso einschließt wie die Konzeptentwicklung und die künstlerische Beratung hinsichtlich der ständigen, von Abu Dhabi ausgewählten Leihgaben. Außerdem verpflichtet sich der Louvre für 15 Sonderausstellungen binnen der nächsten zehn Jahre.

Eine Oper, eine Konzerthalle und drei Theater für insgesamt mehr als 6000 Besucher werden in einem Kulturzentrum Platz finden, das die weltbekannte arabische Architektin Zaha Hadid entworfen hat. Der futuristische Bau soll mit seinen hohen gläsernen Seitenwänden weit ins Meer hinausragen.

Den seefahrerischen Traditionen des Emirats widmet sich ein drittes Museum, das der Japaner Tadao Ando als Maritimes Museum vollkommen in die Landschaft einpassen wird.

Zu diesen herausragenden Gebäuden gesellen sich ein Biennale-Park mit 19 Pavillons für Festivals und Ausstellungen entlang eines künstlichen Kanals und ein viertes Museum, das Sheikh Zayed National Museum.

Sheik Zayed zu Ehren

Weil das Sheikh Zayed National Museum auch als Würdigung des bedeutendsten Herrschers der VAE verstanden und damit als National Monument angesehen wird, wurden die 13 bedeutendsten Architekturbüros der Welt zu einem hochdotierten Wettbewerb eingeladen. Den ersten Platz des 2008 abgeschlossenen Wettbewerbs gewann der Brite Sir Norman Foster. Im Sheikh Zayed National Museum werden auf 15 000 m² in fünf Abteilungen Themenbereiche dokumentiert werden, die die herausragende Leistung des ersten Staatspräsidenten der VAE für die Nachwelt festhalten sollen.

Allein die fünf grandiosen architektonischen Bauwerke werden Besucher aus aller Welt anlocken. Und was in den Museen ausgestellt werden wird, wird nicht minder sehenswert als die Bauwerke sein.

Masdar – Abu Dhabis Vision für den Klimaschutz

Im erdölreichen Emirat Abu Dhabi, dessen Energievorräte an Gas und Erdöl noch ca. 150 Jahre bei der heutigen Fördermenge ausreichen würden, hätte man eigentlich nicht erwartet, dass ausgerechnet hier eine Modellstadt entsteht, deren CO_2-Emission gegen null tendiert. Masdar (arab. Ursprung, Quelle) ist der Name jenes städtebaulichen Ökoexperiments am Arabischen Golf, das die Fachwelt mit Spannung verfolgt.

Masdar City (in der Nähe des Flughafens) ist der erste Stadtteil von Abu Dhabi, der vollständig klimaneutral sein wird. Ein Drittel der Bebauung werden Wohnhäuser sein, dazu kommen der Universitätscampus und Büros für ca. 150 Unternehmen. Von 2017 an werden in Masdar ca. 40 000 Menschen wohnen, studieren und arbeiten.

Grünes Bauen ist eine Frage von Prestige. Keinem Geringeren als dem renommierten Briten Sir Norman Fos-

Perfekt simuliert: Straßenszene in der zukünfitigen ›Ökostadt‹ Masdar

ter wurde 2009 der Auftrag zu diesem bisher einmaligen Projekt erteilt. Vielleicht ist ein ökologisch so ambitioniertes Projekt nur in Abu Dhabi möglich, weil die Sheikhs über genügend finanzielle Mittel und über genügend Raum in der Wüste verfügen.

Nachhaltigkeit in Theorie und Praxis
Größte Einrichtung auf dem Universitätscampus wird das Masdar Institute of Science and Technology sein, dessen Forschung und Lehre den Fächern Nachhaltigkeit und neue Energie eine Heimat bietet. Denn Nachhaltigkeit spielt in Masdar City eine entscheidende Rolle. Bereits in der Bauphase gilt das Stadtviertel als ein Magnet für klimaneutrale Städteplaner und für ökologisch interessierte Touristen (Masdar City, zwischen Khalifa City A und dem Abu Dhabi International Airport, www.masdarcity.ae).

CO_2 schachmatt gesetzt?

In Masdar werden laut Zeitungsberichten 88 % der benötigten Energie aus Fotovoltaik-Anlagen, 9 % aus Wärmekraftwerken und 3 % aus Müllverwertungsanlagen gewonnen. Auch Energieträger wie Windräder und geothermische Anlagen gehören zum Konzept. Doch damit nicht genug: Der Stromverbrauch gegenüber vergleichbaren Städten soll um 75 % sinken. Dicht stehende Häuser spenden sich gegenseitig Schatten, Parks und Wasseranlagen kühlen die Stadt zusätzlich. Das spart Strom für Klimaanlagen.

Sir Norman Foster ging bei seinem Entwurf nicht alleine von der Notwendigkeit des Energiesparens und der Vermeidung von CO_2 aus. In dieser ökologischen Stadt werden die Einwohner ihren Müll nicht einfach auf Deponien werfen, was heute am Golf die Regel ist. In Masdar wird er vollständig recycelt werden.

Dieses klimabewusste Handeln galt in Masdar von Anfang an. Das Baumaterial stammt ausschließlich aus der Region, um bereits vor dem ersten Spatenstich die Transportwege und damit die Kohlenstoffdioxid-Ausstoß zu minimieren. Hightech spielt bei dem Projekt zwar eine wichtige Rolle, der eigentliche Clou liegt jedoch in der Entscheidung, jeden Schritt im städtebaulichen Prozess auf seine ökologischen Folgen hin zu Ende zu denken.

Der Koran und der Alltag

Für die Besucher des Emirats Abu Dhabi erschließen sich Haltungen und Verhaltensformen am Golf oft nur im Kontext der islamischen Religion. Auch für die Mehrzahl der ›Gastarbeiter‹ am Golf ist der Islam die Grundlage ihres privaten und gesellschaftlichen Lebens. So tragen Kenntnisse des Koran und über den Propheten Mohammed sowie die daraus abgeleiteten Vorstellungen eines vorbildlichen Lebens zu Verständnis und Kommunikation im Alltag wesentlich bei.

So wie im Christentum Bibel und Überlieferung die Lehre bestimmen, so sind für Muslime neben dem Koran auch die *hadith* (Mitteilungen), d. h. die überlieferten Aussprüche und vorbildlichen Handlungen von Mohammed, verbindlich. Koran und Hadith bilden die Grundlage einer gottgewollten Lebensordnung, die durch die Gelehrten, die *ulema* (Wissende), jeweils interpretiert und neuen Erfordernissen angepasst wird. Die Ulema sind also religiöse Autoritäten im Islam, der weder eine kirchliche Organisation noch eine Gemeindestruktur oder ein Oberhaupt ähnlich dem Papst besitzt.

Die fünf Säulen

Die streng monotheistische Religion des Islam (Hingabe an Gott) verspricht – genau wie Judentum und Christentum – allen Gläubigen, die die Gnade Gottes verdienen, ein Weiterleben im Paradies. Voraussetzung dafür ist ein dem Koran gemäßes Leben, insbesondere die Befolgung der fünf Grundpflichten, *arkan* oder Fünf Säulen genannt: Bekenntnis zum Glauben an den einen Gott, fünfmaliges Gebet am Tag, Fasten im Monat Ramadan, Almosen geben und die Pilgerfahrt nach Mekka. Einheitliche Regeln prägten von jeher das Leben der Muslime und fördern das soziale und politische Zusammengehörigkeitsgefühl der islamischen Welt. Inzwischen bekennen sich weltweit über 1 Mrd. Menschen zur Lehre des Mohammed.

In der Sheik-Zayed-Moschee

Kirche und Staat

Gemäß dem Koran lehnen strenggläubige Muslime eine Trennung von Staat und Kirche und eine Aufteilung der Lebensbereiche in weltbezogene und religiöse ab. Für sie ist ein säkularer Verfassungsstaat gemäß westlicher Staatstheorien nicht mit dem Islam vereinbar.

Auch in den VAE bildet der Koran die Grundlage der Rechtsprechung. Neue Gesetze, die aufgrund neuer Tatbestände erlassen werden müssen, dürfen ihm nicht widersprechen und die Vorgaben der Scharia sind der Maßstab islamischer Gerichtshöfe für das Straf- und Zivilrecht. Aber am Golf

Der Koran
Die göttlichen Offenbarungen in arabischer Sprache, die Mohammed als Gesandter Gottes zwischen 609 und 632 verkündete, sind in den 114 Suren (Versen) des Koran (Quran) als »Gottes gesprochenes Wort« niedergeschrieben und unterliegen daher keiner Veränderung. Was den Koran mit seiner monotheistischen Grundformel »Es gibt keinen Gott außer Allah« (Sure 112), die sich gegen die christliche Vorstellung von der Dreifaltigkeit wendet, auszeichnet, sind seine praxisorientierten Regeln für den Alltag der Gläubigen. Für zahlreiche Lebensbereiche ist ein verbindlicher Verhaltenskodex festgehalten, z. B. für die Pflege der Gesundheit, für die Ehe, für Erbangelegenheiten und Scheidung, für Esssitten, Erziehung und Strafen, zum sozialen Verhalten und zur Gestaltung des Tages- und Jahresablaufs.
Nach islamischer Auffassung gibt es einen Ur-Koran im Himmel. Als Mohammed 632 starb, gab es noch keine vollständige Sammlung der Offenbarungen. Erst um 650 unter dem dritten Khalifen Osman wurde eine komplette verschriftlichte Fassung zusammengestellt.

wird die Scharia moderater ausgelegt als im benachbarten Saudi-Arabien oder im Iran. Festzuhalten bleibt, dass die Vorgaben der Scharia im Familienrecht mit den UN-Menschenrechten und insbesondere mit der Gleichstellung der Frau in Konflikt stehen. Um nur ein Beispiel zu nennen: Eine Tochter erbt grundsätzlich nur die Hälfte dessen, was ein Sohn erbt.

Leben und Werk Mohammeds

Mohammeds (mit vollem Namen Abd Al Qasim Mohammed ibn Abdallah ibn Abd Al Mutalib) Familie gehörte dem angesehenen Stamm der Quraish an, zählte aber eher zu den ärmeren Einwohnern von Mekka. Diese Stadt war bereits lange zuvor ein bedeutender Ort gewesen, weil er an der Karawanenroute lag, die aus dem Süden Arabiens zum Mittelmeerhafen Gaza führte und auf der z. B. Weihrauch, Myrrhe und andere Luxusartikel der antiken Welt befördert wurden. Die Stadt beherbergte auch einen seit alters her verehrten schwarzen Stein, um den ein quadratischer Schrein, die Kaaba – angeblich vom semitischen Stammvater Abraham – errichtet worden war.

Um 595, als Mohammed 25 Jahre alt war, heiratete er die 40 Jahre alte reiche Kaufmannswitwe Chadidsha, in deren Dienst er stand. Als Karawanenführer unternahm er jetzt selbst weite Reisen, beschäftigte sich aber immer auch mit religiösen Fragen und zog sich öfter in die Einsamkeit der Wüste zurück. Ab 610 verkündigte er in öffentlichen Predigten als ›Gesandter Gottes‹ jene Offenbarungen, die ihm Gott durch den Erzengel Gabriel mitteilen ließ.

Bald schlossen sich immer mehr Bürger aus Mekka der neuen Lehre an, die u. a. die Freilassung der Sklaven und eine Unterstützung der Armen gebot und nur den Glauben an einen einzigen Gott zuließ. Die oligarchische Schicht der Mekkaner sah aber in der neuen Lehre eine Gefahr für die Wirtschaft der Stadt, weil sie die nach Mekka pilgernden Anhänger anderer Religionen ausschloss. So häuften sich die Drohungen gegen den Propheten. Am 15. Juli des Jahres 622 verließ er deshalb mit seinen Anhängern Mekka und ging in die nördlich gelegene Stadt Yathrib. Dieser Tag der Flucht (arab. *hijra*) wurde dann als Beginn der islamischen Zeitrechnung festgelegt. Von Mohammed zur »Heiligen Stadt« erklärt, erhielt Yathrib bald den Ehrennamen Al Madinat an Nabi (die Stadt des Propheten), später verkürzt zu Medina. Von Medina aus überfielen Mohammed und seine Anhänger die Karawanen von Mekka, 624 besiegten sie eine Armee der Mekkaner in Badre, und im Jahr 630 zog Mohammed schließlich wieder siegreich in Mekka ein. Er entfernte alle anderen religiösen Verehrungssymbole aus der Stadt und erklärte die Kaaba zum Heiligtum des Islam. Seit 630 regierte Mohammed von Mekka aus sein islamisches Reich, doch 632 starb der Prophet ganz unerwartet.

Sunna und Schia

Der Tod des Propheten führte zu Unsicherheit über die Frage der Nachfolge. Aus den unterschiedlichen Auffassungen erwuchsen die zwei unterschiedlichen islamischen Glaubensrichtungen: Sunniten und Schiiten. Unmittelbarer Nachfolger Mohammeds wurde 632 Abu Bakr, sein Schwiegervater; ihm folgte Omar (Ibn Al Chattab), ebenfalls ein Schwiegervater Mohammeds (634–644). Als Omar, der zweite Khalif, starb – Khalif ist die Amtsbezeichnung des Nachfolgers von Mohammed als politisch-religiösem Oberhaupt der *umma* (Gemeinschaft der Gläubigen) –, gab es zwei Anwärter: Ali (Ibn Abu Thalib), der Cousin Mohammeds und Ehemann seiner Tochter Fatima, sowie Othman (Ibn Affan), ein Mitglied der Quraishi, der den Propheten von Mekka nach Medina begleitet hatte. Ali und seine Anhänger meinten, nur ein Mitglied der Familie Mohammeds könne die Führerschaft übernehmen. Othmans Anhänger dagegen verlangten eine Wahlentscheidung »unter den Besten«. Als Othman zum Khalifen gewählt wurde, spaltete sich Alis Partei (arab. *schia)* ab. Ali wurde zwar 656 als vierter Khalif gewählt, verlegte aber den Regierungssitz von Medina nach Kufa (heute Irak). 661 wurde Ali ermordet. In dem darauffolgenden Bürgerkrieg seiner Schia gegen die sunnitische Mehrheit starben auch seine Söhne Hasan und Husain. Anschließend ging das Khalifat an die Dynastie der Omayyaden über, die in Damaskus residierten.

Als Goldene Zeit des Islam gelten deshalb nur jene 40 Jahre, in denen die Umma vom Propheten und seinen ersten vier Nachfolgern, den »rechtgeleiteten« Khalifen, geführt wurde. Ca. 90 % der Muslime gehören heute der Richtung der Sunniten an.

Der Ruf des Muezzin
Christen werden von Glocken zum Gottesdienst gerufen, Muslime erinnert der Ruf des Muezzin vom Minarett an ihre Gebetspflicht. Früher erscholl er live, vorgetragen von dem Imam höchstselbst. Heute sind es in vielen Moscheen Tonträger bzw. Lautsprecher, die seinen Ruf verbreiten. Der Ruf des Muezzin ist fünfmal am Tag überall im Emirat zu hören, häufig intoniert als Gesang, und alle Muslime kennen den Text auswendig. Die genaue Zeit des jeweiligen Gebets hängt vom jeweiligen Sonnenstand am jeweiligen Ort ab. Die Zeiten des Gebetsbeginns findet man täglich in den Zeitungen (s. auch S. 44).

Die arabische Familie – das Zentrum der Gesellschaft

Die Familie steht im Zentrum arabischen Lebens und ist auch die wichtigste Institution des gesellschaftlichen Alltags am Golf. Die Privatsphäre der Familie ist nach außen sehr abgeschirmt, nur selten werden ausländische Besucher in eine Familie eingeladen. Geschieht dies dennoch, ist es eine besondere Ehre.

Arabische Familien arrangieren die Verheiratung ihrer Kinder, der Zusammenhalt zwischen Geschwistern bleibt auch nach der Heirat groß und ältere Familienmitglieder genießen immer respektvolle Ehrerbietung, ob nun Großvater, Onkel oder älterer Bruder. Generell wird in Abu Dhabi ein jüngerer Mann einem älteren in der Öffentlichkeit niemals widersprechen. Auch ältere Frauen nehmen eine geachtete Stellung ein.

Heirat und Hochzeit

Hochzeiten sind die größten Familienfeste in Abu Dhabi. Die Feierlichkeiten dauern mehrere Tage und enden meist an einem Donnerstagabend. Art und Weise der Partnerwahl haben sich bis heute wenig verändert. Mit der Auswahl des Ehepartners wird ein erfahrenes Familienmitglied beauftragt, und fast immer sind die zukünftigen Eheleute mit der Wahl einverstanden.

Sehr oft – früher noch häufiger als heute – heiraten Verwandte, z. B. entfernte Cousins und Cousinen, untereinander, weil dies die Familienbande stärkt. Früher heirateten Frauen am Golf im Alter von 13 bis 15 Jahren, heute wesentlich später mit 20 bis 25. Vor der Hochzeit sollen sich die jungen Leute nur treffen, wenn erwachsene Familienmitglieder anwesend sind.

Vor der Hochzeit müssen sich Brautvater und Bräutigam über den Brautpreis *(maham)* einigen, der je nach Ansehen der Familie weit über 100 000 Dh betragen kann. Auf Antrag subventioniert der Staat ihn mit 20 000 Dh. Über den *maham* kann die Braut als Ehefrau gemäß des Korans (Sure 4,4) frei verfügen. Der Brautpreis soll sicherstellen, dass die Ehefrau im Scheidungsfall nicht mittellos dasteht. Zusätzlich werden Gold und Ausstattung als Geschenke erwartet. Auch die Eltern der Braut beschenken die Familie des Bräutigams. Als Zweites wird ein Hochzeitsvertrag vor einem Richter oder Geistlichen geschlossen. Die Zeremonie findet traditionell in der Familienwohnung der Braut statt.

Danach beginnen die Vorbereitungen für das große Fest, an dessen Vorabend die Ehe formal geschlossen wird. Traditionell verbringen die Eheleute die Hochzeitsnacht im Haus der Brauteltern und ziehen erst am nächsten Tag in das Haus der Familie des Bräutigams. Heute überbieten sich in Abu Dhabi die Hotels mit Spezialarrangements für Hochzeitsfeier und Hochzeitsnacht. Auch nach der Hochzeit behält die Braut immer ihren Mädchennamen.

Tänze, nicht gemeinsames Tanzen, sind wesentlicher Bestandteil der Hochzeitsfeiern. Die Männer bilden zwei Reihen, haken sich unter, bewegen sich aufeinander zu und singen dabei zur Trommelmusik. Von den Rufen der Gäste angefeuert, bilden sie ständig neue Formationen. Besonders beliebt sind der Ardah wegen seiner

Zum Verständnis arabischer Namen

Das arabische System der Familiennamen unterscheidet sich sehr von unserem, denn es legt die Vater-Sohn-Beziehung und die Zugehörigkeit zu seiner Großfamilie zugrunde. Am Beispiel des Herrschers lässt sich dies leicht ablesen: Das derzeitige Oberhaupt Abu Dhabis heißt Sheikh Khalifa Bin Zayed Bin Sultan Al Nahyan. *Bin* heißt nichts anderes als »Sohn von« (bei der Transkription findet man statt *Bin* manchmal auch gleichbedeutend *Ibn*). Der Name von Sheikh Khalifa sagt also, dass er der Sohn von Zayed ist, der wiederum der Sohn von Sultan war. Al Nahyan bezeichnet das dynastische Geschlecht, das wiederum Teil eines Stammes ist, in diesem Fall des Stammes der Bani Yas. Der Familienname Nahyan wird durch den Artikel Al gekennzeichnet. Sheikh Zayed Bin Sultan Al Nahyan, der 2004 nach 38 Jahren Regentschaft verstarb, hatte 19 Söhne, die alle den Titel Sheikh tragen und mit His Excellency angeredet werden. Den Namen von Frauen liegt die Vater-Tochter-Beziehung zugrunde. Tochter heißt im arabischen *bint.* So heißt die Ehefrau des Herrschers von Dubai Haya mit Vornamen, und weil sie die Tochter des verstorbenen Königs Hussein von Jordanien ist, heißt sie Sheikha Haya Bint Hussein.

rhythmischen Trommelschläge, der Laywah, zu dem das Blasen auf großen Hörnern und eine mächtige Trommel gehören, und der Jerbah-Tanz, bei dem eine Kapelle Musik auf Ziegenbälgen darbietet.

Kinder

Bei der Geburt eines Kindes schlachtet jede Familie mindestens eine Ziege für ein Fest mit den Nachbarn. Diese Tradition der *agiga* geht auf den Propheten selbst zurück, der Gleiches bei der Geburt seiner Kinder tat. Arabische Familien halten Jungen zwar für wichtiger als Mädchen, aber beiden wird die volle Aufmerksamkeit zuteil; dies ist deshalb leichter zu bewerkstelligen als bei uns, weil im Haushalt einer Großfamilie immer eines der vielen Familienmitglieder zu Hause ist und Zeit hat. Dies gilt übrigens auch für die alten Familienmitglieder. Es ist selbstverständliche Verpflichtung der mittleren Generation, sich auch um die Eltern bzw. ältere Verwandte zu kümmern.

Jungen erhalten in der Regel den Namen des verstorbenen Großvaters. Es bringe Unglück, so die verbreitete Auffassung, Kindern den Namen eines noch lebenden älteren Verwandten zu geben. Arabische Väter sind weitaus mehr mit ihren Kindern zusammen, als allgemein vermutet wird, und ausländische Besucher können sehr oft, z. B. in Hotelrestaurants, den geduldigen, liebevollen Umgang mit Kindern erleben.

Frauen

Bei aller Modernisierung hat sich die Rolle der Frauen am Golf nicht grundlegend gewandelt. Ihre Hauptbeschäftigung ist eine Verbindung aus Haushaltsführung und Kindererziehung. Es gehört zum guten Ton, dass eine Frau das Haus nicht alleine verlässt. Deshalb sieht man Frauen meist in Begleitung von Familienmitgliedern oder Freundinnen. Weil aber jede Familie mehrere Autos besitzt, wird ihr Bewegungsradius kaum eingeschränkt, und so trifft man nachmittags häufig Frauengruppen ohne Männer in den Cafés.

Männer

Arabische Männer verbringen den größten Teil ihrer Freizeit mit männlichen Freunden, ihren Brüdern oder anderen männlichen Verwandten. Mit ihnen besprechen sie die wichtigen Entscheidungen, nicht mit den Ehefrauen. Große Wertschätzung oder enge Freundschaft drückt sich z. B. in der Geste des langen Händehaltens oder des Hand-in-Hand-Gehens unter Männern aus. Das ist am Golf kein Outen einer homosexuellen Beziehung (Homosexualität ist strengstens verboten!), sondern ein öffentliches Zeichen hoher Wertschätzung. Für Männer gibt es außer den vielen Hotelrestaurants auch Kneipen und Cafés *(gauwa)*, in denen sie z. B. Wasserpfeife (arab. *shisha,* im Touristenjargon *hubbly-bubbly)* rauchen und stark gesüßten Tee trinken können.

Scheidung

Ob arabische Ehen als *arranged marriages* länger halten als *love marriages* in westlichen Kulturkreisen, soll hier nicht erörtert werden, aber Scheidungen gibt es, und sie vollziehen sich ebenfalls in ritualisierter Form. Keine

Das öffentliche Leben wird vorwiegend von Männern bestimmt

Frau kann gegen ihren Willen von ihrem Vater zur Heirat gezwungen werden, und sie kann ebenfalls um Scheidung der Ehe ersuchen. Während aber der Mann relativ schnell geschieden ist, wenn er unter Zeugen dreimal den Satz ausspricht: »Ich trenne mich von dir«, muss die Frau, falls der Mann dem Trennungsersuchen nicht zustimmt, einem islamischen Gericht ihre Gründe vortragen. Sollte ein Mann seine Trennung – weil im Zorn voreilig vollzogen – bereuen, hängt die Aussöhnung von ihrer Zustimmung ab. Allerdings kann er nur dreimal um Versöhnung ersuchen; dann ist die Scheidung irreversibel.

Die Frau kehrt danach mit den Kindern in das Haus ihrer Eltern zurück, der Mann muss für den Kindesunterhalt aufkommen. Wenn die Söhne sieben Jahre alt werden, ziehen sie von der Mutter zum Vater, die Töchter bleiben bei der Mutter. Geschiedene Frauen können meist schnell wieder heiraten und finden relativ leicht einen neuen Ehepartner.

Umgang mit dem Tod

Der Umgang mit dem Tod erfolgt am Golf weitaus weniger emotional als in westlichen Gesellschaften. Wenn irgend möglich, wird der Leichnam noch am Tage des Todes vor Sonnenuntergang beerdigt. Dabei wird er statt in einen aufwendigen Sarg nur in ein einfaches Leinentuch gelegt, die Trauerzeit beträgt nur drei Tage. Verliert eine Ehefrau ihren Mann, bleibt sie noch drei Monate und zehn Tage in seiner Familie. Der Grund: Gewissheit über eine mögliche Schwangerschaft zu haben und der damit verbundene Schutz ihrer Ehre. Danach kehrt sie in ihre Familie zurück und kann sofort wieder heiraten.

Abaya und Burkini – die Kleiderordnung am Golf

In einem Werbespot für Touristen wirbt das Emirat freundlich mit westlicher Internationalität. Es wäre aber voreilig, daraus zu schließen, dass man sich bei einem Bummel entlang der Corniche oder bei einem Besuch im Bazar trotz strahlender Sonne am sommerlich-leichten Dress Code der Côte d'Azur orientieren könne.

Es fällt jedem Besucher sofort auf, dass die einheimische Bevölkerung in der Öffentlichkeit und bei nahezu jedem Anlass ihre traditionelle Kleidung trägt. Das heißt bei Männern und Frauen gleichermaßen, dass ihr Körper weitestgehend bedeckt bleibt. Das verlangt auch der Koran. Weil der Koran ein »sittliches Bekleiden« vorschreibt, hat die seit Jahrhunderten unveränderte ›Mode‹ auch den Ölboom überdauert. Heute wird ihr geradezu ein identitätstiftender Wert beigemessen. So ist das Tragen traditioneller Kleidung für die jüngere Generation Bekenntnis zur Tradition.

In Weiß gehüllt

Nahezu alle einheimischen Männer tragen ein langes, hemdähnliches Gewand aus weißer, heute vereinzelt auch schon andersfarbiger Baumwolle *(dishdasha oder thoub)* und auf dem Kopf ein weißes, schwarz-weiß oder rot-weiß kariertes Tuch *(kafiya)*, das von einer schwarzen Kordel *(agal)* gehalten wird. Unter dem Tuch tragen die Männer ein kleines Käppchen *(taquia oder gahfia)*. Bei jungen Leuten ersetzt oft eine Baseball-Kappe die Kafiya.

Angesehene Persönlichkeiten tragen über der *dishdasha* noch einen weiten, dunklen Umhang *(abba)*, dessen Ränder meist mit Goldborte eingefasst sind.

Kleidsamer als so manch westliches Outfit – die Abaya

In Schwarz gehüllt

Frauen verhüllen sich mit einem schwarzen, langen Umhang *(abaya)* und bedecken den Kopf und vor allem ihr Haar mit einem langen, schwarzen Schleier *(gishwa)*. Dieses schwarze Tuch ist heute sehr oft mit bunten Applikationen verziert und wird modisch um den Kopf geschlungen.

Anders als in Saudi-Arabien verschleiern in den Golfstaaten die wenigsten Frauen ihr Gesicht. Allerdings sieht man hier häufig ältere Frauen, die Augenbrauen, Nase und Mund hinter einer dunklen Maske *(burqa)* verbergen. Unter der *abaya* tragen die Frauen meist modische Kleidung, nicht selten aber auch traditionelle Kleider *(kandoura)* mit breiten Goldstickereien.

Tattoos auf Zeit – Henna als Schmuck

Sofern der Faltenwurf der Abaya überhaupt einen Blick zulässt, sieht man auf den sichtbaren Teilen weiblicher Haut Tätowierungen ähnelnde Kunstwerke. Sie wurden mit Hennapaste aufgetragen und sind nur für kurze Dauer bestimmt. Im Islam ist Tätowieren verboten (*haram*), weil es zur dauerhaften Veränderung der körperlichen Erscheinung führt, wie Allah sie geschaffen hat. Deshalb hat eine Henna-Bemalung nur Vorteile: Das Auftragen bereitet keine Schmerzen und nach zwei bis drei Wochen verschwindet sie wieder, ohne Spuren zu hinterlassen. Henna wird auf die Haut aufgetragen, nicht wie beim Tätowieren unter die Haut gestochen, und man kann Fehler schnell korrigieren. Weil der Koran figürliche Darstellungen verbietet, bevorzugen die Henna-Bemalungen florale und geometrische Muster. Besonders schön bemalt werden Bräute am Abend vor der Hochzeit.

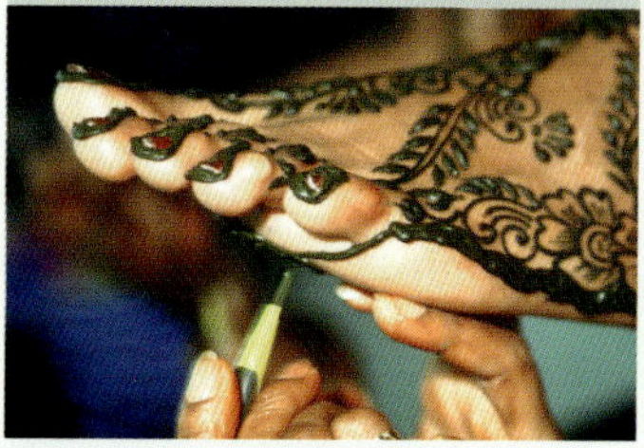

Westliche Outfits

Da gemeinsames Tanzen von Mann und Frau als Paar in einer Disco nicht zu den islamischen Traditionen gehört, ist es für Emirati nicht gestattet, in der traditionellen Landestracht derartige Vergnügungsstätten aufzusuchen. Das stört aber die Jugend am Golf wenig, denn dort tragen sie dann – wie die europäischen Besucher – todschicke westliche Outfits.

Beim Sport tragen einheimische Männer und Frauen gleichermaßen westliche Sportkleidung, wobei im Zuge der Globalisierung die Nobelmarken in den jeweiligen Sportarten den Modetrend bestimmen. Sehr beliebt ist zurzeit in Abu Dhabi Joggen entlang der Corniche. Für Männer sowieso, aber man sieht auch zunehmend einheimische Mädchen und Frauen. Sie tragen modische Trainingsanzüge und auf dem Kopf eine Wollmütze oder Baseball-Kappe. Diese Kleidung ist sportlich, bequem, attraktiv – und korangerecht.

Burkini – eine pfiffige Idee

Die australische Designerin Aheeda Zanetti stellte 2007 den ersten Schwimmanzug für muslimische Frauen vor, der außer Füßen, Händen und dem Gesicht alle körperlichen Reize sittsam bedeckt, und gab ihm den Namen Burkini, eine etymologische Verbindung von Burka und Bikini. Der Badeanzug, der einem locker sitzenden Neopren mit Kapuze gleicht, erlaubt es Musliminnen, bequem, aber korangemäß öffentlich im Meer zu baden. Vor dem Burkini war öffentliches Baden von Frauen und Mädchen im Meer nur in voller Bekleidung möglich. Es wurde auch in dieser Weise praktiziert.

An den Stränden Europas, Amerikas und Asiens trifft man heute bereits häufiger muslimische Mädchen in einem Burkini, am Golf hat er sich aber noch nicht durchgesetzt.

Abu Dhabi-Knigge

Auf gesellschaftliche Regeln und formalisierte Umgangsformen wird in Arabien großer Wert gelegt. Für Geschäftsleute ist die Kenntnis der Etikette oftmals ausschlaggebend für den Erfolg ihres Vorhabens.

Begrüßung

Die gebräuchlichste Grußformel ist »*As salamu alaikum*« (Friede sei mit euch), die Antwort lautet »*Wa alaikum as salam*« (Auch mit euch sei Friede). Dann folgt ein beiderseitiges »*Ahlan wa sahlan*« (Herzlich willkommen), und das Gespräch wird mit Fragen nach dem Befinden des Geschäftspartners, nach dem Reiseverlauf oder nach der Familie (nicht aber an erster Stelle nach dem der Ehefrau!) fortgeführt. Europäer sollten bei diesem Ritual nicht sofort über Probleme oder Unzulänglichkeiten im Gastland klagen.

Männer begrüßen sich mit Handschlag, männliche Verwandte und gute Freunde in der Regel mit Umarmung und Küssen auf die Wange. Die Ehefrauen bzw. die begleitenden Gesprächspartnerinnen halten sich diskret im Hintergrund. Diese Zurückhaltung wird natürlich auch von europäischen Frauen erwartet. Als Mann streckt man einer Frau nicht die Hand zum Gruß entgegen; Frauen gegenüber Männern auch nicht. Auch Paare verzichten in der Öffentlichkeit auf den Austausch von Zärtlichkeiten.

In der Anrede spricht man sein Gegenüber mit Sayed (Herr) plus Vorname bzw. Sayeda (Frau) plus Vorname an. Der vollständige Name des Gegenübers spielt bei den Gesprächen keine Rolle, wohl aber gegebenenfalls sein Titel (z. B. Sheikh oder Dr.).

Zu Gast sein

Einer gelebten bedeutenden Tradition begegnen Besucher in Abu Dhabi auch heute noch: der Gastfreundschaft.

Gastfreundschaft war immer ein fester Bestandteil der beduinischen Gesellschaft und sie wurde nur gewährt, wenn man sicher war, dass der fremde Besucher, der sich dem Zelt näherte, nicht in feindlicher Absicht kam. Erst wenn dem Fremden nach einer Zeit des Abtastens eine Tasse ungesüßter Kardamomkaffee angeboten wurde, war dieser sicher, dass er als Gast willkommen war und von nun an befristet unter dem persönlichen Schutz des Gastrechts gewährenden Sheikhs stand.

Bei privaten Einladungen sollte man beim Betreten der Wohnung die Schuhe ausziehen. Denn diese Sitte demonstriert nach beduinischer Tradition ehrerbietende Höflichkeit und heute weniger teppichschonende Reinlichkeitserwägungen, obwohl ihr – erinnert sei an die Auflage der Fußwaschung vor dem Moscheebesuch! – durchaus früher auch zweckorientierte Überlegungen zugrunde lagen.

Wird der Eingeladene von seiner Frau in eine traditionell arabische Familie begleitet, erwartet der Gastgeber, dass sie die Zeit getrennt von den Männern mit den Frauen des Hauses in separaten Räumen verbringt.

... auf einen Kaffee

Auch heute noch liefert das Anbieten eines Kaffees den Beweis, dass man willkommen ist. Er wird in einer Tasse ohne Henkel serviert, die nur zu einem Viertel gefüllt wird, damit der Kaffee garantiert heiß ist und man sich die Finger nicht verbrennt. Die Tasse muss man mit der rechten Hand annehmen und auch stets mit dieser halten. Als höflich gilt, sich mindestens einmal, besser zweimal nachgießen zu lassen. Der Bedienstete schenkt nach, sobald die Tasse leer ist. Dass man genug hat, zeigt folgende Geste: Man schwenkt die leere Tasse in der Hand ein wenig vor und zurück, nickt dem Bediensteten freundlich zu und reicht sie zurück. Erst nach dem Kaffee kann man auf sein Anliegen zu sprechen kommen. Die Zeit vor und während des Kaffees ist für den Austausch von Grüßen und Komplimenten vorgesehen.

... zum Abendessen

Besonders eindrucksvoll sind für ausländische Besucher jene Festmahle, die an beduinische Traditionen anknüpfen. Bei diesen Essen sitzt man auf dem Boden und isst mit der Hand. Meistens gibt es dann Kabsa, sehr schmackhaftes Lamm mit Reis, serviert auf einer großen Platte, die in die Mitte gestellt wird. In solchen Fällen darf man immer nur mit der rechten Hand zugreifen und essen (s. Die Rolle der Hand). Gewöhnlich legt bei diesem Kabsa-Essen der Gastgeber dem Gast die besten Bissen vor, und es wäre unhöflich, diese abzulehnen. Es wird relativ schnell gegessen, Tischgespräche finden kaum statt, geschäftliche gelten als unhöflich. Arabische Essen fangen spät an; man wird gegen 20 Uhr eingeladen, aufgetragen wird aber erst gegen 22.30 Uhr. Die Unterhaltung findet im Wesentlichen vor dem Essen statt. Wenn nach dem Essen der Kaffee gereicht wird, ist dies das Zeichen zum Aufbruch.

Die Rolle der Hand

Im arabischen Kulturkreis gilt die linke Hand als unrein, weil sie zur reinigenden Hygiene auf der Toilette benutzt wird. Man sollte also – auch wenn man selbst Toilettenpapier bevorzugt – nichts mit links überreichen oder bei traditionellen Essen mit der linken Hand Speisen nehmen oder anderen anbieten. Linkshänder sollten dies vor einem Arabienaufenthalt üben oder sehr bald dezent erklären, dass ihre linke Hand die reine Hand sei.

Sucht man eine Toilette, wendet man sich nur an eine Person des eigenen Geschlechts und fragt verklausuliert, wo man sich die Hände waschen könne.

Feilschen im Souq

Handeln ist Teil der arabischen Preisfindungskultur, und das Aushandeln eines Preises ist Voraussetzung für ein beide Seiten zufriedenstellendes Geschäft. Denn zahlen Sie sofort den vom Händler geforderten Preis, ist dieser unzufrieden, keinen höheren gefordert zu haben, und Sie selbst werden etwas später unzufrieden sein, weil Sie den gerade erworbenen Gegenstand vom nächsten Händler billiger angeboten bekommen. Nur wenn beide Seiten sicher sind, jeweils den für sich op-

Erfolgreicher Teppichkauf

Da Handeln für Europäer ungewohnt ist, muss man es lernen. Es gibt Rituale, deren Befolgung die Lehrzeit verkürzen. Ein solch bewährtes Ritual soll hier vorgestellt werden: Nehmen Sie genügend Geld in kleinen Scheinen mit, die Sie auf Hosen- und Jackentaschen verteilen. Wenn Sie eine bestimmte Ware – sagen wir einen Teppich – im Auge haben, mustern Sie ihn geringschätzig, legen ihn zur Seite und feilschen um einen anderen. Nachdem Ihnen der andere Teppich zu teuer ist, nehmen Sie den gewünschten, betrachten ihn abwertend und fragen nach dessen Preis. Der Händler sagt z. B. 5000 Dh. Jetzt lächeln Sie und erwidern, dass der Teppich dies möglicherweise wert sei, Sie aber nicht über genügend Geld verfügen, weil Sie zu Hause eine große Familie zu ernähren hätten. Da der Teppich Ihnen aber gefalle, wäre ihr Angebot 2000 Dh. Jetzt lacht der Händler und erzählt von seinen Schwierigkeiten. Zudem unterstreicht er die hohe Qualität des Teppichs und verlangt aber nur noch 4500 Dh. Sie drehen den Teppich um, fahren prüfend mit der Hand über die Rückseite, finden eine schadhafte Stelle, einen schlechten Faden oder einen Schmutzfleck und sagen *shuf* (schau mal hier). Der Händler bietet jetzt 4000 Dh, betont aber, dass es sich um ein absolutes Einzelstück handelt und er nur deshalb mit dem Preis heruntergehe, weil Sie sein Freund *(sadiq)* seien. Sie nehmen 2200 Dh abgezählt aus der Tasche und geben sie ihm mit der Bemerkung *hallas* (genug) und *shukran* (danke)! Der Händler nimmt die 2200, verlangt aber 1000 mehr, weil 3200 sein allerletzter Preis sei. Nach einigem Überlegen fingern Sie aus der nächsten Tasche weitere 100 Dh. Die geben Sie dem Händler mit der Geste, dass Sie nicht über mehr verfügen (z. B. durch Umkrempeln der Hosentasche). Der Händler erwidert *mafi* (auf keinen Fall), gibt Ihnen alles Geld zurück und wendet sich mit dem Teppich von Ihnen ab. Sie sagen *shukran,* drehen sich um und gehen einige Schritte, bis der Händler Sie zurückruft und »3000« flüstert. Jetzt schütteln Sie den Kopf, sagen lächelnd *mafi,* ziehen aber die 2300 Dh wieder aus Ihrer Tasche und drücken sie dem Händler in die ausgestreckte Hand. Der Händler stößt jetzt Beschimpfungen aus, aber ein Preis von 2500 geht dabei über seine Lippen. Sie holen noch einmal 200 Dh aus der dritten Tasche. Der Händler richtet den Blick gen Himmel, nickt aber. Nun haben Sie den Teppich für 2500 erworben. Sie freuen sich – und der Händler auch ...

timalen Preis erreicht zu haben, breitet sich Zufriedenheit aus.

Kleidung

Aus Respekt gegenüber den Traditionen des Gastlandes verzichten Männer auf kurze Hosen und ärmellose T-Shirts bzw. darauf, mit freiem Oberkörper außerhalb des Pool- oder Strandbereichs herumzulaufen. Frauen verzichten auf kurze, enge Röcke, auf Minis oder Shorts, durchsichtige Blusen und Spaghetti-Tops, auf tiefe Dekolletees und im Falle sehr langer Haare darauf, diese offen zu tragen. Kopftücher sind – im Gegensatz zum Iran – in den VAE nicht vorgeschrieben (aber wegen der Sonne manchmal nützlich!).

Unterwegs in Abu Dhabi

An der Corniche, dem 6 km langen Prachtboulevard von Abu Dhabi Stadt

Das Beste auf einen Blick

Abu Dhabi Stadt

Highlights!

Heritage Village: Hier erfährt man viel über die beduinische Lebensweise und die Traditionen vor der Entdeckung des Erdöls. 4 S. 117

Corniche: Die Uferstraße mit Promenade, Stränden und Restaurants kann mit ihren Vorbildern an der französischen Riviera durchaus Schritt halten. S. 123

Etihad Towers: Die fünf gläsernen Türme beherrschen das westliche Ende der Corniche. Vom Observation Deck im höchsten der Türme schaut man aus 300 m Höhe auf Abu Dhabi. 10 S. 129

Emirates Palace: Das prunkvollste und edelste Hotel des Landes. In seinen Hallen finden Kulturveranstaltungen von hoher Qualität statt. 11 S. 129

Auf Entdeckungstour

In Abu Dhabis schönster Moschee: Der 2004 verstorbene Sheikh Zayed wünschte, dass in seinem Emirat die beeindruckendste Moschee des Landes entstünde. 2007 wurde die Sheikh Zayed Moschee fertiggestellt. 5 S. 124

Weltkulturen in der Barakat Gallery: Seit Generationen sammelt die palästinensische Familie Barakat Kunstobjekte antiker Zivilisationen. Fayez Barakats taucht häufig bei Auktionen des Hauses Sotheby's auf. Einen Teil seiner ›Schätze‹ stellt er im Emirates Palace aus. 11 S. 134

Ein Krankenhaus für Falken: Es ist weltweit das bedeutendste Krankenhaus für Raubvögel, geleitet von der deutschen Tierärztin Dr. Margit Gabriele Müller. 14 S. 140

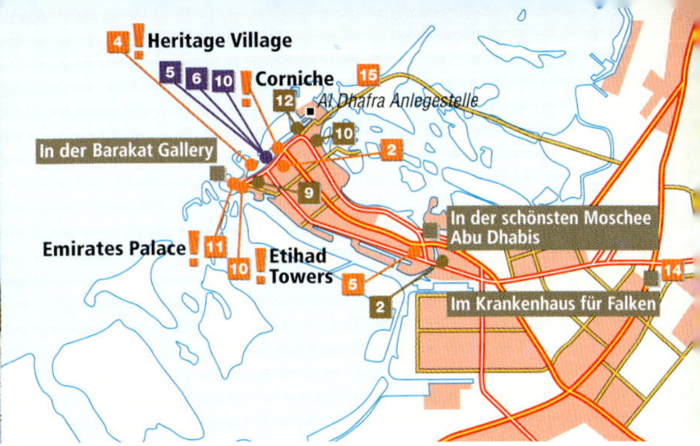

Kultur & Sehenswertes

Oral History im Qasr al Hosn: In einem Kulturpavillon stellen Zeitzeugen in Filmen ihren Alltag unter Sheikh Shakhbout, dem Onkel des heutigen Herrschers, vor. 2 S. 111

Manarat Al Saadiyat: Noch ist der Cultural Ditrict auf der Insel Saadiyat eine Vision, aber es gibt eine eindrucksvolle Modellausstellung. 15 S. 169

Aktiv unterwegs

Hiltonia Beach Club: Sonne, Sand und Meer, viele Bequemlichkeiten und herrliche Aussichten – das ist Erholung pur. 10 S. 131

Radfahren und Joggen: Die Corniche ist die attraktivste Aktivmeile der Stadt. 5 6 10 S. 162, 163

Emirates Palace Spa: Bei einem Besuch der Wellnessanlage im Emirates Palace sollte man auch das Maroccan Hammam aufsuchen. 11 S. 164

Genießen & Atmosphäre

Fishmarket: Fisch fangfrisch, französische Austern und andere Delikatessen aus dem Meer in einem Restaurant des InterContinental. 9 S. 150

Ray's Bar: Ein traumhafter Ausblick über Meer und Stadt aus dem 62. Stock des Jumeirah at Etihad Towers, entsprechend hoch ist auch die Qualität der Cocktails. 10 S. 165

Abends & Nachts

Pearls Bar: Open-Air-Spot unter einem prachtvollen Zeltdach des Shangri-La, direkt am Khor Al Maqta'a. Perfektes Ambiente, dezente Musik. 2 S. 165

The Exchange: Hier beginnt der Abend spät, die große Tanzfläche füllt sich erst ab 23 Uhr, im Le Meridien. 10 S. 166

Legends: Der Nachtclub im Sheraton gehört zu den besten der Stadt, peppige DJ-Musik. 12 S. 166

Hauptinsel und Festlandvororte

Abu Dhabi ist heute eine Großstadt, die sich in den letzten Jahren flächenmäßig weit über jene Insel hinaus ausgehnt hat, auf der sie erst gegen Ende des 18. Jh. von Beduinen gegründet wurde. Zum Stadtbereich gehören heute große Ansiedlungen auf dem Festland bis zum Flughafen und mehrere stadtnahe Inseln. Große, bedeutende und gut erhaltene Bauwerke, die von der Geschichte des Beduinenstammes der Bani Yas zeugen, finden die Besucher jedoch in den Oasen Liwa und Al Ain. Denn die Geschichte des Emirats hat ihren Ursprung in diesen beiden Oasen. Erst zu Beginn des 19. Jh. erlangte die Küstensiedlung Abu Dhabi für einen Teil des Beduinenstammes der Bani Yas Bedeutung.

Ein historisches Zentrum mit alten Häusern und verwinkelten Gassen, einem alten Souq, jahrhundertealten Moscheen und einem stattlichen Regierungspalast gibt es deshalb in Abu Dhabi nicht. Vom historischen Abu Dhabi ist nur die über 200 Jahre alte **Festung Qasr Al Hosn** erhalten, die Sheikh Shakhbout Bin Dhiyab (1793–1816) errichten ließ. Weit draußen, direkt an der Al-Maqta'a-Brücke, liegt das zweite noch erhaltene historische Gebäude der Stadt, der **Al Maqta'a Tower.** Er war Teil einer Befestigungsanlage an jener Furt, die man überqueren musste, um auf die Insel Abu Dhabi zu gelangen. Und es gibt heute ein weiteres ›historisches‹ Zeugnis beduinischer Siedlungsgeschichte, aller-

Infobox

Reisekarte: ▶ Karte 2 (Großraum Abu Dhabi Stadt, Karte 3 (Abu Dhabi Stadt West), Karte 4 (Abu Dhabi Stadt Ost)

Tourismusbüro
TCA, s. S. 19

Wie bewege ich mich in Abu Dhabi Stadt?
Die Stadt verfügt heute über ein perfekt ausgebautes, übersichtliches Straßennetz, sodass man mit einem **Leihwagen** (s. S. 25) jeden Punkt der Stadt relativ schnell erreichen kann. Zudem gibt es zahlreiche **Taxis,** alle klimatisiert, bequem und vergleichsweise billig (s. S. 24). Das innerstädtische öffentliches **Busnetz** funktioniert sehr gut und wird bevorzugt von *expatriates* aus der Dritten Welt benutzt (s. S. 23). Wer organisiert die Stadt erkunden möchte, schließt sich einer **Stadtrundfahrt** an (s. S. 26). Nur eines sollte man nicht versuchen: Die Stadt zu Fuß zu erkunden. Dafür ist sie zu groß und die Sehenswürdigkeiten liegen zu weit auseinander. Ausnahme: Jeder Abu-Dhabi-Besucher sollte einmal die Promenade der Corniche entlanggelaufen sein.

Taxifahrt
Die Taxifahrer kennen sich in der Stadt nicht immer gut aus. Deshalb müssen Sie zum Erreichen Ihres Fahrtziels meist selbst etwas beitragen. Nennen Sie eine *landmark,* z. B. ein großes Hotel oder eine Shopping Mall in der Nähe Ihres Zieles, das finden die Taxifahrer in jedem Fall.

dings ein rekonstruiertes: das Heritge Village. Darüber hinaus wird dieses kulturelle Erbe den nachrückenden Generationen auch im Sheikh Zayed Centre nahegebracht.

Diese wenigen historischen Sehenswürdigkeiten, die sich an sehr unterschiedlichen Stellen der Stadt befinden, vermitteln dennoch einen nachhaltigen Eindruck von der beduinischen Geschichte Abu Dhabis und dokumentieren die spannende Stadtentwicklung, die sich mit der Verlegung des Familienstammsitzes der Al Nahyan an die Küste vollzog. Denn erst mit dem Erdöl kehrte Mitte der 1960er-Jahre der Wohlstand im Emirat ein. Die viel zitierte Beschreibung der rasanten Entwicklung trifft im wahren Sinne des Wortes zu: Binnen nur einer Generation haben die Dhabi'in ihre Palmhütten gegen Villen und ihre Kamele gegen Cadillacs getauscht. Quasi über Nacht begann erst in den letzten Jahrzehnten des 20. Jh. eine beeindruckende Bautätigkeit.

Stadtgeschichte

Abu Dhabi vor dem Öl

Es gab bis 1950 in Abu Dhabi keine befestigte Straße im ganzen Emirat. Es existierten keine Autos, nur der damalige Herrscher Sheikh Shakhbout Bin Sultan (1918–66) besaß zwei, mit denen er in der Nähe seines Palastes Qasr al Hosn herumfuhr. Nach Dubai benötigte man auf Kamelen drei bis vier Tage, nach Al Ain oder Liwa sieben. Für Reisen in diese Orte wurden aus Sicherheitsgründen immer Karawanen von mindestens zwanzig Kamelen zusammengestellt.

In Abu Dhabi gab es keinen Arzt und keine Schule, nur für Kinder eine Koran-Unterweisung in einer Barasti-Hütte im Schatten der Moschee, in der der fromme Mullah Darwish Bin Karam die Kinder Koranverse lernen ließ. Die Analphabetenrate betrug nahezu 100 %. Die Briten kümmerten sich nicht um die medizinische oder schulische Versorgung, obwohl sie fast zweihundert Jahre die Golfküste kontrollierten. Innerhalb des Gebietes der späteren VAE gab es nur in Sharjah ein Krankenhaus der Royal Air Force, dessen Ärzte in Ausnahmefällen auch Einheimische behandelten. Die allgemeine Lebenserwartung der Frauen lag bei dreißig Jahren, die Kindersterblichkeit war sehr hoch und Kinderarbeit selbstverständlich.

Beginn des Ölzeitalters

Das Leben in Abu Dhabi und die Haltung der Briten änderte sich erst, als 1958 zum ersten Mal auf dem Gebiet Abu Dhabis *offshore* Erdöl entdeckt wurde und 1962 der Erdölexport auf der vorgelagerten **Insel Das** begann.

1959 bauten die Briten die ersten beiden Häuser aus Stein in Abu Dhabi, ihre ›Botschaft‹ für den britischen Political Agent und unweit davon eine Schule mit sechs Klassenräumen. Jetzt gab es in Abu Dhabi zusammen mit dem Palast von Sheikh Shakhbout Bin Sultan insgesamt drei Häuser in befestigter Bauweise. Ansonsten existierten nur wenige Lehmhäuser und viele Dutzend Barasti-Hütten. Im gleichen Jahr, im Winter 1959, ergoss sich eine große Flutwelle über die Insel. Da es noch keine (Corniche-)Befestigung entlang der Küste gab, erlitten nahezu alle ursprünglichen Behausungen große Schäden. Nur die drei Steinhäuser blieben unversehrt. Eine Woche nach der Flutwelle versorgten die Briten die Einwohner aus Armeebeständen mit Wolldecken und Lebensmittelkonserven. Die Decken wurden sehr gerne genommen, aber die einheimische Bevölkerung kannte keine Dosen, sie wusste weder, wie diese zu öffnen waren, noch war eine nennenswerte Zahl in der Lage, die englischsprachige Inhalts- und Gebrauchsanweisung zu lesen. Noch heute erzählen Großeltern ihren Enkeln schmunzelnd diese Geschichte von britischer Hilfeleistung und einheimischer Unkenntnis im Jahr 1959.

Mit der Vergabe der Öl-Bohrkonzessionen kamen die ersten Ausländer nach Abu Dhabi. Sie brachten schwere Geräte, Lastwagen und Landrover mit, um nach weiterem Erdöl zu suchen. Sie stellten Einheimische als Arbeiter, als Wachpersonal oder als Fahrer ein und zahlten regelmäßig Lohn. Eine neue Zeit brach an. In allen Teilen der Bevölkerung herrschte ein gespanntes Abwarten. Sheikh Shakhbout Bin Sultan, der sich weigerte, für die neue Schule neue Lehrer einzustellen, weil er öffentlich die Meinung vertrat, die bisherige Unterweisung durch Mullah Darwish Bin Karam genüge, verlor bei der Bevölkerung und bei den Briten immer mehr an Ansehen. Um die einheimischen Arbeitskräfte besser einsetzen zu können, eröffneten die Briten 1960 eine Ausbildungsstätte, in der sie Jugendliche und junge Männer gezielt für bestimmte Arbeiten auf den Ölfeldern trainierten und ihnen während der Monate ihrer Ausbildung sogar Lohn bezahlten.

Die Siedlung wird zur Stadt

Die neuere Stadtgeschichte Abu Dhabis beginnt im Grunde erst mit dem Erdöl. Das Emirat Abu Dhabi war zwar das größte Emirat der Trucial States, aber es bestand ungeachtet seines großen Herrschaftsbereiches im Grunde aus drei weit auseinander gelegenen Siedlungseinheiten: der Insel Abu Dhabi und im Landesinneren aus den Oasen Liwa und Al Ain.

Dort, wo heute in der Stadt Abu Dhabi die Corniche verläuft, erstreckten sich landeinwärts seit Generationen bis in die 1950er-Jahre Barasti-Hütten, die während der Perlentauchsaison nur teilweise bewohnt waren. In den heißen Sommermonaten waren die Männer als Perlentaucher auf See, die Frauen und Kinder verließen mit den meisten anderen Bewohnern die Siedlung Abu Dhabi, weil es nur in den Oasen Liwa und Al Ain genügend Trinkwasser gab. Sheikh Zayed Bin Khalifa, der Abu Dhabi bis 1909 regierte, residierte im Sommer überwiegend in Al Ain. Bis zur Fertigstellung des Umbaus seines Al-Hosn-Palastes im Jahre 1940 traf dies auch auf Sheikh Shakhbout Bin Sultan zu.

Erst mit dem Öl verlagerte sich das politische Zentrum des Emirats Abu Dhabi in die Stadt Abu Dhabi. Zwischen 1935 und 1939 wurde der Herrscherpalast als erstes befestigtes Gebäude der Siedlung erweitert, 1959 die erste Schule gebaut. Auch infrastrukturell entwickelte sich die Siedlung Abu Dhabi dank des Erdöls. 1952 erst wurde die Furt zwischen der Insel Abu Dhabi und dem Festland bei Maqta'a mit Sand, Lehm und Steinen befestigt. Vorher musste man immer das Niedrigwasser abwarten, um das andere Ufer zu erreichen; erst im Jahr 1968 wurde die **Al Maqta'a Bridge** gebaut.

1961 gab es in Abu Dhabi dank der ersten **Meerwasser-Entsalzungsanlage** auch Süßwasser. Früher musste man sich mit schlechtem Brackwasser begnügen bzw. importierte Trinkwasser per Schiff von der Insel Delma. Die erste Meerwasser-Entsalzungsanlage nahm in Höhe des später dort errichteten Volcano-Brunnens ihre Tätigkeit auf. Von manchem wie ein Wunder bestaunt, hielt sich die Freude für die meisten Bewohner Abu Dhabis in Grenzen. Denn das Süßwasser kostete viel Geld und musste in Wassersäcken aus Ziegenleder oder in Tonkrügen von der Entsalzungsanlage in die Hütten gebracht werden. Noch gab es in Abu Dhabi keine befestigten Straßen.

Das begann sich erst Ende 1961 während einer längeren Abwesenheit von Sheikh Shakhbout Bin Sultan zu ändern. Vier Monate lang verpflichtete sein Vertreter, sein jüngerer Bruder Sheikh Zayed Bin Sultan, gegen gute Bezahlung alle Lastwagen- und Pickup-Besitzer in Abu Dhabi und ließ eine drei Meter breite **befestigte Straße** aus Lehm und Steinen vom Palast quer durch die Insel bis zum 1952 errichteten Maqta'a-Damm anlegen. In der gleichen Zeit kam es zu zwei weiteren wesentlichen ›Entwicklungen‹ in der Stadt: Sheikh Zayed ›lieh‹ sich vom jordanischen König Hussein für die 1959 eröffnete **Schule** insgesamt zwölf palästinensische Lehrer aus; bis zu ihrer Ankunft im Jahr 1962 unterrichtete in Abu Dhabi nach wie vor als Einziger der unausgebildete Mullah Darwish Bin Karam.

1963 gab es die erste **Flugpiste,** auf der die Gulf Aviation (Vorgängerin der Gulf Air) einen Flugdienst zwischen Abu Dhabi und Sharjah eröffnete. Geflogen wurde mit ausgedienten Militärmaschinen der Briten aus dem Zweiten Weltkrieg. In den Flugzeugen der Marke Dakota konnten jeweils bis zu zwölf Personen reisen. Auf der sandigen Flugpiste sackten die schweren Maschinen häufig ein und wurden unter der Anteilnahme vieler Zuschauer von Eselgespannen wieder herausgezogen.

Abu Dhabi im Jahr 1960: die rasante Bebauung nimmt ihren Anfang

Abu Dhabi unter Sheikh Shakhbout

Der Fortschritt zog nur sehr langsam in Abu Dhabi ein. Denn Sheikh Shakhbout und seine Familie horteten die Erdöleinnahmen als potenzielle ›Kriegskasse‹ und gaben sie nur in sehr bescheidenem Maße für Infrastrukturmaßnahmen aus. Da es 1961 noch kein Hotel und kein größeres Restaurant in der Stadt gab, stellten die Bewohner Schlafplätze in ihren Barasti-Hütten zur Verfügung und verdienten sich ein paar Rupien mit dem Verkauf von Nahrungsmitteln, kümmerten sich gegen Entgelt um Transporte auf Kamelen, Eseln oder alten gebrauchten Pickups, die sie von der Erdölgesellschaft erworben hatten.

Der nur sehr schleppenden Entwicklung der Stadt Abu Dhabi stand ein rasanter Modernisierungsschub auf der vorgelagerten **Insel Das** gegenüber. Hier war binnen weniger Jahre mit der Förderung des Erdöls eine Industrieansiedlung mit moderner Infrastruktur, mit Tanklagern, Hafengebäuden, mehrstöckigen Wohnhäusern und Versorgungseinrichtungen entstanden, die gelegentliche Besucher aus Abu Dhabi in Staunen versetzte.

1961 eröffnete auch in Abu Dhabi die erste **Telegraphen-Außenstelle,** sodass telefonische Verbindungen zu anderen Orten der Welt möglich wurden. Telefonanschlüsse in Privathäusern gab es in Abu Dhabi aber erst 1963. Sheikh Shakhbout regierte das Emirat mit großer Strenge und war besonders misstrauisch gegenüber Neuem. Er verbot größere Neubauten, bis ein seinen Vorstellungen gemäßer ›Stadtentwicklungsplan‹ ausgearbeitet sei. Auch ansonsten mussten alle Handelsaktivitäten und vor allem ausländische Niederlassungen auf dem Gebiet Abu Dhabis von ihm persönlich genehmigt werden. Ein geordnetes, transparentes Verfahren gab es nicht.

Auch das Wohl seiner Untertanen litt an der Untätigkeit des Sheikh. 1962 gab es in Abu Dhabi keinen Arzt, keine Krankenschwester und kein Krankenhaus. Sheikh Shakhbout unterschrieb einen Vertrag mit einer libanesischen Firma, die ein voll ausgestattetes Krankenhaus aus vorgefertigten Stahl- und Betonteilen liefern sollte. Die Teile erreichten die Stadt Anfang 1963 in riesigen Kisten, die großen Fertigteile lagerten unter freiem Himmel an der Stelle, an der das Central Hospital im Zentrum der Stadt errichtet werden sollte. Sheikh Shakhbout war im Gegensatz zu der Firma der Meinung, dass der gezahlte Preis die Errichtung der Fertigteile einschloss. Da der Herrscher nicht zu einer Nachzahlung bereit war, lag das Central Hospital drei Jahre unausgepackt buchstäblich im Sand. Es wurde schließlich Ende 1966 nach dem Regierungsantritt seines Bruders und Nachfolgers Sheikh Zayed Bin Sultan eröffnet.

Abu Dhabi unter Sheikh Zayed Bin Sultan

1967 wurde die Stadt dank britischer Generatoren elektrifiziert, 1969 wurde die Corniche zum Schutz vor der offenen See fertiggestellt, zusätzliche Entsalzungsanlagen geschaffen, der **Hafen Mina Zayed** und der **Flugplatz** eröffnet. Parallel dazu ließ Sheikh Zayed Bin Sultan neue Schulgebäude bauen und Lehrer aus arabischen Ländern anwerben; 1968 öffnete die erste Mädchenschule ihre Tore.

Neben seinen Entwicklungsplanungen kurbelte er ein großes Landverteilungsprogramm an. Das alte

Abu Dhabi, der Stadtkern mit dem Herrscherpalast und seinen vielen Barasti-Hütten, wurde neu geordnet. Stehen blieb nur der Palast. Für jede abgerissene Barasti-Hütte gab es großzügige Entschädigungen, die ihren Besitzern nicht nur den Bau eines festen Hauses, sondern auch den eines kleinen Geschäfts für ihren Lebensunterhalt ermöglichten. Jeder Dhabi'in erhielt zu den Kompensationen drei großzügig bemessene Stücke Land: eines für ein Wohnhaus in ausgewiesenen Wohnbezirken, eines im Stadtzentrum an einer Hauptstraße, um dort ein Gebäude für wirtschaftsbezogene Nutzung zu bauen, und ein drittes Stück Land in den sogenannten Industriesektoren Abu Dhabis, auf denen Handwerksbetriebe oder Werkstätten, aber auch Fabriken unter Beteiligung ausländischer Investoren errichtet werden sollten.

Durch die Landzuweisungen in Abu Dhabi Stadt sahen sich über Nacht Tausende mit der Anforderung konfrontiert, mit Grund und Boden als Einkommensquelle umzugehen. Auch hier hatten die öffentlichen Berater alle Hände voll zu tun. Wer sich unter den männlichen Dhabi'in nicht als selbstständiger Geschäftsmann betätigen wollte, fand einen erträglichen Arbeitsplatz in einer Behörde, ging zur Polizei oder trat den Streitkräften bei. Die einheimische Bevölkerung Abu Dhabis hat auf Wunsch von Sheikh Zayed Bin Sultan von Anfang an an den Erdöleinnahmen in Form aktiver Entwicklungsbeteiligung partizipiert.

Alltagsbeschreibungen aus den 1950er- und 1960er-Jahren muss man sich vergegenwärtigen (s. Kasten S. 128), um die einmalig schnelle Entwicklung Abu Dhabis in die Moderne zu würdigen. Vor dem Hintergrund dieser Stadtgeschichte wird auch verständlich, dass es so gut wie keine historischen Bauwerke in der Stadt gibt. Die wenigen ›historischen‹ Sehenswürdigkeiten Abu Dhabis sind keineswegs vergleichbar mit denen europäischer Großstädte. Aber nur sie vermitteln einen Eindruck von jener rasanten Entwicklung, der sich Abu Dhabi in den letzten Jahrzehnten unterzog und auf die es zu Recht stolz ist. Denn es gibt kein historisches Beispiel dafür, was hier binnen weniger Jahrzehnte aufgebaut wurde.

Historische Sehenswürdigkeiten

Am Khor Al Maqta'a

▶ Karte 4, D/E 6

Dass der Kern von Abu Dhabi Stadt auf einer Insel liegt, merkt der Besucher heute kaum mehr. Er stellt aber erfreut fest, dass er von vielen Stellen der Stadt das Meer sieht. Die Stadt hat sich inzwischen weit über den Kanal Khor Al Maqta'a hinaus aufs Festland ausgedehnt. Der Khor Al Maqta'a, der die Insel im Osten vom Festland trennt, ist so schmal und so flach, dass man ihn (früher) bei Ebbe zu Fuß durchschreiten konnte. Heute queren den Kanal drei mehrspurige Brücken, die man aber als Teil breiter Ausfallstraßen im dichten Autoverkehr überhaupt nicht wahrnehmen würde, wären da nicht die unübersehbar großen Hinweisschilder ›To Sheikh Zayed Bridge‹, ›To Al Maqta'a Bridge‹ und ›To Al Mussafa Bridge‹. Im Süden führt die **Al Mussafa Bridge** Richtung Industriegebiet und zur Oase Liwa, im Norden die **Al Maqta'a Bridge** Richtung Flughafen. Parallel zu ihr wurde 2011 nach jahrelanger Bauzeit in Sichtweite des

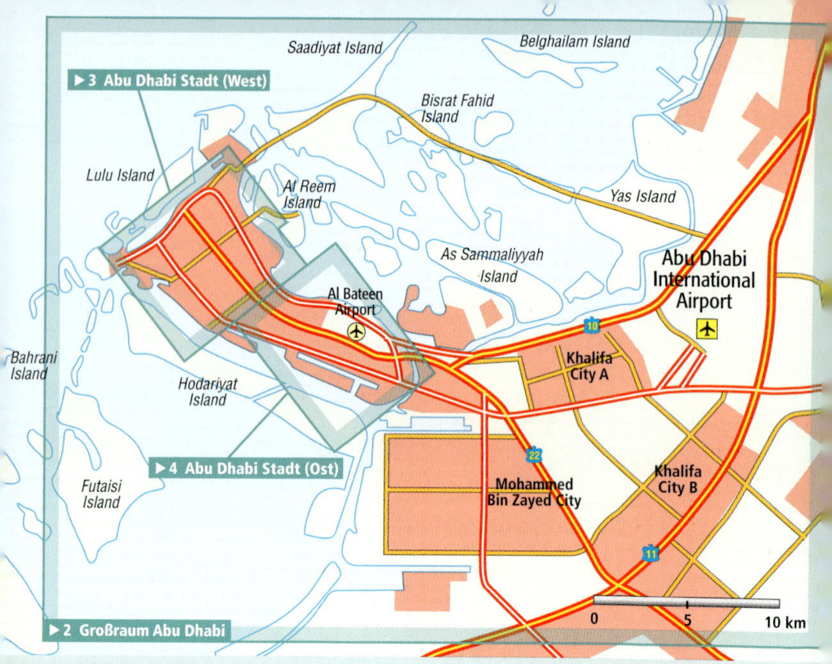

Abu Dhabi Stadt

Die in diesem Kapitel genannten Ziffern verteilen sich über die Teilkarten 2, 3 und 4 der Extra-Reisekarte Abu Dhabi.

Al Maqta'a Tower die **Sheikh Zayed Bridge** eröffnet, die den Raha Beach direkt mit der Salam Street verbindet.

Al Maqta'a Tower 1 ▶ Karte 4, E 6

Nicht zugänglich

Früher war **Khor Al Maqta'a** ein natürlicher Schutz für die Inselbewohner. Die Furt, in deren Mitte der Al Maqta'a Tower steht, war bei Ebbe der offizielle Zugang zur Insel. Um den Herrscherpalast Qasr al Hosn am nordwestlichen Ende zu erreichen, musste man zuerst den Khor Al Maqta'a an dieser Stelle überqueren. Selbstverständlich war ein solch strategisch bedeutsamer Punkt gesichert, aber an die alte Befestigungsanlage am Khor Al Maqta'a erinnert nur die Rekonstruktion des relativ kleinen, bereits damals schon aus Stein errichteten Hosn Al Maqta'a. Es befindet sich gegenüber dem Al Maqta'a Tower auf der Festlandseite und wird heute als Informationsbüro der TCA (s. S. 19) genutzt. An die Funktion als Militäranlage erinnern nur noch alte Fotos an den Wänden seiner Innenräume.

Da ein Erreichen der Insel Abu Dhabi vom Land aus nur bei Ebbe möglich war, entstanden zu beiden Seiten der Furt in Höhe des Al Maqta'a Tower kleine Karawansereien mit einer bescheidenen Infrastruktur, um den Karawanen das Warten zu erleichtern. Von ihnen sind heute keine Spuren mehr, sondern ebenfalls nur noch alte Fotos an den Wänden des Hosn Al Maqta'a erhalten.

Der mitten in der Furt freistehende, ständig von Wasser umspülte Al Maqta'a Tower ist für Besucher nicht zu erreichen. Da aber die Furt an der Stelle sehr schmal ist, kann man sowohl von der Festland- als auch von der Inselseite sehr nahe an ihn herankommen. Von der Furt gibt es schöne alte Fotos und viele Geschichten über die Schwierigkeiten ihrer Überquerung in Höhe des Al Maqta'a Tower. Wer die Insel Abu Dhabi nach Überquerung des Khor Al Maqta'a damals erreicht hatte, musste dann noch mehr als 10 km auf unbefestigter sandiger Piste zurücklegen, um zum Herrscherpalast Qasr Al Hosn am Ende der Insel zu gelangen.

Heute gewinnt der Khor Al Maqta'a durch den Bau großer, internationaler Hotels an seinen flachen Sandstränden wieder an Bedeutung.

Mein Tipp

Ausflug mit dem Wassertaxi
Seit 2014 ist es möglich, mit einer *abra* den Khor Al Maqta'a hinauf- und hinunterzufahren. Man kann entweder die kleine Route wählen zwischen den großen Hotels am Khor, dem Ritz-Carlton und dem **Fairmont** 13, oder eine längere vom Souq Qaryat al Beri (neben dem **Shangri-La** 2) bis zum **Eastern Mangroves Hotel** 1.
Captain Tony's Abra Water Hopping Service: Tel. 650 71 75 oder 050 781 96 42, tgl. 10–18 Uhr, www.captaintonys.ae; das Ticket wird an Bord erworben: Erw. 50 Dh (kleine Tour) bzw. 80 Dh (große Tour), Kinder 30 Dh.

Qasr Al Hosn 2 ▶ Karte 3, E 2

Al Nasr St., wegen aufwendiger Renovierungsarbeiten bis 2016 nur von außen zu besichtigen; sehr sehenswerte Fotoausstellung in einem angrenzenden neuen Pavillon, tgl. 9–13, 16–20 Uhr, Eintritt frei

Heute benötigt man auf der Schnellstraße von der Al Maqta'a Bridge zur Innenstadt und zum Qasr Al Hosn 15 Autominuten. Aber es ist gar nicht so leicht, dieses historische Gebäude inmitten der neuen gläsernen Hochhäuser zu finden.

Von den Festungen, die man gegenwärtig noch auf dem Boden der VAE besichtigen kann, gehört das Qasr Al Hosn nicht zu den architektonisch, wohl aber zu den politisch und historisch bedeutendsten. Es ist *das* große nationale Monument, weil es wie kein anderes Gebäude mit der Geschichte des Emirats Abu Dhabi verbunden ist. Knapp 200 Jahre lang stand es im Dienste der Herrscher von Abu Dhabi: als Wohnsitz der Herrscherfamilie, als Festung, als Regierungsgebäude. Elf Herrscher der Familiendynastie Al Nahyan – alle beduinischen Nachfahren aus der bedeutenden Stammeskonföderation der Bani Yas – haben zwischen 1793 und 1966 vom Qasr Al Hosn aus die Geschichte Abu Dhabis bestimmt.

Grundsteinlegung

Das Qasr Al Hosn ist auch aufs Engste mit der Gründungslegende des Emirats Abu Dhabi verbunden. Es steht an der Stelle, an der 1761 eine beduinische Jagdgesellschaft aus der

Oase Liwa eine Gazelle verfolgte. Das Tier floh an die Spitze der Insel zu einer Süßwasserquelle. Süßwasser an dieser Stelle zu entdecken kam für die Beduinen einem Wunder gleich. Deshalb gaben die Jäger der Insel den Namen Abu Dhabi – Land der Gazelle.

Nach dem Tod von Sheikh Dhiyab Bin Isa im Jahr 1793 setzte die Al-Nahyan-Familie innerhalb des Stammes der Bani Yas ihre Herrschaftsansprüche durch. Der Anführer, Sheikh Shakhbout Bin Dhiyab, verließ die Oase Liwa und siedelte auf der Insel Abu Dhabi.

Zwar hatte schon Sheikh Dhiyab Bin Isa (1761–93) als Erster einen Wachturm auf der Insel Abu Dhabi errichtet, doch sein Sohn Shakhbout Bin Dhiyab, der 1793–1816 regierte, verlegte den Stammessitz der Familie Al Nahyan endgültig von der Oase Liwa hierher. Er ersetzte an der begehrten Wasserstelle nahe der Küste den 1791 errichteten Wachturm aus Lehm durch eine Wehranlage aus Stein, die den engsten Familienmitgliedern zugleich als Wohnstätte diente. Diese erste befestigte Wohnanlage ist das Qasr Al Hosn.

Zentrum der Macht

Das Qasr Al Hosn stand von nun an im Mittelpunkt aller Entwicklungen des Emirats. Die befestigte Wohnanlage beherbergte im Laufe der nächsten 200 Jahre bedeutende Herrscher wie Sheikh Tahnoun Bin Shakhbout (1818–33), der Abu Dhabi zum Perlenfischerei-Zentrum an der Golfküste ausbaute, oder Sheikh Zayed Bin Khalifa (1855–1909), unter dem Abu Dhabi zum angesehensten Emirat an der Trucial Coast aufstieg. Diese Rolle verdankte das Emirat einer großen Anzahl an kleinen Dhaus – große Schiffe zu bauen hatten die Briten seit 1820 untersagt –, mit denen es sich eine zentrale Position in der Perlenfischerei sicherte. Vom Erlös der Perlen wurden vor den Toren und auf den vier Ecktürmen des Qasr Al Hosn 1862 zum ersten Mal Kanonen aufgestellt.

Als letzter Herrscher lebte und regierte Sheikh Shakhbout Bin Sultan (1928–66) in des Mauern des Qasr Al Hosn. In seine Regierungszeit fiel der große wirtschaftliche Niedergang der Golfregion. Denn die natürlichen Perlen, die der Küste zum Reichtum verholfen hatten, wurden auf den Weltmärkten von den billigeren Zuchtperlen aus Japan verdrängt. Etwa zur gleichen Zeit wurde aber in der Golfregion Erdöl entdeckt und Sheikh Shakhbout Bin Sultan unterzeichnete 1939 im Qasr Al Hosn einen Vertrag mit der British Petroleum (BP), der dieser Explorations-, Bohr- und Förderrechte sicherte. Doch der Segen des Schwarzen Goldes blieb vorerst aus. Ihn erlebte Sheikh Shakhbout erst im hohen Alter. Er verließ das Qasr al Hosn 1966.

Sein Nachfolger und die anderen Familienmitglieder in Regierungsämtern errichteten von nun an aus den sprudelnden Erdöleinnahmen eigene neue Paläste in den nahe gelegenen Stadtteilen, bevorzugt in Al Bateen.

Baugeschichtliches

Das Qasr Al Hosn, das wegen seiner weiß getünchten mächtigen Außenmauern von den Briten in ihren Berichten auch als ›White Fort‹ bezeichnet wurde, ist das älteste Gebäude Abu Dhabis. Deshalb nennen es viele Einheimische umgangssprachlich auch ›The Old Fort‹. Es blieb während der 200 Jahre in seiner Grundstruktur erhalten, wurde allerdings mehrfach aus- und umgebaut. Zum letzten Mal

Ein wichtiges historisches Monument: der Palast Qasr Al Hosn

Mein Tipp

Schwarz-Weiß-Fotografien
In Abu Dhabi gibt es nur wenige historische Baudenkmäler vor der Entdeckung des Erdöls Mitte der 1960er-Jahre. Was es aber aus früheren Jahren gibt, sind alte Schwarz-Weiß-Fotos, die einen anschaulichen Eindruck davon vermitteln, wie bescheiden man damals in Abu Dhabi lebte. Sehr beeindruckend ist in diesem Kontext die historische Fotodokumentation im **Hilton Abu Dhabi** 7 (▶ Karte 3, B 2). Dort erinnert ein halbes Dutzend alter Fotos entlang der Wände an die Situation im Jahr 1971, als das Hotel gebaut wurde. Damals stand es direkt am Strand, eine Corniche gab es nicht, und so weit der Blick reichte, war nur Wüste.

unterzog es Sheikh Shakhbout Bin Sultan zwischen 1939 und 1940 einer großen Erweiterung und gründlichen Renovierung und ließ das Gebäude Ende 1963 mit elektrischem Strom ausstatten. Diese Baumaßnahmen – man vermag sich das heute kaum vorzustellen – hatten damals große soziale und ökonomische Auswirkungen auf die Stadt.

Das 1939 von Sheikh Shakhbout mit der British Petroleum Company geschlossene Abkommen sicherte ihm eine größere Summe Rupien. Damit erweiterte er das Qasr Al Hosn, indem er die Befestigungsmauern nach außen verlegte und weitere Wohnquartiere und den Innenhof anbauen ließ. Für die ca. 500 männlichen Bewohner Abu Dhabis war dies eine Art ›Arbeitsbeschaffungsmaßnahme‹, weil nach dem Niedergang der Perlenfischerei viele der Familienväter zum ersten Mal wieder Arbeit fanden. Da Steine und andere Baumaterialien transportiert und verarbeitet werden mussten, hatten zwei Jahre lang fast alle ehemaligen Perlenfischer wieder ihr Auskommen. Als dann 1940 die Arbeiten beendet waren, hörten auch – so der Bericht eines Zeitzeugen – die Lohnzahlungen auf. Die meisten Familien Abu Dhabis hatten erneut kein regelmäßiges Einkommen.

Die letzte große Renovierung erlebte das Qasr Al Hosn zwischen 1976 und 1985 unter Sheikh Zayed Bin Sultan, dem jüngeren Bruder von Sheikh Shakhbout Bin Sultan. Obwohl Sheikh Zayed Bin Sultan hier nicht mehr wohnte, ließ er im Innenhof Gärten und Blumenbeete anlegen und die Wege neu pflastern.

Den Aufstieg Abu Dhabis zur Hauptstadt der VAE und alle damit einhergehenden städtebaulichen Modernisierungen unter Sheikh Zayed Bin Sultan (1966–2004) hat das Qasr Al Hosn überstanden. Bis 1990 diente der ehemalige Herrscherpalast noch als Verwaltungssitz. Danach wurde er zwar immer mal wieder von außen und innen getüncht, in jüngster Zeit auch abends und nachts angestrahlt und an besonderen Festen mit Lichterketten illuminiert, aber genutzt wurde er nicht mehr.

Seit drei Jahren ist das Qasr Al Hosn für die Öffentlichkeit nicht mehr zugänglich, weil es nach seiner Renovierung eine neue Verwendung als Museum erhalten soll. Auf dem Bauzaun, durch dessen Lücken man das Qasr Al Hosn nach wie vor gut sehen kann, sind mehrere alte Fotos in Großaufnahme platziert, die das Gebäude in den Jahren 1904, 1950 und 1960 zeigen. Sie vermitteln zugleich den Stand der jeweiligen städtebaulichen Umgebung der Festung in diesen Jahren:

Soweit das Auge reichte, nur karge, unbebaute Wüste und wenige Barasti-Hütten.

Das Palastinnere

An den Grundzügen der Anlage wird sich durch die Renovierung sicherlich nicht viel ändern. Das Qasr Al Hosn kann durch den Torbogen des Haupteingangs betreten werden, seine Gänge, Türme und Galerien erreicht man vom ersten Innenhof aus, die meisten der Räume standen bisher leer. Die Räume gruppieren sich um mehrere rechteckige Innenhöfe, Gartenanlagen mit Blumen sorgen für angenehme Kühle. Insgesamt hat sich die Anlage auch bisher schon in gepflegtem Zustand befunden.

Von der Dachterrasse im zweiten Stock kann man an der Süd- und Westseite sehr gut über die Zinnen hinweg auf die Straße hinunterschauen und das Leben dort beobachten. Den schönsten Blick hat man vom Turm in der Nordostecke der Anlage, den man nur mithilfe von Leitern erklimmen konnte.

Ausstellungspavillon

In einem an den Palast angrenzenden neuen Pavillon wird der Film »The story of a fort, that became a city« gezeigt, der die Bedeutung und Geschichte des Qasr Al Hosn hervorhebt. Als Ergänzung berichten Zeitzeugen in Filmsequenzen aus der Ära von Sheik Shakhbout, des Onkels des heutigen Herrschers, über ihren Alltag vor den Toren des Forts; eine sehr gelungene Form anschaulicher **Oral History** (s. S. 80).

Die Bedeutung des Qasr Al Hosn für die nationale Identität dokumentiert auch das seit 2013 jährlich im Februar/März stattfindende **Qasr Al Hosn Festival** auf dem Gelände der derzeitigen Baustelle.

Cultural Foundation 3

▶ Karte 3, F 2

Sheikh Zayed I St., Tel. 621 53 00, www.cultural.org.ae, nach Renovierung des denkmalgeschützten Gebäudes geplante Wiedereröffnung Mitte 2017

Im Zentrum des kulturellen Lebens von Abu Dhabi steht die Cultural Foundation nicht nur, was ihr Programm betrifft, sondern auch im wörtlichen Sinne. Denn der weiße Neubau aus den 1980er-Jahren mit Bogengängen und Galerien steht auf historischem Gelände direkt neben dem Qasr Al Hosn, umgeben von Gartenanlagen, Brunnen und Bäumen. In den beiden großen Sälen der Foundation finden regelmäßig Kulturveranstaltungen, z. B. Lesungen, Filmabende, Musikdarbietungen und Vorträge statt. Auch bietet die Institution mit ihren mehr als 300 Beschäftigten regelmäßig verschiedene Sprachkurse an.

Richtet sich dieses Programm in erster Linie an Dhabi'in und *expatriates*, so profitieren Besucher vor allem von den Ausstellungen und Sammlungen. Was die Ausstellungen betrifft, so gibt es in Abu Dhabi keine Institution, in der derart viele, monatlich wechselnde Kulturausstellungen stattfinden. Oft handelt es sich dabei um herausragende Wanderausstellungen aus anderen arabischen Staaten. Zu den ständigen Ausstellungen der Cultural Foundation gehört u. a. auch eine der größten und besten Sammlungen von Ausgaben des Korans auf der Arabischen Halbinsel.

National Library

Die National Library, die große öffentliche Bibliothek in der Cultural Foundation, verfügt über Hunderte von Büchern und Veröffentlichungen über die Arabische Halbinsel, insbesondere über die VAE, darunter auch viele in englischer Sprache. Die Bibliothek ist eine Fundgrube für an Landeskunde Interessierte.

Jedes Jahr im Frühjahr veranstaltet die National Library in den Gärten der Foundation eine **Book Fair,** eine Verkaufsausstellung aller Verlage der Arabischen Halbinsel. Diese ist meist mit kulturellen Darbietungen verbunden. Auf Initiative der Cultural Foundation legt auch regelmäßig das UNESCO-Bücherschiff DOULOS in Abu Dhabi an, um für das Anliegen der Organisation ›Gute Bücher für alle‹ zu werben.

Ein großer Bereich der Bibliothek ist für Kinder und ihre Neugier reserviert. Mehr als 1000 Kinderbücher, darunter Hunderte in deutscher Sprache, locken im kindgerecht eingerichteten Lesesaal: ›Die kleine Raupe Nimmersatt‹ liegt dort in zehn Sprachen vor.

Ausstellung zur Geschichte und Kultur Abu Dhabis

Besonders interessant für Besucher sind die langen Gänge des Gebäudes der Cultural Foundation. Hier werden, über die Stockwerke verteilt, in Vitrinen und Schaukästen, die entlang den Wänden stehen, liebevoll Ausstellungsstücke zusammengetragen, die die Geschichte und Kultur Abu Dhabis veranschaulichen. Es beginnt mit **Artefakten aus der vorislamischen Epoche** und setzt sich mit alten Münzen und Briefmarken aus Zeiten der Trucial States fort. In einem der Gänge steht ein **historisches Beduinenzelt,** direkt daneben findet man die klassischen Gegenstände beduinischer Kultur wie Kaffeekannen aus Messing, Geschirr, aber auch Schmuck. Dabei muss man sich immer vor Augen halten, dass die Beduinen nicht sesshaft waren und sich ihre materiellen Kulturgüter auf jenes Hab und Gut beschränkten, das sie immer mit sich transportieren konnten.

Besonders beeindruckend ist im ersten Stock der von Béatrice Lachaume erstellte **Family Tree** der Herrscherfamilie Al Nahyan. Die Französin, die seit 40 Jahren in Abu Dhabi lebt und mit einem Dhabi'in verheiratet ist, hat diesen sehr informativen Stammbaum Sheikh Zayed Bin Sultan zu seinem Geburtstag im Jahr 2003 geschenkt. Das Dokument gibt Aufschluss über die familiären Verbindungen der Al Nahyan von 1793 bis in die Gegenwart. Es ist die erste wissenschaftlich gesicherte Genealogie der männlichen Mitglieder der Herrscherfamilie (die Töchter werden in der offiziellen Genealogie nicht berücksichtigt!) und damit ein Dokument von großer öffentlicher Aussagekraft. Der Family Tree hat Sheikh Zayed Bin Sultan so beeindruckt, dass er ihn im Nationalmuseum von Al Ain auf eine große Wand aufmalen ließ.

In einer anderen Vitrine werden Modelle der unterschiedlichen **Dhaus** ausgestellt, die im Laufe der Zeit in Abu Dhabi gebaut und bei der Perlenfischerei im 19. und 20. Jh. eingesetzt wurden. Gleich daneben erfährt man alles über die Geschichte der Perlenfischerei am Golf. Wer die damals eingesetzten einfachen Hilfsmittel konkret vor Augen hat, ahnt, warum vor 100 Jahren Perlentauchen am Golf eine wirklich schwere Arbeit war und warum Perlen – vor ihrer gewerbsmäßigen Züchtung – so teuer waren.

Sehr beeindruckend sind auch die Sammlungen arabischen **Schmucks und arabischer Musikinstrumente.** Der Besucher wird gebeten, diese nicht zu berühren, was nur allzu verlockend ist. Genauso faszinierend sind die alten jemenitischen Lampen und Leuchter und die omanischen Holztüren und -fenster mit ihren wertvollen Schnitzereien.

Zwei Abteilungen der Cultural Foundation darf man in keinem Fall versäumen: die sehenswerte **Ausstellung alter Fotografien,** die die Stadt (besser die ›Siedlung‹) Abu Dhabi zwischen 1900 und 1966 zeigen, und das **Modell Abu Dhabis** aus dem Jahr 1959. Vor dem Hintergrund dieser beiden letzten Exponate weiß man die rasante Entwicklung in Abu Dhabi besonders zu würdigen.

Heritage Village! 4

▶ Karte 3, C 1

Tel. 681 44 55, Sa–Do 9–17, Fr 15.30–21 Uhr, Eintritt frei

An vielen Orten der VAE wurden in den 1990er-Jahren sogenannte *heritage villages* gebaut, ›historische Dörfer‹, die Emiratis und ausländischen Besuchern den Alltag am Golf vor der Entdeckung des Erdöls nahebringen bzw. wieder in Erinnerung rufen sollen. Dass von Seiten der einheimischen Bevölkerung großes Interesse an dieser Art Freilichtmuseum besteht, zeigt der tagtägliche Besucherandrang, besonders an den Nachmittagen der Wintermonate und an Feiertagen, wenn im Heritage Village auch historische Darbietungen (z. B. traditionelle Tänze oder Konzerte) aufgeführt werden.

Abu Dhabi besitzt ein besonders schönes Heritage Village an einem der Corniche gegenüberliegenden Küstenabschnitt am östlichen Ende der Breakwater-Halbinsel. Es ist relativ jung. Als 1999 seine ersten Anlagen dort errichtet wurden, waren sie nur eine Ergänzung eines großen Heritage Village an der Mussafah Road hinter dem International Exhibition Centre. Das dortige historische Dorf gewährte den Besuchern Einblicke in viele Bereiche beduinischer Lebensweisen und in die Bewältigung alltäglicher Arbeiten, verfügte aber auch u. a. über Kamelstallungen und eine Falknerei. Doch dieses Heritage Village lag zu weit vom Zentrum entfernt und zudem auf benötigtem Gelände; Anfang 2006 wurde es abgerissen und durch das mittlerweile fertiggestellte in Breakwater abgelöst. Seit dieser Zeit ist es für Einheimische und Besucher auch zu einem ›historischen Ort‹ geworden, der insbesondere der jüngeren Generation das kulturelle Erbe und die Traditionen des Landes vermittelt.

Kein anderer Ort in Abu Dhabi vermag in gleicher Weise die traditionelle Lebensweise in der Zeit vor dem Öl zu veranschaulichen. Von Anfang an war der Emirates Heritage Club, der Träger des Heritage Village, bemüht, alle Einrichtungen und Darbietungen

Man sieht nur, was man weiß!

Besuchern des Heritage Village wird auffallen, dass am späten Nachmittag viele Emirati-Familien mit ihren Kindern das historische Dorf aufsuchen. Gestenreich erklären die Eltern ihren Kindern die Exponate, denn sie haben ihrerseits von ihren Eltern gelernt, um was es sich jeweils handelt. Ausländische Besucher sind, da es keine Führungen gibt, auf die Erklärungstafeln in englischer Sprache vor den einzelnen Rekonstruktionen und Ausstellungsstücken angewiesen. So erläutert beispielsweise eine große Tafel vor einer hohen Palme die 50 unterschiedlichen Sorten von Datteln. Wenn Sie sich bei manchen Exponaten im Unklaren sind, fragen Sie einfach eine einheimische Familie. Die Eltern geben gerne Auskunft. Und wenn sie nicht des Englischen mächtig sind, vermitteln ihre Kinder.

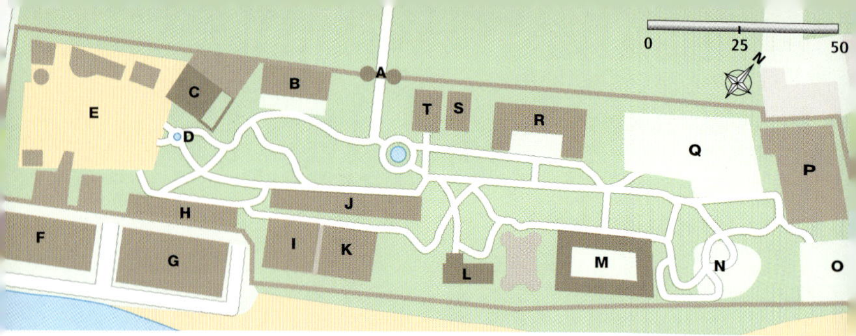

im Dorf historisch korrekt zu realisieren und auf Authentizität zu achten. Dies spürt man beim Rundgang durch die 20 Themenbereiche, die von Station zu Station den Respekt und die Bewunderung für ein Leben unter harten Umweltbedingungen größer werden lassen.

Häusliches Leben

Man betritt das Heritage Village durch ein schweres **Holztor (A).** Die runden Festungstürme zu beiden Seiten des Tores erinnern an die Notwendigkeit, sich damals kollektiv schützen zu müssen. Das ganze Dorf ist deshalb auch von einer Lehmmauer umgeben. In der Anlage findet man sich dank befestigter Wege und Hinweisschildern auch in englischer Sprache sehr leicht zurecht.

Gleich rechter Hand hinter dem Eingang werden in einem Haus, dem **Ladies Workshop (B),** die alltäglichen Hausarbeiten von Frauen dokumentiert: die Herstellung traditioneller Stoffe und Kleidung (Spinnen und Weben von Wollstoffen) und das Korbflechten aus Palmblättern bzw. von Matten, die als Bodenbelag dienten *(paseer)*. Überhaupt hatte das Herstellen von Palmblattgeflechten zu dieser Zeit einen hohen Wert: Sie dienten zum Abdecken von Nahrungsmitteln *(makabba)*, als Palmfächer zum Luftzufächeln bzw. Vertreiben von Fliegen und als Schlafmatten.

Direkt neben dem Ladies Workshop steht rechts eine **kleine Moschee (C),** wie sie früher aus Lehmziegeln erbaut wurde; sie ist zwar Teil des Freilichtmuseums, wird aber von den Angestellten als Gotteshaus benutzt und darf deshalb von nichtmuslimischen Besuchern nicht betreten werden.

Leben der Beduinen

An einem alten **Ziehbrunnen (D)** in der Mitte des Weges erlebt man die Schwierigkeiten der Wasserbeschaffung in einer Beduinensiedlung. Dahinter beginnt der **Bereich Wüste (E)**: Auf einer unbefestigten Fläche, auf der sich Wüstensand ausbreitet, wird das Leben der Beduinen dargestellt.

Es beginnt mit einer klassischen **Barasti-Hütte** (Al Ain House), in der die meisten der Dhabi'in früher wohnten und die den Kern einer Oasensiedlung ausmachte. Wände und Dächer dieser Wohnhütten bestehen aus kunstvoll geflochtenen Palmwedeln, die von hölzernen Pfählen und Stangen getragen werden.

Etwas entfernt davon stehen zwei große, dunkelbraune **Beduinenzelte,** deren Planen aus Ziegen- und Kamelhaar gewebt sind. In diesen Zelten sieht man die kärgliche Einrichtung, angepasst an die Not des ständigen Umherziehen-Müssens: wenige Sitzkissen, Teppiche und Matten auf dem Boden, ein paar Decken für die Nacht und wenige Küchenutensilien.

Heritage Village

A Haupteingang
B Frauentätigkeiten
C Moschee
D Ziehbrunnen
E Bereich Wüste mit Barasti-Hütten und Beduinenzelten
F Hauptbühne
G Nebenbühne
H Weberei und Schneiderei
I Beduinische Küche
J Läden
K Restaurant
L Barasti-Hütte mit ›Windturm‹
M Museum
N Kinderspielplatz und Liegewiese
O Archäologische Zone
P Verwaltung
Q Landwirtschaftlicher Bereich
R Werkstätten
S Marktstände
T Informationsraum

Zu der ›Wüste‹ gehören auch Kamele, die so lange im Schatten einzelner Palmen im Sand ruhen, bis ein Besucher der Aufforderung ihres Hüters nachgibt und auf ihnen reiten möchte. Wenn im Heritage Village traditionsbezogene Darbietungen vorgeführt werden, dann finden sie meist hier auf dem Sand statt. Deshalb steht hier auch eine kleine Sitztribüne, die allerdings eher störend wirkt.

Die **Bühnen (F, G)** werden eher selten für Folklore-Darbietungen genutzt. Direkt daneben befinden sich eine traditionelle **Weberei und Schneiderei (H).**

Herstellung und Verkauf von Nahrungsmitteln

Zurück auf dem befestigten Fußwegebereich des historischen Dorfes nähert man sich dem sehr interessanten Themenkomplex der ›Verpflegung‹. Dazu gehören die Herstellung von Nahrungsmitteln wie Brot und Käse im **Heritage Cookhouse (I),** aber auch das Kaffeerösten und vor allem ein kleiner **Laden (J),** in dem lokale Kolonialwaren angeboten werden. Nun bietete sich eine Pause im geradezu ideal gelegenen **Al Asalah Village Restaurant (K)** an.

Leben der Küstenbewohner

Die früheren Bewohner des Emirats mussten ihre Lebensverhältnisse den klimatischen Besonderheiten ihres jeweiligen Lebensraumes anpassen. Das erforderte in der Wüste andere Strategien als an der Küste. Wie man vor der Ölzeit an der Küste lebte, zeigt der nächste Abschnitt. Hier stehen die **Barasti-Hütten der Küste (L)** mit ihrer speziell an die dortigen Klimaverhältnisse angepassten Bauweise. Dazu gehörte z. B., dass sie die frischen Brisen nutzten und ihren Unterkünften mit einem ›Windturm‹ *(barjeel)* aus Tüchern mehr Komfort verliehen.

Village-Museum (M)

Um den historischen Schätzen die entsprechende Rahmung zu bieten, gibt es auch ein kleines Museum, das in Struktur und Anordnung der Exponate moderne Standards erfüllt. Es wurde in seiner Architektur einem traditionellen Fort nachempfunden und beherbergt im Innenhof eine Sammlung alter **Dhaus**.

Die 500 m² große Ausstellungsfläche zeigt traditionelle Gebrauchsgegenstände: Werkzeuge, Geräte für den Ackerbau, Waffen, Utensilien, die zum Perlentauchen benötigt wurden (z. B. Siebe, Messer, Messgeräte zur Qualitätsbestimmung der Perlen), Steingewichte, Tonkrüge, Körbe, aber auch arabische Kaffeekannen *(dallah),* traditioneller Frauenschmuck, traditionelle Bekleidung, alte Münzen, Pferde- und Kamelsättel sowie Zaumzeug und alte Töpferwaren. Dieses gut gestaltete Museum mit seinen ansprechenden Ausstellungsnischen und -vitrinen, seinen Beschriftungen und Erläuterungen zeugt von Museumspädagogik auf hohem Niveau.

Spielplatz und Liegewiese (N)

Auch Kinder kommen beim Besuch des Heritage Village auf ihre Kosten: Auf dem Spielplatz neben dem Museum können sie sich austoben. Hier gibt es auch eine Liegewiese und einen gepflegten Sandstrand, an dem Baden allerdings nicht gestattet ist. Der Blick hinüber zur Corniche und zur Skyline Abu Dhabis bereichert das Ausruhen auf dieser Liegewiese.

Archäologische Abteilung und Fotoausstellung

Am nördlichen Ende des Heritage Village befindet sich eine kleine **archäologische Abteilung (O)** mit dem Versuch, die Ausgrabungsstätte **Hili** in Al Ain mit ihrem berühmten Rundgrab zu kopieren.

Neben der archäologischen Stätte befinden sich die Büros der **Verwaltung (P).** Wer gezielte Auskünfte über die beduinische Lebensweise oder das Heritage Village selbst haben möchte, ist hier gerne gesehen. Die Mitarbeiter identifizieren sich sehr mit ihrem historischen Dorf und den Traditionen, die sie anschaulich vermitteln wollen. An den Wänden der Flure hängen viele alte Schwarz-Weiß-Fotografien aus den 1960er-Jahren, die die hohe handwerkliche Kunstfertigkeit der damaligen Einwohner belegen. Gästen wird gerne Tee, Kaffee oder Wasser angeboten.

Traditionelle Landwirtschaft (Q)

Im letzten Teil des Heritage Village wird es noch einmal sehr interessant. Es beginnt mit der traditionellen Landwirtschaft, die ihre bescheidenen Erträge dem komplizierten **Al-Falaj-Bewässerungssystem** verdankt. Hier wird vorgeführt, wie mit menschlichem Erfindungsreichtum und tierischen Kräften (ein Zebu-Ochse aus Pakistan wird als Zugtier benutzt – im Original war es wohl ein Kamel) das Wasser aus dem tiefen Brunnen in die Kanäle geleitet wird. Der angrenzende Garten mit Nutzpflanzen zeigt, wie groß trotz kargen Bodens der Ertrag bei einer solchen Bewässerung werden kann.

Traditionelles Handwerk

Auch das traditionelle Handwerk hat im Heritage Village seinen Platz. Im **Handicraft Centre (R)** zeigen traditionelle Kunsthandwerker in verschiedenen Werkstätten ihr Können: Lederwarenhersteller (Kameltaschen, Sandalen), Schreiner, Töpfer, Glasbläser, Kupferschmiede, Seifensieder und Parfümhersteller. Gleich nebenan werden die Produkte der Kunsthandwerker an **Marktständen (S)** ausgestellt und angeboten: Holztruhen, Korbwaren, Kupfer- und Messingtöpfe und Kaffeekannen, Matten aus Palmgeflecht, Weihrauchgefäße aus Ton und Dolche aus Eisen. Läden für Gewürze und Saatgut runden das Angebot ab. In der angrenzenden kleinen **Halle (T)** können sich die Besucher mit Informationsmaterialien eindecken.

Moderne Sehenswürdigkeiten

Glanz und Luxus sind das Markenzeichen des modernen Abu Dhabi. Berühmte Architekten aus aller Welt verwirklichen hier ihre Visionen in Stahl, Chrom und Marmor. Seit 2011 gipfelt die Skyline von Abu Dhabi in den drei gläsernen Türmen des neuen von Sir Norman Foster konzipierten Souq.

Im Heritage Village wird die beduinische Vergangenheit wieder etwas lebendig

Weitere, nicht ganz so hohe, aber nicht minder eindrucksvolle Bauwerke mit unverwechselbaren Fassaden bestimmen das Bild der Corniche.

Mit dem Erdöl kam der Wohlstand, und nach dem Regierungsantritt von Sheikh Zayed Bin Sultan im Jahre 1966 begann in Abu Dhabi eine beispiellose Veränderung der Lebensverhältnisse und die Entwicklung von einer Beduinensiedlung zur modernen Metropole. Dieser Aufbruch in die Moderne hält bis heute an und kennt keine architektonischen Grenzen. Auch die Pläne für die neuen **Museen auf Saadiyat Island** sprengen alle herkömmlichen Vorstellungen. Zu diesen Ikonen der neuen Architektur gehört auch das mit einem Märchenpalast vergleichbare **Hotel Emirates Palace.**

Als Staat und Gesellschaft sich über Nacht nahezu alles leisten zu können, verursacht oftmals auch Fehlentwicklungen. Aber erstaunlicherweise trifft man in Abu Dhabi davon wenige. Denn relativ schnell werden städtebauliche Unzulänglichkeiten durch rasche Umbaumaßnahmen korrigiert und dabei noch schöner und aufwendiger gestaltet. Ein anschauliches Beispiel dafür ist die **Corniche,** die Prachtstraße der Stadt, die heute nach drei umfangreichen, aber zeitlich begrenzten Umbau- und Neubau-Aktionen schöner und eindrucksvoller ist als je zuvor.

Seit 2005 gibt es einen Masterplan für die Stadt, der die städtebauliche Entwicklung bis 2030 festschreibt. Doch seit Dubai 2009 mithilfe einer Metro einen Teil seiner Verkehrsprobleme gelöst hat, plant man auch in Abu Dhabi ein solches Verkehrsmittel. Das wird dann auch wieder zu Korrekturen des Masterplans führen. In den letzten 30 Jahren hat sich Abu Dhabi zu einer Stadt harmonischer Gegensätze entwickelt. Man rekonstruiert in Beton alte Lehmbauarchitektur und setzt gleich daneben futuristische Wolkenkratzer aus Glas. Aber dieses architektonische Nebeneinander von Tradition und Moderne hat einen besonderen Reiz und ruft unter den meisten Besuchern bewunderndes Staunen hervor.

Die bedeutendste Persönlichkeit des Emirats Abu Dhabi war **Sheikh Zayed.** Sein Name fällt voller Ehrfurcht und Bewunderung immer dann in Gesprächen, wenn man den gegenwärtigen Wohlstand im Emirat thematisiert. Er gilt als Vater alles Guten im Emirat. Sein Sohn, der seit 2004 Abu Dhabi und die VAE regiert, nennt ihn bis heute seinen »großen Berater«. Der Ruhm Sheikh Zayeds manifestiert sich auch in der schönsten und größten Moschee des Landes, die seinen Namen trägt und die auch von Nicht-Muslimen besucht werden kann.

Sheikh Zayed Grand Mosque 5

▶ Karte 4, D 6

Nahe der Mussafah Brücke, Al Khaleej Al Arrabiya Road, s. Entdeckungstour S. 124

Für jeden, der vom Flughafen Abu Dhabis in die Innenstadt fährt, erheben sich die Minarette und Kuppeln der Sheikh-Zayed-Moschee am Eingang der Stadt gleich nach der Überquerung der Al-Maqta'a- bzw. der Al-Mussafah-Brücke unübersehbar. Sie ist eine der wertvollsten, schönsten und größten Moscheen der Welt.

Von der Grand Mosque kann man heute auf der mehrspurigen Sheikh Rashid Bin Saeed Al Maktoum Street auf direktem Weg quer durch die Stadt zur Corniche, dem Prachtboulevard an der Küste, fahren.

Al Etihad Square 6

▶ Karte 3, F 2

Die Sheikh Rashid Bin Saeed Al Maktoum Street gehörte bereits vor zehn Jahren zu den ersten mehrspurigen Ost-West-Verbindungen, auf der man quer durch die Stadt zur Al Maqta'a-Brücke und weiter zum Flughafen fahren konnte. Deshalb hieß sie damals – und heißt sie auf manchen Stadtplänen heute noch – Airport Road.

Heute ist sie die mittlere von drei großen Ost-West-Verbindungen und trägt den Namen des Herrschers des Nachbaremirats Dubai, der mit Sheikh Zayed von Abu Dhabi die Gründung der VAE vorantrieb. In ihrem letzten Stück zwischen der Corniche und der Hamdan Street ist ihr Mittelstreifen zu einem Park mit dem Namen Etihad Square umgestaltet worden. In der Mitte der Grünanlage stehen auf marmornen Sockeln überdimensional große, weiße, stilisierte Repliken einer Kaffeekanne, mehrerer Rosenwasser-Flakons und einer Kanone. Palmen, gepflegte Rasenflächen, Blumenbeete und Parkbänke sowie die Stufen der Sockel laden zum Verweilen ein. Davon machen besonders am Freitag *expatriates* aus der Dritten Welt Gebrauch.

Am Etihad Square, zwischen der Khalifa Street, der Hamdan Street und der Sheikh Rashid Bin Saeed Al Maktoum Street, stand bis 2005 auch der **alte Souq** von Abu Dhabi, einst der zentrale Einkaufsplatz der Stadt. Hier spielten sich besonders am Abend die in orientalischen Märchen oft beschriebenen Basarszenen ab. Es wurde geschwatzt, lautstark um Preise gehandelt, Neuigkeiten ausgetauscht und dabei Tee getrunken. Der städtebaulichen Modernisierung fiel dieser Souq zum Opfer, aus dem Central Souq wurde der neue Central Market.

Central Market – The Souq 7

▶ Karte 3, F 2

Nach dem Abriss des alten Souqs verkündeten große Plakate an den Bauzäunen, wie supermodern und attraktiv das neue Händlerviertel nach den Vorstellungen des britischen Star-Architekten Sir Norman Foster aussehen würde. Seit 2015 nun sind die beiden hohen gläsernen Türme, die höchsten Gebäude Abu Dhabis, fertiggestellt. Zwischen ihnen dehnt sich in einem Verbindungstrakt der neue Central Market auf drei Stockwerken inklusive einer riesigen Tiefgarage aus. Die Architektur aus dunklem Holz, Glas und Beton ist beeindruckend. Doch lässt sich das Warenangebot nicht mit dem des ehemaligen Souqs vergleichen. Heute findet man hier in erster Linie Souvenirartikel, Kunst und Kunsthandwerk, Kleidung, Dinge für den Alltagsgebrauch und viele Restaurants.

Al Mina Zayed ▸ Karte 3, J/K 1

Mina Zayed (*mina* arab. Hafen) liegt im Nordosten Abu Dhabis. An den langen, modernen Quais von Mina Zayed werden Container aus- und eingeladen und legen die Kreuzfahrtschiffe an, die Abu Dhabi anlaufen.

Dhow-Harbour 8 ▸ Karte 3, J 1

Nur ein kleiner, etwas abgelegener Teil im Westen des Hafens ist den Dhaus vorbehalten, die tagsüber hier ankern. Läuft man die Kaimauern entlang, kann man diese traditionsreichen hölzernen Frachter aus nächster Nähe bewundern. Nur ein Teil der in Mina Zayed ankernden Dhaus werden heute noch als Frachtschiffe eingesetzt. Lukrativer ist es für die Besitzer, sie zu schwimmenden Restaurants umzubauen und sie abends als Dinner Cruiser einzusetzen. Der Name Dhau ist die Transkription des englischen *dhow* und nicht arabischen Ursprungs. Die Araber haben diese Sammelbezeichnung übernommen, aber bei ihnen tragen die Schiffe entsprechend ihrer Form und ihrer Ausmaße unterschiedliche Namen, z. B. Sambouk, Jalibout oder Doom.

Dhaus bestimmen seit Menschengedenken die Beziehungen entlang der Küste des Arabischen Golfes. Die arabischen Händler segelten mit diesen Schiffen nach Persien und Pakistan, gründeten Niederlassungen und Königreiche an den Küsten Ostafrikas und waren mit ihren orientalischen Spezereien gern gesehene Gäste der indischen Maharadschas.

Die Konstruktion ihrer Schiffe mit dem an einer schräg laufenden *rha* befestigten Dreiecksegel hat sich seit Jahrtausenden nicht verändert. Auch die arabischen Seefahrer der gefürchteten Piratenküste, die zuerst den Portugiesen und später im 18. und 19. Jh. den Briten das Leben schwer machten, segelten genauso wie die Perlentaucher auf diesen hölzernen Schiffen. Inzwischen haben allerdings Dieselmotoren die Segel abgelöst.

Fish Souq 4 ▸ Karte 3, J 1

tgl. 6–22 Uhr

Vor den Dhaus, am Ende der Corniche, liegt der Fish Souq (oder Fish Market). Er ist der größte des Emirats und kooperativ organisiert. Die fangfrischen Fische werden auf über 100 gekachelten Theken, nach Arten sortiert und attraktiv drapiert zum Verkauf angeboten. Hier lernt man viel über die Fischvielfalt im Arabischen Golf und erlebt unterhaltsame Szenen des Kaufens und Verkaufens. An der hinteren Seite der Halle lassen Emirati ihre gekauften Fische entschuppen (2 Dh pro Fisch), und an kleinen Frittierstationen können die Marktbesucher schmackhafte Fischgerichte (ab 5 Dh) probieren.

Corniche ! ▸ Karte 3, B–J 1/2

Die 2005 neu gestaltete und 2009 verschönerte Corniche ist die Prachtstraße Abu Dhabis. Aber ▹ S. 127

Auf Entdeckungstour: In Abu Dhabis schönster Moschee – Sheikh Zayed Mosque

Es spricht für die Weitsicht von Sheikh Khalifa Bin Zayed Al Nahyan, dass er eine Begegnung der Kulturen durch Besuchsmöglichkeiten im größten und schönsten Gotteshaus am Golf, das den Namen seines Vaters trägt, ermöglicht.

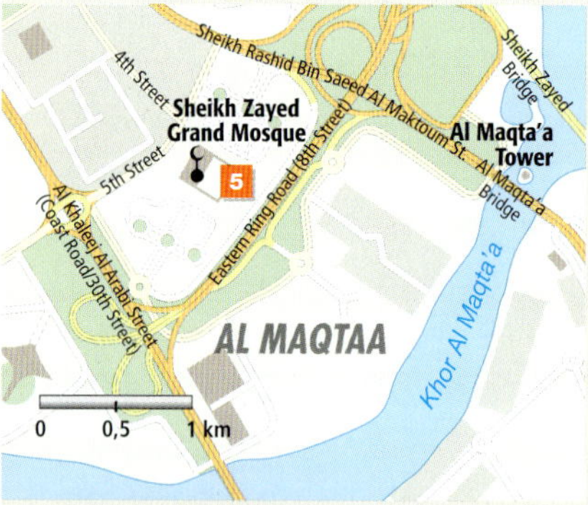

Reisekarte: ▶ Karte 4, D 6
Sheikh Zayed Grand Mosque 5 **:** So–Do 9–22, Fr 16.30–22 Uhr, kostenlose einstündige Führung mit Erläuterungen zum Islam, So–Do 10, 11, 17, Fr 17–19, Sa 10, 11, 14, 17 und 19 Uhr, Tel. 441 64 44, www.szgmc.ae
Infrastruktur: Ausreichend Parkplätze vorhanden; Zufahrt, Innenwege, Toiletten barrierefrei
Verhaltensregeln: Fotografieren erlaubt, Kleiderordnung s. u.
Dauer: ca. 2 Std.

Es war der letzte Wunsch von Sheikh Zayed Bin Sultan Al Nahyan, dass in der Hauptstadt seines Emirats eine große Moschee gebaut würde. Er hinterließ zu diesem Zweck aus seiner Privatschatulle die Summe von 350 Mio. €. Bereits vor seinem Tod 2004 begannen die Arbeiten, und im Herbst 2007 wurde der Bau fertiggestellt.

Gold und Marmor satt

Die Sheikh-Zayed-Moschee – der offizielle Name: Sheikh Zayed Bin Sultan Al Nahyan Mosque – verbindet traditionelle und moderne Architekturelemente. Sie besitzt eine rechteckige Baustruktur auf einer Fläche von über 22 000 m²; damit zählt sie zu den größten Moscheen der Welt. Von außen besticht das mit kostbarem weißem Marmor verkleidete Gotteshaus durch seine 80 Kuppeln und vier weithin sichtbare Minarette, die über 100 m in die Höhe ragen.

Die ursprüngliche architektonische Gestaltung der Moschee orientierte sich an marokkanischen Vorbildern. Während des Baus wurden dann auch andere Stilrichtungen, z. B. an den Außenmauern traditionell türkische Stilelemente, aufgegriffen. Dabei kamen in erster Linie natürliche Baumaterialien wie Marmor, Stein, Gold, Kristalle, Halbedelsteine und Keramik zum Einsatz.

Die Moschee ist von künstlichen Seen umgeben, die mit dunklen Fliesen ausgelegt sind. Die Wasserfläche dieser Seen beträgt ca. 8000 m². Auf ihnen spiegelt sich das Bauwerk besonders nachts, wenn es angestrahlt wird. Es wird im Außenbereich von 1096 Säulen getragen und die zentrale innere hohe Gebetsrotunde stützen weitere 96 Säulen. In die mehr als 20 000 handgefertigten Marmorplatten, die die Säulen umgeben, sind bunte Muster aus Halbedelsteinen wie Lapislazuli, Achat, Amethyst und Perlmutt eingelassen.

Groß, größer, am größten

Der Innenraum der Moschee steht der eindrucksvollen Außenansicht in nichts nach. Die Gebetshallen sind mit weißem italienischem Marmor verkleidet und prächtigen Intarsien, die in Form farbiger Blumengebinde aus Halbedelstein in den Marmor eingelassen sind. Tageslicht scheint durch die bemalten Glasfenster. Den Boden des Hauptschiffes bedeckt ein über 7000 m² großer Teppich, der 47 t schwer ist. Dieser weltgrößte Teppich wurde von dem iranischen Künstler Ali Khalili entworfen und von 1200 Iranerinnen aus den nordiranischen Dörfern der Provinz Mashhad in 18 Monaten handgeknüpft. Über diesem Teppich, der ins Guinnessbuch der Rekorde aufgenommen wurde, erhebt sich in 70 m Höhe die vergoldete Kuppel des Hauptschiffs. Von ihr herab hängt der weltgrößte Swarovski-Leuchter mit über 1 Mio. Kristallen. Er hat einen Durchmesser von 10 m, ist 15 m hoch und wiegt mehr als 8 t. Auch er steht im Guinnessbuch der Rekorde.

Zu Ehren Allahs

Die Quibla-Wand, die in Richtung Mekka ausgerichtet ist, ist unauffällig gestaltet, um die Gläubigen nicht beim Gebet abzulenken. Auf ihr sind die 99 Namen und Eigenschaften Allahs in traditioneller kufischer Schrift hinterlegt und werden durch faseroptische Lichtsysteme sichtbar. Gold in Form von Blattgold oder als Goldglasmosaike zieren die Mirab, die Nische in der Mitte der Quibla.

In Augenhöhe der Betenden sind entlang den Wänden Koranverse auf über 80 Keramikfliesen in den Marmor eingelassen. Diese Kunstform der dekorierten Keramikfliesen, die sogenannten Iznik-Platten, findet man sehr häufig in religiösen Gebäuden des osmanischen Reiches des 16. Jh. Die Iznik-Fliesen der Sheikh-Zayed-Moschee wurden vom türkischen Kalligrafen Othman Agha entworfen und alle per Hand gefertigt.

Im Innenraum finden 10 000 Gläubige Platz, im großen Innenhof, dessen Boden mit Marmor ausgelegt und von Mosaiken verziert ist, weitere 30 000. Insgesamt können sich 40 000 Muslime in der Sheikh Zayed Moschee zum Gebet versammeln.

Respektvolles Verhalten

2014 kamen 8 Mio. Touristen zur Sheikh Zayed Mosque, die damit zu den weltweit am meisten besuchten Sehenswürdigkeiten zählt. Aus Respekt vor der Religion und aus Achtung vor der Moschee als Ort des Gebets gelten für die Besichtigung bestimmte Regeln, auf deren Einhaltung vor Ort geachtet wird. So müssen sich vor dem Betreten der Moschee sowohl Männer als auch Frauen ihrer Schuhe entledigen. Darüber hinaus sollte man auf langärmelige Oberbekleidung und lange Hosen bzw. lange Röcke achten.

Tabu sind insbesondere Strandbekleidung sowie enge oder durchsichtige Kleidung. Frauen müssen ein Kopftuch tragen, beides liegt am Eingang leihweise und kostenlos bereit. Kinder dürfen die Moschee nur in Begleitung Erwachsener besuchen. Der Austausch von Zärtlichkeiten, beispielsweise Händchenhalten, ist in einem Gebetshaus nicht angemessen. Rauchen und Essen sind ebenso wenig gestattet. In der Hauptgebetshalle sollten die Besucher Wände und Säulen nicht berühren.

Sakralarchitektur vom Feinsten: Auch der Außenbereich der Moschee ist bis ins Detail auf höchstem Niveau durchkomponiert

obwohl der Name und Werbebroschüren gerne den Vergleich mit jenen Küstenstraßen in französischen Riviera-Städten betonen, ist er nicht zutreffend. Gemeinsam allerdings ist ihnen: Die heute ca. 8 km lange Straße verläuft beeindruckend schön entlang der Küste und schließt die Stadt zum Meer hin ab. Doch ist sie in erster Linie eine sechsspurige Auto-Schnellstraße parallel zur Küste in Ost-West-Richtung und damit die schnellste zentrale Querverbindung von der nordöstlichen zur südwestlichen Seite der Stadt.

Der Bau der Corniche begann im Nordosten, am **Hotel Sheraton Abu Dhabi** 12. Sie wurde 2007 in nordöstlicher Richtung entlang der Küste weiter bis zum Hafen hinter dem Sheraton vorbeigeführt, um eine schnelle Anbindung zum Hafen und eine Verbindung zur Insel Saadiyat zu schaffen. Ein kleiner, neu angelegter Park entlang dieser nordöstlichen Verlängerung beweist, dass man im Emirat auch für die Nicht-Autofahrer investiert.

Von der Corniche aus sieht man auch die hohen, roten Sanddünen des gegenüberliegenden **Lulu Island** mit seiner palmengesäumten Küste. Vor der Umgestaltung und der Verbreiterung der Corniche waren der Volcano Fountain (in Höhe der Lulu Street) und der Clock Tower (in Höhe des Al Etihad Square) ihre Attraktionen. Auf alten Stadtplänen sind sie noch eingezeichnet, beide sind aber der neuen Linienführung der Corniche zum Opfer gefallen. Heute setzt diese Uferstraße die Skyline von Abu Dhabi City als Rahmen eines Gesamtkunstwerks in Szene.

Mein Tipp

Sail & Savour – Dinner Cruise mit Blick auf die Corniche

Ein besonderes Erlebnis ist das reichliche Buffet (aus der Küche des Hilton Capital Grand Hyatt) auf einer zweistöckigen Dhau, die zwei Stunden lang in der Corniche kreuzt und einen ständigen Blick auf die nächtlich beleuchtete Skyline Abu Dhabis bietet (70 US-$; Abfahrt 20 Uhr am International Marina Sports Club, Breakwater, Tel. 336 84 07 oder 05 29 02 45 07, www.tour-dubai.com).

Promenade und Corniche Gardens ► Karte 3, B–J 1/2

Parallel zur Schnellstraße haben die Planer entlang der Küste für Spaziergänger, Jogger, Skater und Radfahrer eine sehr gepflegte und breite **Promenade** mit vielen Papierkörben aus verchromtem Edelstahl (aber wenigen öffentlichen Toiletten!) angelegt. Die hellen, glatten, nahezu fugenlos aneinandergefügten Granitplatten, mit denen der gesamte Weg gepflastert ist, werden von künstlerisch gestalteten Einlegearbeiten aus dunklem Marmor unterbrochen. Beete, Brunnen und metallene Sitzbänke unter Schatten spendenden hellen Designer-Sonnensegeln mit Blick Richtung Meer schaffen weitere Abwechslung.

Diese Gestaltung trägt dazu bei, dass die Corniche besonders am Morgen sowie vom frühen Abend bis spät in die Nacht zur belebten Flaniermeile wird. Die ständige leichte Brise, das sich kräuselnde Meer mit seinen an die Kaimauer schlagenden Wellen und der Blick auf die Sanddünen der in großer Entfernung gegenüberliegenden Insel Lulu wecken im Spaziergänger Mittelmeer-Urlaubsstimmung. Die Corniche besitzt als Promenade über weite

Autoverkauf am Strand

Die älteren Dhabi'in kennen die Corniche noch anders. Damals gab es nicht die aufgeschütteten Wellenbrecher von Lulu Island und Breakwater. Vor dem Strand von Abu Dhabi lag das offene Meer. Ein Zeitzeuge und Geschäftsmann erinnert sich an das Jahr 1966: »Die Geschäfte boomten. Alles, was wir einführten, wurde auf der Stelle verkauft. Aber unglaublicher als die große Nachfrage war die Geschäftsabwicklung. Autos, die wir importierten, wurden z. B. direkt am Strand verkauft. Viele Güter aus Europa brauchten drei Monate, um nach Abu Dhabi zu gelangen. Die Stadt verfügte über keinen richtigen Hafen und die Schiffe lagen auf Reede. Von dort wurden die Güter und Autos auf kleine Frachtschiffe verladen und drei bis vier Kilometer an Land getendert. Mit hölzernen Planken wurden sie dann von diesen Tenderschiffen an den Strand gezogen ... Ich stand am Strand und überwachte die ganze Abwicklung. Bei jeder Fuhre kamen Kaufinteressierte und fragten mich nach dem Preis eines Autos. Wenn das Auto nicht bereits einen vorbestellten Käufer hatte und wir uns handelseinig waren, drückten sie mir die Kaufsumme bar in die Hand, setzten sich in das Auto und fuhren mit ihm in die Stadt. Es gab keine schriftliche Vereinbarung, keine Wagendokumente und auch keine Führerscheine, nicht einmal eine Quittung. Die Leute gaben mir ein Bündel Geldscheine, und ich gab ihnen die Schlüssel. Das war die damals übliche Art, in Abu Dhabi Geschäfte abzuwickeln. So wie die Autos direkt am Strand verkauft wurden, wurden die meisten Geschäfte abgewickelt, bis der Hafen Mina Zayed im Jahr 1969 eingeweiht wurde.«

Strecken einen eigenen Fahrradweg, aber in erster Linie ist sie ein breiter, gepflegter Bürgersteig entlang der 6 km langen Bucht vom **Hilton-Hotel** 7 bis zum **Dhau-Hafen** 7.

Ihre große Attraktivität verdankt die Promenade auch den **Corniche Gardens,** den ausgedehnten Grünanlagen, die sie säumen: Rasenflächen unterbrochen von Büschen und Palmen, begrenzt von Blumenbeeten, deren Pflanzen den Jahreszeiten angepasst sind und ausgetauscht werden, wenn sie nicht mehr blühen. Auf halber Strecke, in Höhe der Baynunah Towers, wird die Begrünung etwas zurückgenommen, weil die Straße dort näher am Meer verläuft. Allerdings schmälert das die Attraktivität der Promenade nicht. Denn selbst an der Landseite der Schnellstraße haben die städtischen Planer vor und zwischen den Hochhäusern an großflächige Grünanlagen gedacht.

Ihre Bäume und ihr üppiges Grün schaffen eine angenehme Abwechslung für das Auge. Diese **Parks** sind die ›Lungen‹ der Corniche und zugleich innerstädtische Ruhezonen: der **Family Park** nahe der King Khaled Bin Abdul Aziz Street, der **Urban Park** nahe der Sheikh Rashid Bin Saeed Al Maktoum Street, der **Lake Park** an der Muroor Street und der **Formal Park** nahe der Bani Yas Street.

Baynunah Towers 9

▶ Karte 3, E 2

Die Baynunah Towers, zwei parallel in die Höhe ragende Türme, gehörten einst zu den bekanntesten unter den Hochhäusern der Stadt. Nach ihrer Eröffnung 1993 führten sie mehrere Jahre lang die Liste der höchsten Gebäude im Mittleren Osten an und waren zugleich das Wahrzeichen Abu Dhabis. Heute reihen sie sich eher unauffällig in die Skyline ein.

Corniche Beach Parks 9

▶ Karte 3, C 2

Tgl. 7–22 Uhr (Schwimmen nur bis Sonnenuntergang), Eintritt pro Person 10 Dh, Liegestuhl und Sonnenschirm 25 Dh; Strandabschnitte 1–3 (Family Beach) für Familien mit Kindern und Paare, Strandabschnitt 4–6 (Al Sahil Beach) für Einzelbesucher (sowohl Männer als auch Frauen!); Anfahrt mit Buslinien 6 und 34

Eine der Hauptattraktionen der Corniche sind ihre Badestrände. Am westlichen Abschnitt der Uferpromenade ließ die Stadtverwaltung die schweren Felsen, die entlang der Corniche bei starkem Wind die Funktion von Wellenbrechern übernehmen, mit Sand auffüllen und sehr schöne Badestrände anlegen. Ihre Attraktivität beruht auf dem sehr sauberen Sand und der hervorragenden Infrastruktur mit Umkleidekabinen, Toiletten, Verleih von Strandausrüstung. Sogar Fahrräder oder pedalbetriebene Go-Karts werden verliehen (s. S. 162). Zwischen der Family Beach und der Al Sahil Beach gibt es auch einen kostenlos zugänglichen Strandabschnitt.

An die Corniche Beach Parks schließen sich der Hiltonia Beach Club (s. Lieblingsort S. 131) und der neue Nation Riviera Beach Club an. Hier endet die Fußgänger-Promenade der Corniche. Eine Verlängerung der Flaniermeile hinüber nach Breakwater biegt vor den Gärten des Emirates Palace zusammen mit einer breiten Verbindungsstraße nach Norden ab.

Etihad Towers ! 10 ▶ Karte 3, A 2

Observation Deck at 300, tgl. 10–18 Uhr, Eintritt 75 Dh, davon 50 Dh als Verzehrguthaben, für Gäste des Hotel Jumeirah at Etihad Towers frei, s. auch S. 143

Das Ende der Corniche markieren die fünf gigantischen Etihad Towers, die sich in ihrer Höhe und der Art ihrer Verglasung gegenseitig übertreffen. Sie beherbergen Büros und Wohnungen. In Turm 2, der höchste des Quintetts, betreibt die Jumeirah-Gruppe eines ihrer luxuriösen Hotels. Im 74. Stock befindet sich das **Observation Deck at 300,** von dem man in 300 m Höhe Abu Dhabi im 360°-Rundumblick erleben kann. Das Ensemble der fünf Etihad Towers bildet als neue Architekturikone an der Corniche den himmelstürmenden Kontrast zum flachen Emirates Palace.

Emirates Palace ! 11

▶ Karte 3, A 1

www.emiratespalace.com, s. auch S. 138

Wo immer man sich auf der Corniche aufhält, gleitet der Blick hinüber zur prächtigen Silhouette des Emirates Palace Hotel. Besonders im letzten Teil eines Spaziergangs entlang der Corniche steht man unter dem starken Eindruck, man nähere sich einem orientalischen Palast, in dem die Märchen aus Tausendundeiner Nacht zum Leben erwachen. Gerne lässt man sich deshalb auf einer der Bänke nieder und lässt den Blick hinüberschweifen. Allerdings erreicht nur die Corniche-Schnellstraße das Hotel, nicht die Fußgänger-Promenade.

Dem langgestreckten, in den Farben rötlichen Sandes gestalteten Bauwerk mit seinen vielen großen und kleinen Kuppeln kann man sich einfach nicht entziehen. Das Emirates Palace ist mehr als ein Hotel. Es ist auch das Gästehaus der Regierung der Vereinigten Arabischen Emirate für ausländische Staatsgäste, allen voran die Oberhäupter des Gulf Cooperation Council (GCC). Auch Bundeskanzler Gerhard Schröder und Bundeskanzle-

Lieblingsort

Erholung pur im Hiltonia Beach Club 10 ▶ Karte 3, B 2

Sonne, Sand und Meer, ein Strand unter Palmen, bequeme Liegestühle, funktionierende Süßwasserduschen, zwei gute Restaurants und dazu noch eine herrliche Aussicht auf Breakwater oder auf die Skyline Abu Dhabis – das bietet an der schönsten Stelle der Bucht von Abu Dhabi der Hiltonia Beach Club. Es ist das traditionsreichste Strandbad der Stadt. Vor mehr als 30 Jahren lag das Hilton Abu Dhabi noch direkt am Strand, seit aber die Corniche entlang der Küste verläuft, hat nur noch sein Beach Club diesen Standortvorteil. Einen Tag hier zu verbringen, ist Erholung pur. Und nach Sonnenuntergang kann man im hinteren Teil des Hiltonia Beach Club den Tag im Pool Side Restaurant **Escape** oder in **Vasco's Restaurant** ausklingen lassen (Hilton Abu Dhabi, Tel. 681 19 00, tgl. 8–20 Uhr, viele Sportangebote, Eintritt für Nicht-Hotelgäste).

rin Angela Merkel haben bei ihren Staatsbesuchen hier gewohnt.

Den britischen Architekten der Londoner Gruppe Wimberly Allison Tong Goo ist es gelungen, die drei Funktionen des Emirates Palace – Luxusresort-Hotel, Palast für Staatsgäste und Konferenzzentrum – in geradezu idealer Weise unter einem Dach zusammenzuführen und zugleich an die Traditionen der arabischen Kultur anzuknüpfen.

Weil in der Region für jede Regierung das Repräsentieren sehr wichtig ist, besitzt der Palast die doppelte Länge des Schlosses von Versailles, und alles, was in seinem Inneren golden glänzt, ist auch Gold. Eine breite Rampe, von Wasserspielen unterbrochen und von Palmen eingerahmt, führt durch eindrucksvolle Torbögen steil hinauf zum Eingang des Palastes. Diese Auffahrt ist allein den Staatsgästen vorbehalten. Die Hotelgäste erreichen den Palast über eine Seitenauffahrt. Aber die ist fast genauso eindrucksvoll. Diese Seitenauffahrt müssen auch jene Besucher benutzen, die eines der Restaurants besuchen möchten oder im **Le Café** (s. Mein Tipp S. 155) bei einem orientalischen Kaffee die majestätische Bauweise und die prunkvolle Innenausstattung des Emirates Palace kennenlernen möchten.

Die Idee für das Emirates Palace wie auch die bombastische Art seiner Umsetzung hat natürlich eine Vorgeschichte: In Dubai eröffnete pünktlich zur Jahrhundertwende das **Burj Al Arab,** damals das aufsehenerregendste Hotel am Golf. Es signalisierte der touristisch interessierten Öffentlichkeit: Dubai ist logistisch vorbereitet für das nächste Jahrhundert. Das spektakuläre Hotel, das auf einer künstlichen Insel 300 m vom Festland entfernt 321 m hoch in den arabischen Himmel ragt, wurde zum Wahrzeichen des Emirats, quasi zum Staatssymbol Dubais. Wie ein staatliches Siegel war der Burj Al Arab bis 2005 z. B. auf allen Autokennzeichen eingeprägt.

Abu Dhabi geht den gleichen Weg. Mit der Entscheidung, nicht länger allein auf Erdöl als Ressource zu setzen, sondern auch mit dem Einstieg in den gehobenen Tourismus zur Diversifikation seiner Wirtschaft beitragen zu wollen, fiel die Entscheidung für den Bau eines ebenso spektakulären Hotels, des Emirates Palace. Dass es von der ältesten Luxushotelkette Europas, den deutschen Kempinskis, gemanagt wird, unterstreicht seine Exzellenz. Mit der Eröffnung des Emirates Palace im Jahr 2005 wurde die Hierarchie unter den Emiraten wieder zurechtgerückt.

Mein Tipp

Im Speed Boat vor der Skyline

Bis zu zehn Personen passen bequem in das große schnelle Schlauchboot. Auf einer 50-minütigen Rundfahrt zwischen Emirates Palace und Lulu-Island können die Fahrgäste die beeindruckende Skyline von Abu Dhabi auf sich wirken lassen (**The Yellow Boats** 11, ▶ Karte 3, C 1, kostenlos Tel. 0800 80 44, www.theyellowboats.com, Abfahrt an der Emirates Palace Marina, Fahrten tgl. ab 9 Uhr stdl., 200 Dh, Kinder 150 Dh).

Das Palastinnere

Über dem Mittelpunkt des Palastes erhebt sich eine der höchsten Kuppeln der Welt, die mit der des Petersdoms konkurrieren kann. Sie ist 42 m hoch und mit silbernen und goldenen Mosaikkacheln ausgelegt. Durch ihre acht

Ein Hotel der Superlative: das Emirates Palace

großen Dachfenster dringt die Sonne direkt ins Atrium, um das sich die Eingangshallen und die Staatsgastsuiten gruppieren und von dem die beiden Hotelflügel abzweigen. Mehr als 1000 Kristallleuchter verbreiten ein wohltuend dezentes Licht in den Gängen und Fluren. Allein 30 *expatriates* aus Asien sind ausschließlich angestellt, um sie regelmäßig zu polieren.

Im Mittelteil befinden sich die sechs Royal Suites, die den Emiren der anderen Emirate der VAE vorbehalten sind, wenn sich die Hoheiten zu Regierungsgeschäften in ihrer Hauptstadt treffen. Jede dieser Royal Suites ist eine 1200 m² große persönliche Wohnung und wird nicht vermietet.

Der Außenbereich

Die Gartenanlage des Emirates Palace hat die Dimensionen eines öffentlichen Parks: Tausende von Palmen und Sträuchern, gepflegter Rasen, verschlungene Spazierwege und überall Vögel – es gibt sogar ein eigenes Buch über die Vogelwelt im Emirates Palace und die Möglichkeiten des Birdwatching. Zwei Poollandschaften und ein über einen Kilometer langer Privatstrand runden das Luxusangebot ab.

Ständige Ausstellungen

Darüber hinaus gibt es zwei weitere Gründe, das Emirates Palace zu besuchen: die Antiquitäten-Ausstellung des weltbekannten Antiquitätenhändlers **Barakat** (s. Entdeckungstour S. 134) und die **Gallery One** mit ständig wechselnden Kunstausstellungen der Galerien der Stadt (was jeweils ausgestellt und zum Kauf angeboten wird, kann man den Tageszeitungen entnehmen).

Kulturveranstaltungen

Im Emirates Palace, das auch von Gästen besucht werden kann, die nicht hier wohnen, finden ständig interessante Kultur- und Musikveranstaltungen statt. Es vergeht kein Monat, in dem nicht eine Ausstellung in einer der vielen Nebenhallen ▷ S. 136

Auf Entdeckungstour: Weltkulturen bewundern – in der Barakat Gallery

Im edelsten Hotel des Emirats, im Kempinski Emirates Palace, präsentiert der arabische Kunsthändler Fayez Barakat als ständige Ausstellung einen Teil seiner gesammelten Kunstschätze aus sieben Zivilisationen der Antike.

Reisekarte: ▶ Karte 3, A 1
Barakat Gallery: Im Ost- und Westflügel des Emirates Palace 11, Tel. 690 89 50, www.barakatgallery.com, tgl. 7–22 Uhr
Verkaufs- und Informationsbüro: Im Ostflügel des Hotels

Wenn man das Foyer des Kempinsky Emirates Palace betritt und sodann durch die weiten Gänge des Hotels schreitet, ist man vom Glanz aus Gold und Marmor so sehr beeindruckt, dass erst nach geraumer Zeit der Blick zu einer hohen gläsernen Vitrine an der Stirnseite gleitet, in der ein einmalig schönes, über 2000 Jahre altes Exemplar hellenistischer Kunst steht: ein schwarz-roter Krater aus Terrakotta, geformt in der griechischen Kolonie Magna Graecia. Im Ost- und Westflügel des Hauses befinden sich insgesamt 60 dieser 2 m hohen und 1 m breiten edlen Glasvitrinen. Jede präsentiert einzigartige Kunstgegenstände antiker Zivilisationen. Kleine Schilder in den Vitrinen erklären die Objekte, die Regionen ihrer Herkunft und die Jahrhunderte, in denen sie gestaltet wurden.

Köpfe, Masken und Magie

Die einzelnen Vitrinen sind unterschiedlichen Weltkulturen zugeordnet. An Umfang und Qualität stehen jene aus der römischen und griechischen Epoche an erster Stelle. Nicht minder in Staunen versetzen uns jene, in denen ägyptische und mittelamerikanische Kunstgegenstände ausgestellt werden, gefolgt von Stein- und Tonfiguren von seltener Schönheit aus der chinesischen Tang-Dynastie. Auch afrikanische Kunst von höchstem Wert – ein einzelner ausgestellter Bronzekopf wurde 2003 von der Familie Barakat bei Sotheby's für einen sechsstelligen Pfundbetrag ersteigert – verströmt neben hochkarätigen Exemplaren von Masken und Fetischen magische Anziehungskraft.

Alle Ausstellungsstücke der Barakat Gallery befinden sich in Familienbesitz. Seit fünf Generationen sammelt die palästinensische Familie aus Jerusalem Kunst antiker Zivilisationen des Mittelmeerraums, der Ägypten einschloss. 1983 gingen die Barakats nach Los Angeles und Fayez Barakat eröffnete in Beverly Hills am Rodeo Drive eine Galerie. Der Erfolg war phänomenal, und von da an tauchte der Name Barakat regelmäßig bei großen Kunstauktionen auf.

Fayez Barakat erweitert jetzt die Familiensammlung um die Kunst antiker Zivilisationen aus Ostasien, Afrika und Zentralamerika. 2004 eröffnete er in London eine zweite Galerie und 2008 in Abu Dhabi seine größte Verkaufsausstellung.

Kunst für die Dhabi'in

Denn mit der öffentlichen Präsentation von Teilen seiner Sammlung im Emirates Palace Hotel versucht Fayez Barakat den arabischen Besuchern nicht nur Zugang zu anderen Kulturen zu ermöglichen, sondern auch das Interesse potenzieller Käufer zu wecken. »I have collected«, schreibt er selbst, »and now these wonderful works of art should not only be viewed, but touched, enjoyed and possessed.« Indirekt spricht er damit begüterte Emirati an, einzelne Stücke seiner hier ausgestellten Sammlung zu erwerben. Bereits heute ziehen z. B. zwei Terracotta-Kamele von 70 cm Höhe, mit denen die daneben stehenden Krieger des Tang-Kaisers Taizong die chinesische Wüste im 7. Jh. durchquerten, besonders viele einheimische Besucher an.

In Barakats Ausstellungsbüro ist für jedes Stück eine Expertise hinterlegt. In ihr kann man die Herkunftsgeschichte und den genauen Weg vom Erstbesitzer bis zum Erwerb durch Fayez Barakat verfolgen. Über den Wert der Kunstgegenstände, die in den 60 Vitrinen im Emirates Palace stehen, wird viel gemunkelt. Letztendlich wird er auf Kunstauktionen ermittelt, aber es gibt einen Anhaltspunkt: Der Versicherungswert der Barakat Gallery soll nur unwesentlich niedriger sein als der des Emirates Palace.

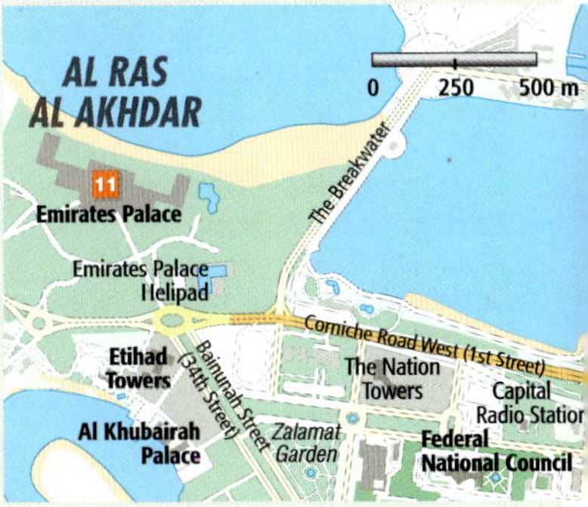

eröffnet wird, in dem nicht in dem großen Theatersaal vor mehr als tausend Besuchern ein Konzert stattfindet oder in der nicht eine aufregende Kulturdarbietung die Gäste in ihren Bann zieht. Das Emirates Palace ist auch der zentrale Veranstaltungsort für die Premieren und Symposien anlässlich des jährlichen **Filmfestivals**.

Al Ras Al Akhdar

▶ Karte 2, A 4

Wenn man die westliche Verlängerung der Corniche am Emirates Palace Hotel vorbei bis zum nächsten Verkehrskreisel fährt, erreicht man die Halbinsel. An ihrer Spitze entsteht gerade der neue **Palast des Herrschers von Abu Dhabi.** Da das Baugelände seit 2013 mit einem hohen, blickdichten Zaun umgeben ist, kann man ihn nur als farbenfrohe Computerzeichnung auf dem Bauzaun bewundern. Aber bereits diese Zeichnungen versetzen einen ins Staunen. Wer Ausmaß und orientalische Architektur des Palastes bereits heute in vollem Umfang sehen möchte, kann dies vom »Observation Deck« aus 300 m Höhe im benachbarten Jumeirah at Etihad Towers-Hotel 10.

Am Ende der Fahrt um Al Ras Al Akhdar gelangt man wieder an den Verkehrskreisel am Ende der Corniche. Hier liegt rechter Hand die Zufahrt zum heutigen **Palast des Herrschers** und zum Administrationsgebäude **Royal Protocol**. Zumindest bis zum hohen Eingangstor dieser Gebäude werden die Besucher vorgelassen.

Breakwater ▶ Karte 3, B/C 1

Wer die Corniche entlanggeht (oder fährt) wird von den hohen Sanddünen der Insel Lulu begleitet. Je weiter man sich dem westlichen Ende der Corniche und damit dem Emirates Palace nähert, umso mehr gerät auf der gegenüberliegenden Seite das runde helle Gebäude der **Abu Dhabi Theatre Hall** mit seiner überdimensional großen Fahne der VAE in den Blick. Wer von der Corniche-Seite genau hinsieht, erkennt, dass zwischen der Theatre Hall und Lulu Island das Meer eine schmale Rinne bildet. Das Theatergebäude liegt nämlich an der Spitze von Breakwater, einer künstlich geschaffenen Halbinsel, die die Funktion eines Deiches erfüllt.

Von der auf Breakwater endenden Straße aus präsentiert sich die Skyline von Abu Dhabi entlang der Corniche von ihrer eindrucksvollsten Seite. Nicht allein wegen dieser herrlichen Aussicht ist die Halbinsel ein beliebtes Ausflugsziel. Auf Breakwater befinden sich auch eine wichtige Sehenswürdigkeit, das **Heritage Village** 4 (s. S. 117), und die **Marina Mall** 11 (s. S. 159), eine der schönsten und beliebtesten Einkaufsplätze der Stadt.

Was den Aufmerksamkeitsgrad der Blicke von der Corniche auf Breakwater angeht, so ist der Fahne der Abu Dhabi Theatre Hall Konkurrenz erwachsen. Unübersehbar ist der über 100 m hohe **Marina Mall Tower** am Rande der Marina Mall. Der Rundturm ist nach Einbruch der Dunkelheit blau erleuchtet und in der Außenhülle des Drehrestaurants **Tiara** 3 (s. S. 152) in seiner Spitze funkeln Sterne. Zumindest nachts ist der Tower also die neue *landmark* von Breakwater.

Al Bateen ▶ Karte 3, A–D 3–7

Im Westen der Stadt in Al Bateen ist Abu Dhabi besonders grün. Hier fährt man langsam und bewundert Bäume, blühende Büsche und Blumenbeete auf dem Mittelstreifen und staunt über die schönen Vorgärten. Hier gibt es nur wenige Hochhäuser, hier liegen die **Paläste der Prinzen.** Dieser Stadtteil von Abu Dhabi grenzt direkt an den Khor Al Bateen, einen Meeresarm.

Das im Norden von Al Bateen auf einem Hügel stehende **InterContinental Hotel** 9 passt mit seinen großen Gartenanlagen genau in diesen Stadtteil. Am Ende des zum InterContinental Hotel gehörenden Strandes erstreckt sich entlang der Küste eine neue große **Marina.** Südlich der Marina gibt es einen öffentlichen Badestrand, den **Al Bateen Beach.**

Kleine Dhau-Werft 12

▶ Karte 3, B 4

Direkt am Khor Al Bateen, zwischen dem Außenministerium und dem Crown Prince Court, gibt es eine Bootswerkstatt, in der bis heute hölzerne Dhaus gebaut werden, allerdings nicht mehr die großen Frachtkähne, mit denen einst die Händler vom Golf bis ins ferne Indien segelten. Heute werden hier Dhaus als Sportboote gefertigt, die in den Wintermonaten an den jährlichen Regatten des Emirats teilnehmen. In der Dhau-Werft von Al Bateen kann man beobachten, wie aus gestapelten Teakholz-Brettern unter freiem Himmel in vier Wochen Handarbeit schnittige, hölzerne Rennboote entstehen. Heute wie damals sind es die gleichen, nur mündlich überlieferten handwerklichen Fähigkeiten, die dies zustande bringen.

In der kleinen Werft von Al Bateen sieht man heute also nur noch Dhaus für sportliche Zwecke. Große und ältere Dhaus, die historischen Frachtschiffe, kann man in Al Mina Zayed, dem Hafen von Abu Dhabi (s. S. 123), bewundern.

Sheikh Zayed Center 13

▶ Karte 3, B 4

Banounah St., So–Do 8–15 Uhr, Eintritt frei, Führungen in Englisch durch Joma Al Damarki, Tel. 665 95 55

In Nachbarschaft zur kleinen Dhau-Werft liegt das 2009 eröffnete Sheikh Zayed Center. Es besteht aus einer Gruppe alter Windturm-Häuser, die Sheikh Sultan, einer der Söhne Sheikh Zayeds, als Forschungszentrum für das Wirken seines Vaters erbaut hatte. Im größten Gebäude befindet sich die **Sheikh Zayed Exhibition.** Sie umfasst eine große Fotoausstellung des VAE-Gründers und dokumentiert viele seiner politischen Begegnungen. Dabei erfahren die Besucher sehr viel über die Geschichte des Emirats und können etliche kuriose Staatsgeschenke ausländischer Regierungen sowie Zayeds große Staatskarossen (darunter auch ein alter Mercedes 300, ein BMW und ein Maybach) bewundern. Im Hof stehen weitere alte Autos, die Zayed zwischen 1966 und 1976 benutzte.

Al Maryah Island

▶ Karte 2, C 2/3

Noch vor zehn Jahren erstreckte sich vor der Westseite Abu Dhabis am Khor al Bagal in Höhe der Abu Dhabi Mall und nördlich von Al Reem Island eine unbewohnte langgestreckte Sandbank mit Namen As Sowwah. Heute führen unter dem Khor Al Bagal ein Tunnel und über dem Khor Al Bagal zwei Brücken zu dieser Insel, die als neuer Central Business District (CBD) Al Maryah Island heißt. Die Nähe zum Hafen Mina Zayed einerseits und zu den neuen hohen Bürotürmen auf Reem Island andererseits wird Al Maryah zu einem bedeutenden Stadtteil Abu Dhabis aufsteigen lassen.

Schon heute fasziniert die Architektur der ersten Gebäude auf Al Maryah die Besucher. Dazu gehören **The Galleria,** eine 2014 eröffnete sehr edle Shopping Mall, in der alle großen Modebranchen von B wie Bulgary über Dior, Gucci und Prada bis zu V wie Van Cleef and Arpels vertreten sind. Und ebenso anziehend ist auch das neue, im gleichen Jahr eröffnete **Rosewood Abu Dhabi,** ein Luxushotel der besonderen Klasse.

Festlandvororte

▶ Karte 2, D–K 1–8

Seit der Eröffnung des **Abu Dhabi International Airport** (▶ Karte 2, J 4/5) im Jahre 2001 weit vor den Toren der Stadt hat sich Abu Dhabi Stadt schnell über die Insel hinaus ausgedehnt. Neugegründete Industrieansiedlungen wie z. B. Mussafah, große Neubaugebiete wie z. B. Khalifa City, aber auch die neue ökologische Wissenschaftsstadt **Masdar** (▶ Karte 2, H 5) oder das **Falkenkrankenhaus** 14 (s. Entdeckungstour S. 140) befinden sich auf dem Festlandteil der Stadt, der zum Arabischen Golf hin durch den **Al Raha Beach** begrenzt wird. Inzwischen gehören auch die beiden dem Festland vorgelagerten stadtnahen Inseln **Saadiyat** und **Yas** mit ihren kulturellen und freizeitorientierten Einrichtungen zu den touristischen Attraktionen von Abu Dhabi Stadt (s. S. 169).

Übernachten

Traumhaft

Naturnaher Luxus – **Eastern Mangroves Hotel & Spa by Anantara** 1: ▶ 4, C/D 2, Salam St., Eastern Ring Rd., Tel. 656 10 00, www.anantara.com, 222 DZ und Suiten, ab 1600 Dh. Weil es an der kilometerlangen Mangrovenlagune am Ostrand der Stadt liegt, trägt dieses erste Stadthotel der Anantara-Gruppe seinen Namen. Schon beim Betreten der Lobby gerät man ins Staunen: Arabische Stilelemente, dunkles Massivholz und kunstvolle Mosaike. Großzügige Zimmer (ab 65 m^2) mit herrlichem Blick auf die Lagune, Bäder mit Regendusche, viele Extras. Großes Schwimmbad, vielseitiges Sportangebot.

Tausendundeine Nacht – **Emirates Palace** 11: ▶ 3, A 1, Corniche, Tel. 690 90 00, Reservierung Tel. 690 88 88, www.emiratespalace.com, 320 Zi. und 92 Suiten, DZ ab 2500 Dh, Suiten 5000– 42 000 Dh, Frühstück 175 Dh. Es ist das luxuriöseste Hotel der Stadt und des Emirats. Hostessen erledigen das Einchecken, persönliche Butler kümmern sich um das Gepäck, sogar ums Auspacken, und stehen rund um die Uhr zur Verfügung. Die luxuriösen und komfortablen Zimmer sind mit modernster Technologie ausgestattet, den zimmereigenen Laptop kann man auch am Strand bedienen. Das 3 m breite (!) Doppelbett wird abends nicht nur aufgedeckt, der weiße Bettvorleger wird auch mit Rosenblättern bestreut. Für Kinder gibt es im Schwimmbadbereich mehrere Wasserrutschen und einen eigenen Wildwasserkanal, für ihre Eltern, falls sie mit der eigenen Jacht anreisen, einen hoteleigenen Jachthafen. Zum Hotel gehören auch das **Emirates Palace Spa** (S. 164) sowie acht Restaurants, eines schöner als das andere, darunter auch das **Le Vendôme** mit seinem sagenhaften Frühstücksbuffet (s. Lieblingsort S. 157). Alles an und in diesem Hotel ist nobel, makellos, höchste Klasse (s. auch S. 129).

Dem Himmel sehr nah – **Jumeirah at Etihad Towers** 10: ▶ 3, A 2, am westlichen Ende der Corniche, Tel. 811 55

55, www.jumeirah.com, 382 Zi. Das 2011 eröffnete Jumeirah Hotel unter deutscher Leitung besticht im Ensemble der fünf futuristischen, bis zu 280 m hohen Etihad-Türme durch die perfekte Mischung aus gastfreundlicher Ruhe, aufmerksamem Service und luxuriösem Top-Design. Die Zimmer befinden sich oberhalb des 26. Stockwerks, alle geräumig (40–60 m²) und mit einem traumhaftem Ausblick. Dem Gast mangelt es an nichts dank behaglicher Wohlfühl-Betten, Whirlpool-Badewanne, Kaffeemaschine und großem TV-Bildschirm. Zum Hotel gehören ein hervorragendes Talise-Spa, ein großes Gym und zwölf Restaurants, von denen das **Nahaam-Strandrestaurant** (s. S. 151) und das **Quest** im 63. Stock herausragende Positionen einnehmen. Wer nicht hier wohnt, sollte unbedingt einmal **Ray's Bar** (s. S. 165) im 62. Stock aufsuchen, wegen des Panorama-Blicks und der riesigen Auswahl an Cocktails. Die weiträumige **Lobby Lounge** des Hotels, der wohl beliebteste Treff der Stadt, bietet einen einmaligen Panoramablick auf den Al Bateen Beach.

Voller Glanz – **Shangri-La Qaryat Al Beri** **2**: ▶ 2, E 5, Between the Bridges (auf dem Festland am Khor Al Maqta'a zwischen der Al-Mussaffah- und der Al-Maqta'a-Brücke), Tel. 509 88 88, www.shangri-la.com, 214 Zi., DZ ab 2000 Dh (s. auch Lieblingsort S. 145). James Hilton hat in seinem Roman »Lost Horizon« einen Ort im Himalaya beschrieben, an dem sich Frieden, Glück und Ruhe vereinten und dem Held des Buches zu einem »... extraordinary sense of physical and mental settlement ...« verhalfen. Diesen Ort nannte er Shangri-La. Das Shangri-La Qaryat Al Beri in Abu Dhabi kommt diesem imaginären Ort sehr nahe. Es ist ein orientalischer Traum, Wirklichkeit geworden an einem kilometerlangen Sandstrand am Maqta'a Creek gegenüber der neuen Sheikh-Zayed-Moschee. Luxuriöse Materialien verbinden sich mit moderner Funktionalität und liebevollen Details: Hinter der Lobby hängt ein Wandkunstwerk aus Gesichtsmasken (*burkas* beduinischer Frauen). Die Zimmer gehören zu den größten der Stadt, alle haben Balkon bzw. im Parterre eine Gartenterrasse. Bei der Einrichtung dominieren dunkle Töne, auf den Teak-Sideboards stehen frische Blumen in venezianischem Glas. Die Badezimmer bieten höchsten Komfort.

Zum Hotel gehören die **Shangri-La Residences,** große Apartments, in denen man wohnen kann, wenn man lieber in einer Wohnung als in einem Hotel Ferien machen möchte. Die Residences befinden sich direkt neben dem Hotel, abgetrennt durch Grünpflanzungen, und sind über Gartenwege oder mit einer *abra,* einem Wassertaxi, auf einem hoteleigenen Kanal zu erreichen. Für Gäste des Shangri-La fährt 5 x tgl. ein Shuttle-Bus zu den Shopping Malls der Stadt.

Inselparadies – **Zaya Nurai Island** **3**: ▶ 2, außerhalb E 1, Bungalowanlage auf einer Insel, nur per Shuttle von einem eigenen Welcome Center auf Saadiyat Island (Exit 14) oder mit dem eigenen Boot in zehn Minuten zu erreichen, Tel. 506 62 22, www.zayanuraiisland.com, Boutique-Villa ab 2800 Dh. Die 32 Boutique-Villen (100 m²) und die 12 Water Villas (930 m²) bieten alles, was zu einem luxuriösen Aufenthalt gehört, alle in modernem Design mit behaglichen Akzenten, direkt am Meer. Zur Anlage gehören ein Restaurant, ein Swimmingpool mit Poolbar, ein Shisha-Deck sowie ein Dive Center und das Zaya Spa; Kinder zwischen 4 und 12 Jahren werden im Petite Z Kids Club bespaßt. ▷ S. 143

Auf Entdeckungstour: Ein einzigartiges Krankenhaus – Besuch im Falcon Hospital

Im Emirat Abu Dhabi gibt es weltweit die meisten Falken und die meisten Falkner. Und so findet man hier auch ein Krankenhaus ausschließlich für Falken; es ist das größte der Welt. Das kann nur verstehen, wer um die Bedeutung dieser Raubvögel in arabischen Gesellschaften weiß.

Reisekarte: ▶ Karte 2, K 5
Abu Dhabi Falcon Hospital 14: Tel. 575 51 55, Anmeldung bei Amer Abu Aabed, Tel. 050 666 07 39, www.falconhospital.com, Führungen So–Do 10–14 Uhr, 200 Dh.
Anfahrt: 45 km östlich von Abu Dhabi Stadt, über die Mussafa-Brücke Richtung Flughafen und weiter Richtung Sweihan bis zum Abzweig Al Falah, danach ausgeschildert. Abholung vom Hotel möglich.
Dauer: Halber Tag

Während ihres letzten Jagdausflugs hatte sich Latifah Al Sariyah, »die Schönste unter den Schnellsten«, beim Schlagen eines Kaninchens an Fuß und Schnabel an einer scharfen Felskante verletzt. Deshalb kehrte der Falke (arab. *al saqr*) nicht mit der Beute zurück, sondern blieb verwundet auf dem getöteten Tier sitzen.

Hilfe für verletzte Falken

Rashid Bin Ali musste seinen Falken mit dem Jeep aus den Dünen holen und ihn in die Falkenklinik bringen. Früher hätte eine solche Verletzung mehr oder weniger das Ende eines Jagdfalken bedeutet. Heute bleibt dieses Schicksal den zur Jagd abgerichteten Falken nicht nur erspart, ihnen wird sogar eine erstklassige medizinische Versorgung zuteil.

Aus der Ferne ist das begrünte Anwesen mit mehreren flachen, langen, einstöckigen Gebäuden mitten in der Wüste als Krankenhaus nicht zu erkennen. Erst direkt am Eingang sieht man das Schild über der Toreinfahrt: »Abu Dhabi Falcon Hospital«. Doch hinter der unscheinbaren Umzäunung befindet sich der Welt größtes und renommiertestes Forschungs- und Behandlungskrankenhaus für Falken, ausgestattet mit modernster medizinischer Technik. Bis zu 800 Falken pro Monat (!) werden hier behandelt.

Falken als Jäger

Für die Beduinen, die in oder am Rande der Wüste lebten, trugen Jagdfalken früher zur Nahrungsbeschaffung bei. Denn nur mit ihrer Hilfe konnten die Beduinen größere Vögel wie Trappen jagen, die in der Golfregion den Winter verbrachten. Da Wanderfalken selbst Zugvögel sind, und bestimmte Arten an der Golfküste einen Zwischenstopp einlegen, konnten die Beduinen den Umstand nutzen, dass die Falken ca. drei Wochen vor den Trappen eintrafen. Hatte ein Beduine mit viel Geschick einen Falken lebend gefangen, blieben ihm nur ca. drei Wochen zum Abrichten des Tieres. Wenn die ersten Trappen die Golfküste erreichten, musste die Ausbildung abgeschlossen sein. Dann jagte er den Winter über mit dem Falken und ließ ihn im Frühjahr für den Rückflug nach Europa wieder frei, denn den Sommer hätte damals kein Falke in diesen Breiten überlebt. Die hohe Kunst des Abrichtens und Jagens brachte den beduinischen Falknern den Respekt ein, der sich in den Emiraten bis heute in der hoch angesehenen Tradition der Falknerei widerspiegelt.

In Zeiten immenser Vermögen und klimatisierter Lebenswelten hat das Kaufen von Jungvögeln das Einfangen durchziehender Falken ersetzt, und auch für das Abrichten kann man sich Zeit lassen. Heute ist die Falknerei eine prestigeträchtige Freizeitgestaltung. Inwieweit Tierschutzaspekte im Sinne artgerechter Haltung dabei eine Rolle spielen, ist umstritten.

Falken als Familienmitglieder

In Gefangenschaft können Falken bis zu 20 Jahre alt werden, wobei die zum Jagen abgerichteten Vögel Fortpflanzung und Brüten verweigern. Deshalb müssen für die Falknerei immer wieder junge Vögel neu abgerichtet werden. Bevorzugt werden am Golf Tiere aus Europa, insbesondere Wanderfalken (lat. *falco peregrinus*). Einen Falken zum Jagen abzurichten ist eine hohe Kunst, denn es gilt, ein ausgewogenes Maß an Aggression, Spannkraft und Gehorsam zu erreichen. Wird der Falke z. B. in Gefangenschaft zu gut gefüttert, verliert er das Interesse an der Beute, wird er schlecht gefüttert, ist er zu müde, den Köder zu schlagen. Damit er es mit der Geschwindigkeit des verfolgten Tieres aufnehmen kann, muss auch sein Federkleid bestens gepflegt sein. Zahm sollte ein Falke zwar nie werden, aber mit dem Menschen vertraut. Erst wenn ein abgerichteter Falke wie ein in freier Wildbahn aufgewachsenes Tier jagt, aber mit der Beute zu seinem Besitzer zurückkehrt, ist er sehr viel wert. Bis zu 500 000 Dh werden heute für ein kräftiges Weibchen – weibliche Falken jagen besser – bezahlt.

Von Sheikh Rashid ist überliefert – so die Tagebuchaufzeichnung eines britischen Diplomaten –, dass er vor Beginn der Jagdsaison 1953 für einen im Iran abgerichteten Falken die für damalige Verhältnisse außerordentliche Summe von 1500 Rupien (ca. 5000 €) bezahlt hat. Angesichts solcher Beträge sind aufwendige und kostspielige Therapien bei einem kranken Falken weniger verwunderlich.

Patient Falke

Falken können wie alle Tiere krank werden oder sich bei der Jagd verletzen. Deshalb ließ Sheikh Zayed Bin Sultan Al Nahyan 1999 aus seiner Privatschatulle das **Falcon Hospital** errichten, das seither von der deutschen Tierärztin Dr. Margit Gabriele Müller geleitet wird. Es ist ein öffentliches Krankenhaus mit 52 Angestellten und fester Gebührenordnung. Eine endoskopische Untersuchung kostet 350 Dh, ein präventiver Full Check 800 Dh: Für Tiere, die bis zu 100 000 Dh wert sind, ist das verhältnismäßig günstig. Denn die Falknerei war in Arabien nie nur Wohlhabenden vorbehalten, weshalb die Herrscherfamilie auch dafür sorgte, dass auch weniger Vermögende ihre Tiere im Falkenhospital behandeln lassen können.

Für jede Untersuchung werden die Falken anästhesiert. Operationen sind an der Tagesordnung, auch mittels plastischer Chirurgie werden Körperteile, (etwa die bei einem Kampf stark verletzten Ohren) perfekt wiederhergestellt. Eine ganze Abteilung kümmert sich nur um das Ersetzen verlorener oder gebrochener Federn. Das Krankenhaus verfügt über ca. 40 000 Ersatzfedern, die genau passend in Farbe und Größe dem Tier wieder eingesetzt werden, damit Flugfähigkeit und Wert nicht leiden. Nach der Operation bleiben die Falken zur Nachsorge noch einige Tage in der ›Reha‹-Station in einem der 80 Einzel-Großkäfige, nach komplizierteren Operationen auch länger.

Falken, deren Besitzer in den Vereinigten Arabischen Emiraten leben, haben alle einen Pass mit Impfnachweisen und weiteren Angaben. So können die Tiere jederzeit an der Seite ihres Halters zum Jagen ins Ausland reisen (beliebt sind Jagdgesellschaften in Kasachstan und Pakistan). Und sie tragen einen implantierten Chip unter dem Federkleid, damit sie jederzeit per GPS geortet werden können.

Während eines Besuchs im Krankenhaus kann man von der Aufnahme bis zur Operation alle Behandlungsschritte hinter Glas mitverfolgen. Ein Blick ins ›Wartezimmer‹ lohnt sich: Hier sitzen die Tiere, ihren Kopf mit einer Lederkappe *(burqa)* bedeckt, auf mit Grasteppich bezogenen Bänken in mehreren Bankreihen hintereinander und warten, bis sie von einer behandschuhten ›Krankenschwester‹ zur Behandlung abgeholt werden. Wer die Direktorin der Falkenklinik, Frau Dr. Margit Gabriele Müller, persönlich sprechen möchte, kann sich unter der Mailadresse mmuller@adfh.ae anmelden.

Edel und komfortabel

Neobarock – **Al Raha Beach Hotel** 4: ▶ 2, G 4, nahe dem Flughafen, etwa 30 Min. von Abu Dhabi in östlicher Richtung, Tel. 508 05 55, www.danathotels.com, 200 Zi. und 14 Villen, DZ ab 1120 Dh. Bereits in der großen Lobby beherrscht neo-orientalisches Dekor die Szenerie, das dem Haus ein unverwechselbares Flair verleiht. Die Räume sind sehr groß, ausgestattet mit modernem Mobiliar, die meisten mit Blick aufs Meer. Die weitläufige Garten- und Pool-Landschaft mit Schatten spendenden Bäumen garantiert Erholung. Das Hotel hat einen langen Sandstrand, fünf Restaurants und einen eigenen, großen Kinderspielplatz.

Ali Baba ohne Räuber – **Armed Forces Officers Club and Hotel** 5: ▶ 4, C 6, Al Khaleej Al Arabi St., Nähe Sheikh-Zayed-Moschee, Tel. 441 59 00, www.afoc.mil.ae, 600 Zi. und Suiten, DZ ab 800 Dh. 1997 eröffnete dieser großzügige Wohn-, Unterhaltungs- und Erholungskomplex für die Offiziere der VAE-Armee. Das Zentrum der von dem französischen Architekten Roger Taellibert entworfenen Anlage bildet eine riesige Zeltkonstruktion. Sehr große Zimmer, 5-Sterne-Service, großes Hallenschwimmbad, Fitnesscenter und viele weitere Sportmöglichkeiten. Seit wenigen Jahren können auch zivile Gäste in diesem edlen Club wohnen.

Very sophisticated – **Beach Rotana Abu Dhabi** 6: ▶ 3, J 3, im östlichen Zentrum der Stadt, neben der Abu Dhabi Mall, Tel. 697 90 00, www.rotana.com, 565 Zi. und Suiten, DZ ab 1800, Suiten ab 2800 Dh. Beim Betreten des Hotels umfängt den Gast im riesigen Rundbau der Grand Lobby arabische Pracht aus Marmor, Glas und üppigem Blumenschmuck. Alle Zimmer sind geräumig und luxuriös möbliert, der Service ist ausgezeichnet. Von der Lobby gleitet der Blick zum 120 m langen Strand und einer sehr attraktiven Poollandschaft unter Palmen. Zum Hotel gehören neun Restaurants von hoher Qualität und der **Rotana Beach Club.** Das mehrfach ausgezeichnete Haus besitzt viel Atmosphäre und bietet zuvorkommenden Service.

Luxus am Strand – **Hilton Abu Dhabi** 7: ▶ 3, B 2, Corniche, Tel. 681 19 00, www3.hilton.com, 327 Zi., DZ ab 2000 Dh. Das Hilton ist architektonisch ein klassischer Zweckhochbau, aber schon nach dem Betreten der Lobby spürt man, dass die ganze Aufmerksamkeit dem Gast gilt. Die Zimmer sind geräumig, die Badezimmer ebenfalls. Das helle Mobiliar verbreitet bei hoher Funktionalität eine warme Atmosphäre. Kaffeemaschine und Bügeleisen unterstützen den Zimmerkomfort. Zum Hilton gehört der Hiltonia Beach Club mit altem Palmenbestand (s. Lieblingsort S. 131).

Das neue Wahrzeichen – **Hyatt Capital Gate** 8: ▶ 4, B 4, Coast Rd., Tel. 596 12 34, www.abudhabi.capitalgate.hyatt.com, DZ ab 2000 Dh. Das Hotel belegt die oberen 14 der insgesamt 35 Stockwerke in dem 160 m hohen »schiefen Turm von Abu Dhabi« (Leaning Tower Capital Gate). Bei 18 Grad Schieflage ist er vier Mal höher als das Vorbild zu Pisa. Das Hotel beeindruckt nachhaltig durch futuristischen Luxus, edles Design und behaglichen Komfort. Rezeption und Restaurants befinden sich im 18. Stock, das Schwimmbad und Spa im 19. Stock, in den Stockwerken 20 bis 32 die Hotelzimmer, alle mit bestem Ausblick.

Urlaub und Business – **InterContinental Abu Dhabi** 9: ▶ 3, A 3, Al Baynunah St., Tel. 666 68 88, www.ihg.com, 390 Zi. und 54 Suiten, ab 2000 Dh. Es liegt auf einer Anhöhe und ist über 30 Jahre alt. In seiner Clublounge im 18.

Lieblingsort

Dinieren vor prachtvoller Kulisse im Shangri-La 2

Was der Eiffelturm für die Bewohner von Paris ist, ist die Sheikh-Zayed-Moschee (s. S. 124) für die Dhabi'in: das Wahrzeichen der Stadt. Um die Moschee mit ihren vielen Kuppeln und Minaretten als architektonisches Gesamtkunstwerk zu würdigen, muss man einen Ort wählen, der die ›richtige‹ Entfernung von ihr hat und trotzdem noch nahe genug liegt, um einige Details zu erkennen. Genau an einem solchen Schnittpunkt liegt das Hotel Shangri-La auf der gegenüberliegenden Seite des Khor Al Maqta'a (s. S. 139). Ob beim Frühstück auf der Terrasse im Schein der aufgehenden Sonne oder beim Abendessen bei vollendetem Abendrot, immer werden die Blicke magisch angezogen von der prachtvollen Moschee.

Stock tagte einst die erste Konferenz der GCC-Staaten. Nach einem Umbau eröffnete es 2007 wieder in neuer Pracht. Von allen Zimmern, komfortabel und mit modernster Technologie eingerichtet, hat man einen traumhaften Blick über den Jachthafen oder zur Corniche. Für Erholung sorgen ein Schwimmbad, Tennis- und Squashplätze, ein Wellnessbereich und ein 300 m langer Sandstrand. Für Kinder gibt es einen Schwimmbereich mit breitem Wassersportangebot. Zum Hotel gehören mehrere Restaurants, unter ihnen das stadtbekannte **Fishmarket** (s. S. 150) und ein Health Club.

Königlich – **Le Royal Meridien** 10 : ▶ 3, G 2, Sheikh Khalifa Bin Zayed St., Tel. 674 20 20, www.leroyalmeridienabudhabi.com, 275 Zi., DZ ab 1800 Dh. Der Hotelturm gehört wegen seiner halbrunden, dunkelblauen Glasfassade zu den nicht zu übersehenden *landmarks* in der Skyline Abu Dhabis. Es ist eines der älteren Hotels im Herzen der Stadt und wurde 2013 umfassend renoviert. Geräumige Zimmer mit einem Hauch orientalischen Flairs und großen Fenstern. Das Schwimmbad unter Palmen, umgeben von Blumenbeeten, ist eine Oase der Annehmlichkeiten. Zum Hotel gehören mehrere herausragende Restaurants, darunter das **Stratos** (s. S. 152) im 31. Stockwerk, von dem man bei Snacks und Cocktails eine herrliche Aussicht hat.

Gut und bekannt – **Millennium Hotel** 11 : ▶ 3, G 2, Sheik Khalifa Bin Zayed St., Tel. 614 60 00, www.millenniumhotels.ae, 305 Zi., DZ ab 1250 Dh. Bereits in der Lobby ist man von dem riesigen Kronleuchter und den Blumenarrangements überwältigt. Die Zimmer sind sehr geräumig, ihre schwere stilvolle Einrichtung berücksichtigt ›business and pleasure‹. Das Hotel verfügt über vier Restaurants, ein Fitnesscenter und Schwimmbad.

Urlaub pur – **Sheraton Abu Dhabi Hotel & Resort** 12 : ▶ 3, H 2, Corniche, East, Tel. 677 33 33, www.sheratonabudhabihotel.com, 255 Zi. und Suiten, DZ ab 2000 Dh. Für Dhabi'in eine der ältesten *landmarks* der Stadt und zugleich ein beliebter, sehr vertrauter Treffpunkt. Das Hotel wurde vor mehr als 30 Jahren errichtet, aber in den folgenden Jahren immer wieder renoviert, umgebaut, erweitert und dabei immer schöner. Das Hotel bietet seinen Gästen eine weitläufige Poollandschaft, eine Gartenanlage mit privater Bucht und weißem Sandstrand. Zum Sheraton gehören der Kinderclub Bizziwizz mit eigenem Kinderpool und der Healthclub mit Sauna, Jacuzzi, marokkanischem Hammam, Dampfbad, Fitnessstudio, Massageabteilung und Squash. Das Hotel besitzt fünf Restaurants, darunter zwei mit sehr schöner Strandterrasse, sowie eine Internet-Lounge mit gebührenfreiem Zugang. An Wochenenden werden in den Sälen des Hotels Hochzeiten mit bis zu 1000 Gästen gefeiert. Der Hotelgast wird dadurch überhaupt nicht gestört, er kann aber als Beobachter seine Landeskundekenntnisse erweitern.

Tor zum Meer – **The Fairmont Bab al Bahr** 13 : ▶ 4, E 6, nahe der Al Maqta'a Bridge, Tel. 654 33 33, www.fairmont.com/babalbahr, 348 Zi, DZ ab 2000 Dh. Futuristisch, rechteckig, aus Glas und Chrom, lichtdurchflutet mit elegantem Designermobiliar – das Ende 2009 eröffnete Fairmont mit dem Namen »Tor zum Meer« ist das modernste Hotel der Stadt. Alle Zimmer sind sehr groß, die Suiten noch größer, hier dominiert Marmor und dunkles Walnussholz, alle besitzen große Fenster und selbst aus dem Badezimmer blickt man auf den Strand. Zum Hotel gehören mehrere Restaurants und ein Willowstream-Spa.

Weitere 5-Sterne-Hotels findet man auf den stadtnahen Inseln **Saadiyat Island** und **Yas Island** (s. S. 170 u. S. 173).

De luxe

Bewährt und zentral – **Crowne Plaza Abu Dhabi** **14**: ▶ 3, G 2, Hamdan Bin Mohammed St., Tel. 616 61 66, www.crowneplaza.com, 236 Zi., DZ ab 800 Dh. Zentral gelegenes, renoviertes Geschäftshotel mit großen Zimmern in warmen Farben und guter Ausstattung, mehreren Restaurants und Fitnesscenter. (Nicht verwechseln mit dem Crown Plaza auf Yas Island!).

Französische Kolonie – **Le Meridien Abu Dhabi** **15**: ▶ 3, J 3, Hamdan St., Tel. 644 66 66, www.lemeridien.com, 234 Zi., DZ ab 1800 Dh. Das fünfstöckige Hotel gehört zu den ältesten der Stadt und liegt ideal für Geschäftsreisende und Urlauber. Es besitzt einen sehr kleinen Strand und ein großes Schwimmbad. Die beiden halbrunden Hotelflügel gruppieren sich um einen Innenhof mit altem Baumbestand. Durch die Gartenanlage führen Wege zu den Restaurants. Zum Hotel gehören ein großer Spa-, Fitness- und Freizeitbereich sowie ein Schwimmbecken für Kinder.

Zentrale Wohnlage – **Sheraton Khalidiya Hotel** **16**: ▶ 3, D 3, Sheikh Zayed I/ Ecke Khalidya St., Tel. 666 62 20, www.starwoodhotels.com, 284 Zi., DZ ab 700 Dh. Das 2007 renovierte Stadthotel war ursprünglich ein Apartmentkomplex für Sheraton-Langzeitgäste und ist in dieser Tradition heute in erster Linie ein Business-Hotel. Zentrale Lage in der Nähe der Al-Hosn-Festung. Das Hotel verfügt über mehrere Restaurants und ein Fitnesscenter mit einem kleinen Schwimmbad.

Für Urlaubsgeschäfte – **Traders Hotel** **17**: ▶ 4, E 6, Qaryat Al Beri, am Khor Al Maqta'a, Tel. 510 88 88, www.tradershotels.com, 301 Zi., ab 980 Dh. Jung, modern und lindgrün, Zielgruppe: *Young global business travellers*. Entsprechend dieser Zielgruppe sind die Zimmer eingerichtet: Warme Brauntöne, effiziente Einrichtung, Laptop-Anschluss, TV-Großbildschirm, Obstschale und Blumen auf dem Sideboard, Designerarmaturen im Bad, quadratisches Waschbecken. Leisten Sie sich ein Zimmer im 8. oder 9. Stock, nicht nur der schönen Aussicht wegen, sondern auch wegen der damit verbundenen Nutzung der Club Lounge im 9. Stock. Das Traders Hotel ist das einzige 4-Sterne-Hotel mit einem eigenen Strand; es hat darüber hinaus einen direkten Zugang zu allen Einrichtungen des **Shangri-La-Hotels** **2**.

Mittelklasse

Hauch des Orients – **Al Ain Palace** **18**: ▶ 3, G 2, Corniche, Mina Rd., Tel. 679 47 77, www.alainpalacehotel.com, 110 Zi., DZ ab 800 Dh. Das weiße Gebäude vor dem Royal Meridien erinnert von außen an einen kleinen Palast. Im Inneren bietet es eher moderne Zweckdienlichkeit mit großen Zimmern und Blick auf die Corniche. Zum Hotel gehören mehrere Restaurants, ein großes Fitnesscenter und ein Swimmingpool.

Nahe dem Hafen – **Al Diar Mina** **19**: ▶ 3, H 2, Salam St., Tel. 678 10 00, www.aldiarhotels.com, 104 Zi., DZ ab 600 Dh. Zentrales Hochhaushotel. Sein Vorteil: Barrierefrei und alle Zimmer verfügen über eine kleine Küche.

Weithin sichtbar – **Al Diar Regency** **20**: ▶ 3, H 2, Salam St./Ecke Mina Rd, Tel. 676 50 00, www.aldiarhotels.com, 191 Zi., DZ ab 600 Dh. Hochhaushotel mit standardisierter, modern-zweckmäßiger Einrichtung. Zum Hotel gehören das Restaurant Regents Court (internationale Küche) und das eher bescheidene Zenzu-Wellnesscenter.

Apartments

Die örtliche Hotellerie hat sich darauf eingestellt, dass Geschäftsleute oft längere Zeit in Abu Dhabi verbringen müssen. Alle großen Hotels bieten deshalb eigene Häuser mit Apartments an. Komfort und Zimmerservice sind dieselben wie im Hotel. Auch wer sich kürzere Zeit in Abu Dhabi aufhält, sollte den Preis zwischen Hotel und Apartment ein und desselben Unternehmens vergleichen.

Stadtwohnungen – **Al Maha Arjaan** 21: ▶ 3, G 2, Hamdan Bin Mohammed St., Tel. 610 66 66, www.rotana.com, ab 500 Dh, Aufenthalt ab einem Tag. Von außen gleicht das gläserne, zentral gelegene Hochhaus einem Bürogebäude, aber schon beim Betreten der Lobby merkt man, dass man sich in einem Apartmenthotel befindet. Alle Apartments sind liebevoll eingerichtet und besitzen eine Küche; ein Schwimmbad befindet sich auf dem Dach.

Edle Wohnungen – **Beach Rotana Suites:** gläserner Wohnturm neben dem **Hotel Beach Rotana Abu Dhabi** 6, ▶ 3, J 3, 120 Apartments, ab 1000 Dh. Die Apartments sind sehr geräumig und mit eigener Küche ausgestattet. Die Benutzung aller Einrichtungen des Beach Rotana Abu Dhabi einschließlich des Schwimmbads und des Strandes sind im Mietpreis inbegriffen.

Gegenüber den Mangroven – **Jannah Eastern Mangroves Suites** 22: ▶ 4, C/D 2, Eastern Ring Rd., Salam St., Tel. 412 33 33, ab 1500 Dh, www.jannah.ae. 2014 eröffnete vierstöckige Apartmentanlage neben dem Anantara Eastern Mangroves (s. S. 138) mit Schwimmbad und Gym auf dem Dach. Großräumige Apartments mit 2–5 Zimmern, mit Butler (Karim-Service), Lebensmittelladen und Restaurants um die Ecke; Bootsverbindung zum Al Maqta'a Creek.

Essen & Trinken

Arabisch

Blick auf die Skyline – **Al Asalah Heritage Restaurant:** im **Heritage Village** 4, ▶ 3, C 1, Tel. 681 21 88, tgl. 12–24 Uhr, www.alasalahrestaurants. com, Tee 8 Dh, Kebab-Platte ab 30 Dh. Ein ruhiges Lokal mit Außenterrasse, Barasti-Atmosphäre, arabische Küche, preiswert und gut, Menüs à la carte.

Arabische Küche vom Feinsten – **Byblos sur Mer:** im **InterContinental Abu Dhabi** 9, ▶ 3, A 3, Tel. 666 68 88, tgl. 12.30–2 Uhr, Mezze ab 100 Dh, Gerichte ab 200 Dh. Neueröffnung 2015, man bewegt sich auf zwei Stockwerken: oben Terrasse, Bar, Lounge, unten weiträumiges, lichtdurchflutetes Restaurant mit herrlichem Ausblick. Arabische Küche mit libanesischem Akzent, ein Fest für Freunde des Orients, bereits die *mezze* (Vorspeise) ist so vielfältig, dass man auf einen Hauptgang verzichten könnte. Tgl. ab 21 Uhr arabische Musik mit Bauchtanzeinlagen.

Ahlan wa sahlan – **Diwan L'Auberge:** im **Emirates Palace** 11, ▶ 3, A 1, Tel. 690 79 99, tgl. 12.30–24 Uhr, Gerichte ab 300 Dh. Libanesische Küche in einem orientalischen Palast mit arabischer Musik. Die ausgefallenste, edelste und zugleich teuerste Gelegenheit, die arabische Küche in ihrer Vielfalt kennenzulernen.

Alles arabisch – **Layali Zaman** 1: ▶ 3, G 2, an der Corniche, im Lake Park, Tel. 627 77 45, tgl. 8–2 Uhr, Gerichte ab 40 Dh, Shisha 50 Dh, Hoummus 12 Dh, Tee 10 Dh. Gartenrestaurant im Parterre eines großen Rundbaus inmitten einer Parkanlage mit unverbautem Blick auf die Corniche, sehr beliebt bei der einheimischen Bevölkerung.

Perfekt orientalisch – **Marakesh:** im **Millennium Hotel** 11, ▶ 3, G 2, Tel. 614

Ein Fest für die Sinne: arabische Vorspeisen

60 00, tgl. 19–2 Uhr, Menü ab 180 Dh. Marokkanische Opulenz zwischen Marmor, Gold und bunten Glasfenstern, sehr gute marokkanische Küche; Livemusik einer marokkanischen Kapelle inkl. Bauchtänzerin bietet den passenden Rahmen für einen orientalisch-kulinarischen Genuss und prächtige Stimmung bis zum frühen Morgen.

Asiatisch

Buddhas Garten – **Royal Orchid:** im **Hilton Abu Dhabi** 7, ► 3, B 2, Tel. 681 19 00, tgl. 12–15, 19–23 Uhr, Nudelgerichte ab 50 Dh, Reisgerichte ab 40 Dh, vegetarisches Menü 60 Dh. Die asiatischen Papierschirme an der Decke, die als Lampen dienen, tauchen den ganzen Speiseraum in ein sehr warmes, angenehmes Licht, Korbstühle sorgen für bequemes Sitzen. Die Küche bietet chinesische, thailändische und japanische Spezialitäten, das aufmerksame Servicepersonal hilft gerne bei der Speisenauswahl.

Beste asiatische Küche – **Shang Palace:** im **Shangri-La** 2, ► 2, E 5, Tel. 509 85 03, tgl. 12–15 u. 19–23 Uhr, Nudelgerichte ab 60 Dh, Peking-Ente ab 150 Dh. Chinesische Küche der Region Kanton: Fisch, Huhn oder Ente – gekocht, gegrillt oder im Wok zubereitet; dazu Spargelsalat mit Erdnussglasur. China total, ergänzt durch chinesisches Interieur, goldene Drachen und rote Laternen.

Deutsch

Deutsche Gemütlichkeit – **Brauhaus:** im **Beach Rotana Abu Dhabi** 6, ► 3, J 3, Tel. 644 30 00, So–Mi 16–23.30, Do–Sa 12–23.30 Uhr, Kotelett mit Bratkartoffeln 100 Dh, Salatteller 48 Dh, ›Deutsche Platte‹ 300 Dh für 2 Pers. Wer auf Dirndl, a bayrische Maß, Sauerkraut, Weißwürste und Semmelknödel nur schwer verzichten kann, sollte das Brauhaus aufsuchen. Die rustikale Einrichtung aus dunklem Holz und die Schunkelatmosphäre fördern das aufkommende Heimweh, doch der herrliche Blick auf das Meer von der Außenterrasse erinnert einen sehr schnell daran, dass man in Abu Dhabi speist.

Fisch

Al Fresco Dining – **Finz:** im **Beach Rotana Abu Dhabi** 6, ▶ 3, J 3, Tel. 697 90 00, tgl. 12.30–15.30, 19–23.30 Uhr, Tagesmenü 120 Dh, abends nur à la carte: Suppen ab 35 Dh, Fischgerichte ab 130 Dh. Ein exzellentes Fischrestaurant, ganz in Holz, mit riesigen Fenstern, die den Blick aufs Meer freigeben. Eine große Außenterrasse lässt abends den klaren Sternenhimmel erleben. Die Meeresfrüchte werden im Wok, im Tandoori-Ofen oder in der Cataplana (einer großen portugiesischen Kupferpfanne) zubereitet. Aufmerksamer Service; 2015 umfassend renoviert.

Vom Meer umspült – **Fishmarket:** im **InterContinental** 9, ▶ 3, A 3, Tel. 666 68 88, tgl. 12–23 Uhr, Fisch ab 250 Dh, Hummer ab 400 Dh. Traditionsreiches Fischrestaurant in einem Rundbau am Nordende des Jachthafens mit sehr schöner Außenterrasse direkt am Strand und Marktatmosphäre rund um die offene Showküche: Auf einer Theke werden frische Fische und Gemüsesorten auf Bananenblättern präsentiert, der Gast wählt aus und entscheidet über die Zutaten und Zubereitungsform.

Spitzengastronomie – **Sayad:** im **Emirates Palace** 11, ▶ 3, A 1, Tel. 690 79 99, tgl. 18.30–23 Uhr, Menü ab 300 Dh. Das spektakulärste Fischrestaurant der Stadt mit stylischer Innenausstattung: viel beleuchtetes, türkisblaues Glas, helles Holz an den Wänden und auf dem Boden, kombiniert mit dunklem Stein. Eine offene Showküche, ein großes Aquarium, sehr ausgefallenes Porzellan und täglich frisch eingeflogene Zutaten von bester Qualität sowie ein exzellenter Service unterstreichen die herausragende Stellung. Der Gast kann z. B. unter vier Sorten Kaviar wählen, den lebenden Hummer aus dem Aquarium selbst aussuchen oder aus so ausgefallenen Fischsorten wie Mönchsfisch oder Gelbflossenthunfisch auswählen. Auf der Karte finden sich aber auch Fleischgerichte (z. B. Lamm oder Ente) und traumhafte Nachtischkreationen (z. B. warme Himbeerravioli). Den krönenden Abschluss bildet eine Glasplatte mit erlesenen Schokoladentrüffeln. Zwischen den Gängen werden immer wieder duftende Erfrischungstücher gereicht. Luxus für Gaumen und Augen.

Französisch

A la bonheur – **Bord Eau:** im **Shangri-La** 2, ▶ 2, E 5, Qaryat Al Beri, Tel. 509 88 88, tgl. 19–23.30 Uhr, 4-Gänge-Menü ab 600 Dh. Der beste, eleganteste und wohl auch der teuerste ›Franzose‹ in Abu Dhabi. Aber er ist seinen Preis wert – von den Bildern an den Wänden bis zu den eingedeckten Tischen: Whow! Dazu perfekter Service.

Bonjour – **Brasserie Angelique:** im **Jumeirah Etihad Towers** 10, ▶ 3, A 2, Tel. 811 55 55. Man speist wie in einem Pariser Restaurant: das warme Licht der Kronleuchter, die stilvoll dezente Einrichtung, die Kerzen auf dem elegant gedeckten Tisch und die Auswahl der französischen Gerichte, z. B. die Zwiebelsuppe, die Burgunder Schnecken, das Rinderfilet mit Trüffeln und zum Nachtisch die französische Apfeltarte mit Café au Lait. Das Lokal wurde mehrmals als das »europäischste Restaurant des Jahres« in Abu Dhabi ausgezeichnet.

International

19. Loch – **Café 28:** im **Abu Dhabi Golf Club** 1, ▶ 2, F 5, Tel. 558 89 90, tgl. 6–24 Uhr, Pasta 40, gegrillter Fisch *(catch of the day)* ab 70 Dh, Früchteteller 30 Dh. Panorama-Blick auf den schönen Golfplatz, mediterrane Küche, sehr gute Desserts in einem klassischen Golfclub Ambiente.

Glamourös – **Étoiles:** im **Emirates Palace** 11, ▶ 3, A 1, Tel. 690 79 99, Restaurant So–Fr 19–23 Uhr, Bar, Lounge und Disco anschließend bis 3.30 Uhr, Menü 700 Dh, Drinks ab 60 Dh, Kaffee 40 Dh. Restaurant, Lounge, Bar, Disco – *all in one.* Zuerst speist man in erlesenem Ambiente unter der Regie von Starkoch Dean Bovet. Wie edel die Tische eingedeckt sind, kann man dem letzten Satz der Speisekarte entnehmen: »Dear diner, we are pretty aware that our salt and pepper condiments are very attractive and would look nice in any home. However, this is their home and if removed from the table, the fee of Dh 800 will be added to your final bill.« Die anschließenden Drinks an der Bar leiten über zum Disco-Bereich im hinteren Teil des Étoiles. Ein volles Abendprogramm.

Kreativ – **Flavours:** im **Sheraton Abu Dhabi Hotel & Resort** 12, ▶ 3, H 2, Tel. 677 33 33, 19–23.30 Uhr, Gerichte ab 120 Dh, Buffet ab 250 Dh. Ein Dutzend Köche laden in drei offenen Showküchen zu einer kulinarischen Weltreise ein, die arabische, asiatische und europäische Geschmacksrichtungen umfasst. Dreimal in der Woche wird das Abendessen thematisch bestimmt: Montags speist man amerikanisch, am Mittwoch gibt es Fisch, am Freitag Buffet mit Sekt und Live Musik. Alles ist weiträumig und großzügig, dunkles Holz dominiert, die großen Fenster geben den Blick auf den Garten und den hoteleigenen Poolbereich frei, der Service ist sehr freundlich.

Ein Genuss – **Nahaam:** im **Jumeirah at Etihad Towers** 10, ▶ 3, A 2, Tel. 811 56 66, tgl. 11–23 Uhr, Gerichte ab 60 Dh. *Nahaam* hießen die Sänger die die Perlentaucher auf ihren Schiffen begleiteten: wehmütige Balladen bei der Ausfahrt, freudvolle bei der Heimkehr. In dieser Bandbreite bewegt sich auch das sehr gute, immer frische Angebot der internationalen Speiseauswahl. Weiträumiges Restaurant mit viel Glas und Außenterrasse, helle Einrichtung, Aussicht auf den Strand, bester Service.

Filmreif – **Pearls & Caviar:** im **Shangri-La** 2, ▶ 2, E 5, Tel. 509 87 77, Sa–Do 19–23.30, Fr ab 20 Uhr, Musik mit preisgekrönten DJs, Menü ab 240 Dh. Seine Lage mit unverstelltem Blick hinüber zur Sheikh-Zayed-Moschee wäre schon Grund genug, dieses Restaurant auszuwählen. Aber Küche und Ambiente sind genauso herausragend, denn für beste spanische Gerichte und für herausragende Tapas sorgt Sergi Aroha, Besitzer zweier Michelin-Sterne. Schwarz und Weiß dominieren als Farben in der stylisch-kultivierten Speiselounge, zwei große Perlen schmücken die Platzteller, dazu Kristall und Silber auf allen Tischen. Zum Absacker geht man einen Stock höher in die Pearls Bar auf der Dachterrasse unter einem großen Zeltdach. Hier spürt man die kühle Brise, genießt die stimmungsvolle Musik und beendet einen besonderen Abend (s. S. 165).

En vogue – **Sax:** im **Le Royal Meridien** 10, ▶ 3, G 2, Tel. 674 20 20, tgl. 21–2.30, Do bis 3.30 Uhr, Hauptgerichte ab 150 Dh. Ein stimmungsvolles Speiselokal, das man über einen gläsernen Außenaufzug erreicht und dessen Name damit spielt, dass dieses Restaurant eigentlich ein Jazzclub mit Livemusik ist. Die internationale Küche ist sehr gut, nach dem Dinner ist Party-Time. Die Getränkekarte bietet eine große Auswahl an Martini- und Champagnercocktails. Am Wochenende sollte man unbedingt reservieren!

360°-Panorama – **Stratos:** im **Le Royal Meridien** 10, ▶ 3, G 2, Tel. 674 20 20, Mo–Sa 15–2 Uhr, So geschl. Schwerpunkt: Snacks und Drinks. Bis 2014 hieß das Restaurant Al Fanar und war das erste sich drehende Restaurant der Stadt. Nach der Renovierung wurde es als elegante Lounge und Bar wiedereröffnet und bietet nach wie vor eine traumhafte Aussicht: Wer sich zwei Stunden Zeit zum Essen nimmt, hat aus 120 m Höhe einen fantastischen Rundumblick über Abu Dhabi. Nachmittags (15–18 Uhr) wird »Afternoon Tea« geboten und die Umlaufzeit auf 75 Min. verkürzt.

Dining and Living – **The One** 2: ▶ 3, C 3, Sheik Zayed Rd. (BMW-Showroom), Tel. 681 65 00, Sa–Do 8–21.30, Fr 10–21.30 Uhr, Cappuccino 20 Dh, Suppen 30 Dh, Ravioli 40 Dh, Chicken Tikha 40 Dh. Restaurant mit gemütlichem, dunklem Ledermobiliar im ersten Stock eines Designer-Möbelgeschäfts, das auch Ethno-Kunsthandwerk anbietet. Moderne Küche mit indischen Zutaten. Mehrfach ausgezeichnet, interessante Gäste.

Skyline Dinner – **Tiara** 3: ▶ 3, B 1, im Marina Tower neben der Marina Mall, Tel. 681 90 90, tgl. 12–24 Uhr. Mediterrane Küche im höchsten Drehrestaurant der Stadt. In 126 m Höhe werden Mittagstisch, Nachmittagskaffee oder Dinner zwischen 75 und 300 Dh angeboten. In einer Stunde und 15 Minuten hat man einmal die ganze Stadt von oben gesehen. Historische Schwarz-Weiß-Fotos schmücken die Wände.

Rund um die Welt – **Vasco's:** im **Hilton Abu Dhabi** 7, ▶ 3, B 2, Tel. 681 19 00, tgl. 12–15.30 u. 19–1 Uhr, Bier vom Fass 35 Dh, Rotkäppchen-Sekt (Flasche) 300 Dh, Huhn mit Nudeln 95 Dh. Vasco da Gama segelte mit vier Schiffen als erster Europäer um Afrika, u. a. mit dem Ziel, Gewürze zu entdecken, um die europäische Küche zu bereichern. Auf dem Heimweg umschiffte er auch Kap Horn. Seine Route umreißt die Bandbreite des Speiseangebots: ›Where East meets West‹. Eine Gaumenfreude sind z. B. portugiesisches Hühnchen mit Gemüse-Couscous (95 Dh), Fisch mit indischen Gewürzen und Mandelkartoffelbrei (90 Dh), zudem eine große Auswahl an vegetarischen Gerichten. Auch das Dessert namens Vasco's Departure, süße Variationen der Reisestationen des Entdeckers, ist ein Erlebnis (65 Dh). Aber nicht nur die vorzügliche Küche und die klassischen Gerichte aus Europa und Südostasien, auch Einrichtung und Dekor schaffen eine Atmosphäre des sich Wohlfühlens und Genießens. Von der Terrasse hat man einen herrlichen Blick hinüber nach Breakwater.

Italienisch

Tutto a posto – **Bocca:** im **Hilton Abu Dhabi** 7, ▶ 3, B 2, Tel. 681 19 00, tgl. 12–15 u. 19–23 Uhr, Tellergerichte ab 70 Dh, Spaghetti carbonara 105 Dh, Glas Chianti 50 Dh. Bereits beim Brot fängt hier die Qualität an: Alles ist selbst gebacken, die Grissini und das Pizzabrot mit sonnengetrockneten Tomaten; dazu wird eine Tomatenpaste oder auch sehr guter Ziegenkäse gereicht. Hummertagliatelle und Gnocchi in einer üppigen Sahnesauce sind nur zwei der hausgemachten Pastagerichte, die sehr empfehlenswert sind. Zum Dessert gibt es exzellente Eiscreme aus eigener Produktion oder leckeren Käsekuchen mit Schokoladen-Haselnussmousse. Das Interieur strahlt vornehme Behaglichkeit aus, edle lederbezogene Stühle, weiße Tischtücher und nobles Geschirr spiegeln die klassische Eleganz Norditaliens wider. Der beste Ita-

liener der Stadt; wenn man Glück hat, begleitet eine Pianistin die Menüfolge.
Garantiert kein Pferdefleisch – **Frankie's Italian Restaurant & Bar:** im **Fairmont Bab Al Bahr** 13, ▶ 4, E 2, Tel. 654 32 38, tgl. 12–15, 19–24 Uhr, Menü ab 95 Dh, Gianfranco Dettori, genannt: Frankie, ist der bekannteste Italiener in den VAE, denn er hat als Jockey für die Herrscherfamilie der Al Maktoum dreimal den Dubai World Cup gewonnen. Sein Restaurant bietet höchste Qualität dank seines Küchenchefs Andrea Biccini. Bei Kerzenlicht, dezenter Klaviermusik und einem sehr guten Grappa fühlt man sich wie in Bella Italia.
Bella Italia – **La Mamma:** im **Sheraton Abu Dhabi Hotel & Resort** 12, ▶ 3, H 2, Tel. 677 33 33, tgl. 12–15.30, 19–23 Uhr, Menü mit Wein 210 Dh. Seit Jahren einer der besten Italiener der Stadt: Man meint in der Toskana zu speisen oder in Rom – immer kommt frisch gebackenes Brot auf den Tisch, in der offenen Küche herrscht eine lockere Stimmung, die Gerichte sind vorzüglich, die Pizzas sind herausragend.
Raffiniert italienisch – **Prego's Cucina & Enoteca Italiana:** im **Beach Rotana Abu Dhabi** 6, ▶ 3, J 3, Tel. 697 90 00, tgl. 12–23.30 Uhr, Spaghetti Napoli 70 Dh, Pizza oder Cannelloni 50 Dh, Ossobuco 100 Dh, Wasser 20 Dh. Helles Holz, sandfarbene Fliesen und viel Weitläufigkeit bestimmen die elegante Atmosphäre des italienischen Restaurants, dem auch eine Weinbar angeschlossen ist. In der Küche steht ein mit Holz befeuerter Ofen, der beim Pizza-Backen für den authentischen Geschmack sorgt. Spezialitäten aus den verschiedensten Regionen Italiens und ein breites Weinangebot machen das Lokal zu einer beliebten Adresse für Liebhaber italienischer Gaumenfreuden. Die Außenterrasse, abgegrenzt von einem Bachlauf entlang des Bootstegs und erleuchtet von Lichterketten, die sich um die Stämme der Palmen winden, ist dank der kühlen Brise, die vom Meer herüberweht, stets gut besucht (unbedingt Plätze reservieren).

Mexikanisch

Viva Zapata – **Hemingways:** im **Hilton Abu Dhabi** 7, ▶ 3, B 2, Tel. 681 19 00, tgl. 12–1 Uhr, Steaks ab 100 Dh, Huhn ab 55 Dh. In einem separaten Gebäudetrakt hinter dem Hotel kann man im Hemingways drei unterschiedliche Unterhaltungsangebote wahrnehmen: Das Hemingways ist ein Tex-Mex-Pub mit klassisch mexikanischer Küche, Corona-Bier (40 Dh) und Mojitos (45 Dh). Von den Barhockern entlang der großen Theke kann man diverse Sportprogramme auf TV-Großbildschirmen verfolgen. An den Wänden viele Schwarz-Weiß-Fotografien von Hemingway und seinen verfilmten Romanen mit Humphrey Bogart und Lauren Bacall (tgl. ab 20 Uhr Livemusik eines Duos der Stilrichtung »The best of ....«). Wer sich ungestört unterhalten will, kann sich in die hinteren Finca-Räume zurückziehen.

Hinter einer Durchgangstür befindet sich ein **Jazzclub**, im selben Hotelanbau auch die **Cinna-Bar** (s. auch S. 165 u. S. 166).

Steaks

Designerrestaurant – **Marco Pierre White Steakhouse & Grill:** im **The Fairmont Bab Al Bahr** 13, ▶ 4, E 2, Tel. 654 33 33, tgl. 18–24 Uhr, 200-gr-Steak ab 200 Dh. Michelinstarkoch M. P. White garantiert hochwertige Steakgerichte. Hervorragender eigener Weinkeller.
Born in the USA – **Rodeo Grill:** im **Beach Rotana Abu Dhabi** 6, ▶ 3, J 3, Tel. 697 90 00, tgl. 12.30–15.30, 19–23.30 Uhr, Steaks nach Gewicht: z. B. Tenderloin 105 Dh/200 g. Es gilt als bestes Restaurant der Kategorie

›Amerikanische Küche‹, aber seine Karte bietet nicht nur die klassischen, exzellent zubereiteten Steaks, sondern auch Lamm, Huhn und Fisch. Das Essen wird in offener Küche unter den Augen der Gäste zubereitet. Die Einrichtung ist gediegen amerikanisch, schwere grüne Ledersessel, dunkles Holz und beigefarbene Fliesen.

Cafés

Multi-Kulti-Frühstück – **Le Vendôme:** im **Emirates Palace** 11, ▶ 3, A 1, s. Lieblingsort S. 157.

Grandiose Aussicht – **Le Boulanger – Marina Café** 4: ▶ 3, B 1, Breakwater St., Tel. 05 54 28 53 71, tgl. 9–2 Uhr, Burger ab 20 Dh, Fleischgerichte 40 Dh; Shisha 55 Dh. Auf der Abu Dhabi zugewandten Seite an der breiten Verbindungsstraße nach Breakwater liegt unübersehbar ein heller Rundbau, an dessen Marina Motorboote festmachen. Diese Stelle ist ideal für eine Aussicht über die Bucht mit Corniche und Skyline sowie hinüber zu den Etihad Towers und zum Emirates Palace. Deshalb gehört das Marina Café bis zum späten Abend zu den viel besuchten *locations* in der Stadt.

Total gemütlich – **Shakespeare and Co:** im **Central Market** 7, ▶ 3, F 2, Tel. 639 96 26, tgl. 7–1 Uhr, www.shakespeare-and-co.com. Ein quirliges Café im viktorianischen Dekor, viel Brokat und Rüschchen, viele alte Fotos, aber sehr familiär, freundlicher Service, sehr guter Kaffee, edles Gebäck, auch Snacks und Salate.

Zu Gast bei Sissi – **Vienna Plaza:** im **Hilton Abu Dhabi** 7, ▶ 3, B 2, Tel. 692 41 71, tgl. 7–1 Uhr, Kaffee 20 Dh, Wiener Melange 20 Dh, Wiener Frühstück 50 Dh. »The Austrian Coffee House« liegt im Erdgeschoss, es besitzt eine Außenterrasse, seine Tische verteilen sich auf drei Ebenen, alle mit schöner Aussicht vor einem kleinen Wasserfall. Das Ganze ist hell und gemütlich, die »Heimweh-Speisekarte« mit Wiener Kaffeespezialitäten, Snacks und Hauptgerichten, z. B. Wiener Schnitzel (73 Dh) oder Wiener Apfelstrudel (32 Dh).

Mein Tipp

Paradies für Teeliebhaber

Das Hotel **Jumeirah at Etihad Towers** 10 (▶ 3, A 1) bietet in seiner **Lobby Lounge** die größte Auswahl der *»Finest Teas of the World«*. Die Teekarte führt 43 Teesorten auf, darunter so ausgefallene wie Sakura Sakura (Kirschblütentee), Maharadscha Darjeeling (erste Ernte von den Terrassen Darjeelings) oder Yellow Tea Duts, ein gelber Tee aus Szetschuan, der früher den chinesischen Kaisern serviert wurde. Natürlich gibt es auch den vertrauten English Breakfast oder Earl Grey (Gedeck ab 35 Dh).

Einkaufen

Souqs

Obst und Gemüse – **Vegetable Souq** 1: ▶ 3, K 1, tgl. 6–21 Uhr. Eine große Auswahl an frischen Früchten. Eine eigene Abteilung bietet mehr als zwei Dutzend unterschiedliche Dattelsorten an.

Trödel und Alltagswaren – **Iranian Souq** (auch **Meena-Souq)** 2: ▶ 3, K 1, linker Hand im Hafen, tgl. 10–20 Uhr. Töpferwaren, Geschirr, aber auch Pflanzen oder Möbel, Plastikstatuen und Porzellanfiguren, Terrakotta und Küchengeräte, aber vor allem viel Unnützes zu relativ günstigen Preisen.

Teppiche – **Afghan Souq** (auch **Carpet-Souq)** 3: ▶ 3, K 2, Mina Zayed

(am Verkehrskreisel nach Süden einbiegen), tgl. 17–22 Uhr. Ein großes Teppichlager, in dem in erster Linie neue Auslegeware, aber vereinzelt auch alte Teppiche gehandelt werden.
Frische Fische – **Fish Souq** 4: ▶ 3, J 1, am Ende der Corniche, tgl. 6–22 Uhr. Hier kann man frühmorgens die erfolgreiche Ausbeute der nächtlichen Fischzüge und die geschickt verhandelnden Fischverkäufer bestaunen (s. auch S. 123).
Goldschmuck – **Goldsouq:** in einem Flügel des **Madinat Zayed Shopping Center** 10, ▶ 3, F 3. In mehr als 100 kleinen Läden wird Goldschmuck in allen Variationen angeboten (s. u.).
Moderne Basar-Atmosphäre – **The Souq** im **Central Market** 7: ▶ 3, F 2, Hamdan St., am Etihad Square, Sa–Mi 10–22, Do/Fr 10–23 Uhr, Tel. 810 78 10, www.centralmarket.ae, s. auch S. 122. The Souq orientiert sich in seiner Innenarchitektur an den traditionellen orientalischen Basaren: enge verwinkelte Gassen, dunkle Holz-Paneele, kleine Plätze, praktischer Komfort. Im Parterre und im ersten Stock der flankierenden Türme haben mehr als 100 kleine, anspruchsvolle Geschäfte eröffnet. Auf den kleinen Plätzen findet man Restaurants und Cafés, u. a. **Shakespeare & Co** (s. o.).

Shopping Malls

Einkaufstempel – **Abu Dhabi Mall** 5: ▶ 3, J 3, neben dem Beach Rotana Abu Dhabi, Tel. 645 48 58, www.abudhabi-mall.com, Sa–Mi 10–22, Do 10–23, Fr 15.30–23 Uhr. Auf einer Fläche von 200 000 m² wird auf vier Ebenen in 220 Geschäften vom riesigen Supermarkt (hier heißt er ›Hypermarket‹) bis zu edlen Mode- und Schmuckboutiquen eine riesige Bandbreite an Konsumgütern angeboten. Im Erdgeschoss befinden sich das Parkhaus mit 3000 Parkplätzen und der Supermarkt, die drei oberen Stockwerke werden zur besseren Orientierung jeweils in vier *courts* unterteilt und auf den Übersichtsplänen in unterschiedlichen Farben markiert. Im Erdgeschoss gibt es Geldautomaten mehrerer Banken (funktionieren auch mit Bank-Karten!), eine Apotheke, eine Reinigung und ein Reisebüro. Im 3. Stock befinden sich ein **Food Court** mit zehn Nationalitäten-Restaurants, Spielzeugläden, mehrere Buchläden, Internetcafés, Friseure, Sportgeschäfte, Eis- und Süßwarenläden sowie Kinos und Unterhaltungsangebote für Kinder.
Paradies für Kinder im 3. Stock – **Al Muhairy Center** 6: ▶ 3, E 3, Zayed I St., neben dem Etisalat-Hochhaus, Tel. 632 22 28, Sa–Do 9.30–23.30, Fr 16.30–23.30 Uhr. Das 70 000 m² große Al Muhairy Center nahe des Qasr Al Hosn ist nicht nur ein Shopping-Center: Zwei Stockwerke allein fasst das Parkhaus, dann erst folgt die Shopping Mall. Außerdem gibt es einen luxuriös ausgestatteten **Apartmentkomplex** in dem 13-stöckigen Hochhaus. Das Shopping Center belegt vier Stockwerke. Zwei Panoramaaufzüge gewähren spektakuläre Aussichten auf das Qasr Al Hosn mit seinen Gartenanlagen und auf die Cultural Foundation. Granit,

Mein Tipp

Emirates Cappuccino

Ein Symbol des Luxus schlechthin: der Cappuccino im **Le Café.** Er ist mehr als perfekt, als Krönung wird sein Milchschaum nicht nur mit Kakao sondern sogar mit Blattgoldpulver bestäubt (im Parterre des **Emirates Palace** 11, ▶ 3, A 1, tgl. 6–1 Uhr, 50 Dh).

Lieblingsort

Frühstücken im Le Vendôme
Weil im Kempinski Emirates Palace immer Besucher aus vielen verschiedenen Ländern zu Gast sind, ist dort im Terrassenrestaurant Le Vendôme das morgendliche Buffet besonders abwechslungsreich gestaltet. Wenn man an den unterschiedlichen Stationen des Buffets entlanggeht, lernt man nicht nur die Frühstücksgewohnheiten anderer Erdteile kennen, sondern man bekommt plötzlich Appetit, einmal etwas ganz anderes als wieder nur Butter, Brötchen und Marmelade auszuwählen. Schöner als mit diesem Buffet und dem Blick von der Terrasse aufs Meer kann ein Tag in Abu Dhabi nicht beginnen (im **Emirates Palace** 11, ▶ Karte 3, A 1, tgl. 6.30–11 Uhr, 250 Dh).

polierter Stahl und Glas dominieren in diesem Bau. Im vierten Stock kann man sich vom Einkaufen im **Monaco-Café** eine Pause gönnen. Das Al Muhairy ist auf hochpreisige Marken spezialisiert.

Zentral und elegant – **Al Wahda Mall** **7**: ▶ 3, F 5, Rashid Bin Saeed Al Maktoum St., Ecke Hazza Bin Zayed St., Tel. 443 70 00, www.alwahda-mall.com, So/Mo 10–22, Do–Sa 10–23 Uhr. Diese Mall ist nicht die größte und fällt auch nicht durch besonders spektakuläre Architektur auf. Aber sie ist sehr übersichtlich und hell und bietet auf vier Stockwerken eine gute Mischung bekannter Markengeschäfte wie Tommy Hilfiger, Armani, Gap, Body Shop, Adidas, Nike, La Perla, Timberland. In allen Stockwerken gibt es nette Cafés und Restaurants, u. a. Butlers Chocolate, Morelli Gelato und The Noodle House sowie einen großen Food-Court im obersten Stock. Im Parterre kann man alle nur erdenklichen Lebensmittel im Lulu Hypermarket erwerben. Ein außergewöhnliches Angebot für Besucher der Al Wahda Mall hält der Footprint Spa bereit (s. Mein Tipp).

Futuristisch – **Foutouh Al Khair Centre** **8**: ▶ 3, F 2, Rashid Bin Saeed Al Maktoum St., hinter dem Etisalat-Hochhaus, Tel. 622 22 41, www.foutoualkhair.com, Sa–Do 10–22, Fr 10–23 Uhr. Einkaufen in einem architektonischen Meisterwerk. Der von dem Stararchitekten Carlos Ott (zu seinen bekanntesten Bauwerken gehören die Pariser Bastille-Oper und die National Bank of Dubai) erbaute Gebäudekomplex besteht aus einem 22-stöckigen und zwei 17-stöckigen Hochhäusern, die mit ihren riesigen Glasfassaden einen Teil der Skyline Abu Dhabis prägen. Dieser futuristische Glaspalast beherbergt auch ein Shopping-Center, das sich über zwei Stockwerke erstreckt. Marks & Spencer, Body Shop und Nine West sind die hier ansässigen *brands.* Das Gebäude ist jedoch eindrucksvoller als das Ladensortiment. Im Parterre lädt ein kreisförmiges arabisches Café zum Verweilen ein, in dem man seine Speisen und Getränke auf dem mit Teppichen bedeckten Boden zu sich nimmt.

Mit Innenhof und schönem Brunnen – **Khalidiyah Mall** **9**: ▶ 3, D 3, Al Khalidiyah St., Tel. 635 40 00, So–Mi 10–22, Do–Sa 10–23 Uhr, www.khalidiyahmall.com. Im traditionellen Stil arabischer Architektur beherbergt die zweistöckige Mall auf 80 000 km² Verkaufsfläche 180 Geschäfte, viele Cafés und Restaurants und einen der größten Food-Courts.

Gediegen – **Madinat Zayed Shopping Center** **10**: ▶ 3, F 3, Muroor Rd.,

Mein Tipp

Wenn die Füße schmerzen

Vom Einkaufen werden die Füße schnell müde. Abhilfe schafft das Footprint Spa im 2. Stock der Al Wahda Mall. Hier kann man entspannen und seine Füße nach oder inmitten eines langen Einkaufstags nach allen Regeln der Kunst durch Massagen verwöhnen lassen. Fußbad, Fußmaske und ein heißes Getränk gehören zur Behandlung. Man muss zwischen 25 Minuten und einer Stunde Zeit mitbringen. Auch für Atmosphäre ist gesorgt: Dunkler Holzboden mit eingelassenen beleuchteten Glasquadraten, Fußspuren auf Sand und Kabinen mit sandfarbenen Liegen (**Footprint Spa,** in der **Al Wahda Mall** **7**, ▶ Karte 3, F 5, Tel. 443 73 75, www.alwahda-mall.com, Sa–Mi 10–22, Do–Fr 10–23 Uhr, 125–300 Dh).

nahe Hauptpost Tel 633 33 11, Sa–Do 9–23.30, Fr 16–23.30 Uhr. Das große Einkaufszentrum, das mit seinen hohen Arkadengängen und einer eindrucksvollen nächtlichen Beleuchtung weithin sichtbar ist, beherbergt 400 Läden, darunter Mode- und Schuhgeschäfte, Parfümerien, Elektronik-Computerläden. Es ist eine Mall des mittleren Preissegments, deren Bausubstanz und Läden schon in die Jahre gekommen sind.

In einem eigenen Flügel befindet sich der Goldsouq Abu Dhabis, der hier **Madinat Zayed Goldcenter** (Tel. 631 85 55, Sa–Do 9–22.30, Fr 16–23 Uhr) heißt und der einzige in Abu Dhabi ist. Rund 100 Läden bieten hier in erster Linie Goldschmuck, aber auch Diamanten und Perlen an. Dazwischen befinden sich kleine Cafés, in denen man sich vom Handeln ausruhen kann, denn Handeln ist beim Kauf üblich. Bei Goldschmuck sind die angegebenen Karat-Werte (18, 22, 24) garantiert korrekt. Eine eigene Polizeiwache am Eingang wacht über die kostbaren Stücke.

The Queen of the Malls – **Marina Mall** **11**: ▶ 3, B 1, Breakwater, gegenüber Emirates Palace, Tel. 681 83 00, www.marinamall.ae, Sa–Mi 10–22, Do/Fr 10–24 Uhr. Nach der Eröffnung eines Erweiterungsflügels 2008 ist sie jetzt die größte und aufregendste Shopping Mall Abu Dhabis. Sie liegt nahe dem Breakwater Jachthafen. Ihre Zeltdacharchitektur und ihr mehr als 100 m hoher, schlanker Aussichtsturm lässt das Einkaufszentrum – weithin sichtbar – zu einer *landmark* der Stadt werden. Der großzügige Eingangsbereich unter Glas ist mit zahlreichen großen, künstlichen Palmen bestückt. Hier sind u. a. Woolworth, Carrefour, Timberland, Rolex und Bulgari vertreten, Filmfreunde finden ein ganz in rosa gehaltenes Cine-Star-Kino, 20 Restaurants, Cafés, ein Food-Court und Unterhaltungsangebote für alle Altersstufen runden das Angebot auf vier Stockwerken ab. Hinzu kommt ein großer Unterhaltungskomplex, in dem ein Bowlingcenter und eine Eisbahn (*Ice Rink*, tgl. 10–22 Uhr, Eintritt inkl. Schlittschuhe 40 Dh, Tel. 681 85 06) untergebracht sind. Zur Attraktion der Marina Mall gehört auch ein ca. 120 m hoher Aussichtsturm mit Panoramablick auf Abu Dhabis Skyline aus dem sich drehenden Restaurant *(revolving restaurant)* **Tiara** **3** (s. S. 152). Das Emirates Palace kann man in seiner ganzen Pracht am besten von hier oben oder von der Straße entlang der Westseite der Marina Mall am späten Nachmittag aufnehmen.

Alles unter einem Dach – **Mina Mall** **12**: ▶ 3, K 1, am Hafen (Mina Zayed), Tel. 673 48 48, tgl. 9–13, 16–22 Uhr. Eine überschaubare Shopping Mall ergänzt das Kaufangebot im Nordosten der Stadt. Dutzende von großen Läden mit einem breiten Angebot an bekannten Markenartikeln der Mode und Kosmetik, aber auch elektronischen Geräten aus Fernost. Eine Besonderheit sind die sehr große Möbelabteilung und eine gut sortierte Buchhandlung (s. u.) mit aktuellen internationalen Zeitungen.

Galerien und Geschäfte

Kunst – **Eclectic** **13**: ▶ 3, C 2, Khalidiyah St. 7, Mashreq Bank, Tel. 666 51 58, tgl. 10.30–13.30, 17–21 Uhr, Fr geschlossen, auch Ausstellungen einheimischer Künstler, arabische Möbel, Keramik; **Qibab Art Gallery** **14**: ▶ 3, C 3, Al Bateen, 26th St., Tel. 665 23 50, Sa–Do 9–13, 17–21 Uhr, moderne arabische Kunst; **Ghaf Art Gallery** **15**: ▶ 3, D 3, Al Khaleej Al Arabi St., nahe der British Veterinary Clinic, Tel. 665 53 32, www.ghafgallery.blogspot.com, Sa–D0 10–21 Uhr, die 2006 eröffnete

Marina Mall: hier wird Einkaufen wirklich zum Erlebnis

Galerie wird von zwei Künstlerinnen aus Abu Dhabi geführt. **Salwa Zeidan Gallery** 16: ▶ 3, D 3, Al Khaleej al Arabia St. 30, Tel. 666 96 56, So–Do 9–19 Uhr, www.salwazeidangallery.com, die 2009 eröffnete Galerie fördert Künstler aus der VAE, ihre Vernissagen sind gesellschaftliche Events.

Antiquitäten – **Barakat Gallery:** im **Emirates Palace** 11, ▶ 3, A 1, tgl. 9–22 Uhr, s. Entdeckungstour S. 134; **Etihad Antiques Gallery** 17: ▶ 3 C 4, im Stadtteil Al Bateen, gegenüber der Al Bateen Mall, Tel. 66 77 12 29, www.etihadmodernart.com, Sa–Do 10–21 Uhr. Zwei Villen voller Teppiche, Schmuck, Keramika, marokkanische Fossilien und afrikanische Kunst; **Folklore Gallery** 18: ▶ 3, D 3, Khalidiya St., www.folkloregallery.net, Tel. 666 03 61, Sa–Do 9.30–13.30, 17–22 Uhr, sehr schönes Sortiment auch an älteren Bildern; Abraham Kaseem, der Geschäftsführer, ist ein Kenner arabischer Antiquitäten, von denen es leider nur noch wenige gibt.

Bücher – Gut sortierte Buchläden mit informierten Buchhändlern, wie wir das aus Europa kennen, gibt es in Abu Dhabi nicht. Bücher sind Waren und werden unter dem gleichen Dach mit Papierwaren aller Art *(stationery)* angeboten. Dies ist anders in den kleinen **Bücherläden** der beiden Hotels **Hilton Abu Dhabi** 7, ▶ 3, B 2, und **InterContinental** 9, ▶ 3, A 3, (beide tgl. 10–13 u. 16–22 Uhr) sowie in den Bücherabteilungen der großen **Shopping Malls.** Hier ist die Auswahl, insbesondere das Angebot an englischsprachigen Büchern und Bildbänden über die VAE und ihre Bewohner, groß. Zu empfehlen sind: **Book Corner:** in der **Marina Mall** 11, ▶ 3, B 1,

1. Stock, Tel. 681 76 62, tgl. 9–23 Uhr; **Book Gallery:** in der **Abu Dhabi Mall** 5, ▶ 3, J 3, 2. Stock, Tel. 644 38 69, tgl. 10–23 Uhr; **Jarir Bookstore:** in der **Mina Mall** 12, ▶ 3, K 1, 1. Stock, Tel. 673 39 99, Sa–Do 9–13, 16.30–22.30, Fr 16.30–22.30 Uhr; **Magrudy's:** in der **Al Wahda Mall** 7, ▶ 3, F 5, 1. Stock, Tel. 344 40 09, tgl. 10–23 Uhr.
Süßigkeiten – **Choco-La** 19: ▶ 4, E 6, im **Souq Al Qaryat Al Beri,** einer Ladenstraße hinter dem Hotel Shangri-La, Tel. 509 85 27. Schokolade in allen Variationen und Größen, auch Pralinen, Kuchen und Torten. Ein Paradies für Liebhaber von Süßigkeiten.

Aktiv

Golf

Von hoher Reputation – **Abu Dhabi Golf Club** 1: ▶ 2, F 5, Richtung Flughafen, Umm Al Nar St., Tel. 558 89 90, www.adgolfclub.com, Greenfee (18-Loch) So–Mi 315 Dh, Fr/Sa 525 Dh, Cart und Driving Range-Bälle inkl., UGA-Mitglieder erhalten auf beiden Plätzen 10 % Ermäßigung. Der Golfclub verfügt über ein Gelände mit zwei Plätzen: den etwa 7000 m langen National Course und den ca. 6500 m langen Garden Course. Auf einem Teil des Garden Course (9-Loch) ermöglicht eine Flutlichtanlage auch das Spielen bis nach Mitternacht. Zum Golfclub gehören ein Clubhaus mit der beeindruckenden Architektur eines Adlers, eine Golfschule, Tennisplätze und ein sehr schönes Schwimmbad, den Eagle Pool. Vom The-Grille-Restaurant des Clubhauses und dem **Café 28** hat man einen herrlichen Blick auf die Fairways.
Vor städtischer Kulisse – **Abu Dhabi City Golf Club** 2: ▶ 3, D 8, Al Mushrif, 19th St., Tel. 445 96 00, www.adcitygolf.com, Greenfees (9-Loch) 280 Cart 40 Dh. Der Club besitzt eine 9-Loch-Rasenanlage auf dem Innenraum der Pferderennbahn mit Bunkern und Wasserhindernissen, einer gepflegten Driving-Range und einem schönen Clubhaus mit Schwimmbad. Sein Vorteil: stadtnah (10 Min. von der Innenstadt) und komplett mit Flutlicht ausgestattet. Gäste sind willkommen. Zwischen November und Mai finden mehrere Turniere auf dem Gelände statt (Termine s. Website).
Brownfee statt Greenfee – **Al Ghazal Golf Club** 3: ▶ 2, J 5, in der Nähe des Flughafens, Tel. 575 80 40, www.alghazalgolf.ae, Brownfees So–Do 120 Dh, Fr/Sa 165 Dh, Cart 50 Dh. Der Platz ist einer der weltbesten Desert Courses überhaupt; auf ihm werden regelmäßig Turniere der Sandplatz-Golf-Weltmeisterschaften ausgetragen.

Mein Tipp

Umweltfreundlich: Eco-Donuts
Ohne Motorlärm, ohne Abgase, sehr langsam mit bis zu 6 Personen in einem runden Elektroboot die Mangroven entlanggleiten oder die Yas Marina mit dem Yas Viceroy Hotel und den vielen teuren Yachten erkunden – das ist seit 2014 dank einer deutschen Erfindung, eines holländischen Bootsbauers und eines örtlichen Unternehmers in Abu Dhabi möglich. Nach kurzer Inspektion führt man das Boot alleine und wählt seine eigene Route. Die Fahrgäste sitzen im Donut um einen runden Tisch (eigenes Picknick ist möglich) unter einem schattigen Segel. Abfahrt neben dem Anantara Eastern Mangroves (s. S. 138) oder an der Yas Marina, tgl. 13–21 Uhr, 30 Min. 200 Dh, 1 Std. 300 Dh, www.belevari.com.

Weitere Golfplätze auf den stadtnahen Inseln Saadiyat Island (s. S. 169) und Yas Island (s. S. 171).

Hochseefischen

Die Besten – **Arabian Divers & Sportfishing Charters 4**: ▶ 3, A 3, Al Bateen Marina (hinter der Zentralbank), Partner von Etihad Airlines, Tel. 050 614 69 31, www.fishabudhabi.com. Die Chartertouren auf dem Dieselboot werden von dem durch IGFA (International Game Fish Association) zertifizierten Kapitän Greg Heinricks begleitet, die Preise für die Halbtagestour (4 Std.) oder die Ganztagestour (8 Std.) schließen die Lizenz zum Fischen, Softdrinks, Eis zum Kühlen des Fangs, Köder und Angelausrüstung ein (Preise auf Anfrage).

Kajakfahren

Im Kajak durch die Mangroven – **Kajaking:** neben dem **Eastern Mangroves Hotel & Spa by Anantara 1**, ▶ 4, C/D 2, Sea Hawk Water Sports, Tel. 673 66 88, tgl. 7, 9, 11, 14, 16 Uhr, Preis: 160 Dh, www.sea-hawk.ae, oder ca. 500 m weiter südlich Noukhada Adventure, Tel. 558 18 89, www.noukhada.ae. Auf schmalen Kanälen paddelt man unter fachkundiger Führung 1,5 Stunden im Doppelkajak durch dichte Mangrovenwälder. Ein spannendes Erlebnis, bei dem man viel über die Bedeutung dieser bis zu 3 m hohen Baumpflanzen für die Erhaltung der Küste erfährt.

Radfahren

Radeln mit Meerblick – Auf den geschützten Fahrwegen der Corniche zwischen Strand und Fahrbahn kann man sehr gut Radfahren. Fahrräder verleiht **Fun & Ride Sports 5**: ▶ 3, C 2, Verleihstationen an der Corniche, in Höhe des Hilton Hotels bzw. des Sheraton Hotels, tgl. 8–24 Uhr, Tel. 445 58 38, www.funridesports.com, Miete 20 Dh/Std., Kinder 15 Dh/Std. Mehrsitzige pedalbetriebene Go-Karts gibt es bei **Byky Bike 6**: ▶ 3, C/D 2, Gate 1, Family Beach, Tel. 050 844 05 56, Miete 20 Dh./30 Min. (Modelle s. www.q8byky.com).

Reiten

Auch Gäste sind willkommen – **Abu Dhabi Equestrian Club 2**: ▶ 3, D 8, beim Abu Dhabi City Golf Club, Al Mushrif, 28th St., Tel. 445 55 00, www.adec-web.com, Reitstunden 200 Dh (nur Okt.–Juni). Zum Reitclub gehören ein Springparcours, ein Gelände für Ausritte, sehr gepflegte Stallungen, eine Reitschule für unterschiedliche Disziplinen (inkl. Grundkurse im Polospielen!) und eine Pferdeklinik. Und wer nach dem Reiten entspannen möchte, kann im clubeigenen Schwimmbad seine Bahnen ziehen. Auf der Rennbahn finden die großen Pferderennen im Emirat statt. Auch wer nicht reitet, kann sich die Stallungen ansehen und bei der Tierpflege dabei sein. Clubatmosphäre kann man bereits bei einem Besuch im Restaurant des Clubhauses schnuppern, wenn man dort stilgerecht seinen Afternoon-Tea einnimmt.

Wüstenritt – **Al Wathba Stables 7**: ▶ 2, J 8, Truck Road, Richtung Al Ain, Abzweigung zum Camel Race Track, Richtung Al Wathba Palace, 2. Abzweigung rechts, Tel. 583 91 49, http://adec-web.com. Eine riesige Anlage für Reitsportbegeisterte, Start und Ziel der Endurance Races, Reitstunde 180 Dh, vorherige Anmeldung erforderlich.

Schlittschuhlaufen

Eiskalt – **Abu Dhabi Ice Rink 8**: ▶ 4, C 4, Airport Road, hinter Carrefour, in der Zayed Sports City, Tel. 043 43 33, tgl. 9–22 Uhr, Do nur für Frauen (Än-

derungen möglich), 90 Min. 35 Dh, Schlittschuhen 10 Dh.
Im Shopping Center – **Marina Mall Snow World:** Kleine Eisbahn in der **Marina Mall** 11, ▶ 3, B 1, Tel. 681 08 14Sa–Do 10–22, Fr 16–22 Uhr, 2 Std. 10 Dh.

Schwimmen

Öffentliche Strände – **Corniche Beach Parks** 9: ▶ 3, C 2, s. S. 129
Private Strandclubs – **Hiltonia Beach Club** 10: ▶ 3, B 2, s. Lieblingsort S. 131.
Hotel-Bäder – Alle großen Hotels erlauben auch Nicht-Hotelgästen den Zutritt zu ihren Schwimmbädern und Stränden, meist allerdings in Form einer Beach Club Membership, für die sie eine Gebühr erheben (Tagesgebühr ab ca. 100 Dh), so z. B. das **Sheraton Abu Dhabi Hotel & Resort** 12, ▶ 3, H 2, Tel. 697 02 72, tgl. 8–18 Uhr; das **Beach Rotana Abu Dhabi** 6, ▶ 3, J 3, Tel. 697 93 02, 8–19 Uhr; das **Le Meridien Abu Dhabi** 15, ▶ 3, J 3, Tel. 644 66 66, 8–20 Uhr und das **Al Raha Beach Hotel** 4, ▶ 2, G 4, Tel. 508 04 68, 7–19 Uhr.

Speed Boot

Skyline-Fahrten – **The Yellow Boots** 11: ▶ 3, C 1, s. Mein Tipp S. 132

Tauchen

Sicher unter NN – **Abu Dhabi Sub Aqua Club** 12: ▶ 3, J 1, Al Mina Sadiyat, Tel. 673 11 11, www.the-club.com. Der Tauchclub gehört seit Jahren zum British Sub Aqua Club (BSAC) und bietet Tauchgänge in den gesamten VAE an. Er verfügt über drei voll ausgestattete Tauchboote und Kompressoren. Sowohl Schnupper- als auch Anfänger- und Fortgeschrittenenkurse.
Viel Erfahrung – **Arabian Divers & Sportfishing Charters** 4: ▶ 3, A 3, Al Bateen Marina (hinter der Zentralbank), Tel. 050 614 69 31, www.fishabudhabi.ae. Greg Heinricks bietet neben täglichen Schnorchel- und Tauch-Bootstouren pro-

Mein Tipp

Joggen in Abu Dhabi Stadt

Unter freiem Himmel – Die beste Jogging-Strecke in Abu Dhabi ist die 8 km lange Corniche. Man blickt beim Laufen auf das Meer oder über die Blumenbeete entlang der Promenade, vom Meer weht eine kühlende Brise herüber und es gibt an den öffentlichen Strandabschnitten im westlichen Teil sogar Duschen und Toiletten. Wer nicht alleine joggen möchte, trifft sich immer montags um 17.30 Uhr am **Hiltonia Beach Club** 10 (▶ 3, B 2, s. Lieblingsort S. 131), um die 5 km bis zum Sheraton Hotel & Towers zu laufen.
Überdacht – **Abu Dhabi Mall Walker Club:** Wem es draußen zu heiß wird – und das ist es zwischen Mai und Oktober sogar schon am frühen Morgen –, der kann in einer der größten klimatisierten Shopping Malls seine Runden drehen. Die **Abu Dhabi Mall** 5 (▶ 3, J 3) öffnet tgl. zwischen 7 und 10 Uhr ihre Flure auf insgesamt drei Stockwerken als Laufstrecke. Die Jogger trainieren allein oder in Gruppen vor den verschlossenen Glastüren der Geschäfte. Wer das Angebot nutzen will, muss spätestens am Tag vor dem ersten Lauf Mitglied des Abu Dhabi Mall Walker Clubs werden und sich beim Customer Service der Mall im ersten Stock registrieren lassen. Für die Ausstellung des kostenlosen Clubausweises benötigt man zwei Fotos und den Reisepass. Die Ausstellung des Ausweises dauert zehn Minuten.

fessionelle Instruktion und das notwendige Zubehör. Alle Tauchkurse werden von zertifizierten PADI-Tauchlehrern durchgeführt. Für die Kleinen (8–10-Jährige) gibt es ein ›Bubble maker‹-Programm.
In guten Händen – **Sea Hawk Water Sports** 13: ▶ 3, K 1, Mina Zayed, beim **Iranian Souq**, Tel. 673 66 88, www.sea-hawk.ae. Tauchschule eines Emirati mit PADI-Masterausbildung. Er bietet Tauchkurse an, veranstaltet maßgeschneiderte Exkursionen zu Schiffswracks entlang der Küste und verfügt über eine sehr gute Ortskenntnis.

Wellness

amam und mehr – **Anantara Spa:** im **Eastern Mangroves Hotel** 1, ▶ 4, C/D 2. Außer gleichen Anwendungsprogrammen wie im Anantara Spa verfügt diese Wohlfühloase über den größten Hammam der Stadt. Eine weitere Besonderheit des Eastern Mangroves Spa: Bei den Anwendungen werden Kosmetika der einheimischen Marke Shiffa verwendet. Dabei handelt es sich um eine edle Produktlinie mit ausschließlich natürlichen Zutaten, die in der VAE entwickelt wurde und sich bei den weiblichen Emirati höchster Beliebtheit erfreut.
HKörper und Seele – **Chi-Spa:** im **Shangri-La** 2, ▶ 2, E 5, Tel 509 89 00, tgl. 10–24 Uhr. In komfortablen Behandlungszimmern bemühen sich immer zwei Angestellte zur gleichen Zeit nach der fernöstlichen Chi-Therapiemethode, Geist und Seele in Balance zu bringen; 2014 als bester Spa Abu Dhabis ausgezeichnet.
Erholung pur – **Emirates Palace Spa:** im **Emirates Palace** 11, ▶ 3, A 1, Tel. 690 90 00, tgl. 10–22 Uhr. Das luxuriöseste unter allen Wellnessangeboten, sowohl in der Behandlungsvielfalt als auch im Preis. Höhepunkt ist der Besuch im marokkanischen Hamam. Im dampfenden Baderaum erfährt man nicht nur eine gründliche Reinigung, sondern wird auch wohltuend massiert und bei einfühlsamer Musik mit wohlriechenden Ölen gesalbt. Ein Besuch im Emirates Palace Spa lässt einen den Alltag vergessen.

Abends & Nachts

Abu Dhabi assoziiert man nicht unbedingt mit einem aufregenden Nachtleben oder einem umwerfenden Kulturangebot; das erwarten seine Besucher auch nicht. Aber das abendliche Veranstaltungsangebot ist doch so interessant und abwechslungsreich, dass es schade wäre, den Tag mit dem Abendessen zu beenden.

Pubs

Sie gehören zu den sehr angenehmen Seiten Abu Dhabis, die an die Präsenz der Briten am Golf erinnern. Auch wenn sie in deutschen Breiten nicht recht Fuß gefasst haben, so ist man, wenn man einen Pub betritt, schnell von der ansteckend fröhlichen Stimmung gefangen.
Informationsbörse der Stadt – **Ally Pally Corner:** im **Al Ain Palace** 18, ▶ 3, G 2, Tel. 679 47 77, tgl. 12–2 Uhr. Insider sprechen nur vom ›Ally‹, wenn sie diese großräumige Bar meinen mit Poolbillard und Dart-Boards.
Ein ›echtes‹ irisches Pub – **P. J. O'Reilly's:** im **Le Royal Meridien** 10, ▶ 3, G 2, Tel. 674 20 20, tgl. 12–2 Uhr. Happy-Hour, viele Biersorten, DJ-Musik.
Sehr beliebt und viel besucht – **Rock Bottom Café** 1: ▶ 3, H 2, im **Al Diar Capitol Hotel,** Mina Rd., Tel. 678 77 00, tgl. 12–3 Uhr. Durch und durch Retro-US-amerikanisch, DJ- und Livemusik ab 21 Uhr, stilvoller Service, für Kneipenliebhaber ein Zuhause weit weg von daheim.

Hot-Spots

Ausgehen am Abend und beim Essen auch noch musikalisch unterhalten zu werden, vielleicht noch selbst tanzen zu können – das ist möglich in folgenden Lokalen:

Gemütliche Lobby-Bar – **Al Hanah:** im **Shangri-La Qaryat Al Beri** 2, ► 2, E 5, Tel. 509 85 55, tgl. 17–2 Uhr. Umrahmt von einem hohen blauen Glasperlenvorhang, die Getränkekarte lässt keine Wünsche unerfüllt: Cocktails ab 40 Dh, Mocktails ab 30 Dh; einfühlsame Musik, angenehmes Publikum.

Super-chic – **Etoile:** im **Emirates Palace** 11, ► 3, A 1, Tel. 690 89 60, Mo–Fr 23–4 Uhr. Elegant, beste DJ-Musik, Lounge, Restaurant, ab 23 Uhr Tanzgelegenheit, Di Ladies Night.

Pub und 1-A-Jazzclub – **Hemingways:** im **Hilton Abu Dhabi** 7, ► 3, B 2, Tel. 681 19 00, tgl. 9–1 Uhr. Vorne ein Pub mit Sportprogrammen auf TV-Großbildschirmen mit lockerer Atmosphäre und vielen Fotografien von Hemingway und seinen verfilmten Romanen an den Wänden. Texmex-Küche, gutes Bier, ab 20 Uhr Livemusik. Hinter einer Durchgangstür ein Jazzclub, die **Jazzbar** mit hervorragender Livemusik. Auch hier Fotos an den Wänden von bekannten Gruppen, die hier schon gespielt haben. Im selben Bau befindet sich auch die **Cinna-Bar,** s. u.

Hoch über den Mangroven – **Impressions:** im **Eastern Mangroves Hotel** 1, ► 4, C/D 2, Tel. 566 10 00, So–Fr 17–1 Uhr, Bier ab 30 Dh, Cocktails ab 40 Dh. Stilvolle Lounge auf dem Dach des Hotels mit Blick auf die Mangrovenlagune.

Fantastische Atmosphäre – **Pearls Bar:** im **Shangri-La Qaryat Al Beri** 2, ► 2, E 5, Tel. 509 85 55, So–Di 18–24, Mi–Sa 18–3 Uhr. Open-Air-Lounge unter einem Zeltdach im 1. Stock des Lokals Pearls & Caviar mit Blick auf das Wasser des Khor Al Maqta'a und die dahinterliegende dezent angestrahlte Sheikh-Zayed-Moschee, DJ-Musik, gute Stimmung.

Kommunikativ 200 m über NN – **Ray's Bar:** im **Jumeirah at Etihad Towers** 10, ► 3, A 2, Tel. 811 56 66, tgl. 17–3 Uhr, Cocktails ab 35 Dh. Die stylische Bar im 62. Stock der Towers verführt mit

Zwischen Bauchtanz und Disco

Wie in allen Städten am Golf ist der öffentliche Alkoholausschank nur Hotels und wenigen Clubs vorbehalten. Das erklärt, warum sich nahezu alle Nightspots in Hotels befinden.

In die Hotelbars und -discos kommt das Publikum meist nicht vor 21 Uhr, donnerstags herrscht Wochenendandrang. In den Hotelbars, die oft auch über eine kleine Tanzfläche verfügen, sorgen Pianisten oder Keyboarder für die musikalische Untermalung oder begleiten Live-Auftritte. Die wenigen Diskotheken unterscheiden sich nicht grundlegend von denen an anderen Orten der Welt.

Damit im männerdominierten Abu Dhabi Unterhaltungsstätten nicht primär bzw. nur von Männern allein aufgesucht werden, bieten sie Frauen an bestimmten Abenden sogenannte ›Ladies Nights‹ an mit freiem Eintritt und kostenlosen Getränken.

Zum typischen arabischen Nachtleben gehört aus Sicht ausländischer Besucher eine Bauchtanz-Vorführung. Nun muss man wissen, dass der Bauchtanz seinen Ursprung in Ägypten und Libanon hat und am Golf keine Tradition besaß bzw. in der Kultur der Beduinen unbekannt war. Aber mit den arabischen Touristen kam auch der Bauchtanz an den Golf, und so sind es heute die Hotels, in denen bevorzugt arabische Gäste wohnen, die Bauchtanz-Aufführungen anbieten.

360°-Panoramablick, dezenter Musik, guten Weinen und Cocktails. Do–Sa DJ.
Sehr gute Cocktails – **Sax:** im **Le Royal Meridien** 10, ▶ 3, G 2, Tel. 674 12 86, So–Fr 21–2.30 Uhr. Ladies Night Sa 21–24 Uhr. Jazz, DJ-Musik, gute Unterhaltung, sehr beliebt.

Clubs

Mindestalter für den Besucher: 21 Jahre (strenge Kontrollen!).
Brazilian Live – **Chamas – Curasaria & Bar:** im **InterContinental Abu Dhabi** 9, ▶ 3, A 3, Tel. 66 68 88, 18–1, Mi–Fr 21–1 Uhr, Senioritas Night. Über dem sehr guten brasilianischen Curasarias-Restaurant (ausgezeichnete Steaks) befindet sich die Bar, in der aufregende Caipirinha-Kreationen gemixt werden, ab 21 Uhr faszinieren lateinamerikanische Rhythmen von einer brasilianischen Liveband die Gäste.
Exklusiv – **Cinna-Bar:** im **Hilton Abu Dhabi** 7, ▶ 3, B 2, Tel. 681 19 00, tgl. 22–3 Uhr, Tanzen ab 24 Uhr, So geschl., Preise: Bier ab 40 Dh, Softdrinks ab 55 Dh. Sehr stylische eigene Disco-Bar im Hemingways (s. S. 165) mit DJ-Musik, am Wochenende Livemusik. Eine der In-Discos der Stadt. Strenge Ausweiskontrolle. Eintritt frei für Paare, Hotelgäste, Frauen.
Südseeatmosphäre – **HUB 33:** im **Al Ain Palace Hotel** 18, ▶ 3, G 2, Tel. 559 60 00, tgl. 19–3 Uhr. Philippinische Variante der klassischen US-amerikanischen Disco-Clubszene, mit Livemusik. Jeden Abend 18–21 Uhr kann man sich im Karaoke versuchen.
Ausgefallenes Publikum – **Illusions:** im **Le Royal Meridien** 10, ▶ 3, G 2, Tel. 674 20 20, So–Mi und Sa 21–3, Do und Fr 21–4 Uhr, Eintritt: 50 Dh inkl. Drink nach Wahl. Die Disco im vierten Stock des Hotels mit Blick auf die Corniche verfügt über die beste Musikanlage der Stadt, gute Stimmung, große Tanzfläche.
Grandios und neu – **Legends:** im **Sheraton Abu Dhabi Hotel & Resort** 12, ▶ 3, H 2, Tel. 677 33 33, Di–Sa 21–3.30 Uhr. Als »Zenith« war die Disko im Sheraton ein Jahrzehnt der Hot Spot Abu Dhabis, seit 2015 setzt nun das Legends in renovierten Räumen diese Tradition fort. Für diejenigen, die die Hits der Charts nicht nur hören, sondern auch dazu tanzen möchten, ist das Legends jetzt der richtige Ort.
Heiße karibische Musik – **The Exchange:** im **Le Meridien** 15, ▶ 3, G 2, Tel. 644 84 66, Fr–Mi 21–3.30 Uhr. Ein Disco-Nachtclub, der sich auf karibische Musik spezialisiert hat. Heiße Stimmung, gute Drinks, Reggae & Soul in der Wüste. Große Tanzfläche. Ausgelassene Atmosphäre.

Rauchsalons

In Abu Dabi gilt zwar Rauchverbot in allen öffentlichen Räumen, aber es gibt weiterhin die traditionellen Zigarren-Rauchsalons und Shisha-Spots.
Shisha – **Beach Cumber:** im **Sheraton Abu Dhabi Hotel & Resort** 12, ▶ 3, H 2, Tel. 697 33 33, tgl. 16–1 Uhr. Stimmungsvoller Platz am Strand für Shisha-Liebhaber. Ca. 20 Sorten unterschiedlicher ›Tabak‹-Mischungen sind hier im Angebot.
Klassische Zigarren – **Cloud Nine:** im **Sheraton Abu Dhabi Hotel & Resort** 12, ▶ 3, H 2, Tel. 677 33 33, tgl. 16–2 Uhr. Kleine, aufregende Zigarrenbar mit großer Auswahl klassischer Marken, angenehme Klaviermusik (meist Jazz) im Hintergrund, aufmerksamer Service.
Blauer Dunst – **Havana Club:** im **Emirates Palace** 11, ▶ 3, A 1, Tel. 690 90 00, tgl. 18–2 Uhr. Hier sind die *aficionados* kubanischer Zigarren unter sich. Aber das Sortiment des Humidors macht keineswegs an den Grenzen Kubas

Im höchsten der vier Etihad Towers befindet sich ein Luxushotel der Jumeirah-Gruppe

Halt. Die Atmosphäre, die Auswahl an Caprice-Sorten, die gedämpfte Musik und die charmante Sängerin – hier wird das Rauchen zum Genuss. Allerdings muss man sich den blauen Dunst schon etwas kosten lassen (Cohiba ab 100 Dh).

Infos & Termine

Tourismusbüro

s. S. 19

Internetcafé

Kish Mart: Sheikh Hamdan Bin Mohammed St., nahe Kreuzung Lulu Street, Tel. 621 80 01, 30 Min 4 Dh. Das preiswerteste in der Stadt.

Verkehr

s. S. 23 u. Infobox S. 104

Feste & Veranstaltungen

Bitte prüfen Sie für das jeweils aktuelle Jahr den genauen Veranstaltungstermin auf der Website www.visitabu dhabi.ae.

Abu Dhabi HSBC Golf Championship: Jan., www.abudhabigolfchampions hip.com. Abu Dhabi ist Austragungsort der European Golf Championship Tour und damit Teil der PGA-Golf-Turniere. Dabei geht es um Preisgelder von 2 Mio. US-$.

Al Wathba Endurance Cup: Jan., www. adec-web.com. An dem Langstrecken-Pferderennen über 120 km nimmt die Weltelite teil.

Volvo Ocean Race: Jan. 2017, www. volvooceanrace.com. Zwischenstopp der Weltumsegler in Abu Dhabi an der Breakwater Marina.

Traditional Dhow Race: Feb., www.ad syc.ae. Spannendes Bootsrennen vor der Corniche, veranstaltet von Abu Dhabi Sailing & Yacht Club.

Abu Dhabi Yacht Show: März, www. ypigroup.com/yacht-events/abu-dha bi-yacht-show.htm. Nach Monaco das größte Fest mit den schönsten und teuersten Jachten der Welt.

Show Jumping Competition: Feb./ März, https://abudhabievents.ae; Springreitertuniere mit internationaler Beteiligung.

Qasr Al Hosn Festival: Feb./März, www.qasralhosn.ae. Auf dem Gelände der zzt. wegen Renovierung geschlossenen Anlage findet ein eindrucksvoller Rückblick in die Geschichte statt.

Abu Dhabi Festival: März, www.ab udhabifestival.ae. Einen Monat lang Musik- und Ballettdarbietungen aus aller Welt.

Abu Dhabi International Book Fair: Mai, www.adbookfair.com. Die größte Buchmesse der Arabischen Halbinsel, auf der auch bekannte deutsche Verlage vertreten sind.

Big Boys Toys: April, www.bigboys toysuae.com. Luxusartikel für den Herrn, daru0nter auch besonders verrückte und natürlich teure Autos. Eine Verkaufsausstellung im Exhibition Center.

City Scape Abu Dhabi: April, www.ci tyscapeabudhabi.com. Internationale Messe rund um Immobilien und Stadtentwicklung.

Summer in Abu Dhabi: Juni–Aug, www.abudhabisummerseason.ae; drei Monate mit vielen Familienunterhaltungsangeboten im ganzen Emirat, viele Angebote für Kinder.

Abu Dhabi Classics: Okt.–Mai, s. S. 40.

Abu Dhabi Film Festival: Okt., s. S. 40.

International Hunting and Equestrian Exhibition: Okt., www.adihex.com. Die Aussteller präsentieren Jagdwaffen und Ausrüstung für den Fischfang, die Falkenjagd, den Pferdesport und andere Outdoor-Sportarten. Die International Hunting and Equestrian Exhibition ist die größte Messe dieser Art in den VAE und zugleich die größte Verkaufsmesse lebender Jagdfalken. Sehenswert sind auch die Saluki (Wüstenjagdhunde)-Vorführungen.

Yasalam: Mitte Okt.–Mitte Nov., www.yasalam.ae. Kultur- und Sportveranstaltungen im Vorfeld zum Formel-1-Rennen.

Formula 1 Ethiad Airways Abu Dhabi Grand Prix: Mitte Nov., s. S. 40 u. S. 172.

Abu Dhabi Art: Nov., www.abudhabi artfair.ae. Moderne Messe für zeitgenössische Kunst aus aller Welt.

Al Ain Aerobatic Show: im Dez., www. abudhabievents.ae. Aufregende Flugshow.

Abu Dhabi World Tennis Championship: Dez./Jan., www.mubadalawtc. com. Die Weltelite des Tennissports trifft sich in Abu Dhabi und spielt um ein Preisgeld von 250 000 US-$.

Powerboat Race (UIM Class III 6 Litre World Powerboat Championship): Dez–April, www.adimsc.ae. Dieses Bootsrennen zählt zu den größten in den VAE.

Die stadtnahen Inseln

Mehrere Inseln liegen in der unmittelbaren Umgebung der Hauptstadt. Besucher, die vom Flughafen kommend entlang den großen Küstenstraßen im Osten (Eastern Ring Road) oder im Westen (Western Street, Sultan Bin Zayed Street und weiter entlang der Baynunah Street) zum Emirates Palace fahren, gewinnen einen Eindruck von dieser maritimen Landschaft, die heute vielerorts von Bebauungsaktivitäten stark strapaziert wird. Besonders eindrucksvoll sind die großen Mangroveninseln, die dank staatlichen Schutzes ihre Ursprünglichkeit bewahren konnten.

Saadiyat Island

▶ Karte 2, D/E 1/2

Die Insel Saadiyat liegt unmittelbar im Nordosten Abu Dhabis gegenüber dem Hafen Mina Zayed. Sie ist teilweise noch so beschaffen, wie es die Insel Abu Dhabi vor der Entdeckung des Erdöls war: Ein Sockel aus Kalkstein und fossilen Dünen ist von beweglichen Sanddünen und den Salzflächen der *sabkhas* bedeckt. An geschützten Stellen entlang der Küste wachsen Mangroven und halophytische, d. h. Salzwasser vertragende Büsche. Noch heute sind hier zahlreiche Kolonien von Meeres- und Küstenvögeln, darunter viele Seeschwalben, beheimatet, und die Insel ist ein saisonaler Futterzwischenstopp für Zugvögel. Vor der Küste sieht man Buckeldelfine.

Dieses Saadiyat gehört nun bald der Vergangenheit an. Denn an seiner Westspitze entsteht derzeit der neue **Cultural District,** der Abu Dhabi zu einer Stadt kultureller Exzellenz machen soll (s. S. 81). Andere Teile der Insel werden als Beach District und Marina District für den Tourismus erschlossen. Saadiyat Island ist aber schon heute ein lohnendes Ziel als Tagesausflug, ebenso wie für einen geruhsamen gehobenen Erholungsurlaub.

Manarat Al Saadiyat 15

▶ Karte 2, D 2

Am Rande des Cultural Districts, Tel. 406 14 00, tgl. 10–20 Uhr

›Aufklärung‹ (arab. *manarat*) über das Entwicklungsvorhaben wird auf vorbildliche Weise im Manarat Al Saadiyat praktiziert. Ein eigenes Museum stellt die unterschiedlichen Inselbereiche, die für Kultur, Freizeit, Wohnen, Sport und Natur auf Saadiyat Island reserviert sind, in Modellen anschaulich vor. So können die Besucher an der Entwicklung dieser einst unbewohnten stadtnahen Insel teilneh-

Infobox

Anfahrt

Seit 2010 verbindet ein Highway über mehrere elegante Brücken die Corniche mit Saadiyat Island und Yas Island und führt von dort weiter zur E 10 und nach Dubai. Auch die Insel Sas An Nakhl ist bequem mit dem Auto von der Eastern Ring Road über eine Brücke zu erreichen. Das vor der Corniche liegende Lulu Island (momentan nicht zugänglich) sowie die Inseln vor der Westküste von Abu Dhabi Stadt – z. B. Bahrani oder Futaisi – erreicht man nur per Boot. Wer die Inseln besuchen will, sollte sich an die örtlichen Tour Operators wenden, die auch einige Insel-Exkursionen anbieten.

Mein Tipp

Der schönste Sonnenuntergang
Wo? Direkt am Meer, auf der Dachterrasse des **Beach House** im **Park Hyatt Abu Dhabi** 23, bei angenehmer Brise, einem erfrischenden Cocktail und dezenter Lounge-Style Music.

men. Sehr viele nehmen das Angebot an, das Informationszentrum erfreut sich großer Besucherzahlen. Nach einem Rundgang kann man im Museumsrestaurant **Fanr** (Leuchtturm) drinnen und draußen leichte mediterrane Küche genießen (So–Mi 10–21, Do–Sa 10–23 Uhr, Tel. 567 58 88).

Darüber hinaus bietet das Manarat mehreren Kunstgalerien, darunter die bedeutende Art Abu Dhabi Gallery, Raum für ständige Ausstellungen. Vor der Museumsanlage steht jener eindrucksvolle Pavillon, den der britische Stararchitekt Sir Norman Forster entworfen hat und mit dem sich Abu Dhabi auf der Weltausstellung 2010 in Shanghai präsentierte. Sein glänzendes Messingdach orientiert sich in seiner Silhouette an hohen Sanddünen. Der Pavillon, der in Shanghai abgebaut und in Abu Dhabi wieder aufgebaut wurde, wird auch in die jährlich stattfindende **Abu Dhabi Art** (s. S. 168) einbezogen.

Infos

www.saadiyat.ae; Broschüren und Materialien im Manaret Al Saadiyat.

Übernachten

Ein traumhafter Ort – **Park Hyatt Abu Dhabi Hotel & Villas** 23: ▶ 2, D 1/2, auf Saadiyat Island, Tel . 407 12 34, www.abudhabi.park.hyatt.com, DZ ab 1500 Dh. Eine dreistöckige Hotelanlage sowohl für erholsame Urlaubstage als auch für Geschäftsreisende inmitten eines grünen Parks an einem flachen Sandstrand – ein ideales Zuhause auf Zeit. 306 großzügige, lichtdurchflutete Zimmer mit Fenstern bis zum Boden, eingerichtet in modernem Design. Im Zentrum der halbrunden Anlage bietet ein großes palmengesäumtes Schwimmbad Erfrischung; mehrere Restaurants, darunter das Beach House mit hervorragender mediterraner Küche und Blick auf Meer und Strand, Kinder von 5 bis 12 Jahre finden tagsüber im Camp Hyatt altersgerechte Herausforderungen, im Atarmia Spa erfährt man ein exklusives Behandlungsprogramm. Die Anlage und mehrere Zimmer sind barrierefrei; von dem bedeutenden Reisemagazin »Conde Nast Travelers« wurde das Park Hyatt Abu Dhabi 2012 als »one of the best Hotels in the world« ausgezeichnet.

Strandurlaub à la bonheur – **The St Regis Saadiyat Island Resort** 24: ▶ 2, D 2, Tel. 498 88 88, www.stregissaadiyatisland.com, 377 DZ, ab 1710 Dh. Das an einem schneeweißen langen Sandstrand gelegene Hotel besticht als weiträumige Anlage mit allem nur erdenklichen Komfort: große, zeitlos elegant möblierte Zimmer mit Balkon, in der Parkanlage ein Wohlfühl-Spa, drei große Swimmingpools und der Sandcastle Kids Club. Das Haus verfügt über mehrere Restaurants, darunter das stadtbekannte Fisch-Restaurant **Turquoiz.** Der traumhafte Strandabschnitt besitzt eine perfekte Infrastruktur.

Aktiv

Das Flair der französischen Riviera – **Saadiyat Beach Club** 14: ▶ 2, D 2, östlich des Park Hyatt Hotels, Tel. 656 35

00, tgl. 9–2 Uhr. Die Clubanlage bietet nicht nur einen sehr schönen Strand, sondern auch einen großen Süßwasserpool in schöner Gartenanlage, acht Cabanas für Tagesgäste, Jacuzzi und Sauna, ein attraktives Clubhaus mit mehreren Restaurants, darunter das **La Costa** (Musik, Getränke, Snacks, tgl. 10–1 Uhr) und das **Sofina** (gehobene italienische Küche, elegant, tgl. 18–24, Fr 12–16 Uhr).
Baden – **Saadiyat Public Beach** **15**: ▶ 2, D 1, tgl. 8–20 Uhr, Eintritt 25 Dh für den ganzen Tag, 15 Dh von 2–12 Uhr, Lifeguards bis 18 Uhr, Sonnenschirm-Verleih So–Do 50 Dh, Fr/Sa 75 Dh. Hinter dem Park Hyatt herrlicher langer, weißer Sandstrand (aber ohne schattenspendende Palmen). Erreichbar auch mit der öffentlichen Buslinie 401 (4 Dh), sehr komfortable Infrastruktur (inkl. Schließfächer und Rettungsschwimmer). Liegestühle und Sonnenschirme im Verleih, Kaffee, Yoga-Kurse (Eintritt).
Golfen – **Saadiyat Beach Golf Club** **16**: ▶ 2, D 2, ausgeschilderte Abfahrt hinter der Sheikh Khalifa Bridge, Tel. 557 80 00, www.sbgolfclub.ae, Greenfee So–Mi 600 Dh, 9 Loch 275 Dh, Do–Sa 825 Dh, 9 Loch 300 Dh, Leihgebühr Cart 225 Dh, Ausrüstung 175 Dh. Da auf der Insel hohe Naturschutzauflagen gelten, integrierte der Landschafts- und Golfplatzarchitekt George Player die Fairways in die Landschaft. Loch 5 trägt den Namen »Dolphin View«, weil es der Küste am nächsten liegt und dort regelmäßig Delfin-Schwärme vorbeiziehen.

Yas Island ▶ Karte 2, H/J 2–4

Südwestlich von Abu Dhabi Stadt liegt die Insel Yas, die bis 2020 in eine sogenannte **Resort Island Destination** verwandelt werden soll, einen Erholungs- und Unterhaltungsort für touristische Besucher mit hohen Ansprüchen und ausgefallenen Interessen. Gemäß den Planungen sollen auf der 32 km² großen Insel zwei Dutzend Hotels, elegante Apartmenthäuser und mehrere

Mein Tipp

Aus der Vogelflugperspektive

Abu Dhabi hat sich in den letzten Jahren rasant ausgedehnt, insbesondere seitdem die stadtnahen Inseln Saadiyat- und Yas Island in die Bebauung einbezogen wurden. Die neuen, sehr großzügigen städtebaulichen Strukturen und die historischen Etappen dieser Expansion kann man am besten aus der Vogelperspektive erfassen. Seit 2013 wird diese Möglichkeit auch Touristen dank **Seawings Abu Dhabi** geboten. Die kleinen, sicheren Wasserflugzeuge vom Typ Cessna 208 sind so ausgestattet, dass jeder Mitreisende einen Fensterplatz hat und sich während des Flugs sogar im Flugzeug bewegen darf. **Der Abu Dhabi Pearl Flight** beginnt an der Marina des Emirates Palace Hotels, führt entlang der Corniche über Saadiyat Island und die Eastern Mangroves nach Yas Island. Dort legt er an der Yas Marina an, nachdem er zuvor den Formal-1-Rennkurs und die Ferrari World überflogen hat (Reservierungen Tel. 564 63 03, www.seawings.ae, ca. 30 Min., 895 Dh).

Shopping Malls gebaut sowie Golfplätze, eine Poloanlage, gepflegte Strände, und mehrere Jachthäfen angelegt werden. Vor allem aber soll die Insel ein **Zentrum des Motorsports** werden.

Dass diese Visionen auch nach der globalen Finanzkrise umgesetzt werden, kann jeder Besucher vor Ort erkennen – Yas Island boomt. 2009 wurde auf Yas Island die erste Formel-1-Rennstrecke in den VAE eröffnet und Abu Dhabi zum Austragungsort des Formula 1 Etihad Airways Abu Dhabi Grand Prix. Der Yas Marina Circuit ist seither fester Bestandteil des Formel-1-Zirkus. Inzwischen haben bereits acht neue Luxushotels und weitere einmalige Attraktionen eröffnet. Dazu zählen die Ferrari World und die Yas Water World.

Yas Marina Circuit 16 ▶ Karte 2, H 4

Insgesamt 20 Autorennen der unterschiedlichen Klassen werden während des Jahres auf dem Yas Marina Circuit ausgetragen, darunter z. B. auch der Porsche Mobile 1 Supercup oder die Chevrolet Super Cars Middle East Challenge. Am bedeutendsten ist natürlich das Formel-1-Rennen. Die Fahrer benötigen durchschnittlich 1 Minute und 40 Sekunden für eine Runde auf der 5,5, km langen Strecke. Insgesamt müssen sie 55 Runden bewältigen. Die längste Gerade des Circuit misst 1,7 km und ist damit zugleich auch die längste Gerade aller F1-Weltmeister-Parcours. Von der gläsernen Lounge des **Yas-Tower,** das Wahrzeichen des Yas Marina F1-Circuit, können die VIPs diese Gerade in ganzer Länge einsehen.

An einer Stelle führt die Rennstrecke zwischen den beiden Flügeln des futuristischen Hotels **Yas Viceroy Abu Dhabi** hindurch, die durch eine Brücke verbunden sind. Von den Terrassen, teils auch von den Balkonen und Zim-

Ein Hotel mit Science-Fiction-Qualitäten: das Yas Viceroy Abu Dhabi auf Yas Island

mern, können die Hotelgäste das Rennen verfolgen. Gebaut wurden Hotel und Rennstrecke von dem ortsansässigen Immobilienunternehmen Aldar. Direkt an das Hotel grenzt der **Jachthafen,** in dem während der Renntage millionenschwere Boote anlegen.

Entlang der Strecke stehen 40 m hohe Flutlichtmasten, die mit ca. 1600 lux die gesamte Strecke taghell erleuchten können. Das ist besonders wichtig, denn es ist das einzige Formel-1-Rennen weltweit, das bei Tageslicht (17 Uhr) beginnt und bei Dunkelheit endet (yasmarinacircuit.com).

Ferrari World 17 ▶ Karte 2, H 3

Im Zentrum von Yas Island, Tel. 469 80 00, www.ferrariworldabudhabi.com, Anfahrt sehr gut ausgeschildert, mit Buslinie 902 ab Central Station, tgl. Di–So 12–22 Uhr, Tageseintritt 250 Dh, Besucher unter 1,30 m Körpergröße 205 Dh, VIP-Eintrittskarte (Gold Admission), kein Anstehen, überall Vorrang: 500 Dh, Kinder 415 Dh

Auch an den 364 Tagen des Jahres, an denen keine Formel-1-Rennen stattfinden, lohnt ein Besuch auf Yas Island und des Yas Marina Circuit. Ferrari unterhält dort seit Ende 2010 den gigantischen, 700 000 m² großen Themenpark Ferrari World, der allein schon durch seine architektonische Form, seine aufregende Dachkonstruktion – natürlich knallrot mit überdimensional großem Ferrari-Logo (schwarzes Pferd auf gelbem Grund) – sehenswert ist. Jedem, der Abu Dhabi anfliegt, spingt das 200 000 m² große Dach ins Auge.

Der Ferrari-Themenpark beherbergt ein **Museum des Rennsports,** ein **Kino,** in dem alle Formel-1-Rennen in voller Länge gezeigt werden, und natürlich einen Fanartikel-Shop – alles ›Made in Maranello‹. Doch die ganz großen Attraktionen sind zwei Roller Coaster, von denen der eine, genannt Formula Rossa, mit 240 km/h der schnellste der Welt ist, und mit seiner Anfangsbeschleunigung von 0 auf 100 km/h in weniger als 2 Sekunden Formel-1-Feeling verspricht. Lange Wartezeiten vor den gigantischen Achterbahnen entfallen für Besitzer der VIP-Eintrittskarte.

Yas Mall ▶ Karte 2, H 3

Im Zentrum der Insel, Tel. 414 64 01, So–Mi 9.30–22.30, Do/Fr 9.30–24 Uhr

Zu den großen Attraktionen der Insel Yas zählt seit 2014 die größte Shopping Mall der Welt, die Yas Mall. Hier wird Shopping zum Erlebnis. Nicht allein durch die Größe von ca. 250 000 m² Einkaufs- und Unterhaltungsfläche, sondern durch die ungeheure Vielfalt des Angebots und die großzügige, lichtdurchflutete Weite der Anlage mit ihren vielen Cafés und Restaurants. Hinzu kommt, dass die Mall voller Bäume und Blumenbeete auf ihren Bänken zum Verweilen einlädt. Besonders im heißen Sommer ist sie ein kühles Paradies.

Übernachten

Formel 1 – **Yas Viceroy Abu Dhabi** 25: ▶ 2, H 4, Tel. 656 00 00, www.viceroyhotelsandresorts.com/abudhabi, 499 Zi. Zwischen Jachthafen und Formel-1-Strecke eröffnete am 1. November 2009, dem Tag des ersten Formel-1-Rennens in Abu Dhabi, dieses 5-Sterne-Hotel, zunächst unter dem Namen Yas Hotel. Luxus pur in moderner Designerarchitektur. Das futuristische Hotel lebt mit der Formel 1 und von den Gästen des Formel-1-Zirkus; es ist das beste auf Yas Island.

Weitere Hotels – Die zzt. fünf anderen Hotels auf Yas Island (**Park Inn, Radisson Blue, Yas Island Rotana, Crown**

Plaza Abu Dhabi Yas Island und das **Centro Yas Island)** stehen dicht nebeneinander in einem begrünten Areal westlich der Yas Marina. Detailinformationen: www.visitabudhabi.ae, Link: Hotels.

Aktiv

Für Motorsportfans – **Yas Racing:** auf dem **Yas Marina Circuit** 16, ▶ 2, H 3/4, Tel. 569 89 00, www.yasmarinacircuit.ae. Außerhalb der Renntage können Besucher Teile der einzigartigen Rennstrecke persönlich erleben. Wie? Zum Beispiel als Hobby-Formel-1-Pilot in einem Austin Martin G4 drei Runden drehen. Preis: 300 € (so viel würde in Europa alleine der Sprit kosten). Es werden auch andere Streckenerlebnisse in PS-stärkeren Modellen angeboten.

Kart-Bahn – **Yas Marina Circuit** 16 : ▶ 2, H 3/4, Tel. 659 98 00, www.yasmarina circuit.ae, 100 Dh/10 Min. inkl. Helm. Besucher können auf einer kurvenreichen Kart-Bahn ihr Können beweisen.

Golfen – **Yas Links Abu Dhabi** 17: ▶ 2, H 3, Golfplatz an der Westküste von Yas Island, Tel. 810 77 77, www.yaslinks.com, Greenfee 18 Loch So–Do 550 Dh, Fr/Sa 850 Dh. Sehr gepflegte Anlage mit Schwimmbad und sehr schönem Clubhaus in der Nähe der Formel-1-Rennstrecke. Von der Terrasse seines Restaurants **Barranca** können Gäste die Anlage bewundern.

Nasser Spaß – **Yas Water World** 18: ▶ 2, H 3, nahe der Ferrari World, Tel. 414 20 00, www.yaswaterworld.com, tgl. Nov.–Feb. 10–18, März–Mai, Sept./Okt. 10–19, Juni–Aug. 10–20 Uhr, 240 Dh, Kinder (bis zu 1,10 m Größe) 195 Dh, 400 Dh inkl. *rides* und *slides* auf den Rutschen. Der 2013 eröffnete Water Park übertrifft in Größe und Vielfalt seiner Spaßangebote alles, was wir in Europa kennen, u. a. riesige Wasserrutschen mit Loopings und Raft Rides unter Tornado-Bedingungen.

Baden – **Yas Beach** 19: ▶ 2, H 4, tgl. 10–19 Uhr, 50 Dh (inkl. Handtücher und Liegestuhl), Kinder (12–16 Jahre) 25 Dh, unter 12 Jahren frei. 2013 wurde an der Südküste der Insel ein öffentlicher Strand mit kompletter Bade-Infrastruktur eröffnet.

Infos & Termine

Internet

www.yasisland.ae

Verkehr

Yas Express: Ein öffentlicher kostenloser Bus steuert zwischen 9 und 21 Uhr auf einem Rundkurs alle Hotels und alle Attraktionen der Insel an (Infos Tel. 496 81 10).

Veranstaltungen

Yasalam: Mitte Nov., www.yasalam.ae. **Formula 1 Ethiad Airways Abu Dhabi Grand Prix** und After Race Concerts, s. S. 40.

Sas An Nakhl (Umm Al Nar) ▶ Karte 2, E/F 4

Zufahrt hinter der Al-Maqta'a-Brücke auf der Straße entlang der Küste zum Al Raha Hotel

Die an der Ostküste dem Stadtbereich Abu Dhabis vorgelagerte Insel Sas An Nakhl, die volkstümlich den Namen ihrer bedeutenden archäologischen Stätte Umm Al Nar trägt, ist wegen der dortigen Industrieanlagen durch eine Brücke mit dem Festland verbunden.

Ausgrabungsstätte Umm Al Nar 18 ▶ 2, F 4

Ein Besuch ist nur mit Genehmigung der Abu Dhabi Tourism and Culture Authority (s. S. 19) möglich

Im Jahr 1959 begann ein dänisches Archäologenteam mit Ausgrabungen in Umm Al Nar und entdeckte fünfzig große, aus Stein gebaute Kollektivgräber und eine Siedlung. Die Rundgräber haben einen Durchmesser zwischen 6 m und 12 m und sind mehrere Meter hoch. Sie besitzen unterschiedlich große Grabkammerräume und einen trapezförmigen Eingang. In den Gräbern fanden die Archäologen mehrere Skelette, aber auch Ketten und Armbänder aus Gold sowie Waffen aus Kupfer und Keramikgefäße. Die Bewohner verstanden es, Kupfer zu schmelzen, das sogar bis nach Mesopotamien exportiert wurde. Zeugnisse der Umm-Al Nar-Kultur (2700–2000 v. Chr.) wurden später in allen Emiraten und im nördlichen Oman gefunden.

Lulu Island ▸ Karte 2, B 2/3

Vorübergehend (?) kein Zugang
Wenn man die Corniche entlangfährt, fasziniert das vorgelagerte Lulu Island mit hohen rötlichen Sanddünen. Die Insel wurde von Sheikh Zayed als ›Wellenbrecher‹ aufgeschüttet, um die Stadt an stürmischen Tagen zu schützen. Zwischen 2007 und 2009 war es möglich, Lulu Island als Erholungspark mit öffentlichen Badestränden zu besuchen. Seither kann man nur den Blick von der Corniche hinüber zur Insel schweifen lassen.

Bahraini ▸ Karte 1, F 3

Die 18 km südwestlich von Abu Dhabi liegende Insel Bahraini hat die Umrisse eines dreizackigen Sterns; die größte Distanz zwischen zwei beliebigen Punkten auf der Insel beträgt 8 km. Bahraini besteht hauptsächlich aus Sand und einigen kleinen Felsen, die Strände fallen sanft ins Meer. Es ist die Insel der Seeschwalben. Hier leben und brüten die kleine Saunders-Seeschwalbe und diverse andere Seeschwalben-Arten (z. B. die *Sterna sandvicensis, die Sterna hirundo* und die *Sterna bengalensis).* Auf der Insel leben Sandgazellen und arabische Hasen. Vor der Küste tummeln sich viele Flaschennasen-Delfine und Seekühe.

Die flache Küste Bahraini ist ideal zum Fischen mit traditionellen Fischfallen *(hadra)* geeignet. Die Fischer setzen bei dieser Methode Netzzäune ein und benötigen deshalb keine Boote. Heute wird die flache Küste der Insel gerne von Jachten aus Abu Dhabi angelaufen.

Futaisi ▸ Karte 1, F 3

Futaisi liegt südwestlich von Abu Dhabi im Windschatten der Insel Bahraini in einer flachen, geschützten Lagune. Sie ist ca. 10 km lang und 5 km breit. Von Futaisi wurden einst Baumaterialien nach Abu Dhabi geliefert. Heute befindet sich die Insel in Privatbesitz. Sie besteht aus abgelagertem Muschelsand und neu angewehten Sanddünen, kleinen vom Wind durchfurchten Felserhebungen und Salzflächen. An den von den Gezeiten überspülten Küstenabschnitten wachsen Mangroven; auf den vorgelagerten Seegrasflächen ›grasen‹ vereinzelt Seekühe. An der Küste brüten Seeadler, auf der Insel leben Stachelschwanzechsen und Sandgazellen. Auf Futaisi überwintern auch viele Küstenvögel.

Futaisi muss einmal bewohnt gewesen sein, wie spätislamische Töpferwaren und ein Wasserauffangsystem aus der gleichen Zeit belegen. Das ist umso erstaunlicher, weil es auf Futaisi kein Süßwasser gibt.

Das Beste auf einen Blick

Die Inseln entlang der Westküste

Highlight!

Desert Islands: 250 km westlich von Abu Dhabi Stadt liegen fünf Inseln, die als touristisches Projekt den Namen Desert Islands tragen. Unter ihnen nimmt die Insel Sir Bani Yas bereits heute eine herausragende Rolle ein, weil sie am Rande eines großen Naturparks ein traumhaft schönes Hotel und zwei Villen-Resorts besitzt und viele Möglichkeiten für spannende *outdoor adventures* bietet. S. 186

Auf Entdeckungstour

Nature & Wildlife Drive – im Arabian Wildlife Park: Vor mehr als 30 Jahren hatte der damalige Herrscher von Abu Dhabi, Sheikh Zayed Bin Sultan, die Vision, in unberührter Umgebung auf der Insel Sir Bani Yas einen geschützten Lebensraum für jene Tierarten der arabischen Halbinsel zu schaffen, die vom Aussterben bedroht waren. Vergleichbar mit dem Projekt der Arche Noah, ist daraus der schönste und aufregendste Wildlife Park der Emirate entstanden, in dem Tiere in freier Wildbahn leben. Per Safari-Jeep ist man mitten unter ihnen. S. 196

Kultur & Sehenswertes

Haus des Perlenhändlers: Dass man mit Perlen reich werden konnte, beweist das Haus des Händlers Al Muraykhi auf der Insel Delma. S. 188

Ein Kloster der Nestorianer: Die archäologische Stätte auf Sir Bani Yas belegt, dass christliche Mönche in vorislamischer Zeit hier lebten. S. 190

Aktiv unterwegs

Joggen am Strand: Die Strandhotels Dhafra Beach und Danat Resort, beide auf dem Festland am Jebel Dhanna, laden dazu ein. S. 185

Kajak-Tour in die Mangroven: An vielen Stellen der vorgelagerten Inseln wachsen riesige Mangrovenhaine; ihnen kann man sich nur per Boot nähern, so z. B. auf Sir Bani Yas. S. 195

Reiten: Auf Sir Bani Yas gibt es die Sir Bani Yas Stables mit edlen Pferden zum Erkunden der Insel. S. 199

Genießen & Atmosphäre

Tides: Das lichtdurchflutete Restaurant des Danat Resort Jebel Dhanna bietet Blick auf Meer und Palmenstrand. S. 185

The Palm: Vom Frühstück bis zum Candlelight-Dinner erweist sich das Restaurant im Anantara Hotel auf Sir Bani Yas als eine Gourmet-Oase. S. 194

Abends & Nachts

L'attitude: Die beliebteste Bar und Lounge am Jebel Dhanna im Danat Resort Jebel Dhanna. S. 185

Hana-Bar: Der älteste Nightspot im Westen des Emirats im Al Dhafra Beach Hotel. S. 185

Al Shams: In der Bar des Anantara Hotel auf Sir Bani Yas kann man eine *shisha* direkt am Meeresufer rauchen. S. 194

Sandstrände, einsame Buchten und Mangroven

Hinter den beiden westlichen der stadtnahen Inseln beginnt verwaltungspolitisch die Region **Al Gharbia**. Unter den drei Regionen des Emirats Abu Dhabi (außer Al Gharbia die Region Al Ain, zu der der ganze Osten des Emirats gehört, und das Zentrum Abu Dhabi, das weit über die Hauptstadt hinausreicht) ist Al Gharbia flächenmäßig die größte Region und reicht von der Küste im Norden bis zu den Ausläufern der Rub Al Khali im Süden. Al Gharbia bedeckt ca. 60 000 km² und damit rund drei Viertel des gesamten Territoriums des Emirats Abu Dhabi. Aber nur 10 % der Bevölkerung des Emirats leben hier. Der prosaische Namen Al Gharbia – der Westen – geht auf die Briten zurück und gilt bis heute als offizielle Bezeichnung.

Al Gharbia besitzt das größte touristische Potenzial des Emirats. Dazu gehören etwa 200 kleinere und größere Inseln, die sich entlang seiner Westküste zwischen Abu Dhabi Stadt und der Küste Qatars erstrecken. Sie stehen teilweise unter Naturschutz. Besonders attraktiv ist **Sir Bani Yas,** eine der sogenannten **Desert Islands** auf der Höhe von **Jebel Dhanna,** ins-

Infobox

Reisekarte: ▶ Karte 1, B–E 2/3

Die Inseln bis Jebel Dhanna

Touristisch interessant ist die Strecke der E 11 zwischen Abu Dhabi Stadt und Jebel Dhanna nicht, aber von ihr aus kann man alle die der Küste vorgelagerten Inseln erreichen. Bequemer ist es allerdings momentan noch, mit dem Boot von Abu Dhabi aus die Inseln direkt anzusteuern, da der Transfer von der Küste aus mangels Hafenanlagen sehr erschwert ist.

Fast alle Inseln befinden sich in Privatbesitz, wobei die Grenze zwischen privat und öffentlich eigentlich schwer zu ziehen ist, wenn die Besitzer aus dem Kreise der Familie Al Nahyan kommen. Bei den meisten ist der Zugang bis heute nur eingeschränkt möglich. Bei Fragen des Zugangs hilft die TCA (s. S. 19) weiter. Da diese Inseln heute aber ein wesentliches touristisches Potenzial für das Emirat darstellen, wird in die Zugangsfrage – unter Berücksichtigung des Naturschutzes – Bewegung kommen. Wer einen Besuch auf einer der Inseln beabsichtigt, muss z. Z. noch die Überfahrt selbst organisieren, d. h. gegebenenfalls einen Tour Operator (s. S. 26) für den Transfer einschalten.

Desert Islands

Als herausragende Destinationen für ökologisch orientierte Besucher entwickelt das TDCI im Westen des Emirats die sehr attrakiven Naturbegegnungsmöglichkeiten auf den Desert Islands, zu denen mehrere Inseln, darunter Delma und Sir Bani Yas, gehören (www.desertislands.com).

besondere durch den großen **Arabian Wildlife Park** auf der Insel.

Die Ölbohrplattformen befinden sich zwar auch in diesem Gebiet, aber sie liegen weit, weit draußen Richtung Mitte des Arabischen Golfes. Entlang der flachen Westküste des Emirats führt die breite, vierspurige Nationalstraße E 11, die die Grenze zu Saudi-Arabien nach ca. 350 km bei der Siedlung As Sila (auf Straßenschildern auch Sila oder Sila'a) erreicht. Durchquert man dann Saudi-Arabien entlang der menschenleeren Küste, erreicht man auf ihr die Südgrenze Qatars. Von der Nationalstraße E 11 zweigen heute insgesamt drei Straßen in Richtung Süden zur Oase Liwa ab, die auch der Region Al Gharbia angehört.

Seit 2009 steht zudem fest, dass die erste Eisenbahn, die die sieben Emirate der VAE verbinden wird, die **Trans-Emirates Railway,** entlang der Küste von Al Gharbia bis As Sila gebaut werden wird.

Mein Tipp

Pausen auf der Fahrt gen Westen

Wer die Region Al Gharbia entlang der Küste auf der E 11 von Abu Dhabi Richtung Jebel Dhanna entdecken will, fährt auf dieser Straße kilometerweit durch karge, vegetationslose Landschaften, hinter denen sich zur Rechten lange Sandstrände und das Meer erstrecken. Meist flimmert die asphaltierte Straße unter der Hitze der Sonne und vom Überholen der Laster wird man schnell müde. Entlang der E 11 gibt es aber nur wenige, hauptsächlich von Lastwagenfahrern genutzte örtliche Raststätten, die zu den notwendigen Pausen wenig einladen. Die große Ausnahme: Die neuen ADNOC-Tankstellen, die über saubere Toiletten und einen geräumigen, klimatisierten Coffee-Shop verfügen. Empfehlenswert ist auch eine längere Pause in Al Mirfa.

Die Westküste bis Jebel Dhanna

Man verlässt Abu Dhabi Stadt hinter der Mussafah-Brücke und folgt der Nationalstraße E 22 in Richtung Al Ain, bis diese am Al Mafraq R/A auf die Nationalstraße E 11 trifft. An der E 11 – zwar noch in der Nähe der Stadt (15 km), aber schon am Rande der Wüste – liegt das **Mafraq Hotel (▶** Karte 2, H 7, Tel. 659 66 66, www.mafraqhotel.com, 250 Zi., DZ 800 Dh), das sich in erster Linie als Wochenendhotel für die Bewohner von Abu Dhabi Stadt versteht, aber auch von Reisenden aus Dubai gern als Zwischenstopp auf dem Weg gen Westen genutzt wird. Die flache Hotelanlage besitzt ausgedehnte Sportanlagen, zwei Schwimmbäder und zwei Nachtclubs.

Nach dem Abzweig von der E 22 führt die vierspurige Straße E 11 ins 200 km entfernte **Jebel Dhanna.** Rechter Hand wird die Straße von Wüsten und Industrieanlagen begleitet, linker Hand erfreut ein begrünter Mittelstreifen und auf der dahinterliegenden Autobahnseite angrenzend viele Palmen. Riesige Hochspannungsleitungen, quer durch die Wüste gezogen, begleiten die Straße auf beiden Seiten. Zudem wird an den Erweiterungsarbeiten zu beiden Seiten der E 11 deutlich, dass in nächster Zeit diese Landstraße auf zehn Spuren erweitert wird.

Die Nationalstraße E 11 ist die große Verbindungsstraße entlang der

Küste in den Westen des Emirats. Noch in nicht allzu großer Entfernung der Stadt liegen in der geschützten Bucht des Khor Qirqishan die Inseln Bahraini und Futaisi.

Ar Aafiq ▸ Karte 1, E 3

Folgt man der Nationalstraße E 11 weiter in Richtung Westen, erfreut man sich der zunehmenden Begrünung zu beiden Seiten der Straße. Man passiert große Grünanlagen und an der Küste mehrere kleine Inseln, darunter nach ca. 50 km die Insel Ar Aafiq. Wie die meisten der flachen küstennahen Inseln Abu Dhabis besteht auch Ar Aafiq aus einer Kombination von Salzflächen *(sabkhas)* und Kalksteinebenen, stellenweise bewachsen mit halophytischen, d. h. salzverträglichen Pflanzen. Im Winter rasten im nördlichen Teil von Ar Aafiq zahlreiche Wat- und Stelzvögel und Kolonien Tausender Socotra-Kormorane.

Die Insel ist seit dem frühen ersten Jahrtausend v. Chr. von Fischergemeinschaften besiedelt. Belegfunde reichen von Töpferwaren und Feuerstätten bis zu Muschelbergen. Heute gehören die auf dem Festland und der nahen Halbinsel gelegenen Ölfelder von Dab'yya zu den größten des Emirats. Um Interessenkonflikte zwischen der Ölförderung, dem Umweltschutz und der Archäologie zu minimieren, unterstützt die staatliche Organisation ATCO die Grabungen und den Umweltschutz auf Al Ar Aafiq.

Abu Al Abyadh

▸ Karte 1, E 3

Etwa 100 km westlich von Abu Dhabi ist die größte Insel des VAE-Archipels erreicht, Abu Al Abyadh. Sie liegt 8 km vor der Küste, ist 35 km lang und 15 km breit und durch einen Damm mit dem Festland verbunden. An ihrer Nordseite liegt die Siedlung **Bu Lifiyat** mit einer Landepiste für Kleinflugzeuge. Die Insel besteht hauptsächlich aus flachen Salzfeldern *(sabkhas)* und spaltete sich vor 7000 Jahren vermutlich als Ergebnis des steigenden Meeresspiegels im Arabischen Golf vom Festland ab. Entlang ihrer Küsten leben Buckeldelfine und Seekühe, und in den ausgedehnten Mangrovenwäldern im Norden brüten jedes Jahr Hunderte von Möwen und Stelzvögeln. Auf der Insel lebt neben großen Herden von Sand- und Berggazellen auch eine Gruppe von arabischen Oryx-Antilopen.

Mehrere Fundstellen entlang der nordwestlichen und westlichen Küste beweisen, dass hier zeitweise Fischer und Perlenfischer siedelten. Eine dieser Fundstellen gehört mit 2 km Länge und ca. 200 m Breite zu den größten alten Siedlungsgebieten der VAE. Gefunden wurden hier Feuerstellen, eine kleine Moschee aus Stein sowie Reste eines Fischerdorfes, dessen Häuser aus lokalen Steinen errichtet worden waren. Wahrscheinlich war Abu Al Abyadh aber immer nur saisonal besiedelt, da bisher keine permanente Süßwasserquelle gefunden wurde.

Von Abu Al Abyadh nach Al Mirfa

Die E 11 verläuft jetzt weiter schnurgerade parallel zur Küste, eingerahmt von grünen Palmenbändern rechts und links der Fahrbahn. Als nächster Ort wird **Tarif** (▸ Karte 1, E 3) erreicht. Die kleine Ortschaft liegt an der Küste, etwa 3 km nördlich der E 11. Die ehemalige Fischersiedlung versorgte die Beduinen der Oase Liwa früher mit frischem Fisch. In Tarif befindet sich eine der neuen **ADNOC-Tankstellen** inklusive Reparaturwerkstatt. Hier zweigt die zweite Straßenverbindung von der E 11 ins Landesinnere von Al Gharbia zur Oase Liwa ab.

Auf den nächsten 120 km entlang der Küste bis zum Jebel Dhanna ändert sich das Landschaftsbild kaum. Auch hier ist die E 11 zu beiden Seiten und ihr Mittelstreifen aufwendig begrünt. Um den Erhalt dieser Begrünungen sind die Behörden sehr bemüht. Dort, wo die Betropfungsanlagen ausfallen, werden Wassertankwagen eingesetzt, die leider oft die Autostraße versperren. 10 km hinter Tarif biegt die Zubringerstraße zur Fischer- und Hafensiedlung Al Mirfah ab.

Al Mirfa ▶ Karte 1, D 3

Der Fischerort Al Mirfa, ca. 150 km westlich von Abu Dhabi hat in den letzten Jahren seine Infrastruktur verbessert. Jetzt erreicht man von der E 11 kommend (bitte zweite Ausfahrt nehmen!) den Küstenort auf einer vierspurigen, begrünten Straße. Am Ortseingang steht heute eine neue große **Moschee.** Entlang der Zufahrtsstraße wurden neue, ein- bis zweistöckige weiße Reihenhäuschen errichtet, jedes durch eine hohe Mauer vom anderen abgeschirmt. In diesem Teil des Ortes gibt es heute ein Einkaufszentrum, hier stehen die Schule, die Busstation und das Elektrizitätswerk. Die Zufahrtsstraße stößt direkt auf einen breiten Sandstrand am Hafen.

Im **alten Hafen** erinnern mehrere Dhaus und der Schuppen des Fischmarktes an praktizierten Fischfang, der bis heute die Einkommensquelle des Ortes sichert. Symbol der Moderne ist die große Tankstelle am Hafenquai, an dem ein breiter Sandstrand mit Palmen und Schattenspendern beginnt.

Seit 2003 verfügt der Fischerort Al Mirfa über das **4-Sterne-Hotel Al**

Landstraße in Al Gharbia nach einem Sandsturm

Mirfa und wird damit gerne von Reisenden als Zwischenstation entlang der Küstenstraße E 11 aufgesucht. Dieses Hotel ist heute das Zentrum des Strandes und aller Besucher des Fischerortes. Da das Hotel durch einen Creek von der Stadt und dem Hafen abgetrennt wird, muss man im weiten Bogen zurück zum Beginn der Zufahrtsstraße fahren. Von hier führt eine schmale Straße durch unwegsames Gelände zum Hotel. Dafür wird man am Eingang des Hotels von einer großen, sehr gepflegten Gartenanlage mit altem Baumbestand und Bougainvilleas belohnt.

Hinter Mirfa passiert die E 11 nach ca. 25 km die Halbinsel Ras Al Aysh, die durch der Khor Al Bazm von der vorgelagerten Insel Marawah abtrennt.

Übernachten

Abseits des Trubels – **Al Mirfa Hotel:** Tel. 883 30 00, www.almarfapearlhotels.com/mirfa/, 44 Zi. mit Schwimmbad, DZ ab 800 DH. Das dreistöckige Haus liegt an einem langen Sandstrand, verfügt über ein großes Schwimmbad mit mehreren Becken inmitten einer großen Gartenanlage, einen Tennisplatz sowie eine Kleingolfanlage und einen großen Kinderspielplatz mit vielen Spielgeräten. Es bezeichnet sich selbst als verkehrsgünstig gelegenes Erholungshotel an der Küstenstraße von Dubai nach Qatar. Die geräumigen, zweckdienlich eingerichteten Zimmer verfügen alle über Meerblick. Zum Hotel gehören mehrere Restaurants, eine Bar sowie ein Spa-Wellness- und Saunabereich. Das Haus besitzt ein Internetcafé, das auch von Nicht-Gästen besucht werden kann (1 Std. 10 Dh). Von Oriental-Café des Hotels hat man einen sehr schönen Blick über die ganze Bucht.

Termine

Al Gharbia Watersports Festival: April, www.algharbiafestivals.com. Zehn Tage lang ist der Hafen von Al Mirfa Austragungsort von Wassersportwettbewerben, ein Sportevent mit Volksfestcharakter.

Merawaah ▸ Karte 1, D 3

Die Insel befindet sich in Privatbesitz und kann nur durch Vermittlung der TCA (S. 19) betreten werden

Sobald man von der E 11 in Richtung Küste (z. B. zur Siedlung Radam) abzweigt, erinnern Hinweisschilder Besucher immer wieder daran, dass sie sich hier in der Merawaah Marine Protected Area befinden, die seit 2001 geschützt wird. 2007 wurde die Insel Merawaah von der UNESCO in das World Network of Biosphere Reserve aufgenommen und ist damit das erste Biosphärenreservat der VAE.

160 km westlich von Abu Dhabi liegend gehört Merawaah zu den größeren Inseln des Archipels. Sie erstreckt sich ca. 13 km in ost-westlicher und knapp 5 km in nord-südlicher Richtung. Auch Merawaah besteht aus Kalksteinbildungen des Pleistozän (Eiszeit) verbunden mit Sandablagerungen und Strandbildungen während des Holozän (frühe Neuzeit); inzwischen haben sich auch große *sabkhas* auf Merawaah gebildet.

Für geologisch Interessierte ist die Insel ein Erlebnis. Hier kann man die vollständige Reihenfolge geologischer Formationen der Erdgeschichte aus dem Pleistozän und Holozän inklusive fossiler Korallen in freigelegter Form sehen.

Auch Naturliebhaber kommen in Merawaah auf ihre Kosten. Es gibt wunderschöne Mangrovenwälder *(avicennia marina)* entlang geschützter Küstenabschnitte und in den Buchten. Man stößt auf Fischadler *(pandion haliaetus),* auf grüne Reiher *(charadrius alexandrinus),* im Meer tummeln sich in Sichtweite Flaschennasen-Delfine *(tur siops truncatus)* und Schildkröten.

Merawaah war schon sehr früh besiedelt. Aus der Spätsteinzeit (ca. 5000 v. Chr.) entdeckten Archäologen mehr als 200 Funde von Werkzeugen aus Feuerstein. Sie stießen auch auf weitere Funde aus der Bronzezeit und der späteren vorislamischen Periode (300 v. Chr. – 650 n. Chr.) sowie aus der frühislamischen Zeit zwischen 700 und 900 n. Chr. Aus der vorislamischen Epoche konnten sie am Jebel Bal Sharayis Kalksteinöfen freilegen. In diesen Öfen wurde Kalkstein zu Kalk verbrannt, den man zum Kalken der Wände benötigte, z. B. auch für die christlichen Klöster in vorislamischer Zeit auf Sir Bani Yas.

Ausgrabungen in den 1990er-Jahren legten weitere bedeutende Funde frei: einen Brunnen und ein komplettes Haus aus der Spätsteinzeit. Die Bauweise dieses Hauses wird in der Archäologie als Double Skin Construction bezeichnet: Die etwa einen Meter hohen und einen halben Meter dicken Mauern bestehen jeweils innen und außen aus großen behauenen Steinen, den Zwischenraum zwischen diesen haben die Erbauer mit kleinen Steinen aufgefüllt. In dem Haus fanden die Archäologen auch das Skelett eines zwischen 20 und 40 Jahre alten Mannes umgeben von Tonwaren, die aus dem südlichen Mesopotamien stammen, und Hunderten von leeren Perlmuscheln sowie zwei Perlmuttknöpfe. Die Ausgrabungen von Merawaah belegen somit, dass vor bereits 7000 Jahren die Golfregion besiedelt und in Handelsbeziehungen einbezogen war. Mit diesen Funden aus der Steinzeit um 5000 v. Chr. ist Merawaah einer der ältesten Orte menschlicher Besiedlung am Golf.

Bu Tinah ▸ Karte 1, D 2

Insel in Privatbesitz und unter Naturschutz, nur zu Forschungszwecken betretbar

Die Schildkröteninsel Bu Tinah liegt 35 km nördlich von Merawaah (und 25 km südlich von Zirku). Die Sandinsel erhebt sich nur wenige Meter über dem Meeresspiegel mit einer Lagune, deren Zugang sich im Süden befindet. Dort erstrecken sich auch Mangrovenwälder. Es gibt auf Bu Tinah kein Süßwasser, und die Insel war deshalb auch nie bewohnt. Früher wurde sie von Fischern wegen des Schildkrötenfleischs und der Schildkröteneier angesteuert.

Ruwais ▸ Karte 1, C 3

In der wenig bevölkerten Region der Westküste bildet Ruwais wegen seiner großen Petrochemie-Anlage eine Ausnahme. Die heute begrünte Ortschaft Ruwais wurde in den 1970er-Jahren für die Angestellten und Arbeiter des 10 km entfernten Industriekomplexes gegründet.

In Ruwais stehen Fabriken zur Herstellung von Düngemittel, zahlreiche Raffinerien und eine gewaltige Gasverflüssigungsanlage. Westlich des Ortes wurde für diese Industrieansiedlung ein Exporthafen errichtet. Riesige Tanklager und die weithin sichtbaren Gasabfackelungen unterstreichen die ökonomische Bedeutung des Ortes. In Ruwais befindet sich direkt an der E 11 auch die größte Polizeistation entlang der Küstenstraße.

Danat Resort Jebel Dhanna – eine Einladung zur totalen Entspannung

Jebel Dhanna

▶ Karte 1, B/C 3

Das Gebiet um den kleinen Berg Jebel Dhanna war im 17./18. Jh. ein wichtiger Ort des Schwefelabbaus. In den mehr als 100 Minen, die zwischen 10 und 15 m tief in den Hügel getrieben wurden, müssen bis zu 40 t Schwefel abgebaut und von hier verschifft worden sein. Scherbenfunde belegen Handelsbeziehungen zum heutigen Irak und Iran. Die nach dem Berg benannte Region, insbesondere ihre Fauna und Flora, wurde lange Zeit wegen der Öl-Explorationen in Mitleidenschaft gezogen. Dass es hier einmal eine üppige Vegetation und Tierwelt (z. B. Krokodile) gab, belegen die zahlreichen Fossilienfunde, die z. T. im Museum von Al Ain ausgestellt werden.

Auf der kleinen Halbinsel der Region Jebel Dhanna gibt es eine Hafensiedlung gleichen Namens. Von hier fährt zweimal täglich eine Fähre zur Insel **Delma,** die Teil des neuen touristischen Aufbauprojekts Desert Islands ist. Vom Hafen Jebel Dhanna kann man auch die Erdölinsel **Das** (▶ Karte 1, C 1, s. S. 65) erreichen.

Dhafra ▶ Karte 1, C 3
Die fast hügellose Landschaft entlang der Westküste geht über in ebenso flach abfallende Sandstrände. An einem dieser Strände liegt der ehemalige Fischerort Dhafra mit dem 1980 errichteten **Al Dhafra Beach Hotel.** 2005 eröffnete ca. 500 m von diesem Hotel entfernt das Strandhotel **Danat Resort Jebel Dhanna.** Es gehört zu den besonders schönen Strandhotels des Emirats außerhalb der Hauptstadt.

Marsa Jebel Dhanna
Am Rande des Festlands entsteht in Jebel Dhanna gerade eine Marina namens Marsa Jebel Dhanna. Gebaut werden hier ein Jachthafen, ein Hotel, Restaurants, viele Apartments und elegante Piers. In Marsa Jebel Dhanna werden ab 2017 die Boote und Was-

serflugzeuge zu den Desert Islands anlegen.

Übernachten

Familien willkommen – **Danat Resort Jebel Dhanna:** Tel. 801 22 22, www.danathotels.com, ab 900 Dh. Unaufdringlicher Luxus inkl. eines langen weißen Sandstrandes. Der Name Danat (Plural von *dana* = einzigartige Perle) spiegelt sowohl die Qualität des Hauses als auch seine Besonderheit wider. Zum Hotel gehören fünf Restaurants, Pool- und Strandbar, Flutlichttennisplätze, ein Fitnesscenter sowie ein Spa- und Wellnessclub und ein sehr schönes, großes Schwimmbad. Alle 109 Zimmer mit Meerblick, einige mit Balkon. Weitere Annehmlichkeiten: Kaffeemaschine und Bügelbrett auf den Zimmern.

Oldie but goodie – **Al Dhafra Beach Hotel:** direkt am Strand. Tel. 801 20 00, www.danathotels.com, DZ ab 600 Dh. Das Hotel war das erste an der Küste des Jebel Dhanna, ist eine Dependance des Danat Resort Jebel Dhanna und gehört der National Corporation for tourism and hotel. 2008 wurde es aufwendig renoviert. Seine 96 Zimmer sind geräumig und mit neuer Elektronik ausgestattet. Alle Einrichtungen des benachbaren Hotels Danat Resort können mitbenutzt werden.

Essen & Trinken

Von morgens bis abends Buffet – **Tides:** im Hotel **Danat Jebel Dhanna Resort,** Tel. 801 22 22, tgl. 7–22 Uhr, Buffets ab 125 Dh. Das gemütliche Restaurant liegt erhöht im hinteren Teil des Hotelfoyers und bietet dank großer Glasfenster einen Rundumblick über die Gartenanlage, die Schwimmbäder und den Strand. Zum Frühstück, zum Mittagessen und zum Abendessen kann man sich jeweils an großzügigen, üppig bestückten Buffets bedienen.

Aktiv

Wellness – **Body and Soul Recreation Club:** im **Hotel Danat Resort Jebel Dhanna,** tgl. 8–22 Uhr. Körper und Seele stehen im Mittelpunkt des ausgefallenen Angebots. Ein Dutzend therapeutischer Massagevarianten, zwei Sqash-Plätze, ein Fitness-Center, außerdem ein Dampfbad, eine Sauna und mehrere Jacuzzi.

Joggen am Strand – **Danat Resort Jebel Dhanna:** Eigener, 800 m langer Strand mit herrlichem weißen Sand. Direkt daneben erreicht man den genauso schönen Strand des Al Dhafra Beach Hotel. Nach dem Joggen können Hotelgäste und Besucher in beiden Hotels in die Schwimmbäder springen.

Die Umgebung erkunden – Das **Danat Resort Jebel Dhanna** bietet seinen Gästen ein umfangreiches Ausflugsprogramm an, z. B. zur Oase Liwa, zur Insel Sir Bani Yas und Übernachtungen in der Wüste.

Abends & Nachts

Gelungener Abend – **L'attitude:** im Hotel **Danat Resort Jebel Dhanna,** s. o., tgl. 20–2 Uhr. Livemusik 20–24 Uhr. Bier 40 Dh, Cocktails ab 65 Dh. Bar und Lounge. Sehr beliebt in der ganzen Umgebung.

Traditionsreich – **Hana Bar:** im **Al Dhafra Beach Hotel,** s. o., tgl. 20–1 Uhr, Whiskys ab 50 Dh. Seit Jahrzehnten kommen die westlichen *expatriates,* die auf den Ölfeldern im benachbarten Ruwais arbeiten, in dieses erste an der Küste erbaute Hotel und in seine Bar. Heute gesellen sich Badegäste dazu.

Infos

Verkehr

LInienbus: Nr. 500, 2 x am Tag von Ruwais nach Abu Dhabi Stadt und zurück, Fahrpreis 15 Dh. Die Abfahrtzeiten sind abgestimmt auf die Fähren von und nach Delma (s. S. 188).
Minibus: Einige Hotels in Abu Dhabi Stadt bieten auf Anfrage einen Transfer an (bis zu 7 Personen, 850 Dh).
Fähren nach Delma und Sir Bani Yas: s. S. 188 bzw. S. 199.

Desert Islands!

▶ Karte 1, B/C 3

Es gibt in Abu Dhabi bisher nur wenige Möglichkeiten, Ausflüge in die ursprüngliche Natur und eine Begegnung mit Tieren in ihrer natürlichen Umgebung mit gehobenem Komfort zu verbinden. Gerade in einem heißen Land wie Abu Dhabi wird man auf solcherlei Ausflügen die touristischen Annehmlichkeiten zu schätzen wissen. *Outdoor adventures* in Verbindung mit *five star hospitality,* das bieten die Desert Islands 250 km westlich von Abu Dhabi Stadt vor der Küste von Jebel Dhanna. Zu diesem neuen touristischen Projekt, für das die Entwicklungsgesellschaft TDIC (s. Kasten S. 187) verantwortlich zeichnet, gehören vier Inseln, von denen bisher Delma und Sir Bani Yas touristisch erschlossen sind (www.desertis lands.com).

Delma liegt etwa zwei Bootsstunden von Jebel Dhanna entfernt und ist seit 7000 Jahren (!) bewohnt. Nur 15 Bootsminuten von Jebel Dhanna entfernt liegt **Sir Bani Yas.** Sie ist die größte Insel der Desert Islands und beherbergt heute schon einen einzigartigen Arabian Wildlife Park, das Luxushotel Anantara Desert Resort & Spa sowie die zwei sehr schönen kleinen Villenresorts Al Yamm unmittelbar am Strand nahe den Mangroven und Al Sahel in der Mitte von Sir Bani Yas, am Rand des Wildlife Parks. Beide Inseln können mit Fähren von Jebel Dhanna aus erreicht werden; Sir Bani Yas kann man auch per Flugzeug von Abu Dhabi direkt mit Empire Aviation, einer Tochterfluglinie der Etihad Airways, erreichen.

Discovery Islands heißt ein weiteres touristisches Projekt der Desert Islands, zu denen mehrere unbewohnte, traumhaft schöne Sandinseln gehören. Sie sind bisher weitgehend unbekannt, aber ein ideales Gebiet zum Schnorcheln und Baden in größter Einsamkeit.

Delma ▶ Karte 1, B 2/3

Die Insel Delma (oder Dalma) liegt ca. 42 km vor der Küste in Höhe von Jebel Dhanna und ist von dort in zwei Stunden mit der Fähre zu erreichen. Die ca. 45 km² große Insel ist bis heute ein Zentrum der Fischerei und besitzt wegen ihrer nahen Fischgründe einen großen Fischereihafen, in dem sehr viele Dhaus liegen und eine Fischverarbeitungsanlage. Viele der Einwohner sind heute noch Fischer.

Die Insel besitzt aber auch viele Obstgärten und mehrere Farmen. Darüber hinaus leben die Inselbewohner heute ergänzend vom Anbau von Gras und anderem Grünfutter, das vom benachbarten Sir Bani Yas vollständig für die dort beheimateten Tiere aufgekauft wird. Denn Delma gehört zu den wenigen Inseln entlang der Golfküste, die über eigenes Süßwasser verfügen. Aus ihren über zweihundert Quellen wurde bis in die 1950er-Jahre Süßwasser per Schiff

Der Tourismusentwickler TDIC

2006 gründete das Emirat die Tourism Development and Investment Company, ein öffentlich-rechtlich organisiertes Unternehmen, das für die Aus- und Durchführung aller wesentlichen touristischen Entwicklungsprojekte zuständig ist. Wesentliche Aufgabe der TDCI ist es, in Zusammenarbeit mit weltweit angesehenen und verlässlichen Unternehmen Abu Dhabi zu einer »First Class Destination« zu machen und dabei zugleich den Schutz der natürlichen Ressourcen im Auge zu behalten, für nachhaltiges Wachstum zu sorgen und Arbeitsplätze für junge Emirati zu schaffen. Mit diesen Zielen und den von ihr besonders geförderten Projekten hat sich die TDIC ein hohes Ansehen in der Tourismusbranche des Emirats gesichert.

Das Tourismusprojekt Desert Islands bedeutet für die Küstenregion von Al Gharbia und ihre Bewohner einen neuen ökonomischen Aufschwung und fördert so den Anschluss der westlichen Region an die rasante Modernisierung im Zentrum des Emirats. Zurzeit besuchen z. B. auf der Insel Delma 500 Emirati ein Ausbildungsprogramm im eigens gegründeten Desert Island Education Center für unterschiedliche Aufgaben innerhalb dieses Tourismusprojekts. Insgesamt sieht der Masterplan der TDIC Ausgaben von mehr als 3 Mrd. US-$ für die Desert Islands vor.

Zu den herausragenden Projekten der TDIC gehört als Flaggschiff aller touristischen Entwicklungsvorhaben auch Saadiyat Island. Weitere Informationen und Materialien für Besucher hält das TDIC in Abu Dhabi City bereit. Hier werden auch alle Projekte in anschaulichen Modellen vorgestellt (TDCI-Office, Al Salam Street, 848 Building, www.tdic.ae, So–Do 8.30–17 Uhr).

nach Abu Dhabi gebracht. Heute besitzt Delma zusätzlich eine Meerwasserentsalzungsanlage, um die noch ca. 4800 die Insel ständig bewohnenden Emirati mit Wasser zu versorgen.

Der Name Delma geht auf die arabischen Worte *dal maa* (Eimer Wasser) zurück, den in historischen Zeiten die Seeleute für diese Anlaufinseln verwendeten, auf denen die Fischer Süßwasser aufnehmen konnten.

Geschichte

Delma war schon während der Spätsteinzeit vor ca. 7000 Jahren bewohnt und gehört damit zu den ältesten Siedlungsorten in den Arabischen Emiraten. Gefunden haben Archäologen Keramiken aus der Ubaid-Zivilisation des heutigen Irak, die die sehr frühen Handelsbeziehungen zwischen dem Zweistromland und der Golfküste belegen.

Im 19. Jh. war Delma ein **Zentrum der Perlenfischerei,** denn in seiner Nähe liegen die großen Austernbänke des Golfs. Um 1900 hatte es deshalb sehr große Bedeutung unter den Inseln der Golfküste, weil die weltweite Nachfrage nach Perlen vor dem Ersten Weltkrieg besonders hoch war. Damals zog Delma viele Menschen an. Auf Delma entstanden während der Sommermonate Händler- und Handwerkersiedlungen, die durch Versorgungs- und Reparaturarbeiten für die Perlentaucher und ihre Schiffe ihren Lebensunterhalt sicherten. Auch gab es hier saisonale Perlen-Handelsniederlassungen. Mit dem Ende der Tauchsaison kehrten jedes Jahr dann die meisten Bewohner Delmas mit der

Perlentauchflotte nach Abu Dhabi zurück oder zogen von dort nach Al Ain weiter. 1928 brach während des Sommers in einer der Barasti-Hütten auf Delma ein Feuer aus, das durch starken Wind zur Zerstörung aller Hütten und mehrerer Schiffe führte. Von dieser Zerstörung und von der Konkurrenz japanischer Zuchtperlen, die in diesen Jahren auch von Händlern am Golf angeboten wurden, konnte sich Delma bis zur Entdeckung des Erdöls nicht wieder erholen.

In den letzten Jahrzehnten haben mehr als 2000 junge Emirati die Insel verlassen und leben und arbeiten heute auf dem Festland. Um dieser Abwanderung entgegenzutreten, bietet ein neu gegründetes Berufsschulzentrum jene unterschiedlichen Ausbildungsgänge an, die in der örtlichen Tourismusbranche speziell im Hinblick auf die Desert Islands benötigt werden. Die ersten von ihnen arbeiten bereits im Hotel Anantara Desert Islands Resort & Spa auf Sir Bani Yas.

Delma besitzt eine bescheidene einheimische Vogelwelt und ist ein wichtiger Zwischenstopp für Zugvögel, darunter Falken der Spezies *falco concolor,* die hier auch brütet.

Moscheen

Auch zugänglich für Nicht-Muslime

Im 19. Jh. wurden auf Delma drei unterschiedlich große Moscheen gebaut, die zu den ältesten des Emirats gehören: Die Al Murayki Mosque, die Al Dawsari Mosque und die Al Muhannadi Mosque. Sie wurden vorbildlich restauriert und sind von besonderer Architektur: Sie besitzen z. B. keine Minarette, von denen der Muezzin die Gläubigen zum Gebet ruft, und an der Quibla, der gen Mekka ausgerichteten Wand, ist die Mihrab, die Gebetsnische, besonders tief eingelassen. Alle drei Moscheen besitzen einen Innenhof, zu dem man nur Zugang durch den Hamam hat, und neben mehreren Fenstern und Portalen ein *barjeel,* einen Windturm, durch den der Wind Kühle spendend in den Innenraum gelangt. Im Eingangsbereich sorgen auf Säulen gestützte Vordächer für Schatten. Unter den Moscheen besitzt die **Al Dawsari Mosque** den schönsten Eingang. Alle drei Moscheen liegen nicht weit voneinander entfernt und beeindrucken im Stil klassischer Lehmarchitektur.

Al-Muraykhi-House-Museum

So–Do 8–16 Uhr, Eintritt frei

Zu den besonderen Sehenswürdigkeiten der Insel gehört auch das Haus des Perlenhändlers Mohammed Bin Yasmin al Muraykhi. Er war ein sehr reicher Mann und baute das Haus 1931 aus Korallensteinen. Zudem verputzte er es mit Kalk. Das Haus besitzt die Architektur eines Sicherheitstrakts. Im Parterre hat es keine Fenster, und das erste Geschoss, in dem sich die Geschäftsräume des Händlers befinden, erreichte man nur über eine Holzleiter. Heute beherbergt das Al-Muraykhi Haus ein kleines **Perlenmuseum** und ein **Cultural Heritage Center,** in dem viele archäologische Funde und Dokumente zur langen Geschichte der Insel ausgestellt werden.

Übernachten

Auf Delma gibt es nur ein kleines, sehr bescheidenes Resthouse (Tel. 878 12 22). Wer auf Delma übernachten möchte, sollte ein Zelt mitbringen.

Infos

Verkehr

Fähre: Vom Hafen Marsa Jebel Dhanna, ca. 10 km nördlich der E11, fährt 3 x tgl. eine Fähre zur Insel Delma. Am

Hafen gibt es nur einen kleinen Kiosk zum Erwerb der Fahrkarte und einen klimatisierten Warteraum für Frauen mit Kindern. Abfahrt von Marsa Jebel Dhanna Sa–Do 9, 13.30, 18, Fr 10 und 18 Uhr, Rückfahrt von Delma Sa–Do 6, 11, 15.45, Fr 7 und 15.45 Uhr, Fahrzeit 1,5–2 Std. je nach Seegang, Fahrpreis 20 Dh pro Person und Strecke, 100 Dh pro Auto. Infos Tel. 80 08 88 88.
Inselverkehr: Es gibt keine Taxis. Das Museum ist vom Hafen aus jedoch gut zu Fuß zu erreichen.

Sir Bani Yas

▶ Karte 1, B/C 3

Unter den mehr als 200 Inseln des Emirat Abu Dhabi ist Sir Bani Yas die größte der für Besucher zugänglichen Inseln. Sie gehört zu den Desert Islands und liegt nur 8 km von Jebel Dhanna entfernt.

Erstmals wurde sie 1580 von dem Venezianer Gasparo Balbi erwähnt. Er spricht von einer Insel im Arabischen Golf mit Namen Sirbaniast. Sir Bani Yas ist 87 km² groß, oval geformt und erstreckt sich 9,5 km in Ost-West- und 13 km in Nord-Süd-Richtung. Ihre höchste Erhebung misst 148 m. Ihre heutige Form erhielt die Insel gegen Ende der letzten Eiszeit vor 10 000 Jahren. Jahrhundertelang glich Sir Bani Yas einer steinigen Wüstenlandschaft mit sehr bescheidener Vegetation. Mitte der 1970-Jahre erkor Sheikh Zayed die Insel zum privaten Refugium. Er begann Bäume zu pflanzen und Tiere anzusiedeln. Heute ist die Insel der größte Naturpark Arabiens.

Der Name der Insel geht auf den Beduinenstamm der Bani Yas zurück, deren Lebenszentrum die Oase Liwa bildete. Eine Familie des Beduinenstammes der Bani Yas, die Al Nahyan, gründeten vor 250 Jahren die heutige Stadt Abu Dhabi. Die Bedeutung des Namensteils Sir ist relativ unklar: *sir* kann interpretiert werden als »hoher steiniger Platz« oder kann als »wo Wasser gefunden wurde« bedeuten. Gesichert aber ist, dass Angehörige des Stammes der Bani Yas in den letzten 500 Jahren bereits von hier aus nach Perlen tauchten und die Insel zumindest saisonal bewohnten. Zu dieser Zeit gehörte die Insel bereits zum Herrschaftsbereich des Beduinenstammes der Bani Yas und war Teil der Bani-Yas-Konföderation.

Geschichte

Sir Bani Yas hat eine bewegte Geschichte. In der Steinzeit zwischen 7500 und 5500 v. Chr. müssen auf Sir Bani Yas auch Tiere gelebt haben. Auf Siedlungen aus dieser Zeit sind Archäologen bisher nicht gestoßen, wohl aber vereinzelt auf Werkzeuge und Jagdwaffen. Anscheinend wurde die Insel als Jagdrevier von Fischern der Insel Delma saisonal bewohnt. Erst in der Bronzezeit um 2000 v. Chr. war Sir Bani Yas über einen längeren Zeitraum ständig bewohnt. Das beweisen ausgegrabene Siedlungsreste und Gräber nahe dem Flughafen. Töpferwaren der sogenannten Barbar-Struktur, die man aus Bahrain kennt, belegen frühe Handelsbeziehungen dieser Siedler.

Während der Regierungszeit Alexanders des Großen, der 323 v. Chr. starb, berichten Reisende in der Golfregion von einem Volk der *ichthyophagier* (Fischesser), die auf den Inseln entlang der Küste lebten. Als Seminomaden hinterließen sie auf Sir Bani Yas ihre Feuerstellen und Reste von Steinhäusern, wie uns Archäologen berichten. Keramik und Glasscherben, die aus Handelsbeziehungen mit Mesopotamien stammen, belegen ihre Kontakte weit über die Insel hinaus.

Christliche Mönche am Golf

Vollkommen unerwartet stießen Archäologen 1992 bei Ausgrabungen auf eine Sensation: Sie entdeckten auf Sir Bani Yas die Reste einer christlichen Kirche und eines **Klosters der Nestorianer** aus der Zeit um 600 n. Chr. (Besichtigung nur in Begleitung eines Rangers). Die ausgegrabenen Mauerreste der Kirche deuten auf eine Länge des christlichen Gotteshauses von ca. 15 m hin. Die Kirche besaß einen großen Innenhof. In ihm fanden die Archäologen Stuckfassaden mit Nestorianer-Kreuzen und christliche Devotionalien. Die frühe Anwesenheit christlicher Mönche in der Golfregion belegen auch Konzilunterlagen und insbesondere die autobiografischen Aufzeichnungen eines Nestorianermönches mit Namen Jonah. Er berichtet von einem Klosterbau auf einer Insel im Arabischen Golf nahe der Küste. Jonah wirkte um 350 n. Chr. Nachforschungen ergaben, dass die Mönche des Klosters später kulturelle Beziehungen zu arabischen Christen an der Mittelmeerküste Syriens unterhielten. Dabei spielte der Perlenhandel bereits eine Rolle. Dass Christen in der Golfregion lebten und missionierten, belegen bereits Ausgrabungen in Kuwait (Al Qussur) und Iran (auf der Insel Khar). Das Nestorianerkloster auf Sir Bani Yas ist der einzige Ort christlicher Spuren in vorislamischer Zeit in den VAE.

Islamische Zeit

Mit dem Aufkommen des Islam verließen die Mönche die Gegend. Ab etwa 750 n. Chr. verfiel das Kloster. In den kommenden Jahrhunderten siedelten muslimische Perlenfischer auf Sir Bani

Auf organisierten Mountainbike-Touren lässt sich Sir Bani Yas prächtig erkunden

Yas bzw. lebten saisonal während der Tauchermonate hier, wie die freigelegten Mauerreste von Moscheen und Siedlungen beweisen (Besichtigung nur in Begleitung eines Rangers, s. S. 192). Von hier aus belieferten sie den Perlenmarkt auf der Nachbarinsel Delma. Im 19. Jh. gab es drei Dörfer auf der Insel, von ihnen sind nur wenige Mauerreste erhalten. Damals schickte die britische East India Company Vermessungsschiffe in den Golf, um genaue Schiffskarten anzulegen. 1823, so die Berichte zur ersten genauen Karte der Insel, lebten ca. 1000 Menschen hier, und es gab genau 50 Fischerboote auf Sir Bani Yas. Auf späteren Karten sind nur noch zwei Dörfer, Al Zahir und Awafi, eingezeichnet. Ihre Bewohner wanderten später nach Delma aus. Um 1900 beschrieb der Brite J. G. Loremer die Insel und notierte, dass in »den Wintermonaten Fischer der Bani Yas .... aus Dhafra die Insel aufsuchten und Perlenfischer bei Sturm hier anlegten.«

Unter Sheikh Zayed

Der 2004 verstorbene Sheikh Zayed hatte bis Mitte der 1970er-Jahre Sir Bani Yas zu einem Projekt höchster Priorität erkoren, ein Umwelt- und Wildlife-Management Department gegründet und ihm die Aufgabe des Erhalts der arabischen Tier- und Pflanzenwelt übertragen. In geschützter, nahezu unberührter Umgebung sollte jenen Tierarten der Arabischen Halbinsel wieder ein sicheres Zuhause gegeben werden, die vom Aussterben bedroht waren. So initiierte Sheik Zayed Aufzuchtprogramme, insbesondere für arabische Oryx-Antilopen, Sand- und Berggazellen und Strauße. Sir Bani Yas wurde damals in Anlehnung an das Gleichnis vom biblischen Noah als Arabische Arche bezeichnet. Sheikh Zayed leitete auf Sir Bani Yas damals auch ein gigantisches Begrünungsprogramm in die Wege. Er ließ 1 Mio. Büsche und mehr als 2,5 Mio. Bäume pflanzen. Darunter befinden sich auch mehr als 350 000 Obstbäume. Bereits damals ließ Sheikh Zayed auch 18 000 Dattelpalmen anpflanzen. Auf Sir Bani Yas kann man deshalb die exotischsten Arten wachsen, blühen und Früchte tragen sehen, u. a. Mangos, Feigen, Guaven, Kokospalmen, Papaya, Oliven, Granatäpfel, Zitrusfrüchte und Tamarinden. Außerdem ist die Insel ein Zentrum für die Zucht verschiedener Dattelarten.

Heute

Nach dem Tod von Sheikh Zayed öffnete die Umweltbehörde die Insel für Tagesbesucher, doch bald – besonders an Wochenenden – kamen so viele Besucher auf die Insel, dass die Unruhe unter den Tieren und der viele Abfall, den die Familien hinterließen, zum Problem wurden. Deshalb wurden 2006 die Besuchsmöglichkeiten wieder eingeschränkt. Gleichzeitig legte die TDIC ihre Pläne für den touristischen Entwicklungsplan der Desert Islands (s. S. 187) vor, in dem der Insel Sir Bani Yas die Rolle eines Arabian Wildlife Park mit edlen Übernachtungsmöglichkeiten zukam.

Auf Sir Bani Yas steht heute auch eines der größten Windräder des Mittleren Ostens. Es ist 65 m hoch und seine drei Flügel produzieren 850 kW pro Stunde. Doch das ist erst der Anfang der *sustainability governance* auf Sir Bani Yas, der von der TDIC verordneten Nachhaltigkeitsoffensive umfassenden Ausmaßes. Zehn weitere Windräder und eine Solaranlage befinden sich im Aufbau. Eines Tages möchte sich die Insel mit Energie selbst versorgen. Doch die Strategie der Nachhaltigkeit bezieht sich nicht nur auf die Energieerstellung. Müll-

Mein Tipp

Besuch im Arabian Wildlife Park
Den Arabian Wildlife Park auf Sir Bani Yas kann man nur organisiert erkunden. Zuständig ist das Hotel Anantara Desert Islands Resort & Spa, das für die Inseln der Desert Islands eine eigene Gruppe naturerfahrene Rangerinnen und Ranger im Ausland rekrutiert hat, die alle Englisch sprechen und in Erster Hilfe ausgebildet sind. Sie bieten für die Erkundung der Insel sehr unterschiedliche Touren an (s. S. 193 u. Entdeckungstour S. 196).

vermeidung und Müllentsorgung gehören ebenso dazu wie der sorgsame Umgang mit Wasser. Zurzeit werden für den Wasserbedarf der Insel täglich ca. 30 Mio. l Wasser benötigt; sie werden vom Festland herübergepumpt.

Geplant ist auch die Restaurierung mehrerer der insgesamt 36 archäologischen Stätten. Als Erstes hat ein Archäologenteam unter Führung von Peter Hellyer seit 2014 die Grabungen am Nestorianer-Kloster fortgesetzt.

Arabian Wildlife Park

s. Entdeckungstour S. 196

Der Tierpark, der heute ca. 50 km² groß ist und außer einem schmalen Rand entlang der Küste wie ein konzentrischer Kreis die gesamte Insel einnimmt, ist durch einen 32 km langen Zaun abgetrennt. Entlang dieses Randstreifens verlaufen die Verkehrswege zwischen Hafen, Flugplatz, Hotel und den Unterkünften für das Personal (etwa 1500 Angestellte). Von diesen Ringstraßen führen Feldwege zu drei Gattertoren in den Wildpark, durch die die Safari-Jeeps hineingelangen.

Dass es auf Sir Bani Yas um den Arabian Wildlife Park heute noch einen Zaun gibt, hängt mit der nur schrittweise möglichen Überführung der gesamten Insel und ihrer Tierbestände in einen Erholungs- und Naturpark zusammen. Noch befindet sich das Projekt im Aufbau. An manchen Stellen der Insel muss noch gebaut werden, alte Wassertürme aus der Zeit von Sheikh Zayed müssen durch neue ersetzt oder abgetragen werden, und die Erholungseinrichtungen am Rande der Insel oder der Bau der selbstversorgenden Infrastruktur sind ohne Baufahrzeuge und Lastwagen nicht möglich.

Da aber ein solch langer Zaun auch immer undichte Stellen hat, begegnen einem auch immer wieder Tiere außerhalb des eingezäunten Terrains. Deshalb fahren alle Fahrzeuge außerhalb des Zauns sehr vorsichtig. Es gilt ein Tempolimit für alle Fahrzeuge, und jedem Angestellten, der dennoch ein Tier anfährt oder verletzt, droht eine hohe Geldstrafe.

Küste

Zum geschützten Teil der Insel außerhalb des großen Arabian Wildlife Park gehört auch die Küste. In einem Umkreis der Insel von 8 km darf nicht gefischt oder gejagt werden. Deshalb sieht man im Meer nahe der Küste viele Delfine, und Dugongs, eine Art Seekühe, grasen im flachen Küstenschilf. Von den weltweit bekannten sieben Schildkrötenarten leben vier in den Gewässern vor Sir Bani Yas, darunter auch die große Meeresschildkröte (engl. *leatherbag turtle*, lat. *dermochelys corlace*).

Übernachten

Wer Sir Bani Yas und seine Tiere kennenlernen möchte, muss auf der Insel übernachten. 2008 öffnete an einem langen weißen Sandstrand im Norden der Insel das erste und einzige Hotel, das **Desert Islands Resort & Spa by Anantara**. Seit 2014 gibt es zwei Lodges als Dependance des Hotels für weitere 120 Besucher: das **Al Yamm** am Strand und das auf einer Anhöhe der Insel gelegene **Al Sahel,** in dem die Gäste am Rande des Wildparks wohnen. Die beiden Dependancen sind eigene Villen-Resorts mit jeweils eigener Infrastruktur, aber es besteht ein ständiger Shuttle-Service zum Hotel.

Luxuriöse Safari-Lounge – **Desert Islands Resort & Spa by Anantara:** Tel. 801 54 00, www.anantara.com, 64 DZ (inkl. 4 Villas mit eigener Küche), DZ ab 1800 Dh. Das Hotel gleicht einer großen privaten arabischen Villa, strahlt viel Wärme aus, ist ausgesprochen schön gestaltet, bietet luxuriösen Komfort und ist der ideale Ausgangspunkt für Naturerlebnisse. Bereits bei der 6 km langen Anfahrt über die Insel zum Hotel begegnen den Gästen in freier Wildbahn lebende Gazellen, manchmal sogar eine größere Herde.

Beim Durchschreiten der Eingangshalle und in den Fluren ist man fasziniert von der liebevollen Ausstattung und den geschmackvollen Dekorationsobjekten, die den Eindruck vermitteln, Bewohner hätten sie von ihren Reisen aus Afrika und Arabien mitgebracht und hier aufgestellt. Im ganzen Hotel sorgen Variationen in sandfarbenen Beige- und Brauntönen für persönliche Wohlfühlatmosphäre, die über mehrere Stockwerke sich erstreckenden Lichtobjekte unterstreichen das warme Ambiente. Alle Zimmer sind sehr geräumig, verfügen über Balkone bzw. im Parterre über Terrassen, besitzen Meerblick und sind mit neuester Elektronik ausgerüstet. Das Bad bedient verwöhnteste Ansprüche.

Zum Hotel gehören das sehr schöne **Anantara Spa** (s. S. 199), Tennisplätze, zwei große Schwimmbäder und ein Fitnesscenter, von dessen Techno-Gym-Geräten die Benutzer direkt aufs Meer blicken, ein **Kids Club,** der die Kleinen mit einem großen Abenteuer-Angebot lockt, sowie ein eigenes Tauch-Centre.

Ruhige Strandlage – **Al Yamm Resort:** 30 Villen mit bis zu drei Räumen, Tel. 801 42 00, ab 2000 Dh. Von außen bäuerliche Barasti-Architektur, innen purer Luxus.

Am Rande des Tierparks – **Al Sahel Resort:** 35 Villen auf einer Anhöhe, Tel. 801 43 00; ab 2000 Dh. In der Mitte der Insel gelegene herrliche Bungalows, z. T. mit eigenem Pool, geräumiger Komfort.

Mein Tipp

Fun on the run

Auch beim Joggen kann man dank einer praktischen, liebevoll gestalteten Orientierungskarte, die die Läufer im Hotel Anantara erhalten und sich um den Hals hängen sollen, Tiere in freier Wildbahn beobachten. In der Karte sind nicht nur im Umkreis von 5 km die Wegstrecken in Kilometern eingezeichnet, sondern auch die günstigen Beobachtungspunkte, an denen man bestimmte Tierarten antreffen kann, genau angegeben: Delfine entlang der Küste, Flamingos bei den Mangroven, Gazellen und Murmeltiere im südlichen Teil und östlich vom Hotel kreisende Falken.

Essen & Trinken

... im Hotel Anantara

Gourmet-Oase – **The Palm:** tgl. 7–11 u. 18–21 Uhr, Frühstück 130 Dh, Menü ab 200 Dh. Das Frühstück genießt man auf der Terrasse zwischen Palmen und Blumenbeeten, das Abendessen in einem warmen, orientalisch eingerichteten Speisezimmer bei Kerzenlicht, Damast und Kristall. Es werden wechselnde *Theme-Dinings* veranstaltet, z. B. freitags »Treasure of the Sea«, exzellente Fischgerichte.

Bester Fisch – **Samak:** Ein Abendmenü gibt es ab 80 Dh. So nah am Golf sollte man Fisch probieren. Der thailändische Koch macht aus jedem *catch of the day* ein kulinarisches Erlebnis.

Poolbar und Shisha-Spot – **Al Shams:** tgl. 8–16, 17–22 Uhr, an der Poolbar Sandwich 60 Dh, Wasser 16 Dh, *shisha* 50 Dh. Tagsüber kümmert sich das Personal der Poolbar um die Gäste auf den Liegestühlen, am späten Nachmittag verlegen sie ihren Arbeitsplatz an den Strand; ab 17 Uhr glüht hier die Kohle für die Wasserpfeifen. Der Sonnenuntergang von hier aus ist unvergesslich.

Aktiv

Outdoor Adventures

Auf der Insel Sir Bani Yas steht alles unter Prämisse des Naturschutzes und der Nachhaltigkeit. Das wissen die Gäste, die hierher kommen, und diese Maßstäbe gelten auch für die Erho-

Mit dem Kajak durch die Mangroven – ein unvergessliches und obendrein umweltverträgliches Erlebnis

lungs- und Sportangebote der Insel. Alle Angebote müssen einen Tag zuvor im **Desert Islands Resort & Spa by Anantara** gebucht werden.

Bogenschießen – Die wenigsten Besucher wissen, dass Bogenschießen ursprünglich eine arabische Sportart ist. Auf Sir Bani Yas hat man die Chance, sie kennenzulernen. In einer weiten, windgeschützten Ebene stehen hohe Strohballen mit Zielscheiben. Eine *archery session* dauert ungefähr zwei Stunden und kostet 100 Dh.

Nature & Wildlife Drives – Im Geländewagen durch den Wildlife Park zur Tierbeobachtung, s. Entdeckungstour S. 196.

Nature Walks – Geführte Wanderungen auf Wadis und über Dünen, vorbei an archäologischen Stätten, aber auch immer durch den Wildlife Park. Man lernt viel über geologische Formationen und erfährt Fachkundiges bei der Beobachtung der Tiere (100 Dh).

Kajakfahren – In drei besonders schönen Buchten an der Ostküste der Insel liegen Paddelboote bereit, mit denen man über das flache Wasser der Buchten und Mangrovensümpfe gleiten kann. Die Boote sind sehr sicher und lassen sich auch von ungeübten Paddlern leicht bewegen. Tgl. 8–10 und 16–18 Uhr, 100 Dh.

Mountainbiking – Sir Bani Yas ist eine relativ große Insel mit wenig befestigten Wegen. Deshalb bietet sich ein Mountainbike für längere Ausflüge geradezu an. Die Ranger begleiten die Besucher auf fünf unterschiedlich langen Routen, bei ▷ S. 199

Auf Entdeckungstour: Nature and Wildlife Drive – im Arabian Wildlife Park

Einst war Sir Bani Yas das private Refugium von Sheikh Zayed. Heute ist die Insel das Musterbeispiel eines Naturreservats, in dem Tiere in freier Wildbahn leben und Besucher sie dennoch aus nächster Nähe beobachten können.

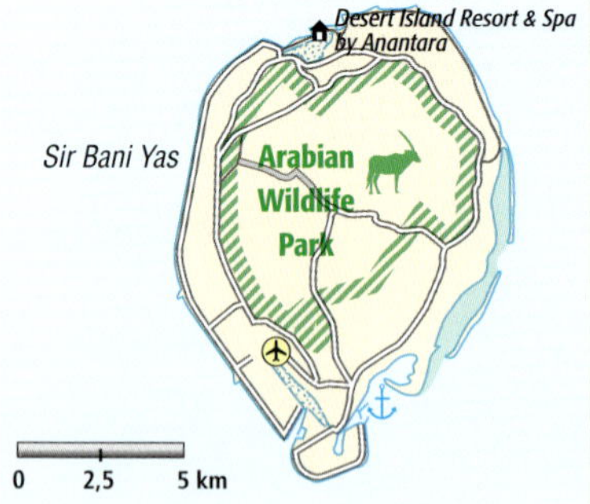

Reisekarte: ▶ Karte 1, B/C 3
Planung: Der Besuch von Sir Bani Yas bzw. des Arabian Wildlife Park muss einen Tag zuvor im **Desert Islands Resort & Spa by Anantara** gebucht werden.
Preis: 150 Dh

Wer sich entschlossen hat, ein paar Tage auf Sir Bani Yas zu verbringen, lernt die Insel am besten kennen, wenn er gleich mehrere Angebote der Inselverwaltung wahrnimmt, immer sollte ein geführter Besuch im Arabian

Wildlife Park dabei sein. Die Ranger kennen die Tiere, ihr Verhalten und ihre bevorzugten Sammelplätze sehr gut. Die beste Zeit für solche Safaris ist entweder der sehr frühe Morgen oder der frühe Nachmittag.

Mit dem Ranger auf der Pirsch

In luftigen, sehr sicheren vierradgetriebenen Safari-Jeeps organisieren die Ranger die Fahrten, die sogenannten **Game Drives** (*game* engl. Wild, Jagdwild) durch den Wildpark. In ihnen haben bis zu sechs Personen in zweistöckigen Sitzreihen Platz. Jeder Teilnehmer erhält ein handlich gebundenes Set mit Abbildungen und Beschreibungen der Tiere, die ihm während der Fahrt aller Voraussicht nach begegnen werden. Auf den naturangepassten Straßen und Wegen passiert man archäologische Stätten und alte islamische Friedhöfe. Man fährt vorbei an alten Wassertürmen aus der Zeit, als der verstorbene Sheikh Zayed die Insel noch als privaten Erholungsort aufsuchte, und lernt die Gebiete kennen, in denen die Aufzucht bestimmter Tierbestände gesichert wird.

Heimisch oder nicht heimisch?

Das ehemalige private Tier- und Naturschutzgebiet des 2004 verstorbenen Herrschers wird seit 2008 systematisch als Besucherpark umorganisiert. Da es für die Tiere keine natürlichen Feinde gab, bevölkerten mittlerweile zu viele Tiere die Insel. Deshalb wurde als Erstes eine große Gruppe Antilopen in ein Freigehege nahe der Oase Liwa umgesiedelt. Und immer noch leben – verschont von Jägern – 400 Oryx hier, die weltweit größte Herde arabischer Oryx-Antilopen (lat. *oryx leucorys).* In der kargen Landschaft des Wildparks ist die Begegnung mit den Oryx ein großes Erlebnis.

Anfangs wurden jene Tierarten in abgetrennten, artgerechten Gehegen untergebracht, die nicht auf der Arabischen Halbinsel zu Hause sind. Nur endemische und heimische Tierarten der Arabischen Halbinsel sollten in dem neuen Arabian Wildlife Park verbleiben. Das betraf z. B. eine große Herde Giraffen. Vor 20 Jahren hatte ein afrikanischer Präsident Sheikh Zayed anlässlich eines Staatsbesuchs vier Giraffen zur Bereicherung seines Wildparks auf Sir Bani Yas geschenkt. Inzwischen haben sich die Tiere zu einer stattlichen Herde von knapp 50 Giraffen vermehrt. Da sie sich sehr gut mit den anderen Tieren vertragen, wurden sie 2010 in kleinen Gruppen aus ihren Gattern in den Park freigelassen. Damit sie aber nicht die Bäume kahlfressen, werden sie an Sammelstellen mit Futter versorgt.

Natürliche Auslese in freier Wildbahn

Sir Bani Yas gehört heute den Tieren. Sie werden von Tierärzten und Pflegern beobachtet, gegebenenfalls betreut und zum Teil noch gefüttert, aber zugleich wird auch einer natürlichen Auslese der Weg geebnet. 2009 wurden zwei Geparden (engl. *cheetah)* und mehrere Hyänen auf Sir Bani Yas ausgesetzt. Leoparden und Hyänen gehören zu den Tieren, die einst die Arabische Halbinsel bevölkerten, aber dort von Menschen gejagt wurden und seit 1940 ausgerottet waren. Beide Tierarten sind auf Sir Bani Yas heute ›Selbstversorger‹: Die Geparden ernähren sich über die Jagd, die Hyänen entsorgen das Aas. Beide haben keine natürlichen Feinde im Wildpark, leben sehr zurückgezogen und haben 2010 zum ersten Mal Nachwuchs bekommen. 2013 gab es bereits fünf Geparden und mehrere Hyänenrudel.

Dazu gekommen sind 2012 noch sechs *caracols,* einheimische größere Wildkatzen, dem Luchs vergleichbar.

Kopf in den Sand?

Die ›gefährlichsten‹ Tiere auf Sir Bani Yas sind Strauße (engl. *oistrich,* lat. *struthio camelus).* Sie gehören zur Spezies der Vögel, sind relativ groß, können nicht fliegen, aber an Land sehr schnell laufen. Strauße sind angriffslustig. Wenn Besucher mit den Safari-Jeeps in ihre Nähe kommen, dann versuchen sie zu beißen. Auf Sir Bani Yas sieht man auch, dass diese Tiere niemals bei Gefahr den Kopf in den Sand stecken, wie es der Volksmund uns weismachen will. Sie legen sich zur Tarnung flach auf den Boden, aber der Kopf wird nicht versteckt.

Inzwischen gibt es auf Sir Bani Yas 68 ganzjährig hier lebende Vogelarten, darunter Flamingos und Kormorane. Zudem machen viele Zugvögel auf der Insel Station auf ihrem Flug ins afrikanische Winterquartier. Die beste Zeit zur Vogelbeobachtung sind die Monate November bis März.

Grünfutter von der Nachbarinsel

Noch gibt es nicht genügend natürliches Futter für die bevorzugt Gras fressenden Antilopen und Gazellen auf Sir Bani Yas. Deshalb wird frisches Grünfutter von der Nachbarinsel Delma herübergebracht und die Tiere werden – meist morgens – gefüttert. Sie haben sich an dieses Ritual gewöhnt und versammeln sich gerne rund um die Futterstellen. Diese Futterstellen innerhalb des Wildparks sind damit zugleich treffsichere Orte der Begegnung. Seit einiger Zeit werden allerdings in einer unweit entfernt gelegenen großen Ebene neue Grasflächen angelegt mit dem Ziel, die Tiere wieder an eine natürliche Nahrung zu gewöhnen.

Immer legen die Ranger auch einen Halt auf der höchsten Erhebung der Insel ein, von der man die beeindruckende Größe ermessen und ihre natürliche Beschaffenheit am besten erkennen kann. Die Jeeps bewegen sich im Gelände auf Feldwegen so nahe an die Tiere heran, dass es sich lohnt, eine Kamera griffbereit zu halten.

Um den Geparden im Park zu begegnen, braucht es ein wenig Glück …

denen man zwischen 9 und 28 km zurücklegt. Fahrräder und Ausrüstung – Radlerhosen, Helm, Schuhe – werden gestellt (100 Dh).

Reiten – Das Resort bietet Ausritte über die Insel an: In den Sir Bani Yas Stables stehen 30 Pferde, die Ausrüstung wird gestellt, auch Reitunterricht wird angeboten. Ausritte (2 Std., 250 Dh).

Schnorcheln – Die Ausrüstung wird gestellt, die Ranger kennen die besten Plätze. In unmittelbarer Nähe des Hotels kann man auch alleine in der Bay Area oder 500 m westlich des Hotels an einem Reef erste Schnorchelerfahrungen im Arabischen Golf mit seinen Gezeiten sammeln. Darüber hinaus bietet das Resort Schnorchel-Exkursionen in Begleitung von Rangern an, z. B. zum **Eastern Beach Reef** an der östlichen Seite der Insel, nahe den Mangroven. Hier leben besonders viele Fische und im flachen Wasser begegnet man Dugongs. Das **Rock Reef** an der Westseite der Insel, ungefähr 5 km vom Hotel entfernt, liegt ca. 300 m vor der Küste und fällt bis zu 12 m ab. Man erreicht es nur per Boot. Auch hier leben viele Fische, darunter Stachelrochen, aber auch Schildkröten. Ein Besuch des **Wracks bei Ghasha Island** ist wegen der starken Strömung nur erfahrenen Schnorchlern anzuraten. Das untergegangene Schiff ist die neue Heimat vieler exotischer Fische, manchmal auch von Haien (100 Dh).

Wellness

Erholung pur – **Anantara Spa:** Eigene Anlage nahe beim **Hotel Anantara**, Tel. 801 54 53 01, tgl. 10–22 Uhr, Signature-Massage (90 Min., 530 Dh). Der Besucher wird in einer beige-braunen Marmorhalle mit Schalen voller Frangipani-Blüten empfangen. Da das Spa direkt am Strand liegt, genießen die Gäste z. B. während ihrer Yoga-Übungen mit dem thailändischen Yoga-Meister einen freien Blick aufs Meer. Paare sollten sich die Desert Romance-Anwendung gönnen.

Infos

Verkehr

Fähre nach Sir Bani Yas: Man verlässt die E 11 ca. 10 km hinter Ruwais an der Ausfahrt Jebel Dhanna und folgt den Schildern »Sir Bani Yas Jetty«. Gäste der Insel können ihre Autos auf dem gesicherten Parkplatz am neu errichteten Quai abstellen (private Pkw sind auf der Insel nicht gestattet). Auch das auf der Insel nicht benötigte Gepäck kann man hier vor der ca. 20-minütigen Überfahrt deponieren. Das Fährticket ist im Übernachtungspreis des Hotels Anantara enthalten. An der Anlegestelle im Süden der Insel übernimmt ein Safari-Jeep den weiteren Transfer. Abfahrt der Fähre 11–16 Uhr zur vollen Stunde und nach Bedarf.

Flüge nach Sir Bani Yas: Im Westen der Insel liegt ein Flugplatz mit einer 2600 m langen Piste. Diese ließ Sheikh Zayed für seine privaten Aufenthalte 1978 anlegen. Seit einigen Jahren gibt es eine öffentliche Flugverbindung zwischen Abu Dhabi und Sir Bani Yas. Als Flugzeuge werden eine DASH 8 mit 50 Sitzplätzen eingesetzt. Der 25-minütige Flug führt ca. 200 km entlang der Küste in niedriger Höhe; die Sicht ist traumhaft. Die Flüge werden von Rotana Jet Service durchgeführt (www.rotanajet.ae oder rotanajet@anantara.info). Abflug in Abu Dhabi am Al Bateen Airport in der Stadtmitte (Flug: AUH-XSB) Di/Mi um 9, Do um 14.30, Fr um 12, Sa um 13 Uhr, Rückflug von Sir Bani Yas jeweils 2 Std. später, pro Strecke 200 Dh, Kinder 100 Dh. Auf Sir Bani Yas kümmert sich das Hotel Anantara um den Transfer vom Flughafen zum 6 km entfernten Hotel.

Lieblingsort

In Büchern stöbern – die Bibliothek des Anantara Hotels
Auf der Insel Sir Bani Yas dreht sich alles um Natur – um Naturerleben und Naturbegegnung. Die Besucher wandern, klettern, schwimmen und erholen sich im Spa des Anantara Desert Island Resort. Doch bei so viel Natur und Körperbewegung verlangt auch der Geist nach Beachtung. Im ersten Stock des Hotels hat der Besitzer eine Bibliothek eingerichtet. Es ist ein gemütliches Zimmer mit warmen Farben, bequemen Sesseln und gedämpftem Licht, persönliche Gegenstände stehen auf den Sideboards, an den Wänden hängen Bilder mit Landschafts- oder Tiermotiven. Dazwischen stehen dunkle Holzregale voller Bücher der Gattung Reiseliteratur. Große Bildbände, alte Reiseberichte, historische Darstellungen, Fachliteratur für Ornithologen, über Korallen und Korallenriffe oder über die Oryx-Antilopen – hier kann man lange Abende verbringen und bei einem guten Glas Wein sehr viel über die Welt am Golf erfahren (**Desert Islands Resort & Spa by Anantara** ▶ Karte 1, B/C 3, s. S. 193).

Das Beste auf einen Blick

Oase Liwa

Highlight!

Festung Attab: Nahe der Siedlung Attab liegt eine heute vorbildlich restaurierte Festung; sie gilt als historischer Hauptsitz der Bani Yas, des Beduinenstammes, der die Oase Liwa bewohnte und von dem die heutige Herrscherfamilie abstammt. S. 215

Auf Entdeckungstour

Wanderung zu den Oryx – in der Wüste bei Qasr Al Sarab: Im geschützten Wüstengelände östlich der Oase Liwa lebt heute wieder eine Herde von 20 weißen Oryx-Antilopen. Die Oryx, ursprünglich nur auf der Arabischen Halbinsel beheimatet, war dort seit 1972 ausgestorben. S. 222

Kultur & Sehenswertes

Festung Qatuf: Von den vielen renovierten Festungsanlagen in der Oase Liwa liegt Qatuf fast im Verborgenen. S. 212

Fischzucht in der Wüste: Wer hätte das gedacht? Der Beduine Mubarak Al Mansouri produziert im Dorf Al Mariyah bis zu 20 Tonnen Speisefisch pro Jahr. S. 212

Aktiv unterwegs

Wüstenwanderung: Einmal wenigstens muss man den Wüstensand unter den Füßen spüren, wenn man eine Oase besucht. Exkursionen bieten das Liwa Hotel und das Qasr Al Sarab Desert Resort. S. 221

Anantara Spa: Wellness vom Feinsten in thailändischem Ambiente bietet das Hotel Qasr Al Sarab Desert Resort. S. 221

Genießen & Atmosphäre

Suhail: Auf der Dachterrasse des Qasr Al Sarab Desert Resort, mitten in der Wüste, zuerst den Sonnenuntergang bei einem Cocktail genießen und dann ein köstliches Abendessen zu sich nehmen. S. 220

Al Hadara: Deftig und üppig, Kebab unter Fernfahrern. Ein einfaches Restaurant im Zentrum von Mezaira'a. S. 221

Abends & Nachts

Green Liwa Oasis: Das große Lobby-Restaurant des Liwa Hotels ist abends der gesellschaftliche Mittelpunkt im Zentrum der Oase. S. 221

Al Liwan: In der Lobby-Lounge des Qasr Al Sarab Desert Resort gibt es die besten Cocktails in der ganzen Oase … und das bis Mitternacht. S. 221

Am Rande der Rub Al Khali

Liwa liegt abseits aller Städte und Siedlungen tief im Westen des Emirats Abu Dhabi an der Grenze zu Saudi-Arabien. Keine Oase der Vereinigten Arabischen Emirate liegt so weit abgeschieden. Liwa bildet die nördliche Begrenzung der größten Sandwüste der Welt, der **Rub Al Khali,** und gehört zu den großen historischen Oasen der Arabischen Halbinsel. Von Abu Dhabi Stadt ist sie ca. 250 km, von Al Ain ca. 200 km und von Dubai sogar 350 km entfernt. Damit ist die Oase zu weit weg und zu abgeschieden, um sie nur nebenbei auf dem Weg irgendwohin ›mitzunehmen‹. Man muss sich also bewusst für einen Besuch entscheiden.

Unsere Vorstellung von Oasen wird durch Fotos und Fernsehberichte geprägt. Wir verbinden damit tropische grüne Inseln voller Schatten spendender Palmen um eine Wasserstelle inmitten eines Meeres aus Sand. So romantisch sind die arabischen Oasen jedoch nicht. Weil jedes Stückchen fruchtbaren Bodens bewirtschaftet werden muss, sind Oasen meist landwirtschaftliche Produktionszonen, deren Nahrungsprodukte auch in den örtlichen Supermärkten angeboten werden.

Liwa besteht dank vieler **artesischer Brunnen** aus einer Ansammlung von mehreren Dutzend kleiner Dörfer und Siedlungen (arab. *mahdhar*), die sich von Ost nach West über eine Distanz von ca. 120 km erstrecken. Die meisten Oasen der Welt verdanken ihr Süßwasser sogenannten artesi-

Infobox

Reisekarte: ▶ Karte 1, D-F 5/6

Orientierung

In der Oase Liwa gibt es keine Schilder, wie wir sie in unseren Breiten kennen, die uns darüber informieren, wie weit man bis zur nächsten Ortschaft fahren muss. Das geschieht hier anders: Entlang der asphaltierten Straße durch die Dörfer und Ansiedlungen (arab. *mahdhar*) der Oase Liwa geben am rechten Straßenrand kleine gelbe Steine nach jedem Kilometer abwechselnd in arabischen und europäischen Ziffern die Entfernung von dem jeweiligen Ausgangsort der Strecke an, z. B. von Mezaira'a (Richtung Hamim) oder von Hamim (Richtung Mezaira'a).

Busverbindung

Die zentrale Busstation befindet sich im Zentrum von **Mezaira'a**. Fahrzeit von und nach Abu Dhabi via Madinat Zayed 2 Std. 45 Min., Abfahrt tgl. 7.30, 11.30 und 16.30 Uhr. Fahrpreis 15 Dh. Abfahrt und Ankunft in Abu Dhabi an der Central Bus Station, s. S. 23.

Zugänglichkeit der Festungen

Die historischen, restaurierten Festungen in der Oase Liwa sind unbewachte, relativ kleine zweistöckige Lehmbauten, deren Räume leerstehen und auch tagsüber mangels eindringenden Sonnenlichts düster sind. Alle Türen stehen offen, sodass sie einschließlich ihrer Wehrgänge jederzeit frei zugänglich sind.

schen Quellen bzw. Brunnen. Tritt Grundwasser an der Erdoberfläche aus, spricht man von Quellen, aber in Wüsten bedarf es dazu einer wasserundurchlässigen gebogenen Gesteinsschicht unterhalb des Sandes, auf der sich in Jahrtausenden langsam das Regenwasser als Grundwasser gesammelt hat. Erreicht am tiefsten Punkt dieser Gesteinsschicht (z. B. in einer Mulde) das Grundwasser die Oberfläche, spricht man von einer artesischen Quelle. Wenn sich Grundwasser unter hohem Druck zwischen zwei undurchlässigen Schichten tief unterhalb des Sandes sammelt, dann wird die Wasserschicht von oben durch den Sand angebohrt, und das Grundwasser schießt als artesischer Brunnen nach oben. Der Name stammt von der französischen Landschaft Artois, in der auf diese Weise bereits im Mittelalter (lange vor der Erfindung der Pumpe) Grundwasser aus dem Erdinneren genutzt wurde.

Die Oase Liwa ist mit einer Perlenkette vergleichbar: Von der Ortschaft **Hamim** im Osten bis zu den benachbarten Ortschaften **Umm Hisin** und **Arada** im Westen reihen sich heute entlang einer teilweise vierspurigen Landstraße Palmenhaine an Palmenhaine und Dörfer aneinander. Dazwischen liegen große landwirtschaftliche Nutzflächen, aber auch nicht bewirtschaftete Bereiche mit wenigen wild wachsenden Sträuchern oder Kamelkoppeln und -stallungen, vor allem aber Wüstenabschnitte mit hohen Sanddünen.

Zentrum der Oase Liwa ist die kleine Stadt **Mezaira'a** (auch Liwa City genannt). Sie liegt in der Mitte zwischen Hamim und Arada und ist der zentrale Ort mit den wichtigsten Versorgungseinrichtungen. Hier endet auch die älteste Verbindungsstraße von der 100 km entfernten Küste zur Oase.

Die Lebensbedingungen in der Oase Liwa waren früher sehr schwierig. Der wenig fruchtbare Boden inmitten von vegetationslosen Sanddünen, das mangelnde Wasser und die Wetterverhältnisse formten die Menschen und ihren Respekt vor der Natur, der sie dank überlieferter Kenntnisse ein bescheidenes Dasein abtrotzten. Den wichtigsten Beitrag lieferten dazu die Palme und ihre Früchte.

Das Leben in der Oase Liwa hat sich mehr und mehr der Moderne angepasst. Das spürt man, wenn man auf der erst vor drei Jahren vollständig fertiggestellten Straße durch die Oasendörfer reist. Heute fahren die Nachkommen der Beduinen der Bani Yas Traktoren und formen die hügelige Dünenlandschaft der Oase Liwa zu planen Ackerflächen um. Sie legen Bewässerungsleitungen und bauen Gewächshäuser, um das ganze Jahr über die gewünschten Gemüse und Früchte liefern zu können. Auf der Fahrt entlang den Oasendörfern erkennt man die natürlichen Grenzen dieses Lebensraumes. Mal sind die Palmenhaine und die landwirtschaftlich genutzten Flächen schmaler, mal breiter. Denn immer sind es die hohen Sanddünen an den Hängen des Oasentales, die ihre Ausmaße bestimmen.

Geschichte

Schon während der späten Steinzeit (5500–3500 v. Chr.) müssen in der Oase Liwa Menschen gelebt haben. Das belegen viele Werkzeuge aus Flintsteinen, die Archäologen in verschiedenen Ortschaften der Oase auf *sabkhas* entdeckten. Die nächsten menschlichen Spuren datieren dann erst wieder aus dem 16. Jh. Dieses Rätsel erklären die örtlichen Archäologen mit klimatischen Veränderungen am

Auf dem Weg zum Kamelschönheitswettbewerb in Mazayina

Ende der Steinzeit. Nachweislich sei der ›feuchten‹ Steinzeit eine Periode jahrtausendelanger Trockenzeiten gefolgt, die weniger Vegetation und weniger jagdbare Tiere zur Folge hatte.

Im frühen 16. Jh. lebten in der Oase Beduinen des Stammes der **Manasir.** Wenig später kamen dann auch Beduinen des Stammes der **Bani Yas** in die Oase. Beide verbündeten sich durch Heirat ihrer Stammesmitglieder mit dem Ziel der Kontrolle und der Verteidigung ihrer Dörfer und deren Wasserstellen. Historisch dominierten später die Führungseliten der **Al Fallah** aus der Linie der Bani Yas. Aus dieser Zeit stammen die ersten Festungen, die in den Dörfern aus Palmenstämmen und Lehm errichtet wurden. Aus omanischen Quellen wissen wir, dass in der heute nicht mehr existierenden Festung Azzafra Sheikh Saqr Bin Fallah 1633 dem legendären Aufständischen Nasr Ben Kattan Al Hilali Zuflucht vor dem Zugriff des Imam von Oman, Nasr Bin Mourshed Al Yaarubi, gewährte. Von daher gibt es bis heute eine enge Verbindung zwischen Oman und den Nachfolgern der Bani Yas in Abu Dhabi.

Die Heimat der Al Nahyan

Die Beduinen aus Liwa ergänzten ihre Versorgung durch Jagen. Dazu

brachen immer kleine Gruppen in die umliegende Wüste Richtung Küste auf, weil in den nördlichen Gebieten dank der meeresbedingten Nebel größere Vegetations- und Tierbestände zu finden waren. Der von Generation zu Generation überlieferte Gründungsmythos der Siedlung Abu Dhabi, derzufolge eine dieser Jagdgesellschaften Gazellen bis zu einer Süßwasserquelle verfolgte, wo später die Stadt gegründet wurde, minderte keineswegs die reale Bedeutung der Oase Liwa, die noch lange Zeit Hauptsitz des Stammes Bani Yas blieb. Auch **Sheikh Shakhbout Bin Dhiyab**, der ›Gründer‹ des heutigen Abu Dhabi, lebte in Liwa. Allerdings entwickelte sich zunehmend eine Verbindung zwischen beiden Orten. Während der Sommermonate zogen mehr und mehr Männer aus Liwa an die Küste, um die Nahrung der Familien in Liwa durch Fischfang zu ergänzen und durch Perlentauchen ein bescheidenes Einkommen zu erzielen.

Natürlich gab es auch kriegerische Auseinandersetzungen um Liwa. 1880 stürmten Reitergruppen aus Qatar in die Oase am westlichen Ende bei Umm Hisin. Viele Frauen und Kinder verloren damals ihr Leben, bis eine Verstärkung aus dem benachbarten Arada die qatarischen Beduinen vertrieb. Seitdem aber herrscht Frieden in den Palmenhainen. 1948 besuchte als erster Europäer **Sir Wilfred Thesiger** die Oase. Seine Beschreibung der Oase ist in seinem Buch »Arabian Sands« nachzulesen (s. auch Entdeckungstour S. 236).

Wege nach Liwa

Um die lang gestreckte Oase am Rand der Rub Al Khali heute zu erreichen, muss man von der Küste bzw. von der parallel zur Küste verlaufenden Nationalstraße E 11, die Abu Dhabi mit Qatar verbindet, mehr als 100 km gen Süden vordringen. Noch bis in die 1950er-Jahre benötigten die Beduinen mit ihren Kamelen für diese Strecke von der Oase quer durch die hohen Sanddünen zur Küste mindestens vier, meistens sechs Tage, denn die Hitze während des Tages erlaubte Tieren und Menschen nur wenige Stunden des Wanderns. Heute erreicht man Liwa auf asphaltierten Straßen – ebenfalls quer durch die Wüste – von der Küste in einer Stunde.

Anreise von Osten

Die erste von drei Verbindungen, die von der E 11 an der Küste zur Oase Liwa führen, beginnt ca. 55 km westlich von Abu Dhabi. Hier zweigt an einer großen Verkehrskreuzung die vierspurige Nationalstraße E 65 Richtung Süden ins 120 km entfernte **Hamim** zum östlichen Rand der Oase Liwa ab. Auf dieser Landstraße, auf der viele Schwerlaster wegen der 30 km entfernten Großdeponie von Abu Dhabi fahren, erreicht man nach 42 km das Emirates National Auto Museum, eine Sammlung ganz besonderer Art.

Während der Weiterfahrt auf der E 65 Richtung Hamim erlebt man die

Seine Hoheit Sheikh Hamad Bin Hamdan Al Nahyan sammelt Automobile und ›parkt‹ sie in seinem Emirates National Auto Museum

ersten höheren Sanddünen. Jetzt kann man sich vorstellen, dass die roten Hinweisschilder »Reduce speed, sand in accumulation ahead« zu Recht die Autofahrer auf mögliche Gefahren hinweisen. Von der schnurgeraden Straße zweigen jetzt öfters zu beiden Seiten Feldwege ab mit dem Hinweis »Plantation«. Sie führen zu großen Farmen, die sich hinter den hügeligen Dünen und den künstlichen Begrünungen entlang der E 65 befinden. Auch sieht man jetzt häufiger Kamelherden mit ihren Treibern, diese gehen allerdings nicht mehr zu Fuß, sondern begleiten die Herde in klimatisierten Jeeps oder offenen Pickups.

Emirates National Auto Museum
▶ Karte 1, F 3
An der neuen E65 zwischen Abu Dhabi Stadt und Hamim, Tel. 810 22 11, www.enam.ae, tgl. 8–18 Uhr (das freundliche Personal, z. B. der indische Expatriate Hardip Singh, lässt einzelne Besucher auch am Sonntag ein und führt sie durch die Halle), Eintritt 50 Dh
Von ferne sieht es aus wie eine riesige Sandpyramide, denn das gigantische Gebäude ist mit gelbem Wellblech abgedeckt. Am Eingang steht ein überdimensional großer Landrover, der auf die in diesem Museum ausgestellten Gegenstände hinweist: Autos, Autos, nichts als Autos. Seine Hoheit Sheikh Hamad Bin Hamdan Al Nahyan, ein Neffe des Staatsgründers Sheikh Zayed, ist seit seiner frühen Jugend – heute ist Seine Hoheit über 50 Jahre – ein Autonarr. Er sammelt Autos wie andere Leute Briefmarken und stellt sie in einer eigenen Großgarage aus, die er Museum nennt.

Über 200 Stücke gibt es zu bewundern: vom Trabi bis zum Cadillac, der Rolls Royce (Baujahr 1954) von Sheikh Zayed, eine Mercedes-Abteilung, darunter ein Wagen mit vergoldeten Stoßstangen, Scheibenwischern und Außenspiegeln, dazu Porsches und Ferraris in allen Schattierungen. Zu den Kuriosa in diesem Museum gehören außerdem z. B. zweistöckige Wohnhäuser auf Rädern, die dem Sheihh einen Eintrag in das Guinness Buch der Rekorde einbrachten, oder riesige Landrover als Wohnungen mit 10 Zimmern. Die Wagen im Museum, die der Sheikh heute noch gerne benutzt, tragen das Nummernschild UAE 9 AD 9. Vor einigen Jahren hat Sheikh Hamad seine Sammlung um ein ausgedientes Passagierflugzeug der Marke Boeing Tristar bereichert. Sie wurde vom Militärflughafen Abu Dhabi auf Lastwagen hierhergebracht.

Zentrale Anreise

Die zweite Möglichkeit, Liwa von der Küste aus zu erreichen, bietet sich in **Tarif** (▶ Karte 1, E 3), ca. 100 km von Abu Dhabi entfernt. Hier zweigt von der Küstenstraße E 11 die Nationalstraße E 12 Richtung Süden ab. Nach kurzer Zeit sieht man bereits die ersten hohen Dünen hellen Sandes. Die E 12 ist beleuchtet. Über weite Strecken wird man von Stromleitungen und Pipelines der Abu Dhabi Gas Industries, aber auch von schöner Begrünung begleitet. In Tarif befindet sich die größte Busstation der Region mit einer Cafeteria (Tel. 667 50 02).

Vor **Madinat Zayed** (▶ Karte 1, E 4) werden die Dünen höher. Die Stadt, die man nach 50 km von der Abzweigung bei Tarif erreicht, wurde erst vor wenigen Jahrzehnten gegründet, um Beduinen anzusiedeln und um die Bohrtürme und Ölförderungsanlagen in der Umgebung zu versorgen. Südlich liegt das einzige 4-Sterne-Hotel an dieser Strecke.

Zwischen Madinat Zayed und der Oase Liwa führt die Straße ca. 55 km nur geradeaus, besonders an ihrer östlichen Seite dehnen sich riesige Palmenwälder aus. Am Ortseingang der Oase Liwa liegt der Ort **Mezaira'a**. Die kleine Stadt befindet sich in der Mitte der Ost-West-Straßenverbindung innerhalb der Oase.

Übernachten

Im Stil einer Festung – **Tilal Liwa Hotel:** Südlich von Madinat Zayed, Tel. 894 61 11, www.danathotels.com, 111 Zi., DZ ab 500 Dh. 2010 eröffnete sehr gepflegte Anlage mit Schwimmbad, einem Body and Soul Health-Club und drei schönen Restaurants. Das Hotel ist während des Al Dafrah Camel-Festivals (s. S. 225) immer ausgebucht.

Anreise von Westen

Die dritte Möglichkeit, Liwa von der Küste aus zu erreichen, liegt im Westen des Emirats bei der Industrieansiedlung **Ruwais** (▶ Karte 1, C 3) und trägt als Landstraße die Nummer E 15. Auch sie zweigt von der Küstenstraße E 11 ab und wird in erster Linie von Besuchern benutzt, die die Strände am Jebel Dhanna oder die Insel Sir Bani Yas aufgesucht haben. Die E 15 besitzt begrünte Mittelstreifen und erreicht nach ca. 30 km die Ortschaft **Ghayathi** (▶ Karte 1, C 4), eine Oasensiedlung mit altem Baumbestand, die sich zur Stadt entwickelt.

Hinter Ghayathi wird die vierspurige, moderne Straßenanbindung zugleich die einsamste. Selten begegnet man Autos, die Fahrt wird zur einsamen Durchquerung der Wüste. Die vom Wind harmonisch gezeichneten Formen der rotbraunen hohen Sanddünen wirken im Laufe der Fahrt eintönig, zumal nur Tempo 120 erlaubt ist. Am Ende der E 15 liegen die Orte Umm Hisin und Arada am westlichen Ende der Oase Liwa.

Mezaira'a ▶ Karte 1, E 5

Die Ansiedlung **Mezaira'a** war vor Fertigstellung der Landstraße entlang der Dörfer in der Oase Liwa die einzige, die durch eine asphaltierte Straße mit der Küste verbunden war, und stellte deshalb die kürzeste Verbindung nach Abu Dhabi dar. Auch die Bewohner der abgelegenen Dörfer der Oase kamen nach **Mezaira'a**, weil sie von hier aus die Oase verließen. Aus diesem Standortvorteil entwickelte sich seit dem Jahr 1980 die Ortschaft zu einer kleinen Stadt mit wesentlichen Infrastrukturangeboten wie Schule, Krankenhaus, Postamt, Apotheke und Tankstelle. Hier steht seit 1988 auch das erste größere Hotel der Oase, das **Liwa Hotel** (s. S. 220). Inzwischen gibt es beleuchtete Straßen, Neubauviertel, Reparaturwerkstätten und ein Kino in der Stadt.

Mezaira'a wird unter Einheimischen bereits Liwa City genannt, obwohl ein Schild mit dieser Ortsbezeichnung nur abseits vor einer großen Neubausiedlung am Ortseingang Richtung Hamim steht. In der eigentlichen Liwa City allerdings verspürt man den Einzug der Moderne in die Oase noch mehr: Hier gibt es Friseursalons, Reinigungen und einen Copy-Shop.

Bei seinem Staatsbesuch in den VAE im Oktober 2003 besuchte der damalige Bundeskanzler Gerhard Schröder die Oase Liwa und weihte dort einen von deutschen Ingenieuren der Gesellschaft für Technische Zusammenarbeit (GTZ) angelegten Brunnen ein. Ein kleines Schild im Zentrum von **Mezaira'a** erinnert daran.

Von Mezaira'a nach Arada

Die Strecke von **Mezaira'a** nach Westen wird **Valley of the Dunes** genannt, weil sich südlich der Landstraße die Ausläufer der Rub Al Khali als hohe Sanddünen auftürmen. Zu ihnen gehört auch die bekannte **Moreeb-Düne** (s. S. 216), zu der man an der Abzweigung zum Liwa Guesthouse nach links abbiegen muss.

Mezaira'a Fort

Doch bevor man die Abzweigung zum Liwa Guesthouse erreicht, lohnt es sich, eine der restaurierten Festungen hinter dem letzten Verkehrskreisel unterhalb des Regierungspalastes gegenüber der Auffahrt zum Liwa Hotel aufzusuchen. Hinter Palmen versteckt steht hier ein viereckiges Fort mit großem Innenhof. Von diesem führt rechter Hand eine Treppe hinauf zum Wehrgang, der mit Zinnen und Schießscharten gesichert ist. Vom Wehrgang ist der Aufstieg zu den drei Ecktürmen möglich. Sehr gut erkennbar ist die traditionelle Lehmbauweise, auf die bei der Restaurierung Rücksicht genommen wurde.

Hamilee-Residenz

Nur einen Kilometer weiter trifft man auf hohe Sanddünen und dahinter erreicht man das Dorf **Dhafir** (▶ Karte 1, E 5). Hier steht inmitten eines Palmenhains eine sehr alte Wohn- und Verteidigungsanlage, ebenfalls errichtet in der traditionellen Lehmbauweise. Es ist die befestigte Residenz der Stammesfamilie Al Hamilee. Die restaurierte Festungsanlage ist leer, ihre Türen stehen offen. Sie besitzt vergitterte Fenster und Schießscharten, sowohl im Zimmer als auch im Turm. Schwere Palmenstämme tragen die Decke. Von der Majlis im ersten Stock überblickt man die Palmen des Dorfes Dhafir. Der Bau derart befestigter Wohnhäuser erklärt sich aus den rivalisierenden Auseinandersetzungen zwischen

Landwirtschaft in der Wüste

Die Regierung Abu Dhabis ist sehr bemüht, eine Landflucht aus der Oase Liwa zu verhindern. Deshalb subventioniert sie die örtliche Landwirtschaft, lässt Brunnen bohren, installiert Pumpstationen, kümmert sich entlang der Straßen um öffentliche Palmenanpflanzungen, baut Schulen und Krankenhäuser. Eines der jüngsten Projekte sind die Al Burjer Gardens: Jeder Emirati, der sich in Liwa für ein Leben in der traditionellen Landwirtschaft entscheidet, erhält ein **Date Palm Starter Kit,** d. h. er bekommt ein großes Stück Land inklusive Infrastruktur zugeteilt, auf dem dann genügend Palmen angepflanzt werden, um ein Auskommen durch den Verkauf ihrer Datteln zu sichern.

Und damit den Palmen und dem Dattelanbau auch wieder die gebührende Stellung zukommt, die sie traditionell hatten, gibt es in Liwa für sie ein eigenes Festival (s. S. 225).

Diese Agrarkultur ist auch deshalb so erfolgreich, weil Liwa über eigene Grundwasservorräte verfügt. Vor zehn Jahren wurde abgesehen von den bereits vorhandenen artesischen Brunnen ein riesiger unterirdischer Süßwassersee unter dem Sand entdeckt. Aus ihm werden täglich mehrere 100 Mio. l Wasser an die Oberfläche gepumpt.

Die Ansiedlung örtlicher Landwirtschaftsprojekte treibt in Liwa auch erstaunliche Blüten. So gibt es mitten in der Wüste auch eine Fischfarm (s. S. 212).

Stammesgruppierungen innerhalb der Oase.

Festung Qatuf

Die nächste größere befestigte Anlage liegt bei der Ortschaft **Qatuf** (▶ Karte 1, E 5). Die Festung Qatuf gehört zu den älteren Befestigungsanlagen der Oase. Sie hat eine quadratische Form und besitzt an ihrer Westseite einen sehr dekorativen Eingang. Auch diese Festung wurde vorbildlich restauriert. Sie steht leer, die Türen zu den unteren Räumen stehen offen, die alten Festungstürme sind noch vollständig erhalten geblieben. Hinter der Festung befindet sich rechter Hand eine kleine alte **Moschee**, die ebenfalls aus Lehm errichtet wurde und heute noch von Betenden aufgesucht wird. Zwischen Festung und Moschee sprudelt eine Quelle und versorgt die Palmen in der Umgebung.

In Qatuf übernachtete 1947 Sir Wilfred Thesiger nach seinem Besuch der Oase Al Ain. Den Turm besteigt man über eine Außenleiter, die zur ersten Verteidigungsplattform führt. Um zur Spitze zu gelangen, muss man eine zweite steile Holzleiter benutzen. Im Turm hausen Vögel, die laut flatternd davonfliegen, wenn man auf der Holzleiter emporsteigt. Die Festung liegt rechter Hand an der Straße nach Arada (keine Ausschilderung!), versteckt inmitten von Palmen, der Ort Qatuf linker Hand oben auf der Anhöhe.

Al Mariyah ▶ Karte 1, E 5

Zwischen Qatuf und Dhafeer zweigt eine kleine Straße nach Norden zur Ortschaft Al Mariyah mit den Resten des **Al Mariyah Al Gharbiya Tower** auf einer 22 x 22 m breiten Aufschüttung, der zwischen 1912 und 1920 von

Sheikh Hamdan Bin Zayed Bin Khalifa Al Nahyan zur Verteidigung der Oase gebaut wurde (Eingang an der Westseite).

Fischfarm Al Mansouri

Tgl. 8–18 Uhr, Am Ende der Straße hinter Al Mariyah gegenüber einer großen rot gedeckten Villa, GPS-Daten: N2305083, E05333664

Bakheel Mubarak Al Mansouri, ein in der Oase Liwa aufgewachsener Geschäftsmann, stieß auf seiner Farm in Al Mariyah beim Bohren eines Brunnens auf salzhaltiges Wasser. Da er es nicht für die Landwirtschaft nutzen konnte und es zudem denselben Salzgehalt wie das Meerwasser des

Der traditionelle Dattelanbau wird in der Oase Liwa in großem Maßstab gefördert

100 km entfernt liegenden Golfes hatte, baute er 1995 ein großes Becken und setzte zuerst die Schildkröte seiner Tochter und später weitere Meeresfische hinein. Daraus entstand mit Unterstützung der Regierung ein blühendes Fischzuchtgewerbe und die erste ›Fish Farm‹ in den VAE. Heute besitzt Al Mansuri zehn große Becken, umgeben von Palmen, Obstbäumen und Gemüsebeeten. In ihnen züchtet er besonders schmackhafte Speisefische der Spezies Tilidia, die in nur sechs Monaten 800 g Gewicht erreichen. 2008 wog einer seiner Speise-Welse *(catfish)* sogar 8 kg. Insgesamt produziert und verkauft er pro Jahr 15–20 t Speisefisch. Auch die Herrscherfamilie Al Nahyan ist Kunde bei ihm. Aber selbstverständlich sind auch Touristen in dieser Fischfarm herzlich willkommen.

Am westlichen Ende der Oase

Am Ende der Straße erreicht man als letzten größeren Ort **Arada** (▶ Karte 1, D 6). Danach kann man nur in Richtung Westen auf einer Sandpiste zur saudischen Grenze fahren. Hier am Rande der Rub Al Khali gibt es nur Sand, keinerlei Hinweisschilder oder gar Grenzposten am Übergang nach Saudi-Arabien. Die asphaltierte Straße

Eine Besichtigung der Festung Attab sollte man sich nicht entgehen lassen

von Arada biegt zuvor nach Norden zum Nachbarort **Umm Hisin** (▶ Karte 1, D 6) ab, von dort führt sie schnurgerade als E 15 zur Küste.

Von Mezaira'a nach Hamim

Biegt man im Zentrum der Oase Liwa in **Mezaira'a** nach Osten ab, führt die Straße durch mehr als zwei Dutzend Oasendörfer zum 68 km entfernten **Hamim** (auf Schildern auch Himeem, Hmeem, Hmim oder Hameen) am östlichen Ende der Oase.

Auf der Fahrt von **Mezaira'a** nach **Hamim** gewinnt man einen nachhaltigen Eindruck von der historischen Bedeutung der Oase Liwa für das Emirat Abu Dhabi, zumal die Lehmfestungen innerhalb der Oase Liwa zu den wenigen historischen Bauwerken im Emirat gehören, die seine Geschichte anschaulich werden lassen. Zugleich kann man den großen Fortschritt ermessen, der dank des Erdöls auch in Liwa angekommen ist. Rechts und links der Straße Richtung Hamim sieht man, wie durch die künstliche Bewässerung Plantagenanlagen auf ehemaligem Wüstenboden entstanden sind, und ist beeindruckt von ihrer großflächigen, agrarindustriellen Nutzung. Die neuen Siedlungen liegen nicht mehr geschützt in den Tälern versteckt hinter Palmenhainen. In Zeiten, in denen man sich nicht mehr vor kriegerischen Angriffen verstecken und schützen muss, siedelt man wegen des kühlen Windes heute auf den Anhöhen.

Gleich zu Beginn dieser Fahrt erreicht man **Huweilah** (▶ Karte 1, E 5). Hier steht eine Festung aus Lehm, die von dem Beduinenstamm der Monasir um 1880 errichtet wurde. Heute finden wir in **Huweilah** neben alten Lehmhütten neue Häuser. Der Ort ist ein Zentrum landwirtschaftlicher Nutzung und der Kamelhaltung.

Festung Attab !

Auf der anschließenden Strecke stößt man auf eindrucksvolle Oasensiedlungen. Zu ihnen gehört **Attab** (▶ Karte 1, E 5). Da Attab nördlich der Straße liegt, muss man in der nächsten Ortschaft **Shah** mit einem U-Turn die Straßenseite wechseln und zurück nach Attab fahren. Attab war der Hauptsitz der Bani Yas. In einer Senke steht heute die restaurierte Festung, zu der eine schmale asphaltierte Straße führt.

Sie gehört zu den schönsten und eindrucksvollsten in der Oase Liwa. Die Türen der Festung zum Innenhof stehen offen. Dieser ist quadratisch angelegt, entlang seinen Mauern verläuft auf den Dächern der Wohnräume ein Wehrgang, auf dem man Zugang zu den drei mächtigen Rundtürmen der Festung hat.

Dank vorbildlicher Restaurierung erkennt man die damalige Kunst der Deckenkonstruktion aus Palmenstämmen und Barasti-Matten. Halbe, ausgehöhlte Palmenstämme dienen als Drainagen zur Außenseite hin. Die Lehmmauern der Räume sind ca. 1 m dick und ohne Fenster. Nischen in den Wänden dienten als Ablageflächen. Auch in Attab hat Wilfred Thesiger 1947 einige Tage verbracht, wie wir seinem Buch »Arabian Sands« entnehmen können.

Eine zweite Festung der Bani Yas steht im Nachbarort **Ladeem** (▶ Karte 1, E 5). Auch sie ist restauriert und entspricht in Architektur und Bauweise derjenigen von Attab. Allerdings fällt sie kleiner aus, ihre Türen sind verschlossen und man kann sie nur von außen besichtigen.

Tharwaniyyah bis zum Ostende der Oase

Hinter der nächsten Ortschaft **Tharwaniyyah** (▶ Karte 1, E 5) beeindrucken die vielen Palmenplantagen und die hohen Dünen, die Richtung Hamim noch höher werden. Auf der höchsten Anhöhe oberhalb des Ortes **Al Sabkhah** (▶ Karte 1, E 5) erhebt sich eine neue große Moschee. Um Al Sabkha gruppieren sich mehrere Anhöhen. Sie sind geologisch **Salzdome,** und man kann an zwei dieser Anhöhen sehen, wie dort das Salz-Sand-Gemisch im Tagebau als Baumaterial abgebaut und auf Lastwagen abtransportiert wird.

Am Ende dieser Strecke liegt die Ortschaft **Hamim** (▶ Karte 1, F 6; Tankstelle!). Davor zweigt eine befestigte schmale Straße zum Qasr Al Sarab Deser Resort ab. Richtung Norden führt die E 65 zurück nach Abu Dhabi.

Rub Al Khali

▶ Karte 1, D–G 6

Als Wüsten werden jene Landschaften bezeichnet, die weniger als 250 mm Jahresniederschlagsmenge verzeichnen und wo sich keine großräumige, landschaftsbestimmende Vegetation bilden kann. Die Sanddünen im Süden der Oase Liwa gehören zu den Ausläufern der größten Sandwüste der Welt, der Rub Al Khali. Sie erstreckt sich von hier als 650 000 km² Sandmeer bis hinunter nach Oman und Jemen. Die Rub Al Khali ist so groß wie Frankreich, Belgien und die Niederlande zusammen, 1000 km lang und 500 km breit mit Tagestemperaturen von mehr als 50 °C und Dünen bis zu 300 m Höhe.

Am Rande der Oase Liwa kann man die Wüste bereits intensiv erleben, ihrer Faszination nachspüren und sich verzaubern lassen. Vom Farbenwechsel der Sanddünen von hellem Beige bis zu warmem Rotbraun, von der Formenvielfalt, die der Wind geschaffen hat und die sich zugleich ständig verändert, oder auch von der spärlichen Vegetation, grünen Farbtupfern, die die sandige Weite durchbrechen. Beim Anblick der Dünen überkommt einen große Ehrfurcht. Wie fanden die Beduinen sich früher in diesem Meer aus Sand zurecht? Wieso verloren sie nicht die Orientierung? Man kann ihre große Leistung nur bewundern, denn ständig formt der Wind die Dünen und die Sandflächen neu, verändern sich die Kämme der Sandhügel, scharfe Kanten und weiche Rundungen wechseln einander ab wie die Pastelltöne des Sandes von Rot bis Hellgrau.

Moreeb-Dünen ▶ Karte 1, E 6
GPS-Daten: N2258673, E05347238
In Mezaira'a gabelt sich vor dem Eingang zum Liwa Resthouse die Straße, hier nimmt man die rechte, ausgeschilderte Straße zum kleinen Gewerbegebiet Industrial Liwa, dort geht es dann weiter auf der Piste in Richtung eines hohen Sendemastes (Telekommunikationstower), von dort nur noch wenige Kilometer in östlicher Richtung. Tatsächlich findet man nirgendwo in den VAE so schöne und so hohe Sanddünen wie in Liwa. Daher bietet die Oase Raum für ein intensives Erleben der Wüste. Weil die Wüste hier so ursprünglich und die Sanddünen so hoch sind, ist sie jedes Jahr im Oktober ein beliebtes Etappenziel der **Abu Dhabi Desert Challenge Rally** (s. S. 41).

Einen Vorgeschmack auf die hohen Dünen der Rub Al Khali liefern die im Süden der Oase Liwa aufgetürmten

Rosen in der Wüste?

Eine geologische Besonderheit inmitten der kargen Wüstenlandschaft sind die sogenannten Wüsten- oder Sandrosen. Sie bestehen aus Calciumsulfat-Kristallen, die wunderschöne Formen hervorbringen. Am Rande der Oase Liwa stößt man öfter auf diese ›Blumen‹, denn in der Region gibt es größere Gipsvorkommen, die sich, eingebettet in den Wüstensand, flächig und weißgrau schimmernd ablagern. Im Arabischen werden diese Flächen *sabkha* genannt. Sie bilden sich unter der Sandoberfläche. Denn salziges Meerwasser dringt aus dem benachbarten Arabischen Golf unter den Sand und zum Teil auch in seine Oberfläche, weil die Wüsten über weite Strecken unter dem Meeresspiegel liegen. Das Salzwasser, das reich an Calciumsulfat ($CaSO_4$) ist, konzentriert sich durch Verdunstung unter dem heißen Sand. Es bilden sich Gipsformationen, die wiederum verstärkende Bedingungen für Verdunstungen im Sand schaffen. Am Ende dieser Prozesse, die Hunderttausende von Jahren benötigen, kommt es zu jenen Kristallbildungen des Calciumsulfats, die wir Wüstenrosen nennen. Mit einigem Glück findet man diese Sandrosen an der Oberfläche. Souvenirsammler sollten aber die Wüstenrosen ›stehen‹ lassen, denn sie sind in den VAE naturgeschützt und dürfen nicht mitgenommen, geschweige denn ausgeführt werden. Bis 2004 war das noch anders. Deshalb findet man in gläsernen Vitrinen in den Foyers der Hotels in Liwa heute sehr schöne Exemplare.

Sanddünen von Moreeb, die höchsten Sanddünen der Oase. Ihre hellen, gelben Sandberge erreichen an einer Stelle eine Höhe von 287 m und sind bis 50 Grad steil. Weit und breit nur Sand und Dünen, und wenn der Wind sie nicht zugeweht hat, erkennt man noch die Spuren von Jeeps oder Landrovern, deren Fahrer hier die Off-Road-Qualitäten ihrer hochmotorigen, vierradgetriebenen Autos ausprobiert haben. Denn die Moreeb Dünen sind ein beliebtes Ausflugsziel für die Liwa-Bewohner, die an Wochenenden hier gerne picknicken und den Sonnenuntergang genießen. Zwischendurch fahren sie dann auch einmal mit ihren Autos die Moreeb-Dünen hinauf.

An den Moreeb Dunes – so die englische Bezeichnung auf den Ortsschildern – trägt auch der Abu Dhabi Motors Club in den Wintermonaten seine jährliche **Clubmeisterschaft** aus.

Ausflüge in die Wüste

Die Tour Operator in Abu Dhabi und die Hotels in der Oase Liwa bieten organisierte Ausflüge, auch in Form von Wanderungen, in die Wüste und zu den Moreeb-Dünen an. Sand ist ein schwieriger Untergrund für Wanderungen. Deshalb ist es sehr anstrengend, eine Düne zu ›erklettern‹. Aber wenn man einmal oben ist und den Kamm entlangläuft, ist man mächtig stolz. Hinunter kann man auf einer ausgebreiteten Plastiktüte rutschen. Wer mit einem vierradgetriebenen Leihwagen alleine die Wüste erkunden möchte, sollte ein paar Regeln beachten (s. Kasten).

Auf eigene Faust in die Wüste

Wer einen Wüstentrip individuell mit einem vierradgetriebenen Leihwagen gestalten möchte, muss einige lebenswichtige Regeln beachten:
Fahren Sie niemals allein, sondern immer mit mindestens zwei Fahrzeugen! Sollten Sie eine Panne in der Wüste haben, bleiben Sie immer zusammen. Hilfesuchende sollten nur zu zweit aufbrechen. Informieren Sie vor Ihrer Abreise das Hotel. Teilen Sie mit, wohin Sie fahren und wann Sie ungefähr zurückkommen werden. Vereinbaren Sie, dass das Hotel zwölf Stunden später die Polizei benachrichtigen soll (falls Sie selbst kein Handy mit Etisalat-Verbindung besitzen). Denken Sie an zweckmäßige Ausrüstung. Dazu gehören unbedingt pro Person 10 l Trinkwasser als Reserve, ein Kanister Benzin, ein Erste-Hilfe-Paket, eine Wolldecke, zwei Ersatzreifen, Abschleppseil, Schaufel, Kompass und eine Uhr, eventuell Sandbleche und ein Keilriemen. Und noch eines: Autofahren im Sand und in den Dünen sollte nicht erst in der Wüste erprobt werden. Nehmen Sie vielleicht zuvor an einer organisierten Wüsten-Safari teil, die Ihnen die Grundkenntnisse vermittelt.

Übernachten

Ein Traum in der Wüste – **Qasr Al Sarab Desert Resort & Spa by Anantara:** ▶ Karte 1, F 6, Abzweigung bei Hamim in die hoteleigene Qasr Al Sarab Rd., eine 6 km lange Piste hinein in die Wüste, Tel. 886 20 88, qasralsarab.anantara.com, 205 Suiten und Villen, alle mit *desert view,* DZ ab 1400 Dh. Ein Luxushotel weit entfernt von jeder Ansiedlung auf einer besonders schönen Erhebung in den rötlichen Sanddünen am Rande der Oase Liwa zu bauen, war die Idee eines Sohnes von Sheikh Zayed. Denn genau an diese Stelle soll sein Vater sich sehr oft zurückgezogen haben, damals allerdings in ein bescheidenes Zelt. 2009 eröffne-

Lieblingsort

Wüste erleben im Qasr Al Sarab Desert Resort

Wenn man heute nicht mehr wie Wilfred Thesiger die beeindruckende Leere des Empty Quarter in wochenlanger Durchquerung der Rub Al Khali erfahren kann, aber dennoch ursprüngliche Wüste erleben möchte, dann bietet ein Aufenthalt im Qasr Al Sarab dazu die Möglichkeit. Das Hotel liegt inmitten hoher Sanddünen, nur durch ein schmales, meist vom Sand verwehtes, asphaltiertes Pistenband mit der nächsten, 6 km entfernten Siedlung verbunden. »Bald nach dem Abendessen breitete ich meine Decke und mein Schafsfell aus«, beschreibt Thesiger seine Nächte in der Wüste, »legte meinen Dolch und den Patronengürtel über die Satteltaschen ... und streckte mich unter drei Decken aus.« Das Nachtlager im Qasr Al Sarab ist wesentlich komfortabler, aber genau wie Thesiger spürt man hier: »Die Wüste kann einen Zauber ausüben, dem ein gemäßigtes Klima nichts entgegenzusetzen hat.« Qasr Al Sarab bietet dieses Eintauchen ›into the spirit of Arabia‹, wie es nachhaltiger nicht sein könnte (**Qasr Al Sarab Desert Resort** ▶ Karte 1, F 6, s. S. 217).

Mein Tipp

Zeltnacht in der Wüste
Wer als Besucher an organisierten Veranstaltungen (z. B. der Meisterschaft des Abu Dhabi Motor Club oder am Dhafra Camel Festival) teilnehmen möchte, kann über die Veranstalter ein Zelt mieten. Dann erlebt er auch den vollkommen klaren, von keinem Dunstschleier getrübten Sternenhimmel, der sich jede Nacht über der Oase Liwa wölbt. In diesen Zeltlagern beschließt man den Abend mit den Zeltnachbarn zusammen mit einer Shisha, bevor man sich auf sein Feldbett im Zelt oder in seinen Schlafsack unter offenem Himmel zurückzieht. Bei Sonnenaufgang wird dann gemeinsam gefrühstückt.

te hier das Qasr Al Sarab, etwa zwei Autostunden von Abu Dhabi entfernt. Die 140 Zimmer sind zwischen 40 und 55 m² groß, in arabischem Dekor mit edlen Stoffen und hölzernen Möbeln, aber zugleich auch mit allem nur erdenklichen elektronischen Komfort eingerichtet. Die Fenster der Räume und der 42 Villen reichen vom Fußboden bis zur Decke, um einen unverstellten Blick in die Wüste sicherzustellen. Man kann seinen Wohnkomfort im Qasr Al Sarab noch steigern, indem man eine der zehn Royal Pavillion Villas bucht, die 500 m entfernt auf einer begrünten Anhöhe bis 2014 den Mitgliedern der Herrscherfamilie vorbehalten blieben; jede der Villen hat einen eigenen Pool. Zum gesamten Qasr Al Sarab-Hotelkomplex gehören ein Schwimmbad, ein Fitnesscenter, ein Anantara-Spa und ein Kids Club. Ein Traum von Hotel.

Am Rande der Wüste – **Liwa Hotel:** In **Mezaira'a** auf einer Anhöhe gegenüber dem Regierungspalast, Tel. 882 20 00, www.liwahotel.net, 58 Zi., 5 Suiten, 3 Villen, DZ ab 780 Dh. Ein Ort der Erholung auf gehobenem Niveau inmitten endloser Wüstenlandschaft. Obwohl etwas abgelegen, ist es das gesellschaftliche Zentrum des Ortes. Das Hotel hat einen Garten mit einem großen Schwimmbad, dieses befindet sich im Innenhof der zweistöckigen, halbrunden Hotelanlage. Die maurische Architektur des Hauses, die großen Zimmer und der Ausblick auf die hohen Dünen jenseits der Gartenanlagen unterstreichen das einladende Ambiente des Hauses. Mehrere Restaurants, Tennisplätze, Fitnesscenter und Internetcafé. Das Hotel organisiert halb- oder ganztägige Wüstensafaris (s. S. 221).

Für Wanderer – **Liwa Guesthouse:** In **Mezaira'a**, hinter der Polizei, Tel. 882 20 75, Fax 882 93 11. 66 Zi., DZ ab 300 Dh, an Wochenenden ab 550 Dh. Das einfache Hotel erreicht man, wenn man in **Mezaira'a** den Hinweisschildern ›Police Station‹ folgt. Es besitzt einen Pool und bietet Exkursionen an.

Essen & Trinken

Traum und Luxus – **Suhail:** im Hotel **Qasr Al Sarab Desert Resort,** s. S. 217, tgl. 16–1 Uhr Getränke und Snacks, Abendessen 19–1 Uhr, Gerichte ab 120 Dh, Vorspeisen 60 Dh. Das Restaurant liegt im ersten Stock am Rande des Hotels, damit der Blick sowohl über die traumhafte Hotelanlage, ihre Gärten und Wasserflächen als auch hinüber in die Wüste und das tiefer liegende Wadi schweifen kann. Internationale Küche mit mediterranem Akzent. Spezialität des Chefkochs ist Grillen mit bestem Fleisch. Die Weinkarte des Suhail bietet eine große Auswahl.

Herrlicher Ausblick – **Green Liwa Oasis:** im **Liwa Hotel,** s. S. 220, tgl. 6–23 Uhr, Fleischgerichte ab 65 Dh, Kaffee 12 Dh. Es ist das zentrale Restaurant des Hotels in der Mitte der Lobby mit Terrasse und Blick auf die Sanddünen hinter der Seitengartenanlage. Gute internationale Küche, freundliche Bedienung.

Buffetparadies – **Al Waha:** im **Qasr Al Sarab Desert Resort,** s. S. 217, Frühstück 120 Dh, Lunch 200 Dh, Abendessen 300 Dh. Das große Restaurant im zentralen Gebäude des Hotels versteht sich als »All Day Dining-Restaurant«. Dreimal am Tag erwarten den Gast köstliche Buffets, die immer ein Flair des Orients verbreiten: 6.30–11 Uhr Frühstück, 12–14 Uhr Mittagessen, 18.30–23 Uhr Abendessen.

Unter Expatriates – **Al Hadara:** Im Zentrum von **Mezaira'a,** Tel. 882 26 78, tgl. 8–22 Uhr, Chicken Curry 32 Dh, Wasser 5 Dh. Ein einfaches, aber viel besuchtes Restaurant mit Wachstuchtischdecken, aber immer frischen Gerichten, z. B. Reis mit Rosinen und Kardamom, gebratenem Hühnchen, gemischten Salaten. An den parkenden Lastwagen und Pickups vor der Tür erkennt man, wer dieses Restaurant bevorzugt: Ausländische Arbeitskräfte, meist aus der Dritten Welt, die hier bei üppigen Portionen eine Pause einlegen. Wer Gespräche über die Arbeitsbedingungen im Emirat führen möchte, findet hier die besten Informanten.

Aktiv

Wellness – **Anantara Spa:** im Hotel **Qasr Al Sarab,** s. S. 217, tgl. 10–22 Uhr. Seele und Körper sollen gleichermaßen revitalisiert werden. Das gelingt am besten an einem Ort der Ruhe, nur unterbrochen vom Plätschern mehrerer Brunnen und umgeben vom Duft blühender Büsche. Man kann ein Hamam aufsuchen und auf heißen Marmorplatten ruhen, in Dampfbädern schwitzen oder in einem Yacuzzi badend den Blick über die Wüste gleiten lassen. Große Auswahl an Behandlungsmöglichkeiten mit aromatischen Duftstoffen, thailändisches Personal. Anwendungen ab 300 Dh.

Kamelausritte und mehr – **Qasr Al Sarab Desert Resort:** Das Hotel (s. S. 217) bietet in erster Linie seinen Gästen, aber auch auswärtigen Besuchern ein umfassendes Aktivitäts- und Exkursionsprogramm an. Dazu gehören Ausflüge mit Kamelen in die Wüste, die Möglichkeit des Bogenschießens, Tageswanderungen durch die Dünen.

Auf Schusters Rappen durch die Dünen – **Hotel Liwa:** s. S. 220. Wanderungen in die Wüste. Es geht nach dem Frühstück um 8 Uhr los und gegen 10 bzw. 11 Uhr ist man wieder zurück. Je nach Entfernung schwanken die Preise zwischen 80 Dh und 100 Dh.

Abends & Nachts

Die Oase Liwa ist groß, aber die abendlichen Unterhaltungsangebote sind sehr bescheiden. Es gibt nur zwei Möglichkeiten: Im **Liwa-Hotel** und im **Qasr Al Sarab Desert Resort** (s. S. 217).

Bis Mitternacht – **Al Liwan:** im Hotel **Qasr Al Sarab Desert Resort,** tgl. 20–1 Uhr. Die einladende Lobby des Hotels verbreitet die Atmosphäre eines edlen Basars. Hier trifft man sich, nimmt arabischen Kaffee und Datteln zu sich und tauscht Neuigkeiten aus. Der hintere Teil ist als Bar konzipiert. Hier gibt es Bier und Cocktails, aber auch Champagner. Schöne Hintergrundmusik. Al Liwan ist ein Platz, an den man gerne zurückkehrt.

Ausklang am Abend – **Al Misyal:** im **Liwa Hotel,** Tel. 882 20 00, ▷ S. 225

Auf Entdeckungstour: Wanderung zu den Oryx – in der Wüste bei Qasr Al Sarab

Die Arabische Oryx-Antilope gehört zu den wenigen Tierarten, die ursprünglich nur in den Wüsten der Arabischen Halbinsel beheimatet waren. 1968 wurden die letzten Exemplare dort in freier Wildbahn gesehen. Von da an gab es große Anstrengungen, die Tiere in einem ›managed habitat‹ wieder anzusiedeln.

Reisekarte: ▶ Karte 1, H 6
Info: Qasr al Sarab Desert Resort & Spa by Anantara, Oase Liwa, 6 km östl. von Hamim, http://qasralsarab.anantara.com(s. auch S. 217)
Planung: Ab Hotel ca. 30 Min. Fußwanderung durch die Wüste bis zum Rand des Naturreservats in Begleitung eines Rangers
Voraussetzung: Kondition, festes Schuhwerk und ausreichend Trinkwasser

Qase Al Sarab liegt in einem Wüstengebiet wie aus dem Bilderbuch: Hohe aprikosenfarbige Sanddünen wechseln sich mit rötlichen Sandebenen ab. Dazwischen dehnen sich flache, salzige *sabkhas* aus. Derartige Wüstenzonen sind der ursprüngliche Lebensraum der Arabischen Oryx-Antilope (arab. *al maha,* lat. *oryx leucorys).* Sie heute wieder in relativ freier Wildbahn zu beobachten, ist jetzt auch in der Nähe des Qasr Al Sarab möglich. 2012 siedelte die Tourism

Development and Investment Company (TDIC) in Zusammenarbeit mit der Environment Agency Abu Dhabi (EAD) 15 Oryx in einem vorbereiteten, umzäunten Wüstengebiet nahe des Qasr Al Sarab Desert Resort an. Fünf männliche Tiere folgten drei Monate später. Schnell entwickelten die Tiere eine Herdenstruktur und 2013 wurden erste Jungtiere geboren.

Mystische Fabelwesen

Oryx sind sehr scheu, bevorzugen aride Wüstengebiete. Sie werden ca. 1,10 m groß und tragen zwei dunkle gerade Hörner, die bis zu 80 (!) cm lang werden und mit denen sie sich sogar gegen große Raubkatzen zur Wehr setzen können. Im Profil gleicht ihr Kopf dem des mythischen Einhorns. Auf der 50-Dirham-Note der VAE und auf den Flugzeugen von Qatar Airways ist ihr Kopf mit den charakteristischen Hörnern und der prägnanten schwarzen Gesichtsmaske heute abgebildet. Das Fell der Arabischen Oryx, der kleinsten der Oryx-Arten, ist nahezu weiß.

Oryx gehören zu den Tieren, die bereits in der Bibel und im Koran erwähnt werden. In orientalischen Erzählungen erfahren sie eine nahezu mystische Bedeutung. In der arabischen Lyrik werden ihre großen dunklen Augen häufig besungen und ihren geriffelten, langen geraden Hörnern stets magische Kräfte beigemessen. Seit der Antike umgibt die Oryx-Antilope ein Hauch des Wundersamen, möglicherweise deshalb, weil sie am Tag bis zu 50 km wandern kann und vor allem, weil sie wochenlang ohne zu trinken auskommt. Diese erstaunliche Genügsamkeit erklärt sich u. a. aus ihrem Vermögen, ihre Körpertemperatur auf über 45 °C ansteigen lassen zu können, ohne Schaden zu nehmen.

Vom Aussterben bedroht

1968 wurden auf der Arabischen Halbinsel im Sultanat Oman zum letzten Mal freilebende Tiere der Arabischen Oryx gesehen. Seit 1972 gelten sie offiziell auf der Arabischen Halbinsel als ausgestorben. 1976 bemühte sich das Sultanat Oman, wieder eine Oryx-Herde in den Wüsten seiner südlichen Provinz Dhofar anzusiedeln. Doch zu nachhaltigem Erfolg führte dies nicht.

Ein Jahrzehnt später nahm Sheikh Zayed Kontakt zu einem US-amerikanischen Zoo auf und holte ein Dutzend Tiere aus einem Zuchtprogramm auf seine private Naturschutzinsel Sir Bani Yas. Unter den dortigen Bedingungen vermehrten sich die Tiere außerordentlich schnell. Zwanzig Jahre später gab es auf Sir Bani Yas wieder rund 200 Arabische Oryx. 2007 konnte deshalb die Environment Agency Abu Dhabi eine erste Herde von 89 Oryx in das Wüstengebiet von Umm Al Zumul entlassen, das ca. 50 km Luftlinie östlich der Oase Liwa liegt.

Inzwischen ist diese Herde auf 150 Tiere angewachsen, aber es braucht viel Geduld und großes Glück, als Tourist die Oryx in der Wüste aufzufinden. Zudem ist Umm Al Zumul derzeit nur ab Al Ain über eine ca. 120 km lange

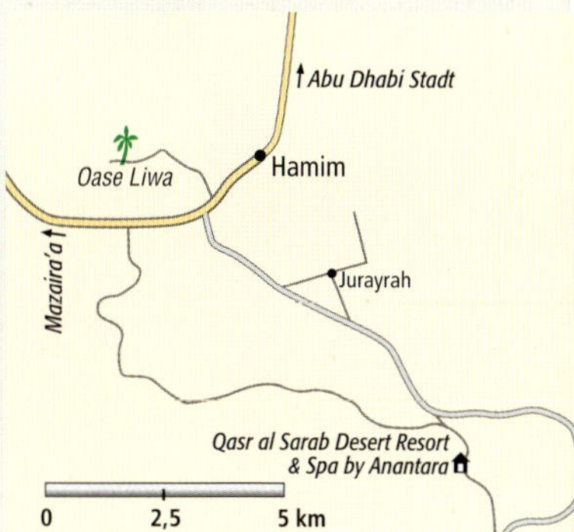

Piste zu erreichen. In Qasr Al Sarab hingegen haben Gäste die Gelegenheit, vom Hotel in etwa 3 km zu den Futterstellen und Schattenspendern am Rand des umzäunten Naturreservats zu wandern.

Die ›Schöpfung reorganisieren‹

Sir Bani Yas, Umm Al Zumul und nun Qasr Al Saral sind Modelle für eine neue Form der Renaturierung. Es gilt, die ›Schöpfung‹ unter heutigen Bedingungen dort zu ›reorganisieren‹, wo sie durch menschliches Verhalten zerstört wurde. Um Oryx mit Erfolg anzusiedeln, müssen große Wüstengebiete als neue Lebensräume umzäunt werden. Diese Zäune sind der Preis dafür, dass Oryx wieder in ihrer ›natürlichen‹ Umwelt leben können.

Heute gilt es auf der Arabischen Halbinsel nicht mehr die Möglichkeit, den Tieren ein grenzenloses Territorium für Wanderungen zu Nahrungs- und Futterstellen zur Verfügung zu stellen. Denn Oryx können nur dann lange Zeit ohne Trinkwasser auskommen, wenn sie genügend Flüssigkeit über das Futter aufnehmen. Da die Weideplätze in den neu geschaffenen Reservaten nicht ausreichen, müssen die Ranger der ADEA die Tiere entsprechend mit Futter versorgen. Neu angelegte Grasflächen und ein künstlicher See in einer *sabkha,* dessen Süßwasser von einer Solarpumpe herangeführt wird, sorgen zudem für ›natürliche‹ Bedingungen innerhalb dieses sogenannten *managed habitat* (organisierter Lebensraum).

Eine Begegnung mit den seltenen Antilopen fördert zweifelsohne die Bereitschaft, sich weltweit für Projekte zur ›Bewahrung der Schöpfung‹ zu engagieren. Ungeachtet der Frage, wer auch immer der Schöpfer sei oder ob es denn überhaupt einen Schöpfer gibt, die Oryx von Qasr Al Sarab sind ein Beweis, dass sich ein Engagement lohnt. Auf dem Rückmarsch durch die Wüste ist genügend Zeit, diese Fragen zu diskutieren.

Leuchtend weiß heben sich die Oryx-Antilopen vom rötlichen Wüstensand ab

tgl. 20–23 Uhr, Cocktails ab 25 Dh, Bier 20 Dh. Freundliche Atmosphäre, ab 21 Uhr Livemusik einer Zwei-Mann-Kapelle, die in ihre Darbietungen Wünsche der Gäste aufnimmt.

Infos & Termine

Verkehr

s. Infobox S. 204

Feste & Veranstaltungen

Abu Dhabi Desert Challenge: Fünftägige Offroad-Rallye Ende März/Anfang April, s. S. 41.

Motorrad-Wüstenrallye: Durch die VAE findet im Rahmen des Desert Challenge Programms eine Motorradrallye statt, zu der immer ein Etappenziel in Liwa gehört (www.abudhabidesertchallenge.com/index.aspx).

Liwa Date Festival: Einmal im Jahr – mitten im Juli – findet in **Mezaira'a** ein Wettbewerb um die schönsten und größten Datteln statt. Eine Woche lang stellen die Farmer der Oase ihre besten Früchte aus. Da Datteln eine lange Haltbarkeit besitzen, kommen viele Dhabi'in in dieser Woche nach Liwa und decken sich mit Vorräten ein. Am Ende werden auch Sieger gekürt: z. B. der, der die größte oder die schmackhafteste Dattel des Jahres gezüchtet hat. Auch Dattelpalmen erhalten Preise. Informationen zu den Terminen des Liwa Date Festival: http://visitabudhabi.ae/en/see.and.do/leisure/events/liwa.date.festival.2015.

Clubmeisterschaft des Abu Dhabi Motors Club: Jan., in den Moreeb Dunes. Die Ebene am Ende der Moreeb-Dünen wandelt sich während der Meisterschaft in ein großes Zeltlager. Tausende von Zuschauern verfolgen, wie die Fahrer in Einzelwertungen die knapp 300 m hohen, steilen Sanddünen mit dem Motorrad oder mit dem Auto hinauffahren (www.agsc.ae).

Mein Tipp

Kamele auf dem Catwalk

Einmal im Jahr findet mitten in einer ansonsten menschenleeren Wüstenebene in der Nähe der Oase Liwa ein Schönheitswettbewerb für Kamele statt. Wochenlang bemüht sich eine kritische Jury unter Tausenden von Kamelen herauszufinden, welches Tier die längsten Beine, die schönste Nase, die gesündesten Zähne, das ansehnlichste Hinterteil oder die prallsten Höcker besitzt. Die Siegerprämie für das Gesamtkunstwerk des schönsten Kamels beträgt 1 Mio. Dirham.

Der Ort Mazayina liegt im Westen Abu Dhabis in der Region Al Gharbia zwischen Madinat Zayed und der Oase Liwa. Einmal im Jahr erlangt er in den Wintermonaten für sechs Wochen größte Bedeutung. Dann findet hier das jährliche Dhafra Camel Festival statt. Teilnehmen kann jeder Bewohner aus den GCC-Staaten mit einer unbegrenzten Zahl an Kamelen. Bereits im November beginnen die Vorbereitungen mit der Registrierung der Tiere zu diesem ›Camel Beauty Contest‹. Mehr als 2500 Kamelbesitzer aus Oman, Saudi Arabien, Qatar und der VAE melden sich alljährlich an, um die 28 000 Kamele werden in die Wettbewerbslisten eintragen. Die hohe Zahl mag verwundern, aber es geht auch um die Ehre des schönsten Kamels der Welt.

Der jährliche Schönheitswettbewerb der Kamele dient der Abu Dhabi Tourism & Culture Authority (TCA) in erster Linie zur Wiederbelebung kultureller Traditionen. Dabei spielen Kamele eine sehr große Rolle (**Al Dhafra Camel Festival,** Jan./Feb. in Mazayina ▶ Karte 1, E 5, www.aldhafrafestival.ae, Eintritt frei).

Das Beste auf einen Blick

Al Ain

Highlights!

Al Ain National Museum: Das schönste und älteste Museum des Emirats widmet sich der Geschichte des traditionellen Beduinen-Lebens. 4 S. 235

Hili National Archaeological Park: Hili war eine große Siedlung in der Bronze-Zeit. Die dort entdeckten Rundgräber sind die bedeutendsten der VAE. 10 S. 242

Auf Entdeckungstour

Wilfred Thesiger auf der Spur – eine Fotoausstellung: Im Al Jahili Fort dokumentiert eine Fotoausstellung die abenteuerliche Wüstendurchquerung des Briten W. Thesiger. S. 236

Kamele zum Anfassen – der Kamelmarkt von Al Ain: Al Ain besitzt den größten Kamelmarkt der Arabischen Halbinsel. Im Souq Jamal warten unter freiem Himmel Hunderte von Kamelen auf neue Besitzer. S. 246

Hinauf auf den Jebel Hafeet: Die Straße ist im Emirat Abu Dhabi einmalig: Sie ist 12 km lang und führt in 60 Haarnadelkurven hinauf auf den höchsten Berg des Emirats. Sie ist ein Meisterwerk der Ingenieurskunst und hat über 100 Mio. US-$ gekostet. S. 250

Kultur & Sehenswertes

Al Ain Palace Museum: der authentisch restaurierte Wohn- und Regierungssitz des Staatsgründers während seiner Zeit als Gouverneur von Al Ain. 2 S. 234

Aktiv unterwegs

Ballonfahren über der Wüste: Es ist traumhaft schön und auch sicher, mit einem Fesselballon über die Wüste und die Oase Al Ain zu schweben. S. 254

Fußball: Besuch eines Fußballspiels des Clubs Al Ain, den bis 2010 der Deutsche Winfried Schäfer trainierte. 3 S. 254

Schlittschuhlaufen: Ein schwungvolles Kontrastprogramm zur Tageshitze bietet der moderne Skating Rink in der Bawadi Mall in Al Ain. 2 S. 254

Genießen & Atmosphäre

Luce im Danat: Spaghetti im fernen Arabien bei dem beliebtesten »Italiener« der Stadt. 2 S. 252

Flavours im Hilton: Mittags immer ein köstliches Buffet, abends große Küche mit wechselnden Themen. 1 S. 253

Eden Rock: Der Blick von der Terrasse des Restaurants im Mercure Grand Jebel Hafeet auf das 900 m tiefer gelegene Al Ain konkurriert mit den guten Sandwiches. 4 S. 253

Abends & Nachts

Min Zaman: Orientalische Nächte mit Bauchtanz im Al Ain Rotana. 3 S. 255

Makani: Wer den Abend nicht mit dem Abendessen beenden möchte, kann in der Bar des Hiltons eine erfolgreiche philippinische Band erleben. 1 S. 255

Die grünste Stadt des Emirats

Einst eine beschauliche Oase, später umkämpftes Grenzgebiet, heute zweitgrößte und grünste Stadt des Emirats Abu Dhabi und UNESCO-Welterbe. In Al Ain erlebt man sowohl die beduinischen Traditionen, etwa auf dem Kamelmarkt, als auch die jüngere politische Geschichte dank der aufwendig restaurierten Festungen und Paläste, die heute als Museen dienen. Seit 2005 preist Al Ain sich als Ort der »Gärten Arabiens«. In der Tat: Keine

Infobox

Reisekarte: ▶ Karte 1, H/J 3

Information

Vorwahl Al Ain: 03

Abu Dhabi Tourism and Culture Authority: Ali Bin Abu Taleb St., Tel. 03 764 20 00, So–Do 8–14 Uhr, info@tcaabudhabi.ae.

Im Internet: www.alain.ae.

Al Ain Municipality: Al Baladiya St., So–Do 10–12.30 Uhr.

Besichtigungshinweis

Die historischen Paläste und Festungen in Al Ain sind als Museen für Besucher zugänglich, nicht allerdings jene, die heute noch von der Herrscherfamilie genutzt werden, wie z. B. die Paläste auf dem Gipfel des Jebel Hafeet.

Verkehr in Al Ain

Al Ain ist sehr großflächig, die Sehenswürdigkeiten liegen weit auseinander. Es empfiehlt sich, innerhalb der Stadt **Taxis** zu benutzen, wenn man nicht mit einem Leihwagen angereist ist oder in Al Ain ein Fahrzeug anmietet. Seit 2011 gibt es auch ein **innerstädtisches Busnetz** (s. S. 255).

Zentrale Busstation

Khaleed Bin Sultan St., nahe dem Al Ain National Museum. Komfortable Wartehalle, Busse nach Dubai (20 Dh) und Abu Dhabi (Nr. 700, 10 Dh), tgl. 4.30–24 Uhr alle 30 Min.

Grenzübergänge nach Oman

Al Mudeef Border Post: Innenstadt, nur für Angehörige der GCC-Staaten.

Hili Border Post: Abu Obeida Al Jerah St., für Touristen aller anderen Staaten. Deutsche, Österreicher und Schweizer erhalten ein *visum on arrival* (5 Oman Rial für 5 Tage bzw. 20 Oman Rial für bis zu 30 Tagen). Wer die VAE auf dem Flughafen Dubai betritt und dort sein Visum für die VAE in Form eines Einreisestempels erhalten hat, kann ohne Visum einreisen.

Von Al Ain gelangen Sie ins omanische Al Buraimi und von dort weiter ins ganze Sultanat. Zwei weitere Grenzübergänge liegen außerhalb der Stadt in Richtung Süden an der Landstraße nach Nizwar und in Richtung Westen nach Muscat.

Wer die Grenze mit einem Leihwagen aus den VAE passieren möchte, muss sich von seiner VAE-Leihwagenfirma bescheinigen lassen, dass er mit dem Wagen nach Oman reisen darf. Bereits an der Grenze in Al Ain fragt der VAE-Grenzbeamte nach diesem Schreiben. Ohne es muss man umkehren.

andere Stadt der VAE besitzt so viel Grünflächen und so große Palmenwälder wie Al Ain.

Mehr als 200 Quellen und Brunnen inmitten der Sandwüste an den Ausläufern des **Hajar-Gebirges** ließen 140 km östlich von Abu Dhabi am Fuße des **Jebel Hafeet** ein 200 km^2 großes Oasengebiet entstehen, dessen Zentrum die Stadt Al Ain (arab. Quelle) bildet. Al Ain ist nicht nur der fruchtbarste Landstrich, sondern auch die größte Oase der Emirate: Die Datteln aus Al Ain gelten als besonders schmackhaft, schon der Prophet lobte ihren süßen Wohlgeschmack.

Al Ain ist die Stadt mit den meisten historischen Palästen und Festungen im Emirat Abu Dhabi. Hier ereigneten sich wesentliche Abschnitte der Geschichte der Herrscherfamilie Al Nahyan. Doch die Geschichte der Stadt reicht bis ins dritte Jahrtausend vor Christus zurück. Seitdem war die Siedlung Al Ain als Oase an der Karawanenroute von Oman nach Mesopotamien kontinuierlich bewohnt.

Stadtgeschichte

Eine vierspurige, z. T. von Palmen gesäumte und des Nachts beleuchtete Straße führt von Abu Dhabi durch die Wüste nach Al Ain. Das Oasengebiet im Grenzdreieck Oman/Saudi-Arabien/VAE blickt unter seinem ursprünglichen Namen **Buraimi-Oase** auf eine bewegte, d. h. auch kriegerische Vergangenheit zurück. Buraimi ist als größte Oase im Nordwesten der Arabischen Halbinsel seit Jahrtausenden ein wichtiger Verkehrsknotenpunkt von Karawanenrouten, wie die Ausgrabungen von **Hili** bestätigen.

Im 19. Jh. rückte das Oasengebiet ins Zentrum politischer Veränderungen, als saudische Truppen 1866 die Oase im Zuge der militärischen Eroberung zur Verbreitung ihres wahabitischen Islams eroberten. Der omanische Sultan konnte 1869 nach erbitterten Kämpfen die Oase zurückgewinnen. 1952 marschierten die Saudis abermals ein; diesmal unterstützten sie fundamentalistische Aufständische, die den omanischen Sultan vertreiben wollten, da dieser nichtislamische (englische) Ölbohrtrupps ins Land geholt hatte. Mit britischer Hilfe gelang es, die omanischen Ansprüche 1959 militärisch durchzusetzen, und dank des Internationalen Gerichtshofs in Den Haag erkennt Saudi-Arabien seit 1974 die südlich des Oasengebiets verlaufende Grenze an.

Heute teilen sich Oman und die VAE die ursprünglich neun Dörfer der Buraimi-Oase. Die Grenze zwischen beiden Staaten verläuft entlang den traditionellen Besitzmarkierungen der vorstaatlichen Scheichtümer: Sechs Dörfer, historisch im Familienbesitz der Sheikhs von Abu Dhabi, gehören zu den VAE, drei zu Oman. In Oman heißt dieser Teil nach wie vor Al Buraimi, während die VAE ihrem Oasengebiet den Namen jenes Dorfes gaben, in dem ihr Staatsgründer **Sheikh Zayed** geboren wurde: Al Ain. Die heute vollkommen unbefestigte Grenze zwischen Al Ain und Al Buraimi, d. h. zwischen den VAE und Oman, verläuft mitten durch die Stadt. Nur die mächtigen Forts aus gestampftem Lehm in beiden Oasenorten erinnern noch an die kriegerischen Zeiten.

Die Oasenstadt Al Ain bewohnen ca. 450 000 Menschen. Sie ist die zweitgrößte Stadt des Emirats. Sie besitzt einen internationalen Flughafen, ist wegen ihres trockenen Klimas die beliebteste Sommerfrische der VAE und zugleich auch ein kulturelles Zentrum. In Al Ain befindet sich seit 1977 die **Landesuniversität** (ca. 20 000 Studierende), steht eines der eindrucksvolls-

Al Ain

Sehenswert

1 Al Jahili Fort
2 Al Ain Palace Museum (ehemals: Sheikh Zayed Palace Museum)
3 Oase Al Ain
4 Al Ain National Museum
5 Eastern Fort
6 Al Murabba Fort
7 Natural History Museum
8 Al Jimi Oasis Watchtowers
9 Al Hili Watchtowers
10 Hili National Archaeological Park
11 Al Ain Wildlife Park and Resort – Al Ain Zoo
12 Kamelmarkt
13 Life Stock Market (Tiermarkt)
14 Jebel Hafeet
15 Jebel Hafeet Tombs

Übernachten

1 Hilton Al Ain
2 Danat Al Ain Resort
3 Al Ain Rotana
4 Mercure Grand Hotel Jebel Hafeet
5 Al Khayal Hotel – Apartments
6 City Seasons
7 Al Massa Hotel

Essen & Trinken

Restaurants in den Hotels
1 – 4

Einkaufen

1 Al Ain Mall
2 Al Bawadi Mall
3 Al Jimi Mall

Aktiv

1 Horizon International Flight Academy
2 Hili Fun City
3 Khalifa Bin Zayed Stadion
4 Al Ain Race Way
5 Al Malqam Camel Race Track
6 Palm Sports Resort (Al Ain Equestrian, Shooting & Golf Club)
7 Green Mubazzarah Hot Spring

Abends & Nachts

Locations in den Hotels
1 – 4

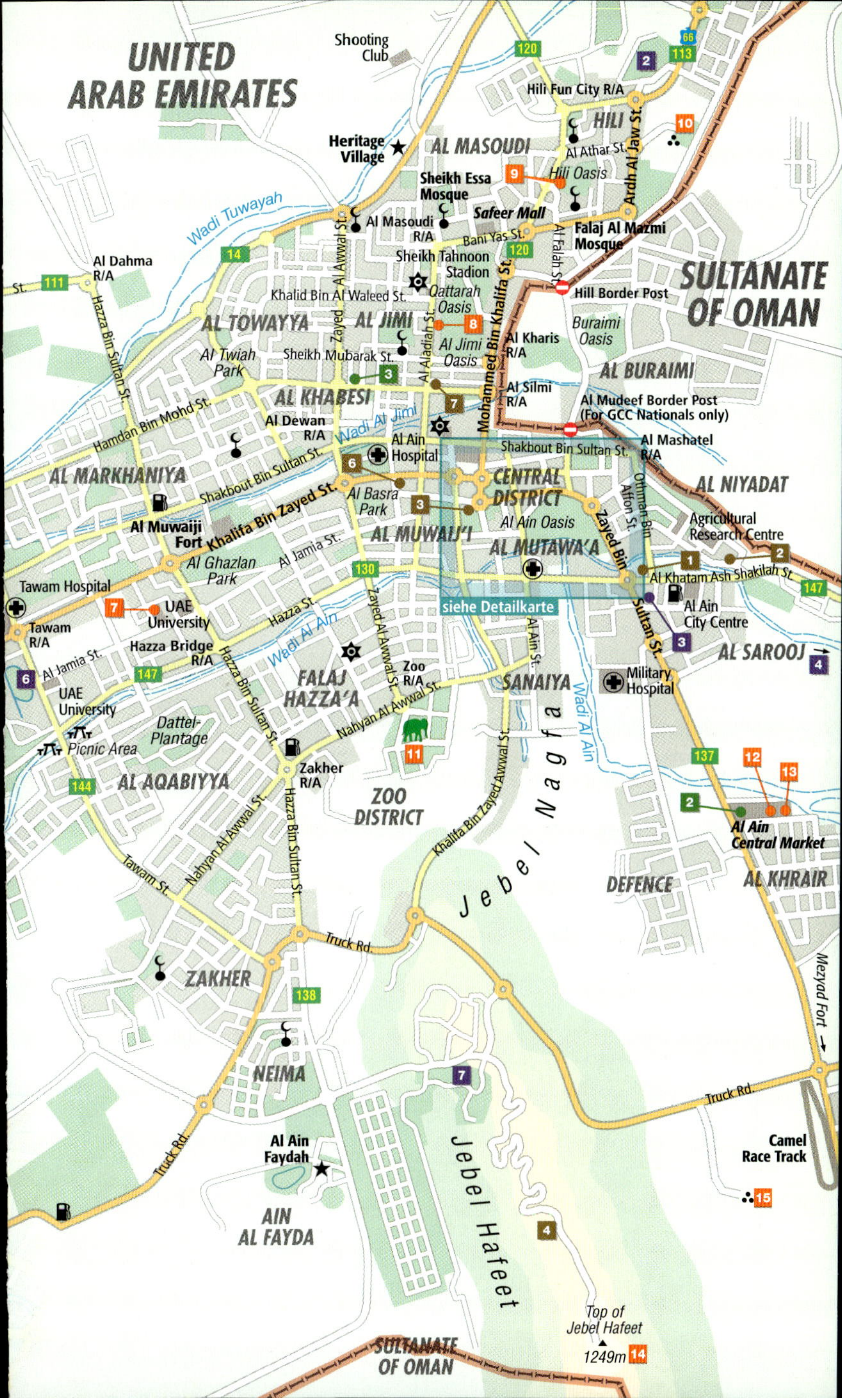
UNITED ARAB EMIRATES
SULTANATE OF OMAN
Shooting Club
Hili Fun City R/A
HILI
Heritage Village
AL MASOUDI
Al Athar St.
Hili Oasis
Sheikh Essa Mosque
Safeer Mall
Ardh Al Jaw St.
Wadi Tuwayah
Al Masoudi R/A
Bani Yas St.
Falaj Al Mazmi Mosque
Al Dahma R/A
Sheikh Tahnoon Stadion
Al Falah St.
Hill Border Post
Khalid Bin Al Waleed St.
Qattarah Oasis
AL TOWAYYA
AL JIMI
Buraimi Oasis
Al Twiah Park
Sheikh Mubarak St.
Al Jimi Oasis
Al Kharis R/A
AL BURAIMI
Hazza Bin Sultan St.
Zayed Al Awwal St.
Al Aladiah St.
Mohammed Bin Khalifa St.
AL KHABESI
Al Silmi R/A
Hamdan Bin Mohd St.
Al Dewan R/A
Wadi Al Jimi
Al Mudeef Border Post (For GCC Nationals only)
Al Ain Hospital
Shakbout Bin Sultan St.
Al Mashatel R/A
AL MARKHANIYA
CENTRAL DISTRICT
AL NIYADAT
Al Basra Park
Othman Bin Affon St.
Al Muwaiji Fort
Khalifa Bin Zayed St.
Al Ain Oasis
Agricultural Research Centre
AL MUWAIJ'I
Zayed Bin Sultan St.
AL MUTAWA'A
Al Ghazlan Park
Al Jamia St.
Tawam Hospital
Al Khatam Ash Shakilah St.
siehe Detailkarte
UAE University
Al Ain City Centre
Tawam R/A
Hazza St.
Wadi Al Ain
Al Ain St.
AL SAROOJ
Hazza Bridge R/A
Zoo R/A
Military Hospital
UAE University
FALAJ HAZZA'A
SANAIYA
Dattel-Plantage
Picnic Area
Nahyan Al Awwal St.
Jebel Nagfa
Zakher R/A
AL AQABIYYA
ZOO DISTRICT
Al Ain Central Market
Khalifa Bin Zayed Awwal St.
DEFENCE
AL KHRAIR
Tawam St.
Truck Rd.
ZAKHER
Mezyad Fort
NEIMA
Al Ain Faydah
Jebel Hafeet
Camel Race Track
AIN AL FAYDA
Top of Jebel Hafeet
1249m
SULTANATE OF OMAN
St.
111
14
120
113
66
130
147
137
144
138
1
2
3
4
5
6
7
8
9
10
11
12
13
14
15

ten Museen und förderten Archäologen im Stadtteil Hili die bedeutendsten Ausgrabungen der Region zutage.

Die Stadt ist heute dank sanfter städtebaulicher Planung und klarer Straßenführung eine der schönsten der Emirate: ohne die Hochhäuser des Erdölbooms, mit vielen prächtigen Parkanlagen, imposanten *roundabouts,* in denen sich Kunst und Natur in der spielerischen Weise des neuzeitlichen arabischen Geschmacks begegnen.

Zentrum

In Al Ain findet man sich leicht zurecht. Aus Abu Dhabi Stadt kommend, wird man am Stadtrand von einer überdimensionalen Kaffeekanne in einem Verkehrskreisel begrüßt. Hier beginnt die breite, begrünte **Emirates Street,** die direkt ins Zentrum Al Ains führt. Rechts passiert man den unübersehbaren fünfstöckigen Großbau der Universität und das Sheikh-Tahnoun-Bin-Mohammed-Fußballstadion, das größte der Emirate.

Das Zentrum der Stadt erstreckt sich entlang der **Khalifa Bin Zayed Street,** die Al Ain von West nach Ost durchquert. An ihr und in den abzweigenden Straßen befinden sich die wichtigen Behörden. An einem Kreisverkehr liegt **Clock Tower,** der gar kein Uhrturm im klassischen Sinne ist, sondern nur ein schräg stehendes, riesiges blaues Zifferblatt inmitten einer Grünanlage. Wasserkaskaden und häufige Neubepflanzungen sind Teil dieser Rondellgestaltung. In unmittelbarer Nachbarschaft steht die **Sheikha-Salamah-Moschee,** ein Gotteshaus von eindrucksvoller Größe (kein Zutritt für Nicht-Muslime). Gegenüber erstrecken sich die Parkanlagen, an deren nördlichem Rand das **Al Ain Rotana Hotel** 3 liegt.

Al Jahili Fort 1

Sultan Bin Zayed St., Ecke Mohammed Bin Khalifa St., Tel. 03 784 39 96, Sa/So, Di–Do 9–17, Fr 15–17 Uhr, Mo geschl., Eintritt frei

Am östlichen Rand der zentralen Parkanlage steht das Al Jahili Fort, 1891 errichtet und nicht nur die größte Festung Al Ains, sondern eine der größten historischen Festungen der VAE. In ihren Mauern wurde 1918 Sheikh Zayed Bin Sultan, der 2004 verstorbene Gründer der Vereinigten Arabischen Emirate, geboren.

Das Zentrum Al Ains erstrahlt in nächtlichem Glanz, im Hintergrund die nach der Mutter Sheikh Zayeds benannte Sheikha-Salamah-Moschee

Sheikh Zayed Bin Khalifa, der Abu Dhabi von 1855 bis 1909 regierte und in allen historischen Darstellungen als Zayed I bezeichnet wird, um ihn vom späteren Staatspräsidenten der VAE, Sheikh Zayed Bin Sultan (Zayed II) zu unterscheiden, hat Al Jahili zwischen 1891 und 1898 erbauen lassen. Es diente als Verteidigungsstätte für die Palmenhaine der angrenzenden Oase und als Hauptquartier für die Oman Trucial Scouts, eine Reitergarde, die die Gebirgspässe kontrollierte und für Frieden zwischen den lokalen Stammesfürsten sorgte. Auch war es die Residenz der lokalen Gouverneure und wurde als Sommerresidenz der Sheikhs der Al Nahyan benutzt, weil es hier kühler und trockener war als an der Küste in Abu Dhabi.

Al Jahili Fort wird von einer großen hohen rechteckigen Mauer umgeben, an deren hinteren Ecken zwei Rundtürme die Befestigungsanlage begrenzen. Ein dritter, wesentlich mächtigerer Turm befindet sich an der südlichen Vorderseite außerhalb der Mauern. Er hat die Form von vier aufeinandergebauten, sich nach oben verjüngenden konzentrischen Kreisen und überragt noch heute die angrenzenden Bäume. Seit seiner Restaurierung im Jahre 2008 ist dieser **Tower im Jahili Fort** eines der architektonischen Wahrzeichen der VAE.

Entlang der hohen Mauern erstrecken sich im Inneren zwei Wohntrakte. Im hinteren Teil befindet sich die eigentliche Befestigungsanlage. Zur Festung gehört eine etwas außerhalb liegende **Moschee,** die in die Zeit der Erbauung des Forts datiert wird und erst 2009 instand gesetzt und renoviert wurde. 1950 diente das Fort britischen Soldaten als Militärbasis, die im Innenhof Baracken errichteten. Der rechte Trakt des Haupthauses berherbergt eine permanente **Ausstellung von Fotoarbeiten des Briten Sir Wilfred Thesiger** (s. Entdeckungstour S. 236).

Al Jahili liegt heute inmitten einer schönen Parkanlage. Durch ein von zwei Rundtürmen flankiertes prächtiges Haupttor betritt man den großen rechteckigen, unbefestigten **Innenhof.** In ihm werden zwischen Oktober und Mai unter freiem Himmel mehrere Konzerte international bekannter Künstler aufgeführt.

Regelmäßig wird im Innenhof in den Wintermonaten im Auftrag der Cultural and Heritage Society auch **beduinische Folklore** dargeboten (Termine: s. Tageszeitung). Höhepunkte dieser Veranstaltungen sind die Vorführungen des **Al Ayyala,** eines von Gesängen begleiteten kriegerischen Tanzes der Männer. Historisch war es ein Tanz, mit dem die Beduinen eine gewonnene kriegerische Auseinandersetzung feierten. Heute wird er zu Ehren von Gästen bei Empfängen und zur bewahrenden Erinnerung an die Traditionen aufgeführt.

Al Ain Palace Museum 2

Tel. 03 751 77 55, Sa/So, Di–Do 8.30–19.30, Fr 15–19.30 Uhr, Mo geschl., Eintritt frei

Im Zuge des Restaurierungsprogramms der Forts von Al Ain wurde auch jenes Anwesen am westlichen Rande der Oase wieder vollständig instand gesetzt, das Sheikh Zayed Bin Sultan bis 1966 bewohnte. 2003 wurde es als **Sheikh Zayed Palace Museum** der Öffentlichkeit zugänglich gemacht, heute heißt es Al Ain Palace Museum. Dass bei der Restaurierung sehr großer Wert auf Authentizität gelegt wurde, beweist die Tatsache, dass nur Materialien verwendet wurden, die man 1910, dem Jahr der Erbauung, in Al Ain kannte, d. h. nur Lehm, Steine, Palmstämme und importiertes Teakholz.

Man tritt in das Palastanwesen durch ein mächtiges Holztor, dessen Eingang zu beiden Seiten von zwei mehrstöckigen Rundtürmen gesichert wird. Besonders eindrucksvoll ist innerhalb der Palastanlagen der Old Residential Complex, der 1937 erbaut wurde und sowohl Wohnbereiche als auch den großen Empfangsraum beherbergt, in dem der Herrscher Staatsgäste und Stammesführer empfing. Sitzkissen und Teppiche waren das damals ausreichende Mobiliar, und wo Sheikh Zayed saß, schmücken nun seine zwei alten Gewehre die Wand. Gegenüber dem Gebäude steht das große, braunschwarze **Beduinenzelt,** in dem er im Sommer gerne in nostalgischer Erinnerung verweilte; es ist ebenfalls mit Teppichen und Kissen ›möbliert‹.

Zum Old Residential Complex gehört rechter Hand ein Gebäude, in dessen Parterre ein kleiner Raum als **private Palastschule** genutzt wurde: vier Schulbänke für maximal acht Kinder. Hier wurden die Kinder von

Sheikh Zayed mangels eines öffentlichen Schulwesens im Lesen und Schreiben unterwiesen. Nicht zu übersehen ist auf dem großen Innenhof ein sehr alter, britischer Landrover, die erste ›Staatskarosse‹ von Sheikh Zayed.

Oase Al Ain 3

Der Teil der historischen Oase Buraimi, der heute zu den VAE gehört, war eine Ansammlung mehrerer kleiner Oasendörfer. Innerhalb der Stadt Al Ain werden ihre Namen heute noch für die inzwischen zum Teil als öffentliche Parkanlagen genutzten ursprünglichen landwirtschaftlichen Flächen verwendet (z. B. Hili). Die meisten sind aber noch als Palmenhaine erhalten, deren Datteln durchaus ein ökonomischer Faktor für die Stadt Al Ain sind. Zu diesen gehören die Oasen Al Jimi und Al Qattara im Norden der Stadt, aber vor allem die Oase Al Ain. Sie war das historische Zentrum und ihren Namen trägt auch heute die Großstadt.

In der 1200 ha großen Oase stehen heute noch mehr als 150 000 hohe Palmen. Doch die Oase ist keine städtische Parkanlage für orientophile Nostalgiker: Hinter den halbhohen Mauern aus Lesesteinen wird schwer gearbeitet. Palmen bedürfen nämlich intensiver Pflege. Alle tragen Dutzende von Fruchtständen, die von der Schwere der Datteln vor der Erntezeit tief herabhängen. Geerntet werden die Datteln in traditioneller Weise per Hand. Ein Erntehelfer erklettert den Stamm, schlägt den Fruchtständer mit einer Machete ab, der dann in ein ausgebreitetes Tuch fällt, das vier andere Helfer aufspannen. Dann erst werden die Datteln gepflückt und an Ort und Stelle in Kartons verpackt.

Die zwischen den Palmen angelegten Gärten sind ein Paradies voller exotischer Früchte. Hier wachsen Mangos, Bananen und Orangen, die ebenfalls von Hand geerntet werden, dazwischen fließen kleine Bäche in eingefassten Kanälen, die als Falaj-System die Grundwasservorräte regulieren und in alle Ecken der Oasen leiten. Hier kann man aus nächster Nähe beobachten, mit wie viel Aufwand diese Falaj-Wasserleitungen gepflegt werden.

Al Ain National Museum ! 4

Sheikh Zayed Bin Sultan St., Tel. 03 764 15 95, www.visitabudhabi.ae, Sa/ So, Di–Do 8–19.30, Fr 15–19.30 Uhr, Mo und am 1. Tag der Id-Feiertage geschl., Eintritt 3 Dh, Kinder 1 Dh

Am Ostrand der Oase Al Ain steht heute in einem großen Neubau der 1970er-Jahre das Al Ain National Museum, das älteste und schönste des Emirats Abu Dhabi. Es wurde im Jahr der Staatsgründung, 1971, von Sheikh Tahnoun Bin Mohammed, dem Stellvertreter des Gouverneurs, eröffnet und besitzt zwei Abteilungen, eine ethnografische und eine archäologische.

Man betritt das Museum in der **ethnografischen Abteilung,** in der das traditionelle Leben im Emirat museumsdidaktisch sehr eindrucksvoll vorgestellt wird. Hier erhält man einen guten Einblick in den Alltag der Wüstenbewohner und ihre Handwerkskünste. In Szenen mit lebensgroßen Figuren wird insbesondere das tägliche Leben vor dem großen Ölboom veranschaulicht. Ausgestellt werden in gläsernen Vitrinen Werkzeuge, Haushaltsgegenstände, Kinderspielzeug, traditioneller Schmuck, Waffen, Kleidungsstücke, kupfernes Kaffeegeschirr und Musikinstrumente. Auch ausgestopfte Wüstenvögel zählen zur Sammlung. Eine ganze Wand ist einem *familiy tree* der ▷ S. 238

Auf Entdeckungstour: Wilfred Thesiger auf der Spur – eine Fotoausstellung

Der Brite Sir Wilfred Thesiger gehört zu den bedeutenden Forschungsreisenden des 20. Jh. Zwischen 1945 und 1950 durchquerte er auch die große arabische Sandwüste Rub Al Khali. 1950 traf er in Al Ain den damals noch jungen Sheikh Zayed, den späteren Staatsgründer der VAE. Thesiger fotografierte auch auf seinen Reisen. Eine ständige Ausstellung seiner Fotos im größten und schönsten Fort der Stadt erinnert an den in Arabien sehr verehrten Forscher und Abenteurer.

Al Jahili Fort 1 : Tel. 03 784 39 96, Di–So 9–17, Fr 15–17 Uhr, Eintritt 3 Dh, Ausstellung in mehreren Räumen im südlichen Flügel der Festung
Dauer: ca. 1 Std.

Das Fort Al Jahili bietet ein stilvolles Ambiente für eine Ausstellung, die wunderschöne alte Schwarz-Weiß-Fotografien von Sir Wilfred Thesiger präsentiert: faszinierende Wüstenlandschaften, eindrucksvolle Beduinengesichter, vorbeiziehende Kamelkarawanen. Thesiger verbrachte die meiste Zeit seines Lebens auf Reisen. Er besuchte Äthiopien, den Sudan, Irak, Iran und Afghanistan, aber »the five happiest years of my life«, so sagte er selbst, verbrachte er in der Wüste Arabiens.

Abenteuer im Empty Quarter

Thesiger wurde als Sohn britischer Eltern 1910 in Äthiopien geboren, besuchte Eton und Oxford, arbeitete als britischer Kolonialbeamter und kämpfte als britischer Soldat im Zweiten Weltkrieg in Afrika. Ende 1945 erhielt er von der britischen Regierung den Auftrag, Informationen über die Arabische Wüste zusammenzutragen.

Sofort nahm er Kontakt zu Stammesführern auf und durchquerte, teils zu Fuß, teils auf Kamelen, zum ersten Mal von Oktober 1946 bis Mai 1947 die Rub Al Khali, die größte Sandwüste der Welt, die in seiner Beschreibung immer *»empty quarter«* (leeres Viertel) genannt wird. Aus seinen Beschreibungen erfahren wir viel über die Strapazen, die er und die ihn begleitenden Beduinen auf sich nehmen mussten. Die zweite Durchquerung im Jahr 1948 war nicht minder anstrengend. Dabei musste er auch einige Zeit wegen Spionageverdachts in saudischen Gefängnissen verbringen. 1948 erreichte er Abu Dhabi und reiste von dort nach Al Ain.

Auf allen Reisen fotografierte Wilfred Thesiger, vor allem die Wüste und die Menschen. Weil ihm die Beduinen vertrauten, gelangen ihm einmalig schöne Bilder. Die ständige Fotoausstellung im Al Jahili Fort dokumentiert vor allem die erste Wüstendurchquerung im Winter 1946/1947. Sie lässt die großen Strapazen nachempfinden, den Durst, die extreme Hitze am Tag und die Kälte nachts. Auch spürt man auf einigen Gesichtern die Angst, falls eines oder sogar mehrere Kamele kollabieren würden – das hätte den sicheren Tod aller bedeutet.

1959, zehn Jahre nach seiner zweiten Durchquerung der Rub Al Khali, veröffentlichte er sein erstes Buch mit dem Titel »Arabian Sands«. Es wurde ein Bestseller und wird heute noch gedruckt. Beim Rundgang durch die Fotoausstellung kann man seine Faszination verstehen.

Freundschaft mit Sheikh Zayed

1948 traf Thesiger zum ersten Mal Sheikh Zayed im Fort Al Jahili. Auf Thesigers Fotos sieht man, dass diese mächtige Lehmfestung damals bereits Spuren des Verfalls aufwies. Sheikh Zayed hieß ihn willkommen, versorgte ihn und sein Team mit frischen Kamelen, bevor Thesiger dank Zayeds Kontakten und mit seiner Unterstützung von Al Ain in den omanischen Teil der Rub Al Khali aufbrach. Oman war damals unter Sultan Said Bin Tamur ein für Westler hermetisch abgeschlossenes Land.

Sheikh Zayed und Wilfred Thesiger wurden Freunde. Sie trafen sich nach seiner Rückkehr aus Oman noch mehrmals. Da Sheikh Zayed und die beduinischen Bewohner Al Ains den Namen des Briten nur schwer aussprechen konnten, nannten sie ihn einfach Mubarak Bin London, also Sohn aus London. Seinem vertrauensvollen Verhältnis zum späteren Gründer der VAE ist der große britische Einfluss im Emirat zu verdanken.

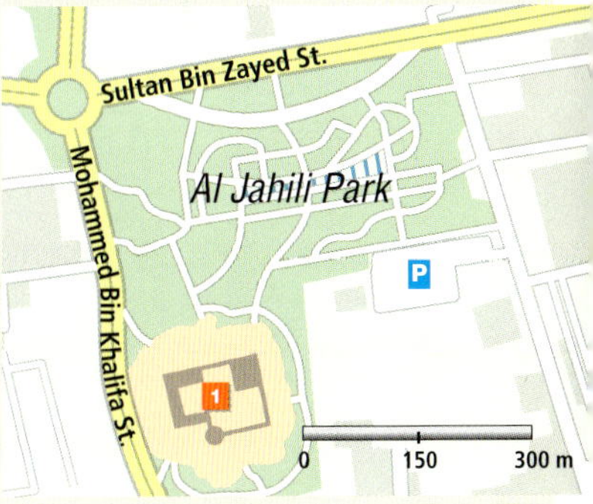

regierenden Familie Al Nahyan vorbehalten, ein mit Fotos und Porträts illustrierter Stammbaum von 1793 bis zur Gegenwart, der die Bedeutung dieser Familie für das Emirat unterstreicht. Dieser Stammbaum dokumentiert verlässlich die ›Geschichte des Emirats‹ und entwirrt ein wenig den Dschungel der sehr ähnlichen, aber doch unterschiedlichen Herrschernamen. Eindrucksvoll ist auch die Sammlung historischer Schwarz-Weiß-Fotos, die Al Ain in den 1940er-Jahren zeigt.

In der **archäologischen Abteilung** gehören zu den historisch bedeutenden Ausstellungsstücken die 5000 Jahre alten Ausgrabungsfunde von **Hili** 10, eine herausragende Sammlung alter Keramiken aus Mleiha, die ins 2. Jh. datiert werden, und ca. 300 hellenistische Silbermünzen, die in Al Ain gefunden wurden. Historisch bedeutend sind die Schmuckstücke und Waffen der Grabbeigaben von Hili, aber auch Einzelstücke aus den Gräbern von **Umm Al Nar** (s. S. 174). Wer beabsichtigt, Hili zu besuchen, sollte zuvor diese Abteilung des Al-Ain-Museums aufgesucht haben.

In einer eigenen Abteilung kann man Schönes und Kurioses bewundern: Staatsgeschenke ausländischer Regierungsgäste an den 2004 verstorbenen Sheikh Zayed Bin Sultan. Dazu gehören Schwerter und goldene Palmenzweige sowie Dutzende von Silberdolchen.

Eastern Fort 5

Andere Namen: Sultan Bin Zayed Fort, Qasr Al Hosn, Sa–Do 8.30–19.30, Fr 15–19.30 Uhr, Eintritt frei

Auf dem Gelände des Al Ain National Museum steht an der rechten Seite des Innenhofs das 1910 von Sheikh Sultan Bin Zayed, dem Großvater des heutigen Herrschers, errichtete sogenannte Eastern Fort. Es wurde vollständig restauriert und gehört zu den schönsten Festungsanlagen der Stadt. Das rechteckige Fort besitzt nur an drei seiner Ecken runde mehrstöckige Festungstürme, deren Schießscharten aber das gesamte Außengelände sicherten. Entlang der Innenseite der hohen Außenmauern befanden sich die Wohn- und Lagerräume, oberhalb derer ein Wehrgang mit Zinnen und Schießscharten verläuft. Im Innenhof, dessen Seiten heute von Steinbänken eingefasst sind, steht noch der alte Ziehbrunnen.

Das hölzerne Eingangstor wird von zwei alten Kanonen flankiert. Sheikh Sultan Bin Zayed regierte Abu Dhabi von 1922 bis 1926. Den größten Teil seiner vierjährigen Regierungszeit verbrachte er auch in diesem Fort. Der von den Briten eingeführte umgangssprachliche Name der Festungsanlage leitet sich von ihrer Funktion ab: Sie schützte die zentrale Oase gegen Angriffe von Osten.

Al Murabba Fort 6

Zayed Bin Sultan St., tgl. 8.30–19.30 (nur Innenhof), Eintritt frei

Im Norden der zentralen Oase Al Ain, mitten im heutigen Zentrum, ließ Sheikh Zayed Bin Sultan im Jahre 1948 eine weitere Festung errichten, die von einem großen Innenhof mit sehr hohen Mauern umgeben ist. Der Name Murabba ist der des dreistöckigen, 22 m hohen, quadratischen Festungsturms. Fort Murabba hatte nicht nur eine Schutzfunktion für die zentrale Oase, für die damals Sheikh Zayed als Kronprinz und Gouverneur Verantwortung trug, sondern war auch Hauptquartier seiner Royal Gard. Damals übernahm die Anlage dank ihres großen Innenhofs auch weitere Funktionen: Hier fanden große Hochzeiten statt oder die gemeinsamen abendlichen Iftar-Essen der Oasenbewohner während des Ramadan. Später diente ein Teil des Al Murabba auch als Gefängnis und Polizeistation.

Das Al Murabba Fort wurde 2005 vollständig restauriert. Das große Eingangstor an der Außenwand besticht durch seine Dachkonstruktion aus Palmenstämmen und Lehmziegeln, bei der anschließend Palmwedel zur Dekoration über die Innenflächen gespannt wurden.

Natural History Museum 7

Tel. 03 713 33 81, www.uaeu.ac.ae, So–Do 10–14 Uhr, Eintritt frei

Die United Arab Emirates University (UAEU), die 1976 von Sheikh Zayed Bin Sultan in Al Ain gegründet wurde, wird zurzeit von 15 000 Studierenden besucht, von denen zwei Drittel Frauen sind. In der Naturwissenschaftlichen Fakultät der Universität befindet sich ein kleines, aber sehr informatives Museum. Es unterhält nicht nur ein Herbarium und eine Sammlung präparierter Tiere, sondern besitzt auch eine große Mineralien- und Fossiliensammlung der Region.

Nördlich des Zentrums

Zu den historischen Oasendörfern, die heute zur Oasenstadt Al Ain zusammengewachsen sind, gehörten auch die im Norden des heutigen Al Ain liegenden Oasen von Al Jimi, Al Qattara und Al Hili entlang der omanischen Grenze.

Al-Jimi-Oase

Das Dorf Al Jimi und seine Oase mit ihren Palmen und angrenzenden Feldern waren im 18. und 19. Jh. mehrmals Austragungsort heftiger Begehrlichkeiten zwischen einzelnen Beduinenstämmen. Deshalb haben die jeweiligen Besitzer seit dem 19. Jh. an strategischen Positionen hohe runde Wachtürme *(watchtowers)* errichtet, die der Verteidigung und deren Innenhöfe der Zuflucht dienten. Unter diesen sogenannten **Al Jimi Oasis Watchtowers** 8 ist der **Sheikh Ahmad Bin Hilal Dhaheri Watchtower** benannte der besonders sehenswerte. Dieser Turm aus Lehm ist 14 m hoch, besitzt Zinnen und Schießscharten und wurde vorbildlich restauriert. Gleiches gilt für das große **Haus von Sheikh Ahmad,** das einer rechteckigen Festungsanlage gleicht und zwei viereckige Türme besitzt.

Nördlich der Al-Jimi-Oase grenzt die **Al-Qattara-Oase** an. Um beide Oasen zu beschützen, wurde an ihrer westlichen Begrenzung bereits 1816 das **Maraijib Fort** gebaut. Die Festung ist die älteste aus Lehmziegeln errichtete Anlage und gleicht im Wesentlichen den anderen Festungen. Sie besteht aus drei freistehenden Gebäuden inmitten von Gärten. Die unweit entfernt liegende, 2011 renovierte **Festung Al Qattara** beherbergt heute ein Kulturzentrum mit Galerien (tgl. außer Fr 9–13, 14–20 Uhr, www.adach.ae).

Al-Hili-Oase

Auch die ganz im Norden liegende Hili Oase besitzt mehrere hohe Wachtürme aus Lehm, die heute als **Al Hili Watchtowers** 9 renoviert und der Öffentlichkeit zugänglich sind. Zwei dieser Hili Watchtowers stehen auf künstlich angelegten Hügeln. Der größere trägt den Namen **Sheikh Zayed Murabba,** weil ihn Sheikh Zayed 1940 als Symbol seiner Stärke hat erbauen lassen. Er ist viereckig und besitzt Zinnen und Schießscharten. An seinem oberen Ende befindet sich ein Wehrgang, den man nur über eine einzieh-

Lieblingsort

Wandern zwischen Palmen in der Oase Al Ain 3

Die Oase Al Ain ist als wunderschöner riesiger Palmenpark erhalten geblieben. Auf schattigen, gepflasterten schmalen Gässchen mit Begrenzungsmauern kann man hier spazieren gehen. Man betritt die Oase durch ein großes rekonstruiertes Tor zwischen zwei Lehmtürmen rechter Hand des Al Ain National Museum. Die Wege sind ausgeschildert, an den Seiten stehen Steinbänke zum Ausruhen. In der Oase befinden sich mehrere kleine Moscheen, unter denen die **Ali Bin Hamad Al Mutawa Mosque,** ein einstöckiger Lehmbau, besonders hervorsticht. Auch die **Obeid Bin Ali Al Nasferi Mosque,** eine kleine Moschee mit einer schönen Holztür, beeindruckt am Rande des Weges. Beim Wandern auf den Wegen durch diesen Palmenhain fühlt man sich in eine andere Welt versetzt (s. S. 235).

bare hölzerne Leiter erreicht. Unweit entfernt von Sheikh Zayed Murabba steht der runde Festungsturm **Seebat Bin Nahyan**. Seine Turmmauern aus Lehm sind 1,75 m dick, und mit 7 m ist er genauso hoch wie der viereckige Murabba Turm. An der Mächtigkeit dieser Türme kann man das Ausmaß der potenziellen Bedrohung ermessen, denen sich die Bewohner der Oasendörfer noch in den 1950er-Jahren ausgesetzt sahen.

Hili National Archaeological Park ! 10

An der E66 Richtung Dubai, Mohammed Bin Khalifa St., www.visitabudhabi.ae, Sa–Do 16.30–21.30, Fr 10–22 Uhr, Eintritt 1 Dh

Die größte Siedlung aus der Bronzezeit in den VAE ist Al Hili im Norden Al Ains. Ein Teil dieser großen Siedlung aus der Zeit zwischen 2500 und 2000 v. Chr. ist Teil eines archäologischen Parks, der zugleich ein großer Freizeitpark mit Liegewiesen und Blumenbeeten ist. In der Bronzezeit lebten die Menschen im Südosten der Arabischen Halbinsel in Barasti-Hütten aus Palmwedeln und in Häusern aus sonnengetrockneten Lehmziegeln und begruben ihre Toten kollektiv in Gräbern aus Stein. Solche Wohn- und Grabstrukturen wurden auf der Insel Umm Al Nar bei Abu Dhabi und in Al Hili bei Al Ain entdeckt.

In Al Hili befinden sich drei dieser Gräber im Hili Archaeological Park,

Rundgräber der Umm-Al-Nar-Kultur

unter ihnen das **Grand Tomb** (Großes Grab), mehr als 4000 Jahre alt. Es besitzt vier Kammern, in denen jeweils mehrere Tote begraben wurden. Seine bedeutenden Grabbeigaben sind in dem Museum von Al Ain zu besichtigen. Das 1974 restaurierte Rundgrab, das dänische Archäologen in den 1960er-Jahren freilegten, hat einen Durchmesser von ca. 10 m und eine Höhe von bis zu 3 m. Es wird der **Umm-Al-Nar-Kultur** zugeordnet (3000–2000 v. Chr.). Die Kultur trägt den Namen jener Grabstätte der Insel gleichen Namens, bei der freigelegte Gräber des gleichen Typs zum ersten Mal eine eigenständige Zivilisationsepoche in der Golfregion dokumentierten. Das Grand Tomb von Hili ist wegen seiner dekorativen **Tiergravuren** über den beiden Eingangstoren von hoher archäologischer Bedeutung: Beim Südeingang sind es junge Oryx-Antilopen, im Nordosten zwei Leoparden. Beide Eingänge wurden nur mit Sammelsteinen leicht verschlossen, sodass der Zugang zu den Gräbern leicht möglich war. Dies könnte der Beweis ihrer jahrhundertelangen Nutzung sein. Bei erneuten Ausgrabungen im Jahr 2004 stießen die französischen Archäologen in Hili auf Geschirr und Keramiken aus Mesopotamien und Indien als Grabbeigaben. Zudem entdeckten sie, dass sich die 4000 Jahre alte Siedlung über ca. 10 ha ausgedehnt hatte.

In der Parkanlage, zu der auch ein großer Kinderspielplatz gehört, ist ein Ausgrabungsdistrikt ausgewiesen, der nicht betreten werden kann. Die Hili National Archaelogical Parks sind wegen ihrer schönen Gartenanlage mit großen Rasenflächen und vielen Schatten spendenden Bäumen an Feiertagen ein beliebtes Ausflugsziel der Bewohner Al Ains.

Hili Fun City 2

Mohammed Ibn Khalifa St., Tel. 03 784 55 42, www.hilifuncity.ae, Mo–Do 16–22, Fr/Sa 12–22 Uhr (Juni–Sept. erst ab 17 Uhr), So geschl. Mi nur Frauen und Kinder, Tageskarte für Erwachsene 45 Dh, Mi–Sa 35 Dh

Wer mit Kindern reist, kann ihnen zuliebe die nahe Hili Fun City aufsuchen, eine arabische Variante der US-amerikanischen Disneyland-Vergnügungsparks, zu der auch ein Eislaufstadion *(ice rink)* von olympischen Ausmaßen gehört. Der 1985 eröffnete erste Vergnügungspark der VAE verfügt über 32 Sport- und Spielstätten, u. a. Gelegenheiten zum Pony-Reiten, zum Ruderbootfahren und Schlittschuhlaufen, mehr als ein Dutzend ausgefallener Karussells, viele Picknickplätze, Restaurants und Souvenirshops. Die neuesten Attraktionen dieses größten Unterhaltungsparks der VAE sind moderne Groß-Karussells nach dem Muster der Roller Coasters (gigantischer Achterbahnen) oder Gyrotowers, bei denen sich eine geschlossenen Kabine langsam an einem hohen Stahlmast hochschraubt, oben mehrere Runden dreht und dann wieder nach unten saust.

Südlich des Zentrums

Um andere Sehenswürdigkeiten von Al Ain aufzusuchen, muss man das Stadtzentrum Richtung Süden verlassen. Hier befinden sich der Kamelmarkt, diverse Erholungsparks sowie der größte Zoo und der größte Berg des Emirats, der grandiose Jebel Hafeet.

Al Ain Wildlife Park and Resort – Al Ain Zoo 11

Zayed I. Street, Nahyan Al Awal Street, Tel. 03 782 81 88, www.awpr.ae, Sa–Mi 9–20, Do/Fr 9–21, Mai–Sept. 16–20 Uhr, Eintritt 15 Dh, Kinder unter 6 Jahren frei

Bereits der 1969 eröffnete Zoo von Al Ain war mit 400 ha der größte und schönste auf der Arabischen Halbinsel, aber seit er 2008 für mehrere Millionen Dirham vollkommen umgestaltet wurde, ist er einer der größten Anziehungspunkte der Stadt. Heute dehnt er sich als Wildlife Park auf einer Fläche von 870 ha aus und schließt einen Wüstensafari-Park ein.

Viele Tiere aus Afrika (z. B. Löwen, Leoparden, Krokodile, Giraffen und Affen) und Arabien (z. B. Gazellen, Oryx-Antilopen, Falken) sind nun in ihrer natürliche Lebenswelt zu sehen. So wurde ein 5 ha große **Savannenlandschaft** für die afrikanischen Tiere angelegt. Es gibt ein **Reptilienhaus,** ein **Affengebäude** und eigene **Vogelhäuser.** Seit 2011 besitzt der Wildlife Park auch das **Sheik Zayed Desert Learning Center,** in dem man anhand von Fotos, Modellen, physikalischen Vorführungen etc. sehr viel über die Wüste und die Notwendigkeit eines nachhaltigen Umgangs erfährt.

Besonders beliebt bei Kindern ist **The Children's Zoo,** ein Streichelzoo, in dem man nicht nur Schafe und Ziegen streicheln, sondern auch Giraffen füttern kann (tgl. 11–20 Uhr). Außerdem wurden für Kinder im Park **Spielplätze** angelegt. In der Mitte der Anlage lädt das freundliche **Restaurant Oase** zur Stärkung ein. Mit einem kleinen Zug, kann man auch größere Wegstrecken im Park bequem zurücklegen.

Central Market

Der neue Central Market, auf dessen Gelände 2009 auch die **Al Bawadi Mall** 2 eröffnete, ist die neue Heimat des Kamelhandels im Emirat. Und noch immer ist der **Kamelmarkt von Ail Ain** 12 (s. Entdeckungstour S. 246) der einzige in den Vereinigten Emiraten, auf dem Kamele öffentlich zum Kauf angeboten werden. Bis 1997 lag der Kamelmarkt (Souq Jamal) als Teil des städtischen Souqs nördlich neben der Murabba-Festung.

Auf einem großen Areal innerhalb des Central Market werden Pflanzen, Bäume und Blumen angeboten. Besonders sehenswert für europäische Besucher ist auch der **Tiermarkt** 13, (Life Stock Market), denn auch hier wechseln lebende Tiere den Besitzer. In mehreren rechteckigen Gattern, die durch Eisenstäbe voneinander getrennt sind, stehen Ziegen, Schafe und Kühe, die nach dem Kauf von ihren neuen Besitzer wenig tierfreundlich auf Pick-ups verfrachtet werden. Immer sind die Jungtiere in eigenen Stallungen untergebracht. Das Pferdesortiment reicht von großen Reitpferden bis zu Shetland-Ponys. Jedes der Gatter ist mit Wasser und ausreichend Heu versorgt. Etwas abseits warten auch Kleintiere wie Hühner und Ziervögel auf Käufer.

Green Mubazzarah Hot Spring 7

An der Straße zum Jebel Hafeet, Thermalbad: Sa–Mi 11.30–21.15, Do und Fr 11.30–22.15 Uhr, Eintritt 5 Dh, Tel. 03 713 03 00, Chalet (4 Pers.) 240 Dh

Der Al Hazzan Bin Sultan Street Richtung Süden folgend, zweigt die Zufahrt zur Gipfelstraße zum Jebel Hafeet in östlicher Richtung ab. Auf dem Weg zum Gipfel liegt die Freizeitanlage Green Mubazzarah. Die natürlichen Wasservorräte an den Abhängen des Jebel Hafeet veranlassten den verstorbenen Sheikh Zayed Bin Sultan, hier einen Park anlegen zu lassen. Zentrum sind mehrere **Thermalquellen** und ein **Thermalsee,** dessen blaugrünes Wasser in vegetationsloser Wüste und vor dem Hintergrund des kargen Jebel Hafeet geradezu künstlich anmutet. Den See umrahmt heute eine riesige Ansammlung fantasieloser Ferienbungalows.

Mehrere für Männer und Frauen getrennte **Badehäuser** runden den Erholungswert der Freizeitanlage ab. Das Badehaus für Männer gleicht einem türkischen Hammam mit Säulen und Mosaikwänden. Das rechteckige, 12 m lange Becken ist nur 1,50 m tief. Man schwimmt im warmen Thermalwasser und ruht anschließend auf geheizten Steinbänken.

Auf dem sehr großen grünen Gelände gibt es mehrere **Kinderspielplätze.** Abends sind die Picknickwiesen beleuchtet, weil Green Mubazzarah besonders im Sommer nach Sonnenuntergang ein beliebtes Ausflugziel für Familien ist.

Jebel Hafeet 14

Der 1249 m hohe Jebel Hafeet, der sich südlich der Oase Al Ain erhebt, ist eine geologische Besonderheit, denn er ragt als Monolith aus der sandigen Wüstenumgebung und ihrem flachen Oasenumfeld steil empor. Von seinem Gipfel ist der Blick auf das zu seinen Füßen liegende Al Ain im Wortsinn wirklich atemraubend. Auf dem Jebel Hafeet hat im Jahr 2004 das schöne **Mercure Grand Hotel Jebel Hafeet** 4 eröffnet.

Entstehung

Entstanden ist der Jebel Hafeet vor ca. 70 Mio. Jahren. Damals hob sich diese Bergzone (zusammen mit dem weiter östlich angrenzenden omanischen Hajar-Gebirgszug) unter dem ungeheuren Druck kontinentaler Verschiebungen aus dem Meer empor. Zu den heutigen Konturen trugen später Wind- und Regenerosionen bei. Dass der Jebel Hafeet einst unter dem Meerwasser lag, beweisen die Meeresfossilien, Muscheln und Schnecken, die man in den Felsschichten bis hinauf zum Gipfel entdecken kann. Geologisch Interessierte sollten deshalb einen Zwischenstopp bei der Auffahrt einlegen.

Flora und Fauna

Jebel Hafeet ist bis heute wegen seiner Unzugänglichkeit eine natürliche Heimat vieler Tiere und Pflanzen. Allerdings erfordern die Klimaschwankungen (im Sommer bis 48 °C, im Winter 4 °C) und die wenigen Re- ▷ S. 248

Auf Entdeckungstour: Kamele zum Anfassen – der Kamelmarkt von Al Ain

In den Vorstellungen ausländischer Besucher gehören Kamele zur Wüste wie Fische zum Meer. Doch wild lebende Kamele, die niemandem gehören, gibt es auf der Arabischen Halbinsel nicht mehr. Sie teilen das Schicksal unserer Pferde: Sie werden gezüchtet, von Menschen verwendet, verkauft, aber auch verehrt und bewundert. All das erlebt man auf dem einzigen Kamelmarkt 12 der VAE.

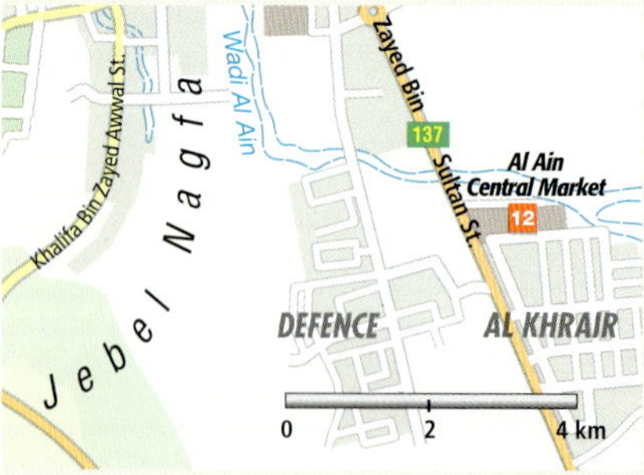

Kamelmarkt: Mezyadh Road, Ausfallstraße Richtung Oman, Handel tgl. 6–12 und 16 Uhr bis zur Dunkelheit, 12–16 Uhr Mittagsruhe, Eintritt frei
Dauer: Halb-Tagesausflug

Der Kamelmarkt von Al Ain lockt keineswegs in erster Linie touristische Besucher an. Hier treffen sich vor allem Käufer und Züchter. Es geht ums Geschäft, nicht um touristische Folklore. Deshalb sind die Gatter und Pferche mit den Tieren auch funktional angeordnet. Ein Teil von ihnen befindet sich unter den Vordächern offener Betonhallen, deren warme Brauntöne sich kaum von der Farbe der Wüste abheben. Zwischen zwei Reihen von Gattern und den Hallen wurde in der Mitte jeweils ein großer Platz freigehalten, auf dem Pick-ups und vereinzelt sogar Lastwagen parken. Auf diesen Plätzen befinden sich Rampen zum Verladen der Tiere. Übrigens handelt es sich auf der Arabischen Halbinsel immer um einhöckrige Dromedare.

Reif zum Schlachten oder fit für Rennen?

Auf dem unübersehbar großen Areal gibt es mehr als 100 nummerierte und durch Drahtzäune voneinander abgegrenzte Pferche, in denen die Tiere Tag und Nacht im Freien stehen und auf Käufer warten. Gerne erklären die freundlichen (meist pakistanischen) Pfleger, um was für Kamele es sich handelt: z. B. junge männliche Tiere, die als Fleischlieferant schon für ca. 1000 Dh den Besitzer wechseln, oder um weibliche Kamele, die wegen ihrer Milch mindestens das Zehnfache bringen.

Junge potenzielle Rennkamele, die nicht unter 100 000 Dh verkauft werden, findet man nur noch ganz selten auf dem Markt von Al Ain. Sie werden bereits vorher aussortiert und auf der benachbarten Rennstrecke unter den Augen von Interessenten ›getestet‹ und dann dort direkt verkauft. Aber wenn auf dem Kamelmarkt von Al Ain ein Besitzer meint, eines seiner Tiere habe derartige Rennqualitäten, führt er es gerne den Besuchern als Erstes vor und nennt stolz seinen hohen Preis.

Immer findet man aber innerhalb einer Kamelgruppe viele Jungtiere und oft ganz junge, gerade geborene Kamele. Diese Kamelfohlen, die schon wenige Minuten nach ihrer Geburt auf den Beinen stehen, um nach den Zitzen ihrer Mutter zu suchen, sind für Besucher beliebte Fotomotive.

Wenn man auf den schmalen Wegen zwischen den Gattern und Pferchen umherläuft, wird man von den Pflegern öfter aufgefordert, sich doch den Kamelen zu nähern, sie zu berühren und die Jungtiere zu streicheln. Es gibt keinen Grund, dem nicht nachzukommen: Die meisten Tiere halten still, aber der Pfleger erwartet ein Trinkgeld (2–5 Dh).

Wenn der Preis stimmt

Spannend wird es, wenn ein Pick-up sich den Gattern nähert und der Verkauf eines Kamels sich anbahnt. Auch wer des Arabischen nicht mächtig ist, merkt schnell, dass sich Verkäufer und Käufer einen Wortwechsel liefern. Bis sie sich gestenreich auf einen Preis geeinigt haben. Danach wird das Tier gnadenlos auf die Ladefläche des Pick-up gezerrt und geschoben und mit dicken Seilen festgezurrt. Dass es dabei spuckt und brüllt, stört niemanden mehr. Am Ende fügt sich das Kamel in sein Schicksal, die Männer verabschieden sich mit Handschlag und ab geht die Fahrt Richtung Stall oder Schlachthaus.

genfälle (pro Jahr max. 100 mm) von beiden ein hohes Maß an Anpassung. Pflanzen, Bäume und Büsche am Jebel Hafeet sind, wie Forscher der Universität Al Ain festgestellt haben, insgesamt 157 unterschiedlichen Spezies zuzuordnen. Alle benötigen nur wenig Wasser; die Wurzeln z. B. des **Ghaf,** eines einheimischen Baumes, dringen bis zu 20 m tief in die Felswände ein. Unter den freilebenden Tieren ist der **Thar,** eine einheimische Bergziege, besonders häufig zu sehen, aber auch Füchse und Murmeltiere leben hier. Am eindrucksvollsten allerdings sind die **Falken** und **Wüsteneulen,** die hier sogar brüten. Außerdem ist der Jebel Hafeet heute die Heimat einer Gruppe großer **Geier.**

Doch nicht nur wegen seiner geologischen Entstehung, seiner alten Fossilien oder seiner Pflanzen- und Tierwelt ist der Jebel Hafeet bedeutend. Zu seinen Füßen stießen Archäologen auf 5000 Jahre **alte Gräber** (s. u.), die eine frühe Zivilisation in dieser Region belegen.

Jebel Hafeet Tombs 15

Die frühen Siedler in der Region begruben ihre Toten an den Böschungen der nördlich und östlich auslaufenden Hänge des Jebel Hafeet. Insgesamt wurden seit 1974 mehr als 500 dieser Gräber entdeckt.

Bei den Hafeet-Gräbern, die in der örtlichen Fachliteratur auch **Mezyad-Gräber** (nach dem größten heutigen Ort des östlichen Gräberfeldes) genannt werden, handelt es sich um Rundgräber, die sich aber von denen in Umm Al Nar und damit auch von denen im Hili Archaeological Park wesentlich unterscheiden. Denn die runden Grabbauten am Jebel Hafeet wurden aus unbehauenen Steinen ohne Mörtel bis zu 4 m Höhe als geschlossene Kuppelbauten aufeinandergeschichtet. Äußerlich kann man sie mit einem überdimensionierten Bienenkorb vergleichen. Architektonisch bestehen sie aus zwei bis drei Mauerringen, in deren Innenring sich das Grab befindet. Die Mauerringe tragen die Kuppel. Die Grabkammer, in der immer mehrere Personen begraben wurden, ist durch einen schmalen Gang erreichbar. Immer ist dieser Ausgang gen Süden zur Sonne gerichtet.

Ob die früheren Siedler am Fuße des Jebel Hafeet den damals bekannten mesopotamischen Sonnengott Shamash verehrten, bleibt dennoch eine Frage. Dass aber enge Beziehungen zu Mesopotamien bestanden, belegen die Archäologen aus den Grabbeigaben. In einem der Rundgräber wurden Tongefäße und kleine bemalte Schiffchen aus Speckstein gefunden, die zum ersten Mal in Jemdet Nasr bei Babylon (heute Irak) entdeckt wurden und ins dritte vorchristliche Jahrtausend datieren. Im Nationalmuseum von Al Ain kann man diese Grabbeigaben heute besichtigen.

Runde Grabbauten dieser Art, wie wir sie am Jebel Hafeet vorfinden, gab es aber in Mesopotamien nicht. Die Kultur der Rundgräber ist eine spezifische dieser Region. Nur ca. 100 km von Al Ain entfernt gibt es im benachbarten **Oman** an der Nationalstraße nach Nizwa bei dem Dorf **Bat** Dutzende dieser Grabformationen, die allerdings eine Höhe von 12 m erreichen und von denen z. B. 18 nebeneinander in einer Reihe auf dem Kamm einer Hügelkette stehen. Diese Nekropole im omanischen Bat und ihre ›Bienenkorbgräber‹ wurden 1988 von der UNESCO in die Liste der schützenswerten Weltkulturdenkmäler aufgenommen.

Während die Grabfelder an der Nordseite des Jebel Hafeet jahrhundertelang und sogar bis in die Gegenwart als Steinbruch genutzt wurden und dadurch nahezu vollständig zerstört sind, konnten einige an der östlichen Seite 1972 noch rechtzeitig von der Regierung unter Schutz gestellt werden.

Mazyad ▸ Karte 1, J 3

Auf der östlichen Seite des Jebel Hafeet verläuft die Zayed Bin Khalifa Street. Sie führt vorbei am Central Market von Al Ain nach Mazyad und weiter ins omanische Nizwa. In Mazyad liegen nicht nur mehrere Rundgräber der Jebel Hafeet Tombs (s. o.), sondern in diesem kleinen Ort steht auch eine sehr schöne, aufwendig restaurierte Festung aus dem 19. Jh.

Mazyad Fort

Westlich von Mazyad, 4 km vor der omanischen Grenze (ca. 20 km südlich von Al Ain), tgl. 8–17 Uhr, Eintritt frei
Auch Mazyad Fort wurde zum Schutz der Oasensiedlung gleichen Namens errichtet und steht noch heute inmitten von Palmenhainen. Es ist die größte und am aufwendigsten gesicherte Festung der Region Al Ain. Die Gesamtanlage ist 3600 m² groß, besitzt einen weitläufigen Innenhof und an jeder der vier Ecken der mächtigen Außenmauern einen Wachturm mit Schießscharten sowie einen Rundgang mit Zinnen. Im Innenhof stehen heute noch alte Palmen als Schattenspender. Entlang der Innenmauer befinden sich die Wohnanlagen mit mehr als 50 Räumen, deren Dächer einen umlaufenden Wehrgang rund um die Festungsinnenseite bilden.

Bei Angriffen auf die Oase versammelten sich die Bewohner im Innenhof der Festung. In den Räumen hatten sie zuvor genügend Vorräte gelagert, vor allem Datteln. Mit Wasser versorgte sie ein eigener Brunnen innerhalb der Festung. Die dicken Festungsmauern hielten nicht nur Angriffen stand, sie boten auch Schutz im Falle einer Belagerung. Vom Wehrgang und von den vier Befestigungstürmen konnten die Oasenbewohner die Belagerer mit Gewehren und Kanonen, die heute noch auf zwei der Rundtürme stehen, beschießen.

Übernachten

Der Klassiker – **Hilton Al Ain** **1**: Zayed ibn Sultan St./Khalid ibn Sultan St., Tel. 03 768 66 66, www.hilton.com/alain, 202 Zimmer und 50 Villen, DZ ab 800 Dh. Der sechsstöckige Komplex mit weitem Atrium, ausgedehnten Gärten und großzügiger Poolanlage hat wesentlich dazu beigetragen, dass Al Ain ein beliebtes Ausflugsziel der Dhabi'in geworden ist. Denn das Hilton Al Ain verfügt über einen eigenen 9-Loch-Golfplatz, ein sehr schönes, großes Kinderschwimmbecken und viele Spielmöglichkeiten. Der Hiltonia Club bietet zudem ein Schwimmbad (s. Lieblingsort S. 257) und ein attraktives Sportangebot. Alle Zimmer sind bequem eingerichtet, der Service ist sehr freundlich. Das traditionsreiche Haus, in dem bereits Gäste von Sheikh Zayed aus Anlass einer Hochzeitsfeier innerhalb seiner Verwandtschaft wohnten, hat seit seiner Eröffnung im Jahre 1971 dank ständiger Renovierungen und Erweiterungen nichts von seiner Qualität und seinem Charme eingebüßt. Man fühlt sich wohl und wird im ganzen Haus als Gast behandelt. Sehr empfehlenswert.

Zu Gast im Grünen – **Danat Al Ain Resort** (ehemals InterContinental) **2**: Khalid ibn Sultan St., am Südostrand der Stadt, Tel. 03 704 60 00, www.danathotels.com, ▷ S. 252

Auf Entdeckungstour: Auf dem höchsten Berg des Emirats – der Jebel Hafeet

Die Straße ist im Emirat Abu Dhabi einmalig: Sie ist 12 km lang und führt in 60 Haarnadelkurven von der Oasenstadt Al Ain auf den 1249 m hohen Jebel Hafeet 14. Sie ist ein Meisterwerk der Ingenieurskunst und hat über 100 Mio. US-$ gekostet.

Reisekarte: ▶ Karte 1, J 3
Zeit: Etwa einen halben Tag (mit Besuch des Hotels Mercure), Eintritt frei

In dem flachen Emirat Abu Dhabi erhebt sich der Jebel Hafeet wie ein Wunder, und die Straße zu seinem Gipfel gilt ebenfalls als Wunderwerk. Anlegen lassen hat sie Sheikh Zayed Bin Sultan, der in Al Ain geboren wurde und öfter den Jebel Hafeet bei Jagdausflügen aufgesucht und ihn auch mehrmals bestiegen hat. In den Sommermonaten verbrachte Zayed hier oben oft längere Zeit in einem stattlichen Zelt, weil es auf dem Gipfel des Jebel Hafeet zehn Grad kühler war als in seinem Palast von Al Ain. Später ließ Zayed auf dem Gipfel einen Palast errichten.

Eine Straße zum Rekordebrechen

Lange Zeit war die Straße hinauf eine Piste für die Baufahrzeuge. Aber als der Palast fertig war, ordnete der

Sheikh an, die Piste als dreispurige Straße auszubauen und oben auf dem Gipfel ein riesiges Plateau anzulegen, damit die Bevölkerung – genau wie er – Kühle und Aussicht genießen konnte. Wenig später wurde dann unterhalb des Gipfels das Hotel Mercure eröffnet.

Heute ist die Straße vollständig zu beiden Seiten mit einer Betonbegrenzung eingefasst, damit zu schnelle Autofahrer nicht die Böschung hinunterstürzen können. Außerdem ist sie durchgängig des Nachts beleuchtet. Eine solche Straße lockt natürlich Autofahrer, sich zu messen. Mehrmals im Jahr wird sie deshalb als Teststrecke genutzt und danach von Journalisten der Automagazine als »größte Herausforderung« beschrieben. 2005 benötigte der britische Rallye-Fahrer Alistair Weaver in einem Minicooper acht Minuten und fünf Sekunden für den ›Aufstieg‹. Bis heute ist dieser Rekord ungebrochen.

Wer so schnell fährt, hat wenig von der Aussicht, die beim Hinauffahren nach jeder Kurve schöner und aufregender wird. Und er hat keinen Blick für wild lebende Falken, die in den thermischen Aufwinden um den Gipfel kreisen.

Beste Aussichten für Herrscher und Volk

Die Straße windet sich in Serpentinen hinauf zum Gipfel, überholen ist nur an ganz wenigen Stellen möglich. Nach vielen, vielen Kurven biegt ca. 1 km unterhalb des Gipfelplateaus in 915 m Höhe die Einfahrt zum **Hotel Mercure** 4 ab. Oben auf dem Jebel Hafeet stehen an den schönsten Stellen hinter hohen Mauern zwei (die meiste Zeit ungenutzte!) **Paläste** der Familie Al Nahyan; ein dritter wird gerade neu gebaut. Zu diesen Privatpalästen der Herrscherfamilie haben Besucher keinen Zugang.

Der Gipfel des Jebel Hafeet ist heute ein großes asphaltiertes Areal, das von Bergwänden und zur Al-Ain-Seite hin mit einem hohen Eisengitter eingerahmt wird. An Wochenenden gilt dieser Platz als **Parkplatz** für Besucher, die sich stundenlang am Blick hinab ins Tal erfreuen und sich in immer neuen Gruppierungen gegenseitig fotografieren.

In regelmäßigen Abständen kommt tagsüber eine Motorrad-Patrouille der Polizei hier hinauf. Sie umrunden mehrmals das Plateau und sind nach einer Minute wieder verschwunden – es sei denn, sie treffen unter den Besuchern eine ihnen bekannte einheimische Familie. Dann steigen sie auch einmal von ihren Motorrädern ab.

Abends wird es auf dem Plateau leer. Dann wandelt es sich zum Spielplatz junger Emirati, die mit ihren Autos hier halsbrecherische Runden drehen und sich Verfolgungsjagden liefern. Die schwarzen Reifenspuren auf dem Asphalt des Plateaus sind am nächsten Morgen die stummen Zeugen ihres Treibens.

220 Zi. und 22 Villen, DZ ab 800 Dh. Die sechsstöckige, gestufte Hotelanlage besteht aus zwei Flügeln, die den Rahmen für eine wunderschöne Gartenanlage bilden; alle Zimmer mit Balkon und Gartenblick. Am Ende des Gartens stehen 22 Villen, deren Zimmer die des Haupttrakts an Größe und Ausstattung übertreffen. Zwischen Hotel und Villen erstrecken sich Blumenbeete, Gartenwege führen zu zwei großen Schwimmbädern und den zahlreichen Sportmöglichkeiten. Das familiengerechte Hotel besitzt einen 24 Stunden lang geöffneten Health-Club.

Ein Glaspalast – **Al Ain Rotana** 3: Zayed ibn Sultan St., Tel. 03 754 51 11, www.rotana.com, 150 Zi., DZ ab 600 Dh. Das Hotel ist das einzige 5-Sterne-Haus im Zentrum der Stadt, ein lichtdurchfluteter Glasbau mit viel Grün. Große ruhige Zimmer mit gediegenem Komfort, z. B. Babysitting. Zum Hotel gehören mehrere Restaurants, ein Fitnesscenter und ein sehr schönes Schwimmbad.

Traumhafte Aussicht – **Mercure Grand Hotel Jebel Hafeet** 4: auf dem Gipfel des Jebel Hafeet, Tel. 03 783 88 88, www.mercure.com, 124 Zi. und 9 Suiten, DZ ab 500 Dh. Das Hotel verfügt im zweiten Stock über eine Terrasse, von der man nicht nur über die gesamte Grünanlage und das Schwimmbad des Hauses, sondern auch über die Dünen und Wadis der Wüste und das angrenzende Hajar-Gebirge und hinunter zur 900 m tiefer gelegenen Oase Al Ain blickt. Dankenswerterweise sind entlang der Terrassenbrüstung für Ortsunkundige Erklärungen angebracht, um welches Gebäude es sich jeweils im 10 km Luftlinie entfernten Al Ain handelt. Und wer hier oben übernachtet, dem bietet sich am Abend Al Ain in einem funkelnden Lichtermeer. Zudem bietet das Hotel ein großes Schwimmbad und zwei Flutlicht-Tennisplätze. Alle Zimmer und Suiten sind geräumig, modern eingerichtet und haben einen herrlichen Ausblick. Kinder kommen wegen der langen Wasserrutschen im Schwimmbadbereich auf ihre Kosten.

Ohne Schnickschnack – **Al Khayal Hotel – Apartments** 5: Othman Bin Affan St. (Nahe LuLu Centre), Tel. 03 766 57 77, Fax 766 66 98, DZ ab 300 Dh, Suite ab 500 Dh, Appartmenthotel, alle 28 Zimmer mit Balkon. Das Haus gehört zu den älteren einfachen Hotels der Stadt, aber seine Zimmer wurden renoviert und neu möbiliert.

Gediegen – **City Seasons** 6: Sheikh Khalifa bin Zayed St., im Stadtteil Al Muwaiji, Tel. 03 75 50 22 0, www.cityseasonsalain.com, 89 Zi., DZ ab 650 Dh. Das zweistöckige Haus wird als 3-Sterne-Hotel eingestuft, alle Zimmer wurden umfassend renoviert. Das Schwimmbad befindet sich auf dem Dach. Im Health Club gibt es ein Fitnessstudio, eine Sauna und mehrere Jacuzzis.

Moderne Festung – **Al Massa Hotel** 7: Hamdan Bin Mohammed St., schräg gegenüber dem Sheikh Zayed Palace Museum, Tel. 703 91 00, www.almasahotels.com, 62 Zi., DZ ab 500 Dh. Neues, zweistöckiges Haus in Form eines Forts in warmen Brauntönen, geräumige Zimmer.

Essen & Trinken

Wer nur einen Tagesausflug nach Al Ain plant, sollte überlegen, ob er nicht mittags ein Hotel-Restaurant aufsucht, um sich für ein paar Stunden im Schwimmbad des Hotels zu erfrischen.

Bella Italia – **Luce:** im **Danat Al Ain Resort** 2, Tel. 03 704 60 00, tgl. außer Sa 19–2 Uhr, Pizza ab 42 Dh, Fleischgerichte ab 70 Dh, Cappuccino 14 Dh.

Der beliebteste ›Italiener‹ der Stadt. Gute italienische Weine und italienische Musik ab 22 Uhr, mehrfach ausgezeichnet.

Klassisch – **Zest:** im **Al Ain Rotana** **3**, Tel. 03 754 51 11, tgl. 6.30–10.30, 12.30–15.30, 18.30–22.30 Uhr, All day dining-Buffet ab 120 Dh. Ein Wohlfühlrestaurant traditioneller Art: die Tische sind schön eingedeckt, die Wände voller Bilder, das Personal zuvorkommend. Mittags und abends Buffet, im Winter jeden zweiten Abend Barbecue.

Hoch in den Wolken – **Belvedere:** im **Mercure Grand Jebel Hafeet** **4**, Tel. 03 783 88 88, tgl. 12.30–15.30 und 19–22.30 Uhr. Sehr gute italienische Gerichte in einem mediterran gestalteten Restaurant. In 900 m Höhe schmecken die Spaghetti Carbonara besonders gut.

Gastronomische Vielfalt – **Flavours:** im **Hilton Al Ain** **1**, Tel. 03 768 66 66, tgl. 6.30–23 Uhr. Frühstück: 80 Dh, Mittagsbuffet: 140 Dh, Abends: Gerichte ab 86 Dh. Größtes Restaurant des Hotels, vorzügliches Frühstück, mittags Buffet, abends hervorragende internationale Küche mit wechselnden Themen: Mo Far East, Di Fish, Mi Mediterrane Küche, Do Arabian Night. Der Hit ist die Terrasse, besonders abends, wenn Garten und Bäume dezent beleuchtet sind.

Pflichtprogramm – **Eden Rock:** im **Mercure Grand Jebel Hafeet** **4**, Tel. 03 783 88 88, tgl. 10–23 Uhr (im Winter), 21–23 Uhr im Sommer, Salate ab 32 Dh, Bier 22 Dh, Wasser (0,5 l) 8 Dh. Pool-Bar und offenes Terrassenrestaurant hinter dem Schwimmbad des Hotels. Snacks, Sandwiches und leichte Gerichte. Als Gratisgabe: Der Blick vom Eden Rock auf Al Ain ist nicht zu toppen.

Fernöstlich – **Tangore:** im **Danat Al Ain Resort** **2**, Tel. 03 704 60 00, Di–So 12–15, 19–23 Uhr. Das sympathische und freundlichste Restaurant des Hotels serviert hervorragende indische Küche bei Kerzenlicht.

Einkaufen

Hell und transparent – **Al Ain Mall** **1**: Al Falaheja St., im Stadtteil Kuwaitat, Tel. 03 766 03 33, www.alainmall.net. Neue große Mall mit gläsernem Rundturm, in 200 Geschäften werden bevorzugt internationale Markenartikel angeboten, eigene Eisbahn, eigener Food-Court.

Alles unter einem Dach – **Al Bawadi Mall** **2**: im **Central Market**, Mezyad Rd., Tel. 03 784 00 00, www.bawadimall.com, Sa–Mi 10–23, Do/Fr 10–24 Uhr. Die mit über 400 Geschäften größte Shopping Mall der Stadt. Der dreistöckige Kuppelbau voller Glitzerdekor besitzt einen großen Food Court und ein 10 000 m² großes *family entertainment center.* Dazu gehören ein Dutzend Kinos, Kegelbahn und eine große Eisbahn.

Bekannt und sehr beliebt – **Al Jimi Mall** **3**: zwischen Hamdan Bin Mohammed St. und Sheikh Mubarak St., Tel. 03 763 88 83, www.aljimimall.com, Sa–Do 9–23, Fr 13–23 Uhr. Obwohl erst 2006 eröffnet, gehört Al Jimi schon zu den Veteranen der Shopping Malls. Dafür gibt es hier fast alles von edler Mode bis Parfum und Lederwaren, inklusive eines Carrefour-Lebensmittelsupermarkts und eines großen Unterhaltungskomplexes.

Aktiv

Fallschirmspringen – **Horizon International Flight Academy** **1**: Am Flughafen Al Ain, Tel. 03 785 55 50, www.horizonuae.ae. Die 2002 gegründete Flugschule, die eng mit der nationalen Fluglinie Etihad zusammenarbeitet, bietet Anfängerkurse inkl. acht Sprüngen und einem internationalen Abschlusszertifikat an.

Freizeitpark – **Hili Fun City** 2: s. S. 243.

Fußball zum Zuschauen – **Khalifa Bin Zayed Stadion** 3: Al Ain ist eine Fußballstadt. Immer wenn der örtliche **Fußballclub Al Ain** im heimischen Stadion spielt, ist die Stadt in Aufruhr. Da das Stadion an der Khalid Bin Sultan Street sehr groß ist und alle Spiele im Fernsehen übertragen werden, gibt es meist noch Eintrittskarten. Die Mannschaft von Al Ain, die zu den besten der VAE gehört, wurde bis 2010 von dem deutschen Trainer Wilfried Schäfer betreut (Termine s. Tageszeitung).

Go-Kart-Fahren – **Al Ain Race Way** 4: Tel. 03 768 66 62, www.alainraceway.com, Mo–Mi 14.30–22, Do/Fr 14.30–23, Sa 10.30–18, International Circuit 15 Min. 150 Dh, 30 Min. 250 Dh, 60 Min 400 Dh. Al Ain besitzt mit dem Race Way seit 2011 eine hervorragende Go-Kart-Bahn, auf der regelmäßig Rennen ausgetragen werden, auf der aber auch Gäste fahren dürfen. Es gibt einen 700–900 m langen Indy-Circuit und einen 1600 m langen International Circuit.

Golfen – In Al Ain gibt es zwei Golfplätze, die internationalen Standards entsprechen. **Al Ain Equestrian, Shooting & Golf Club:** im **Palm Sports Resort** 6 (s. u.), 18 Loch 270 Dh, an Wochenenden 330 Dh, 9 Loch 180 Dh, an Wochenenden 200 Dh, neue 18-Loch-Anlage, davon neun mit Flutlicht, eindrucksvolle Driving Range (ebenfalls mit Flutlicht), schönes Clubhaus; **Golfplatz** im **Hilton Al Ain** 1: Tel. 03 768 66 66, auf einem Gelände westlich des Hotels, das aber zum Hotel gehört, gepflegte Fairways.

Kamelrennen – **Al Malqam Camel Race Track** 5: Khalifa Bin Zayed St., im Stadtteil Gharebah im Westen der Stadt, Eintritt frei. Kamelrennen sind beliebte Sportveranstaltungen während der Wintermonate. Sie finden Fr und Sa am frühen Morgen zwischen 7 und 9 Uhr statt. Auskunft erteilt die AUE Camel Race Association in Abu Dhabi, Tel. 02 583 92 00.

Rundum Sport – **Palm Sports Resort** 6: Sheikh Khalifa Bin Zayed St. im Stadtteil Mirefia'a, Tel. 03 768 48 88, www.palmsportsresort.com. Wer einen Tag lang unterschiedliche Sportarten ausüben möchte, findet hier Tennisplätze, Sportstudios mit Fitnessgeräten, ein großes Schwimmbad, eine Schießanlage, einen 18-Loch-Golfplatz und eine Pferderennbahn. Reiter können hier sogar Pferde leihen. Zur Stärkung danach: **Golf Club Restaurant**, Tel. 03 702 64 25.

Schlittschuhlaufen – In Al Ain gibt es mehrere Möglichkeiten, auf künstlichen Eisbahnen mit geliehenen Schlittschuhen einige Runden zu drehen. **Skating Rink:** in der **Al Bawadi Mall** 2, tgl. 10–22 Uhr, Eintritt 25 Dh, 2009

Mein Tipp

Atemraubende Ballonfahrt

Statistisch ist Ballonfahren die sicherste Art des Fliegens. Mit dem Fesselballon über die Wüste und die Oasen zu fahren (Ballonsportler sprechen nicht von Fliegen!) gehört zu den schönsten Erlebnissen in Al Ain. Gestartet wird bei Sonnenaufgang, die Fahrt dauert ca. eine Stunde (**Balloon Adventure Emirates,** Dubai, Tel. 04 285 49 49, www.ballooning.ae, Startplatz nördlich von Al Ain, Abholung vom Hotel eingeschlossen, Startzeit April–Mai 4 Uhr, Dez. 5.30 Uhr, Jan. 6 Uhr, Preis 995 Dh, Kinder 850 Dh).

eröffnete modernste und beste Eisbahn der Stadt; **Al Ain Ice Rink Hili:** in der **Hili Fun City** 2 (s. S. 243), Tel. 03 784 55 42, Mo–Do 17–23, Fr/Sa 9–3 Uhr, Eintritt 10 Dh, Eisbahn mit olympischen Ausmaßen; **Al Ain Ice Rink**: in der **Al Ain Mall** 1 (s. S. 253), Tel. 03 766 03 33, tgl. 10–23.30 Uhr, 25 Dh, kleine Eisbahn.
Schwimmen – **Hilton Al Ain** 1: s. Lieblingsort S. 257.
Thermalbaden – **Green Mubazzarah** 7: s. S. 245.

Abends & Nachts

Bauchtanz – **Min Zaman:** im **Al Ain Rotana** 3, Tel. 03 754 51 11, tgl. 8.30–3 Uhr. Orientalisches Dekor und libanesische Küche vom Feinsten, dazu Livemusik und Bauchtanz-Darbietungen. Viele arabische Gäste, die, je später der Abend, die Bauchtänzerinnen tanzend ›unterstützen‹.
Lateinamerika – **Paco's:** im **Hilton Al Ain** 1, Tel. 03 706 70 18, tgl. 17–1 Uhr. Scharfe Tex-Mex-Gerichte, Corona-Bier, Chil, Sombreros und heiße südamerikanische Rhythmen. Stimmung pur – und das jeden Abend.
Ausklang am Abend – **Makani:** im **Hilton Al Ain** 1, Tel. 03 706 70 18, tgl. 20–1 Uhr. Bar und Nachtclub für Hotelgäste und Freunde. Gemütlicher Tresen, erfahrener Barkeeper, arabische Musik.
Sport und Bier – **Horse and Jockeys Pub:** im **Danat Al Ain Resort** 2, Tel. 03 768 66 86, tgl. 12–24 Uhr. Englisches Pub mit schöner Außenterrasse. Beliebter Treff nicht nur für Pferdesport-Interessierte. Snacks, mehrere Biersorten, gute Stimmung.
Shisha-Spot – **Lawrence's Bar:** im **Mercure Grand Hotel Jebel Hafeet** 4, Tel. 03 704 60 00, tgl. 17.30–2 Uhr, Do–Sa ab 21 Uhr Livemusik. Elegante Bar mit französischen Weinen und Brandys im Angebot, große Auswahl an Cocktails. Man sitzt in tiefen Ledersesseln, raucht allein oder mit Freunden zusammen eine Wasserpfeife. Der klare abendliche Himmel, die angenehm kühlende Brise und der Blick hinunter auf das erleuchtete Al Ain verführen zum Träumen.

Infos & Termine

Tourismusbüro
s. Infobox S. 228

Internetcafé
Sheikh Zayed Bin Sultan St., gegenüber dem **Al Murabba Fort** 6, tgl. 8–23 Uhr, 30 Min. 5 Dh.

Verkehr
s. auch Infobox S. 228.
Bus: Al Ain verfügt über ein innerstädtisches Busnetz mit rund 50 neuen Bussen der Marke Mercedes-Benz, die im 15-Minuten-Takt auf Routen quer durch die Stadt verkehren. 1 Dh pro Strecke. An den meisten Haltestellen wurden klimatisierte Wartehäuschen eingerichtet. An der zentralen Busstation treffen alle Routen zusammen. Beispiele: Linie 900 von Hili Fun City zum Central Market, Linie 960 vom Flughafen zum Central Market, Linie 970 von der Central Bus Station zum Jebel Hafeet.
Taxi: Standplätze vor allen Hotels und Shopping Malls, Grundgebühr 3 Dh, 1 Kilometer 1,75 Dh.
Leihwagen: Al Ghazal Limousinenservice, **Hilton Al Ain** 1, Tel. 03 751 65 65.

Feste & Veranstaltungen
Im Innenhof des **Al Jahili Fort** 1 finden regelmäßig Konzerte mit international renommierten Orchestern statt (genaue Termine in den Tageszeitungen, s. S. 47).

Lieblingsort

Schwimmerparadies im Hilton Al Ain

Vor vier Jahrzehnten überredete Sheikh Zayed Bin Sultan, der damalige Herrscher des Emirats Abu Dhabi, den US-amerikanischen Hotelier Hilton, in seiner Oase Al Ain ein Hotel zu bauen, weil er seine Gäste anlässlich einer königlichen Hochzeit angemessen unterbringen wollte. Damals gehörte zu jedem Luxushotel immer auch ein sehr großes, rechteckiges Schwimmbecken; verspielte Poollandschaften mit Wasserrutsche boten Hotelarchitekten ihren Bauherren damals nicht an. Inzwischen wurde das Hilton Al Ain mehrmals erweitert und renoviert, und es besitzt jetzt auch eine neue attraktive Poollandschaft. Aber es gibt auch noch immer das große Becken, in dem man in der Oase seine Bahnen schwimmen kann (tgl. 6–18 Uhr, **Hilton Al Ain** 1, s. S. 249).

Das Beste auf einen Blick

Ausflug nach Dubai

Highlights!

Al Fahidi Fort: Das Fort im Zentrum der Altstadt ist die älteste Befestigungsanlage Dubais. Sie wurde zum größten und beeindruckendsten Museum des Emirats, zum Dubai Museum, umgestaltet. 1 S. 265

Mall of the Emirates: Sie gehört zu den beliebtesten Einkaufszentren der Stadt, denn sie bietet mit über 400 Geschäften ein attraktives Shopping-Erlebnis und ist zudem direkt mit der Metro zu erreichen. Darüber hinaus beherbergt sie das elegante Kempinski-Hotel gleichen Namens, und unter ihrem Dach befindet sich auch Ski Dubai mit einer 400 m langen Piste, auf der man mitten im Wüstenemirat Ski und Snowboard fahren kann. 12 S. 275

Auf Entdeckungstour

In den Souqs von Dubai: Gewürze und Gold sind Inbegriffe orientalischer Verheißungen, die man mit einem arabischen Basar in Verbindung bringt. Im historischen Deira findet man beides nahe beieinander. S. 268

Dubai aus der Luft: Es ist nicht ganz billig, aber es lohnt sich. Man fliegt in einem kleinen Wasserflugzeug entlang der Küste über die ›Palmen‹ und die ›Welt‹, vorbei am Burj Al Arab und rund um den Burj Khalifa, entlang der Sheikh Zayed Road und über den Creek. Dubai aus der Luft kennenzulernen, ist ein atemraubendes Erlebnis. S. 280

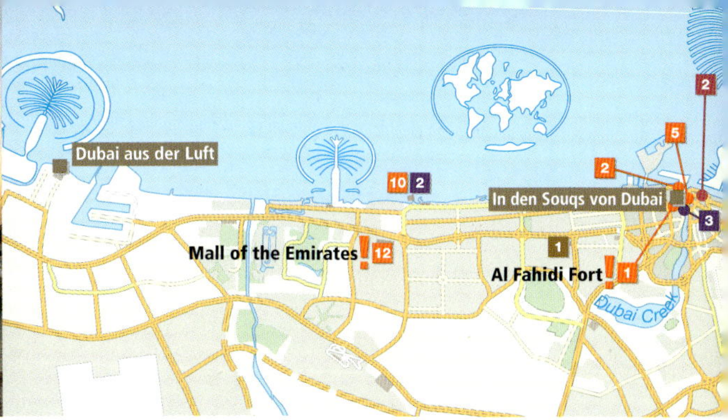

Kultur & Sehenswertes

Dhaus auf dem Creek: Die hölzernen Frachtkähne, die noch per Hand be- und entladen werden, erinnern an vergangene Zeiten. S. 261

Sheikh Saeed House: Das 1896 erbaute Wohnhaus der Herrscherfamilie Al Maktoum beherbergt eines der schönsten Museen der Stadt. 2 S. 266

Bait Al Banat: Das Museum würdigt den Beitrag der Frauen zur gesellschaftspolitischen Entwicklung des Emirats. Eine in der Golfregion einzigartige Ausstellung. 5 S. 267

Aktiv unterwegs

Abra-Fahrt auf dem Creek: Die Skyline der Stadtteile Bur Dubai und Deira vom Wasser aus genießen. 3 S. 265

Wild Wadi Water Park: Turborutschen und Surfwalls begeistern die ganze Familie. 2 S. 275

Genießen & Atmosphäre

Burj al Arab: Eine Übernachtung in diesem Luxushotel können sich nur wenige leisten, aber ein Besuch in einem seiner Restaurants, in der Bar oder im Talise Spa des Burj ist erschwinglich. 10 S. 283

Al Dawaar: Das Drehrestaurant im Hotel Hyatt Regency hoch über Dubai bietet einen 360°-Panorama-Blick über den Creek, die Stadt und das Meer. 2 S. 279

Abends & Nachts

1897: Eine besondere Bar im Hotel Mall of the Emirates. Die Auswahl an Drinks erfüllt alle Wünsche. 12 S. 283

Neos Sky Lounge: Aus der Bar im 63. Stock des Hotels The Address Downtown Dubai blickt man direkt auf den gegenüberliegenden Burj Kahlifa und die Wasserspiele zu seinen Füßen. 1 S. 283

In der futuristischsten Metropole am Golf

Dubai kennt jeder. Und jeder hat seine persönliche Vorstellung von Dubai. Für die einen ist das Nachbaremirat ein Beispiel für Superlative, für Größenwahn, für Luxus und Verschwendung. Für die anderen ist Dubai das Paradigma für Zukunftsentwürfe, für Unternehmererfolge, für neue Weltwunder.

Die Geschichte Dubais beginnt mit dem Entschluss von Sheikh Maktoum Bin Buti, mit 800 Mitgliedern seiner Familie 1833 Abu Dhabi zu verlassen und sich am 200 km entfernten (heutigen) Dubai Creek niederzulassen. Über hundert Jahre lang sicherten Perlenfischerei und bescheidener Handel das Auskommen, bis auch in Dubai dank des Erdöls ab1969 der Wohlstand einzukehren begann, zuerst langsam unter Sheikh Rashid (1958–90), dann rasant unter seinen Söhnen Maktoum (1990–2006) und Mohammed (Regierungsantritt 2006).

Dubai macht seit zwei Jahrzehnten Schlagzeilen. Es ist diesem Emirat gelungen, durch gigantische Shopping Malls, beeindruckende Luxushotels, aufregende Freizeitmöglichkeiten und hochwertige Events, durch lange Sandstrände und herausragende Sportangebote, aber auch durch seine traditionellen Souqs Touristen anzuziehen. Die Besucherzahlen liegen heute bei etwa 10 Mio. jährlich mit einem Anteil von ca. 350 000 aus Deutschland.

So gesehen bietet Dubai ein touristisches Kontrastprogramm zum eher beschaulichen Abu Dhabi, obwohl auch dieses Emirat inzwischen mit herausragenden Architekturikonen aufwarten kann. Aber noch ist in Dubai alles etwas größer und höher.

Nachdem die globale Finanzkrise zuerst Amerika, dann Europa und 2009 auch den Golf erreicht hatte, war Dubai auch in dieser Hinsicht

Infobox

Reisekarte: ▶ Karte 1, H 1

Information

Telefonvorwahl: 04

Government of Dubai, Dept. of Tourism and Commerce Marketing: (DTCM), Al Fattan Plaza, 9. Stock, Airport Rd., Garhoud, Tel. 282 11 11, Fax 282 11 31, www.dubaitourism.ae, So–Do 9–14 Uhr.

Generalkonsulat der Bundesrepublik Deutschland: Im Stadtteil Jumeirah 1 (hinter Dubai Zoo), St. 14 A, Tel. 04 349 88 88, So–Do 11–12 Uhr; in Notfällen: Tel. 05 06 50 41 34.

Anreise und Besichtigung

Dubai liegt zwei Autostunden von Abu Dhabi entfernt. Man sollte für den Besuch ein oder zwei Übernachtungen einplanen. Busverbindungen ab Abu Dhabi, s. S. 23.

Der Stadtrand von Dubai liegt aus Abu Dhabi kommend heute bereits ca. 35 km vor dem Stadtzentrum am Creek. Da sich das Sehenswerte über die ganze Stadt verteilt und Dubai ein wesentlich höheres Verkehrsaufkommen als Abu Dhabi hat, benötigt man Zeit, um selbst kleinere Strecken zwischen einzelnen Besuchspunkten im Auto oder im Bus zurückzulegen.

ganz vorne. Als erster Staat am Golf stellte Dubai viele Bauvorhaben ein. Ausländische Besucher berührte das nicht. Planmäßig wurde nach zehnjähriger Bauzeit 2010 der Burj Khalifa, mit 828 m das höchste Gebäude der Welt, als jüngste Architekturikone der Superlative eröffnet. Heute boomt Dubai wieder. Inzwischen haben zwei weitere Dutzend 5-Sterne-Hotels, die zweite Metro *(Green Line)* und das erste Frauenmuseum eröffnet, und die jährlichen Besucherzahlen sollen bis 2020, anlässlich der Eröffnung der EXPO in Dubai, auf 20 Mio. steigen.

Zentrum

Creek

Dubai verdankt seine Bedeutung einem schmalen Meeresarm, der an dieser Stelle der sandigen Golfküste durch eine Laune der Natur wie ein Finger 14 km weit in das flache Wüstengebiet des Hinterlands hineinreicht. Dieser Meeresarm, der einem Fluss gleicht, war Ursache allen Erfolgs und ist bis heute das pulsierende Zentrum von Dubai. **Al Khor** – in der Sprache der mit der Geschichte Dubais eng verbundenen Briten The Creek – ist Anlaufhafen für Hunderte von hölzernen **Dhaus,** die in Fünferreihen dicht gedrängt an den Kaimauern festmachen. Auch die Zielhäfen dieser Lastkähne in Persien, Indien und entlang der afrikanischen Küste sind dieselben wie vor 100 Jahren, nur die zu transportierenden Güter sind andere.

Der Creek teilt Dubai und hält zugleich die beiden Stadthälften des Zentrums zusammen: **Bur Dubai** auf der südwestlichen und **Deira** auf der gegenüberliegenden Uferseite. Auf

Das Herz von Dubai: The Creek

Dubai

Sehenswert

1 Al Fahidi Fort/ Dubai Museum
2 Sheikh Saeed House/ Nationalmuseum
3 Gold-Souq
4 Gewürz-Souq
5 Women's Museum – Bait Al Banat
6 Dubai Creek Golf & Yacht Club
7 Wafi Mall
8 Ras Al Khor – Wildlife Sanctuary
9 Burj Khalifa
10 Burj Al Arab
11 Jumeirah Beach Hotel
12 Mall of the Emirates
13 One&Only Royal Mirage
14 Dubai Marina
15 Atlantis

Übernachten

1 The Address Downtown Dubai
2 Madinat Jumeirah

3 Park Hyatt Dubai
4 One & Only The Palm
5 Ibis World Trade Center
6 Dubai Youth Hostel

Essen & Trinken

1 Alta Badia
2 Al Dawaar
3 AOC French Brasserie
4 Bayt Al Wakeel

Weitere Restaurants in 5, 12

Einkaufen

1 Bur Juman Center
2 Dubai Mall

s. auch 12

Aktiv

1 Jumeirah Beach
2 Wild Wadi Water Park
3 Abra-Anlegestelle
4 Jachthafen des Jebel Ali Golf Resort & Spa

Abends & Nachts

Locations in 10, 12, 1

der kleinen Halbinsel **Shindagha** an der Spitze Bur Dubais ließen sich 1833 Beduinen aus Abu Dhabi nieder, ohne zu ahnen, dass ihre Kindeskinder einst zu den wohlhabendsten Menschen der Welt zählen würden.

Seehandel früher und heute

Damit kein falscher Eindruck entsteht: Die Dhaus und ihre Fracht sind nur der spektakulärste Beitrag zur Handelsbilanz des Emirats, gemessen in Bruttoregistertonnen bewegt sich ihr Anteil im Promillebereich. Die schweren Frachten und den eigentlichen Handel haben die riesigen Frachtschiffe übernommen, die an den künstlichen Häfen **Port Rashid** und **Jebel Ali** ununterbrochen vor Anker gehen.

Doch der Weg entlang der ankernden Dhaus am Ufer des Creek ist ein Weg zurück in die hundertjährige Geschichte des Seehandels am Golf. Die Dhaus sind aus Dubai nicht wegzudenken. Wer dem emsigen Treiben an der Uferpromenade zusieht, fragt sich, wie die einfachen Holzschiffe mit ihren Frachtmengen überhaupt auf offener See die Bestimmungshäfen erreichen.

Der traditionelle Seehandel konzentriert sich bis heute auf der Deira-Seite des Creek; das Be- und Entladen der Dhaus kann man besonders gut an den Kais vor der Al-Maktoum-Brücke beobachten. Hatte der Creek in Dubai die Grundlage für Seefahrt und Handel geschaffen, brachte das Öl das Kapital, um den strukturellen Vorsprung des Emirats gegenüber den anderen Nachbaremiraten auszubauen.

Überquerung des Creek

Von Anfang an war die Überquerung des Creek für die Bewohner von Dubai Teil ihres Alltags, und es waren kleine Holzboote *(abra,* Plural *abrat)*, die die Bewohner von einer Seite des Creek zur anderen brachten. Daran hat sich bis heute wenig geändert. Obwohl es heute vier große Brücken und den Shindagha-Tunnel gibt, sind die Abrat immer voll besetzt. Waren es früher kleine Ruderboote, so sind es heute dieselmotorgetriebene schmale Wassertaxis mit Sitzpritschen, die zwischen ausgewiesenen Anlegestellen verkehren. Wurden früher am Freitag die Bewohner aus Deira zum Mittagsgebet in der Großen Moschee kostenlos übergesetzt, so haben heute alle Fahrgäste einen Dirham (ca. 0,40 €) für die Überfahrt zu bezahlen.

Bastakiya

Im zu Bur Dubai zählenden historischen Stadtteil Bastakiya stehen die wenigen zweistöckigen Häuser mit Innenhöfen und Windtürmen, die den Bauboom der 1970er-Jahre überlebten. Dabei sind die Häuser im Stadtteil Bastakiya gar nicht so alt. Sie wurden fast alle erst nach 1902 gebaut, als Händler aus der iranischen Stadt Lingeh nach Dubai kamen. Ihr Vermögen und ihre Fertigkeiten ermöglichten es ihnen, sich mit ausdrücklicher Zustimmung des Sheikh niederzulassen und von Dubai aus ihre Handelsbeziehungen zu pflegen.

Die Iraner gaben diesem Viertel den Namen ihrer Heimat, der südpersischen Region Bastakiya. Bald entstanden Häuser aus Lehm und Korallenstein, die sich von den traditionellen beduinischen Barasti-Hütten unterschieden und die jene Windtürme besaßen, die den eingewanderten persischen Händlern zu einem klimatisch ähnlich angenehmen Leben verhalfen wie in ihrer Heimat auf der anderen Seite des Golfs. Als Anerkennung ihres Beitrags für das Emirat erhielten diese iranischen Händler und ihre Familien im Jahr 1971 aus Anlass der Unabhängigkeit die Staatsbürgerschaft der Vereinigten Emirate.

Inzwischen wurden die historischen Windtürme und Häuser in Bastakiya mit großem Aufwand restauriert, nachdem die Infrastruktur des Viertels weitgehend saniert und ein Teil der engen Gässchen *(sikkas)* wiederhergestellt wurde. Das ganze Viertel einschließlich der Shindagha-Landspitze wurde nach Abschluss umfassender Bau- und Restaurierungsarbeiten für den Autoverkehr gesperrt.

Mitten in Bur Dubai, am Rande des Bur Dubai Souq, liegt an den Ufern des Creek das alte **Bayt Al Wakeel** 4. In dem prächtigen früheren Verwaltungsgebäude ist heute ein Restaurant untergebracht (s. S. 279). Das prominenteste Gebäude im Viertel ist jedoch das Al Fahidi Fort.

Al Fahidi Fort/Dubai Museum ! 1

Al Fahidi St., Tel. 04 353 18 62, Sa–Do 8.30–20.30, Fr 14.30–20.30 Uhr, Eintritt: 3 Dh, Kinder ab 5 Jahre 1 Dh

Der sicherste Ort im historischen Dubai war das Al Fahidi Fort, das im Jahr 1878 errichtete älteste Gebäude der Stadt. Zum Schutz gegen Invasoren wurden seine hohen Lehmmauern, die eine quadratische Festung mit einem Innenhof bilden, mit zwei Türmen bewehrt. Als Baumaterialien dienten neben Lehm Korallenblöcke und Muschelschalen, die mit Kalkbrei verarbeitet wurden.

1995 wurde neben und unter dem Fort das **Dubai Museum** eröffnet. Man betritt Fort und Museum durch ein massives Teakholztor mit alten Messingbeschlägen. In dem weiten Innenhof werden heute Exemplare traditioneller Bootstypen ausgestellt, die die Dubai'in noch bis Mitte des 20. Jh. benutzten. Hinter einer europäischen Kanone von 1785 führt eine Treppe in das unterirdische Museum.

Mein Tipp

Stadterkundung per Abra 3

Der Creek bleibt das Herz Dubais, auch wenn die großen Geschäfte jetzt in den umliegenden Hochhäusern getätigt werden. So gehört zu den interessanten Orientierungsmöglichkeiten eine Fahrt mit einer Abra von der Mündung des Creek bis zur neuen Schwimmbrücke hinter der Al-Maktoum-Brücke. Im Preis von 100 Dh für eine halbstündige Fahrt sind die Erläuterungen durch den Kapitän eingeschlossen.

An den Ufern des Creek spiegelt sich die Entwicklungsgeschichte der Stadt wider. Alten restaurierten Häusern aus Korallenkalk mit mächtigen Holztüren und Windtürmen auf der Bur-Dubai-Seite stehen moderne Bürohochhäuser aus Beton, Stahl und Glas auf der Deira-Seite gegenüber, das weitläufige Gelände des Dubai Creek Golf Club in Deira findet sein Gegengewicht im grünen Creekside Park am Bur-Dubai-Ufer. Südlich des herrlichen Golfplatzes und der Al-Garhoud-Brücke erreicht man die neue Dubai Festival City (www.dubaifestivalcity.com).

In didaktisch hervorragender Weise werden den Besuchern in großen Räumen die Lebens- und Arbeitsbereiche vorgestellt, die den Alltag im alten Dubai bestimmten: der Handel, die Familie, die Wüste und das Meer. Diesen Bereichen wird ein Abriss der Geschichte vorangestellt: Man taucht im ersten Raum in völlige Dunkelheit ein und staunt, wie dann auf einer großen Leinwand die Entwicklung der Stadt am Creek seit 1830 visuell in Szene gesetzt wird.

Im Dubai Museum kann man traditionelle Bootstypen aus nächster Nähe betrachten

Shindaga

Von Bastakiya ist es ein Katzensprung entlang dem Creek zur Landzunge Shindagha mit dem historischen Haus von Sheikh Saeed Al Maktoum.

Sheikh Saeed House/ Nationalmuseum 2

Al Khaleej Rd., Sa–Do 8–22, Fr 15–22 Uhr, Tel. 04 393 71 39, Eintritt 2 Dh, Kinder ab 8 J. 1 Dh

Der 1896 im Stil traditioneller Golfarchitektur errichtete Palast gilt heute als nationales Monument, weil sich mit ihm eine bedeutende Periode der Emiratsgeschichte verbindet. Die Anlage mit den charakteristischen Windtürmen gewährte damals neben ihrer strategisch wichtigen Lage eine wunderschöne Aussicht auf die Einfahrt zum Creek. Über 40 Jahre war sie Sitz der Regierung während der Herrschaft von **Sheikh Saeed Al Maktoum** (1912–58), der als ›Architekt‹ des modernen Dubai gilt. Auch sein Sohn Rashid, der spätere Emir, wuchs in diesem Palast auf. 1986 wurde mit der Renovierung des Palastes begonnen, zum 100. Jahrestag seiner Errichtung eröffnete man ihn 1996 als Nationalmuseum wieder. Das Museum in dem ehemaligen Palast beherbergt verschiedene Sammlungen, die Themen der Geschichte und des sozialen Lebens in Dubai gewidmet sind.

Deira

Hauptanziehungspunkt im nördlichen Deira ist zweifellos der **Deira Souq.** Er beginnt an der Baniyas Road gegenüber der Abra-Anlegestelle (Deira Old Souq Abra Station) und dehnt sich über mehrere Gassen aus. **Gold-Souq** 3 und **Gewürz-Souq** 4 bilden zwei eigene nur wenige hundert Meter auseinanderliegende Viertel im großen Deira-Souq. Je nachdem, von welcher Seite man diesen größten Basar der Stadt aufsucht, erreicht man im

Norden zuerst den Gold-Souq oder im Westen den Gewürz-Souq (s. Entdeckungstour S. 268).

Dubai Municipality Museum

Tgl. 8–14.30 Uhr, Eintritt frei

Das erste Haus am Eingang zum **Gewürz-Souq** 4 gehörte einer angesehenen Händlerfamilie. Im ersten Stock dieses vollständig renovierten Händlerhauses versammelte sich seit 1959 der Rat der Gemeinde Dubai unter dem Vorsitz des damaligen Herrschers Sheikh Rashid. Heute ist hier ein kleines Museum untergebracht. Alte Fotografien dokumentieren die Aufbauarbeiten in den 1960er-Jahren, Protokolle der Ratssitzungen beschreiben detailliert die Probleme im damaligen Dubai und ein Geschäftsverteilungsplan gibt Einblick in die Verantwortlichkeiten innerhalb der für die Verwaltung zuständigen Al-Maktoum-Familie. Vorzeigeobjekt des Museums ist ein Filmdokument aus dieser Zeit.

Women's Museum – Bait Al Banat 5

In der Nähe des Goldsouqs, Sika 28, 500 m zur Metrostation Al Ras (Green Line), Tel. 04 234 23 42, www.womenmuseumuae.com, tgl. 10–19 Uhr, Eintritt 20 Dh

Das um 1950 im engen Straßengewirr Deiras erbaute dreistöckige Haus erhielt den Namen *bait al banat* (Haus der Mädchen), weil hier drei ältere unverheiratete Frauen wohnten. Im Arabischen ist es bis heute üblich, unverheiratete Frauen als ›Mädchen‹ zu bezeichnen. Die Emirati Rafia Ghubash, eine renommierte Psychologieprofessorin, erwarb das Haus und renovierte es mit liebevollem Blick fürs Detail von Grund auf. Mit hohem museumspädagogischem Engagement richtete sie eine Begegnungsstätte ein, die den historischen Beitrag der Frauen für die Kultur und die gesellschaftspolitische Entwicklung der VAE dokumentiert. Das in der Golfregion einmalige Museum zeigt viele alte Fotos und Pässe von Frauen sowie schönen Schmuck, und es veranschaulicht den weiblichen Arbeitsalltag. Ein Teil der Ausstellung ist herausragenden Lehrerinnen früherer Jahre gewidmet. Zudem werden angesehene *sheikhas* vorgestellt, die als stille ›Ratgeberinnen‹ ihrer bedeutenden Ehemänner großen Einfluss auf die Politik am Golf im 20. Jh. hatten.

Am Südrand des Zentrums

Dubai Creek Golf & Yacht Club 6

Al Garhoud Rd., tgl. 8–24 Uhr

Das prächtige Clubhaus des Dubai Creek Golf & Yacht Club gehört zu den ersten Gebäuden des Emirats, das Aufsehen durch seine Architektur erregte. Sein weithin sichtbares weißes Dach gleicht den vom Wind aufgeblähten Segeln einer Dhau. Auf dem Clubgelände ist nicht nur das **Hotel Park Hyatt Dubai** 3 (s. S. 278) eine Oase der Eleganz und der Ruhe, sondern die ganze Parkanlage mit ihren Terrassenrestaurants ist ein Ort der Entspannung im Herzen der quirligen Stadt.

Wafi Mall 7

Al Qutaayat Rd., Tel. 04 324 45 55, Sa–Do 10–22, Fr 16.30–22 Uhr, www.waficity.com

Manchmal hat man den Eindruck: »Do buy!« – die Aufforderung zu kaufen – könnte phonetisch zum Namen der Stadt beigetragen haben. Denn in keiner anderen Stadt am Golf dreht sich das Leben derart um das Einkaufen wie in Dubai, wo ▷ S. 271

Auf Entdeckungstour: Kardamom und Gold – in den Souqs von Dubai

Gewürze und Gold sind die Inbegriffe orientalischer Verheißungen, die man mit arabischen Basaren verbindet. Im historischen Stadtteil Deira finden wir beides nebeneinander. Eine sinnliche Tour für alle, die den Duft von Gewürzen lieben und fasziniert sind vom Glanz des edlen Metalls.

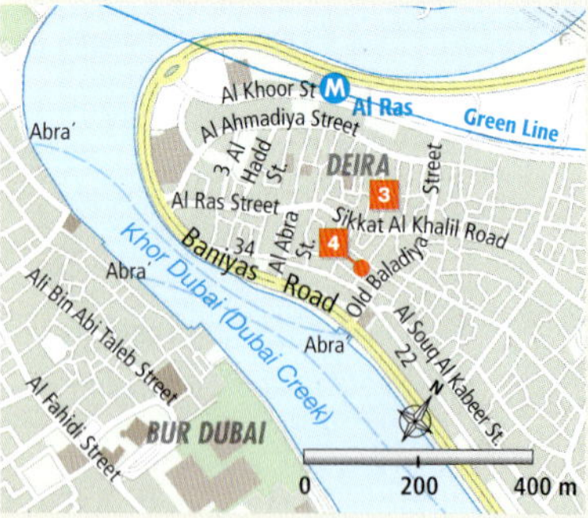

Gold-Souq 3: Sikhat Al Khalid Rd. **Gewürz-Souq** 4: Bani Yas Rd.
Öffnungszeiten: tgl. 10–13 und 16–22 Uhr, Fr nur nachmittags
Hinweis: Wie in allen Souqs gehört das Feilschen um den Preis zu einem Käufer und Verkäufer zufriedenstellenden Kaufabschluss

Die große Neonschrift ist inmitten der verwinkelten Gassen nicht zu übersehen. Hier beginnt »The City of Gold«. Einst eine Ansammlung kleiner Verkaufsstände indischer Goldhändler, ist der Gold-Souq heute als überdachte Fußgängerzone gestaltet, in der die Schaufenster von mehr als 400 Geschäften das begehrteste Edelmetall in überwältigender Fülle präsentieren.

The City of Gold

Der Gold-Souq von Dubai ist heute der weltweit größte seiner Art. Dazu hat er sich allerdings erst in den letzten 20 Jahren aufgrund des regionalen Reichtums und der örtlichen Steuerfreiheit entwickelt. Ein Besuch im Gold-Souq ist deshalb ein Muss. Die übervollen, mit unzähligen Armreifen und Halsketten dekorierten Schaufenster dürfen keinen Zweifel aufkommen lassen: Hier ist wirklich alles Gold, was glänzt.

Um es gleich vorwegzunehmen: Gold ist in Dubai nicht billiger, es kostet weltweit gleich viel. Nur Goldschmuck ist im Emirat weit günstiger aufgrund der niedrigen Lohnkosten der örtlichen indischen Goldschmiede. Der Preis für Gold, der weltweit in der Einheit Feinunze (ca. 32 g) notiert wird, ist einheitlich großen Schwankungen unterworfen. 2009 kletterte er erstmals auf über 1000 US-$; zurzeit schwankt er auf hohem Niveau.

Über den jeweilig aktuellen Goldpreis sollte man also informiert sein, denn der bestimmt im Wesentlichen den Preis der Schmuckstücke in den Läden. Goldschmuck besteht ganz selten aus reinem Gold, sondern fast immer aus Legierungen. Der Anteil des Goldes, d. h. seine unterschiedliche Feinheit, wird weltweit in Karat angegeben: 24 Karat sind 99,9 % Gold, 18 Karat nur 75 %, 14 Karat 58 % und 10 Karat nur 42 %. Den Preis des Goldschmucks bestimmen in Dubai in erster Linie Gewicht und Karat.

Gold hat seit jeher die Menschen angezogen. Wenn am Abend in den Schaufenstern von Lichtspots erleuchtet der edle Goldschmuck besonders zur Geltung kommt, spürt man etwas von dieser Faszination des Goldes, die im Souq zudem ständig größer wird, weil alle Läden rundherum ebensolche glänzenden Auslagen präsentieren. Man wandelt förmlich durch ein Meer von Gold.

Besonders am Abend herrscht Hochbetrieb in den Gassen des Gold-Souqs. In den Läden sieht man häufig folgendes Bild: Mehrere in schwarze *abayas* gehüllte Damen und ein Herr in weißer *dishdasha* häufen Ringe, Armbänder und Ketten auf die Waagschale des Goldhändlers. Es folgen Diskussionen über den Preis, eine weitere Kette wird hinzugefügt, zwei Ringe entfernt, jetzt sind es fast 450 g. Ist der Herr Tennisspieler, wandern noch ein Paar Manschettenknöpfe mit einem kleinen Tennisschläger aus Gold auf die Waage und für seinen Schwager, der segelt, ein kleines goldenes Modellschiffchen in massiver Ausführung. Jetzt sind es genau 500 g. Wird man sich handelseinig, wechselt ein dickes Bündel Dirham den Besitzer, und meist wird der Schmuck noch im Laden unter den Damen verteilt.

Nelken und Zimt

Sind es im Gold-Souq die materiellen Werte, die sich in diesen wenigen engen Gassen konzentrieren und die Besucher in Staunen versetzen, so sind es im Gewürz-Souq die exotischen Gerüche, die einen in den Bann ziehen.

Es riecht nach Kardamom, Zimt und Nelken. Die großen prall gefüllten, offenen Jutesäcke stehen in den engen Gassen vor den noch engeren Verkaufsnischen, in deren hinterster Ecke der Händler Tee trinkend auf

Überall im Gold-Souq funkeln verführerisch die Schaufenster-Auslagen

Kundschaft wartet. Fein sortiert reihen sich in den Regalen abgepackte Safransorten neben Säckchen mit gemahlenem und ungemahlenem Pfeffer. Auf dem Boden stehen Körbe voller Nüsse, Pistazien oder Mandeln, Kisten mit getrockneten Zitronen und orientalischen Blüten. Aber auch Trockenmilchpulver, Kaffeebohnen und Teesorten finden sich hier. Hindi, Farsi oder Urdu sind die Sprachen der Händler, auf Englisch kennen sie aber die Namen ihrer Gewürze und die Zahlen, um die Preise auszuhandeln.

Gewürze gehören zu jeder arabischen Speise und der Handel mit Gewürzen zur orientalischen Tradition. Schon gegen Ende des 19. Jh. gab es hier einen kleinen Souq für Gewürze. Indische und omanische Händler waren die Ersten, die sich damals am Dubai Creek niederließen und die Gewürze aus ihren Heimatländern mitbrachten. Später kamen dann iranische Händler von jenseits des Golfes dazu.

Es herrscht eine Atmosphäre aus intensiven Gerüchen und orientalischem Stimmengewirr. In freundlichem Tonfall preisen die Händler ihre Waren an, betonen deren hohe Genussverstärkung beim Speisen und Lieben. Zudem unterstreichen sie die Qualität durch Nennung ihrer Herkunftsländer: Der rötliche Safran kommt aus dem Iran, die Pistazien und die getrockneten Limonen ebenfalls, der süßlich würzige Ingwer aus Indien und der schwarze und grüne Kardamom haben sogar die lange Reise aus dem zentralamerikanischen Guatemala zurückgelegt.

Wer Interesse zeigt, wird sofort zu einem Tee eingeladen. Selbstverständlich kann man bei so viel Freundlichkeit nur schwer nein sagen, und beim Abschied erwirbt man dann selbstverständlich auch eine Tüte grüner Chili-Schoten oder ein Dutzend schwarzer Vanillestangen. Dass sie nicht billiger sind als zu Hause, spielt jetzt keine Rolle mehr.

es gut 50 Shopping Malls gibt. Und jedes Jahr eröffnet eine neue. Die ältere Wafi Mall ist Teil der Wafi City und liegt noch im Stadtzentrum. Sie beeindruckt bereits von außen durch ihre Pyramiden-Architektur aus Glas, Chrom und Stahl. Auch im Inneren faszinieren prunkvolle, an altägyptischen Vorbildern orientierte Säulengänge und Treppen. Von ihr hat man auch einen direkten Zugang zum Luxushotel **Raffles;** das Flaggschiff der Kette ist Weltreisenden aus Singapur bekannt.

Ras Al Khor – Wildlife Sanctuary 8

Sa–Do 9–16, Fütterung 9.30 Uhr, Eintritt frei

Am südlichen Ende des Creek bzw. Khor wird das Wasser sehr flach und bildet ein schlammiges Feuchtgebiet. Dieses ca. 8 km² große Areal mit vielen Mangroven und kleinen Sandbänken ist seit Menschengedenken ein Rastplatz für Zugvögel. Heute leben hier ca. 200 **Große Flamingos** (lat. *phoenicocterus ruber*). Auf dem Gelände gibt es drei **Vogelbeobachtungsstationen** *(birding hides)*, kleine erhöht gelegene Hütten aus Schilfrohr, die man über schmale, ebenfalls abgeschirmte Wege erreicht. In diesen Hütten ist man relativ nah an den Flamingos. Um sie noch besser beobachten zu können, stellt die Stadtverwaltung den Besuchern in den Hides kostenlos Ferngläser zur Verfügung.

Westlich des Zentrums

Burj Khalifa 9

Sheikh Zayed Rd., www.burjkhalifa.ae, Tel. 04 366 16 55, tgl. 8.30–24 Uhr, Besucherkarten im Ticket Office in der Dubai Mall (Online-Reservierung wegen des Andrangs erforderlich!), »At the Top«: 125 Dh, Kinder 95 Dh (17.30–18.30 Uhr: 200 Dh, Kinder 160 Dh), Besuch ohne Wartezeit (sog. Fast Track) 300 Dh; »Burj Khalifa Sky«: Sa–Do 12–19, Fr 9–23 Uhr 500 Dh, tgl. 20–21.30 Uhr 300 Dh

Seit der offiziellen Eröffnung des Burj Khalifa im Januar 2010 besitzt Dubai das mit Abstand höchste Gebäude der Welt. Der silbergraue gigantische Turm an der Sheikh Zayed Road ist 828 m hoch (zum Vergleich: das Empire State Building in New York ›nur‹ 381 m). Auf einer Grundfläche von 7000 m² hat er die Form einer Wüstenblume mit sechs Blättern, die sich spiralförmig nach oben verjüngt.

In den ersten 18 Stockwerken hat der italienische Modedesigner Giorgio Armani ein Luxushotel eröffnet, dann folgen Büros und Wohnungen. Im 125. Stock (456 m über NN , Besucherplattform »At the Top«) und im 148. Stock (555 m über NN, Burj Khalifa Sky Lounge) laden Aussichtsplattformen zu einem unvergleichbaren Blick auf Dubai ein. Außerdem kann man im 123. Stock das wohl edelste und teuerste Restaurant Dubais, das **At Mosphere** besuchen (Reservierung und Mindestverzehr erforderlich, Dresscode beachten, tgl. 12.30–15, 18.30 –23.30 Uhr, Tel. 888 38 28, www.atmosphereburjkhalifa.com).

Zu Füßen des Burj Khalifa liegt die **Dubai Mall** 2 (s. S. 279), die größte Shopping Mall des Emirats, und das Luxushotel **The Address Downtown Dubai** 1 (s. Lieblingsort S. 272 u. S. 277). Umgeben ist der Burj Khalifa von einem großen künstlichen See. Regelmäßig am Abend steigen aus ihm beleuchtete bunte Fontänen zu bekannten Melodien auf und ab. Die **Dubai Fountains** sind inzwischen eine der Attraktionen der Stadt.

Lieblingsort

Premium-Aussicht auf den Burj Khalifa

Er ist der höchste Turm der Welt und seine schlanke silbergraue Glasfassade sieht man von jedem Punkt der Stadt. Aber nur aus nächster Nähe kann man auch den großzügig angelegten See zu seinen Füßen und das Licht- und Bewegungsspiel der Dubai Fountains erleben. Es gibt keinen besseren Platz als das Hotel The Address in Downtown Dubai, um dem über 800 m hohen ›Weltwunder‹ so nah zu sein und es doch in seiner ganzen Höhe zu bewundern: sei es am Tage von der Terrasse am Pool oder am Abend aus der Neos Sky Lounge (**The Address Downtown Dubai** 1, s. S. 277, **Neos Sky Lounge,** s. S. 283).

Mein Tipp

Das Burj Al Arab für Normalsterbliche

Im Burj Al Arab bleiben die Hotelgäste unbehelligt von der Öffentlichkeit. Aber auch für Nichthotelgäste besteht die Möglichkeiten, »the World's Most Luxurious Hotel« von innen kennenzulernen. Die einfachste: Sie wohnen in einem der beiden Nachbarhotels, dem **Jumeirah Beach Hotel** 11 oder im **Madinat Jumeirah** 2 (s. beide unter www.jumeirah.com). Von dort wird man sogar in einem Golf Cart hinübergefahren. Eine zweite Möglichkeit: Sie reservieren telefonisch in einem der Hotelrestaurants des Burj, z. B. im **Al Muntaha** (s. S. 278) oder in der **Sky View Bar** (s. S. 283) unter Angabe Ihrer Kreditkartennummer einen Tisch. Das muss aber ein paar Tage im Voraus erfolgen, denn die Plätze sind sehr begehrt.

Wer die Wartezeit auf einen Besuch im Burj abkürzen möchte, reserviert eine Behandlung im dortigen **Talise Spa** (s. S. 283). Die ist zwar genauso teuer wie ein Restaurantbesuch, aber dafür gesünder, und man ist auch einmal im Burj gewesen.

Jumeirah Beach 1

Bei einem Tagesausflug will man vielleicht auch eine Pause einlegen, und besonders gut fühlt man sich, wenn es beim Ausruhen noch etwas zu sehen gibt. Das kann man z. B. auf den Bänken, die zu Dutzenden auf der Promenade entlang dem Creek an der Shindagha-Landzunge stehen. Oder man wählt den Strand des Jumeirah Beach, um sich vor dem Ausruhen abzukühlen; er ist der schönste, um im Meer zu baden. Allerdings wird ein großer Teil des Strandes von den dahinterliegenden Luxushotels reserviert, z. B. vom neuen **Four Seasons Resort** an der Jumeirah Beach Road. Wenn man Glück hat, gewährt das Hotel den Zutritt zum Strand. Aber es gibt auch in der Nähe Strandabschnitte, die für jedermann kostenlos zugänglich sind, allerdings ohne Infrastruktur für die Badegäste.

Burj Al Arab 10

Jumeirah Rd.

Das Luxushotel Burj Al Arab hat Dubai in der Welt bekannt gemacht. Es liegt auf einer 280 m vom Festland entfernten Insel vor dem Jumeirah Beach Hotel, mit dem es zusammen ein Ensemble bildet. »An Land bauen kann jeder, aber nicht auf See«, war die Devise seines Bauherrn, Sheikh Mohammed Bin Rashid Al Maktoum. Die Dimension des Bauwerks ist wahrlich erstaunlich: 321 m ragt der 1999 errichtete Burj Al Arab aus dem Meer und erreicht damit annähernd die Höhe des Eiffelturms (324 m). Und so wie der Eiffelturm das Wahrzeichen von Paris wurde, ist der weiße, mit Stoff bespannte Hotelturm, der dem Segel eines ausfahrenden Schiffs gleicht, bis heute das Wahrzeichen von Dubai. Es ist ein Gebäude der Superlative, ein Traum der Architekten.

Die Ausstattung des Hotels setzt neue Maßstäbe. Als 7-Sterne-Hotel klassifiziert sich die Edelherberge, obwohl weltweit bisher nur fünf Sterne als Auszeichnung verliehen werden. Die Eingangshalle übertrifft an Höhe und Luxus alles Dagewesene. Die Gäste wohnen in 202 zweistöckigen Suiten, davon mehrere mit über 500 m². Ein Butler ist im Preis jeder Suite inbegriffen. Für eine Übernachtung muss der Gast allerdings mindestens 5000 Dh aufwenden. Nicht im Preis enthalten ist der Transfer vom Flughafen per Hubschrauber, der in 200 m Höhe an der Außenseite des Turms auf der Plattform des Heliports landet. Wer mit der eigenen Jacht anreist, kann am Steg des unmittelbar benachbarten Jumeirah Beach Hotel festmachen. Nur wer auf die Anreise mit einem der sechs hoteleigenen Rolls Royce nicht verzichten will, wird den schmalen Steg zum Festland benutzen. Im Hotel bewegt er sich mit dem schnellsten Aufzug des Mittleren Ostens, der ihn mit einer Geschwindigkeit von 7 m pro Sekunde in seine Suite bringt.

Gäste der 202 Luxussuiten sind in erster Linie die regionalen Prinzen und Prinzessinnen, die Sheikhs der Region und ›the wealthy GCC nationals‹, die Celebrities und VIPs, die Dubai besuchen, sowie touristische Besucher, für die Geld nur die zweite Rolle spielt oder die es sich etwas kosten lassen wollen, aus 300 m Höhe einen absolut unverstellten Blick über die Küste, das Meer und Dubai zu genießen. Und sofern es sich um Paare handelt, haben sie meist eines gemeinsam: Zumindest die Herren sind in gesetzterem Alter.

Den Höhepunkt gastfreundlicher Fürsorge erfahren die Hotelgäste am eigens für sie reservierten Strand: Alle 30 Minuten erscheint der Butler mit kühlen Getränken und frischen Obst-Stücken an ihrer Komfort-Sonnenliege und bietet ihnen an, ihre Sonnenbrille vom Dunst des Meeres und vom Ölfilm der Sonnencreme zu reinigen.

Jumeirah Beach Hotel 11

Jumeirah Rd.

Das Hotel bildet mit dem gegenüberliegenden Burj Al Arab ein architektonisches Gesamtkunstwerk: Der Burj Al Arab ist vergleichbar mit dem Segel einer Dhau und das am Strand gegenüberliegende Jumeirah Beach Hotel hat die Form einer Meereswelle. Das Haus gehört zu den beliebtesten Familienhotels der Stadt.

Wild Wadi Water Park 2

Jumeirah Rd., www.jumeirah.com, Nov.–Febr. 11–18, März–Mai u. Sept., Okt. 11–19, Juni–Aug. 11–20 Uhr, Tageskarte für Erwachsene 275 Dh, April–Sept. Do 18–24 Uhr Ladies Night (nur Frauen) 205 Dh

Wenn man mitreisenden Kindern einen großen Gefallen tun möchte, geht man mit ihnen einen halben Tag in den Wild Wadi Water Park. Auch Erwachsene kommen auf ihre Kosten, einen vergleichbaren Wasserpark mit Turbo-Rutschen, einem Wave-Pool mit 2 m hohen Wellen, einer 500 m langen Wildwasser-Rutschbahn und einem Dutzend weiterer aufregender Attraktionen gibt es in Europa nicht.

Mall of the Emirates ! 12

Sheikh Zayed Rd., Interchange 4, tgl. 10–24 Uhr, www.malloftheemirates.com

Die Mall of the Emirates schlägt wegen ihres Sportangebots alle in der Kategorie Einkaufstempel, denn sie beherbergt als Highlight den **Ski Dome,** der zum Snowboard- und Skifahren auf einer 400 m langen Piste einlädt. In der Mall befindet sich auch das ultraschicke **Kempinski-Hotel Mall of the Emirates,** das zu den schönsten Dubais zählt, sowie mehr als 400 Läden mit über 100 Nobelmarken, die so ziemlich alles aufbieten, was Shopping-Junkies glänzende Augen bereitet. Kinder finden in der Bear Factory lebensgroße Plüschtiere. Mehr als 70 Cafés und Restaurants stellen die Besucher vor die Wahl unter Superlativen. Deshalb wirbt die Mall mit dem Slogan: »Ihre Schwierigkeit wird darin bestehen, einen Grund zum Gehen zu finden«.

One&Only Royal Mirage 13

Al Sufouh Rd., www.lhw.com

An einem wunderschönen Strandabschnitt des Jumeirah Beach liegt das

Der Bewegung einer Welle nachempfunden: das Jumeirah Beach Hotel

Luxushotel **One & Only Royal Mirage** 4, direkt neben dem Stamm von **The Palm Jumeirah,** der ersten fertiggestellten künstlichen Halbinsel, die die Form einer Palme hat und in den Golf ragt. Das erhöht nur die Attraktivität dieser architektonischen Vision aus Tradition und Moderne. Empfangen wird der Besucher von einer Gruppe lebensgroßer, funkelnder Kamele samt Reiter aus Bronze, die der Bildhauer Danie de Jager um eine Wasserstelle im Hof arrangiert hat. Die Gesamtanlage prägt eine Verschmelzung von arabischen und europäischen Stilelementen ohne ein Abgleiten ins Kitschige. Italienischer Marmor und Terrakottafliesen harmonieren mit maurischen Ornamenten, prunkvollen Stoffen und edlem traditionellem Mobiliar.

Eigentlich handelt es sich um drei Hotels, die sich in der aufwendig gestalteten Parkanlage ausdehnen: **The Palace,** ein orientalischer Palast im Stil von Tausendundeiner Nacht, der **Arabian Court,** eine beduinisch dominierte Edelherberge, und **The Residence and Spa,** ein der Ruhe und Erholung gewidmeter Komfortkomplex, der zu den Leading Hotels of the World gehört.

Dubai Marina 14

Aus Abu Dhabi kommend zeigen schon bei der Einfahrt nach Dubai die Schilder zur Dubai Marina im Stadtteil Al Sufouh. In der Nähe des traditionsreichen Sportboothafens Mina Al Seyahi hat Dubai die größte künstliche Marina der Welt erschaffen, in der heute vor dem Hintergrund hoher Hotel- und Apartmenttürme Hunderte edler Jachten anlegen. Die Palmen, die Promenaden, die Jachten, die Boutiquen – hier sollte ein zweites Monte Carlo entstehen. Doch die hohe, dichte Bebauung der eintönigen Apartmenthochhäuser schränkt die Lebensqualität all derer ein, die nicht in den Penthäusern der Anlage wohnen und nicht den Blick auf das Meer und den nahen Jumeirah Beach genießen können. Um die neue Marina herum führt eine Promenade, an der der Dubai Marina Yacht Club liegt; auf seiner Terrasse sollte man einen Tee einnehmen, um die Architektur der Dubai Marina auf sich wirken zu lassen.

Am Strand vor den Hochhäusern der Dubai Marina liegen mehrere Luxushotels, darunter das **Hilton Jumeirah, das Sheraton Juneirah** und **The Ritz Carlton.** Zwischen den abgegrenzten Hotelstränden und den Hochhäusern verläuft ›The Walk‹, eine vielbesuchte Fußgängerzone mit netten Straßencafés.

Atlantis 15

Auf The Palm Jumeirah

Mit einem spektakulären, weltweit übertragenem Feuerwerk eröffnete 2008 die erste der drei ›Palmen‹ mit dem an ihrem äußeren Rand liegenden Hotel Atlantis. Entlang des ›Stammes‹ der Palme führt eine mehrspurige Straße, von der zu beiden Seiten die Nebenstraßen zu den 16 ›Palmwedeln‹ mit ihren Hunderten von Strandvillen abgehen. Die Straße errreicht nach einem Tunnel den äußeren Ring *(crescent)*, in dessen Mitte das größte Hotel in Dubai, mit 1600 Zimmern sogar das größte der Arabischen Halbinsel, steht. Vorbild der gigantischen rosafarbenen Anlage war das Atlantis Resort auf den Bahamas: Ferien total in einer Fantasiewelt des untergegangenen Atlantis. Zum Hotel gehören ein Dutzend Restaurants, ein langer Sandstrand, ein riesiges Aquarium und ein Wasserpark mit langen Lagunen und Wasserrutschen sowie ein Becken, in dem Gäste mit Delfinen schwimmen können. Im Resort sind auch Nicht-Hotelgäste willkommen. Wer nicht mit dem Auto zum Atlantis anreist, kann am **One & Only Royal Mirage** 13 den **Monorail,** eine vollautomatische elektrische Hochbahn, bis zum Atlantis nehmen.

Übernachten

Traumhafte Lage – **The Address Downtown Dubai** 1: zu Füßen des Burj Khalifa, Tel. 04 436 88 88, www.theaddress.com, 196 Zi., DZ ab 3600 Dh. Von der Reservierung bis zum Check-out ist man umgeben von Luxus und erfährt den besten Service. Die 55 m² großen Zimmer kann man vom Zeitpunkt des Einchecken an 24 Stunden lang benutzen. Die Einrichtung, vor allem des Badezimmers, ist ein Traum. Seine unmittelbare Nachbarschaft zur Dubai Mall und der unverstellte Blick von der Terrasse auf den Burj Khalifa (s. Lieblingsort S. 272) adeln The Address zur First Address im Zentrum der Stadt.

Dreimal Luxus – **Madinat Jumeirah** 2: Jumeirah Rd., neben dem Burj Al Arab, Tel. 04 366 88 88, www.jumeirah.com, DZ ab 3000 Dh. Ein orientalisches Resort als gelungene Verbindung von arabischer Tradition, modernster Ausstattung und luxuriösem Design. Konzipiert ist es als autarkes Urlaubsresort (arab. *madinat*, Stadt) mit einem schönen Souq, einem großem Amphitheater und dem Spa- und Wellnessbereich »Talise«, der zu den besten in Dubai gehört. Außerdem gibt es 15 Restaurants, mehrere Cafés und Bars. Die grüne Anlage mit Palmen und mehreren Pools wird von Wasserstraßen durchzogen, auf denen man sich mit *abrat* (Wassertaxis) zwischen den Hotels und dem Souq bewegt. Gäste des Madinat können kostenlos den Wild Wadi Water Park (s. S. 275) besuchen.

Wieder aufgetaucht – **Atlantis** 15: The Palm Jumeirah, Crescent Rd., Tel. 04 426 10 00, www.atlantisthepalm.com. 1539 Zi., DZ ab 3000 Dh, s. S. 277.

Eine Oase der Ruhe – **Park Hyatt Dubai** 3: Auf dem Gelände des Dubai Creek Yacht and Golf Club, Tel. 04 602 12 37, www.dubai.park.hyatt.com, 225 Zi., DZ ab 2800 Dh. Stilvoller Luxus und persönliche Atmosphäre kennzeichnen diese Oase der Eleganz und der Ruhe mit zwei unübertrefflichen Standortvorteilen: Es liegt nur 5 Min. vom Flughafen zentrumsnah direkt am Creek und inmitten von 2000 Palmen mit einem sehr großen Pool und einem Spa für höchste Ansprüche. Das edle Design des Hauses bezieht landestypische Elemente in Architektur und Innenausstattung ein.

Königlich und einzigartig – **One & Only The Palm** 4: The Palm Jumeirah, am Crescent, auch per Wassertaxi zu erreichen ab **One&Only Royal Mirage** 13 (s. S. 275), Tel. 04 440 10 10, www.oneandonlyresorts.com, DZ ab 2800 Dh. Geprägt von maurisch-arabischen Einflüssen eröffnete Ende 2010 am Rande der Jumeirah Palme das wohl schönste Hotel Dubais. Eleganz bestimmt die Einrichtung der großräumigen Suiten und Appartments, alle mit Blick auf das Meer, auf The Palm Jumeirah und auf die Skyline von Dubai. Gepflegter Sandstrand unter Palmen, große Pools, verwöhnende Spa-Programme in traumhaften Privatspas.

Der Preis stimmt – **Ibis World Trade Center** 5: Sheikh Zayed Rd., Tel. 04 332 44 44, www.ibishotel.com, 210 Zi., DZ ab 700 Dh. Das Hotel liegt mitten im Geschäftszentrum, einen Steinwurf entfernt von der Messe und vom Financial District. Geräumige, freundlich eingerichtete Zimmer, ein gutes Restaurant, kein Schwimmbad, kein Unterhaltungsangebot.

Nicht nur für Jugendliche – **Dubai Youth Hostel** 6: im Stadtteil Al Qusais 1, Al Nahda Rd. 39, beim Al Ahli Sport Club, zwischen Lulu-Hyper Market und Al Bustan Center, Tel. 04 298 81 61, www.uaeyha.com, DZ 260 Dh. Rund um die Uhr geöffnete schöne Jugendherberge mit insgesamt 102 Betten, davon die meisten in Zweibettzimmern. Alle mit Dusche, WC, TV und Aircondition. Die Jugendherberge besitzt ein schönes Schwimmbad.

Essen & Trinken

Hoch über den Wolken – **Al Muntaha:** Im **Burj Al Arab** 10, Tel. 04 301 76 00, tgl. 12.30–15, 19–24 Uhr, Hauptgerichte ab 280 Dh, Fr 12–16 Uhr Brunch 525 Dh, Di–So Livemusik. Mit einem lautlosen gläsernen Express-Aufzug überwindet man in weniger als einer Minute die Höhe bis zum 200 m hoch gelegenen Restaurant »Himmelsblick«. Von unten betrachtet gleicht das Al Muntaha unterhalb der Turmspitze einem Zigarettenetui. Innen fühlt man sich in ein riesiges blaugrünes Raumschiff versetzt. Die Küche ist sehr gut, aber die Gäste kommen nicht in erster Linie wegen der Aussicht.

Hoch und edel – **Alta Badia** 1: im 50. Stock des **Jumeirah Emirates Tower**, Tel. 04 319 80 88, So–Do 12–15, So–Fr 18–24 Uhr, abends nur Menü ab 480 Dh. Ob am Tag oder bei Nacht: Der Blick aus 217 m Höhe auf die Stadt ersetzt die Vorspeise. Exzellente europäische Küche mit mediterranem Touch im eleganten, postmodernen Ambiente. Zum Abschluss geht's eine Etage höher in die Bar. Unbedingt reservieren!

Draußen im Meer – **Pierchic:** im **Madinat Jumeirah** 2, Tel. 04 366 67 30, tgl. 12.30–15, 19–24 Uhr, Vorspeise ab 55, Hauptgerichte 130–450 Dh. Fischrestaurant mit viel Atmosphäre, ein luftiger, meerumspülter Holzpavillon auf Stelzen draußen im Meer, der über einen 250 m langen Holzpier zu erreichen ist. Auf den Veranden kann man unter dem Sonnen- bzw. Sternenhimmel sitzen: mit traumhaftem Blick auf das Hotelanwesen Madinat Jumeirah mit seinen nachts wunderschön beleuchteten Gartenanlagen sowie den Burj Al Arab. Unbedingt reservieren!

360°-Panorama – **Al Dawaar** 2: im **Hyatt Regency Hotel**, Deira Corniche, Tel. 04 209 19 00, tgl. 12.30–15.30,18.30–24 Uhr, nur Buffet, mittags 185 Dh, abends 250 Dh. Seit mehr als 30 Jahren dreht sich das Al Dawaar auf dem Dach des 25-stöckigen Hyatt Regency Hotel. Zeit muss man mitbringen für die spektakuläre Aussicht über die ganze Innenstadt Dubais. Für eine 360°-Drehung braucht das Restaurant eine Stunde und 45 Minuten.

Magnifique – **AOC – French Brasserie** 3: im Sofitel Dubai Jumeirah Beach, Dubai Marina, Tel. 04 448 48 48, tgl. 12–23.30 Uhr. Ob Lunch oder Dinner: Französische Spitzenprodukte werden unter Anleitung eines französischen Küchenchefs köstlich zubereitet und dekorativ serviert. Die Weinliste lässt keine Wünsche offen (ausschließlich AOC-Weine), das Interieur lädt zum Verweilen ein. Von der Terrasse blickt man auf den Strand von Jumeirah. Freitags Buffet mit Live-Rotisserie und Sushi-Corner (ab 220 Dh).

Küche an Bord – **Boardwalk:** im **Clubhaus des Dubai Creek Golf & Yacht Club** 6, Tel. 04 295 60 00, So–Do 12–24, Fr/Sa 8–24 Uhr, Suppen 35 Dh, Sandwiches 55 Dh, Fischmenü 65 Dh. Nicht nur Jachtbesitzer schätzen die Atmosphäre des Open-Air-Hafenrestaurants vom Frühstück bis zum Abendessen. Von der großen Holzterrasse, die auf drei Ebenen weit in den Creek hineingebaut wurde, hat man eine wundervolle Aussicht. Internationale Küche, die Gerichte sind reichlich bemessen. Empfehlenswert: das Boardwalk-Sandwich und die fantasievollen Cocktails.

Direkt am Creek – **Bayt Al Wakeel** 4: im Bur Dubai Souq, direkt am Creek im historischen Gebäude gleichen Namens, Tel. 04 353 05 30, tgl. 12–24 Uhr, *mezze, sharwarma* 20 Dh. Traumhafter Blick auf das Leben am und auf dem Creek von der großen Außenterrasse und vom überdachten Balkon im ersten Stock; schöne alte Fotos an den Wänden, arabisch-thailändische Küche.

Einkaufen

Luxus pur – **Bur Juman Center** 1: Trade Center Rd., Tel. 04 352 02 22, www.burjuman.com, tgl. 10–24 Uhr. Das Bur Juman Center gehört zu den exklusivsten aller Einkaufszentren Dubais. Es besitzt als einziges eine Filiale der New Yorker Mall Saks Fifth Avenue. Auf vier Etagen findet man hier in über 300 Läden alle großen Designer, alle großen Bekleidungsmarken der Welt.

Einkaufen und Skifahren – **Mall of the Emirates** 12: s. S. 275.

Die Größte – **Dubai Mall** 2: Sheikh Zayed Rd., zu Füßen des Burj Dubai, www.thedubaimall.com, So–Mi 10–22, Do–Sa 10–24 Uhr. 2009 hat sie zu Füßen des Burj Dubai eröffnet und ist seitdem Stadtgespräch, denn unter allen Shopping Malls ist sie flächenmäßig die größte und dank vieler Attraktionen auch eine interessante. Dazu tragen ein gigantisches Aquarium, eine Eisbahn von olympischen Ausmaßen, mehrere Kinos, viele Restaurants und Hunderte von edlen Markenläden bei. Wer Dubai in erster Linie wegen des Einkaufens besucht, sollte im angrenzenden Hotel **The Address Downtown Dubai** 1 absteigen.

▷ S. 283

Auf Entdeckungstour: Atemraubender Rundflug – Dubai aus der Luft

Es ist nicht ganz billig, aber es lohnt sich. Man fliegt in einem kleinen Wasserflugzeug entlang der Küste über die ›Palme‹ und die ›Welt‹, vorbei am Burj Al Arab und rund um den Burj Khalifa, entlang der Sheikh Zayed Road und über den Creek.

Start: Ab Jachthafen des **Jebel Ali Golf Resort & Spa** 4 oder auf dem Creek ab Landesteg des **Park Hyatt** 3, tgl. 10–16 Uhr zur vollen Stunde
Seawings: Tel. 04 883 29 99, www.seawings.ae, 40 Min. 1955 Dh; privater Charterflug für 1–9 Pers. 40 Min. 9000 Dh
Orient Tours: Buchung mit Abholung vom Hotel, Tel. 04 282 82 38, www.orienttours.ae, zuverlässiger Veranstalter mit englischsprachigen Reiseleitern

In den letzten Jahrzehnten hat sich Dubai rasant entwickelt und ist enorm gewachsen. Einst eine überschaubare Fischersiedlung mit kleiner Handelsstation zu beiden Seiten des Creek, dehnt sich die Stadt heute nahezu über die gesamte Küstenlänge des Emirats zwischen seinen Nachbarn Abu Dhabi im Westen und Sharjah im Osten aus. Die diesem gigantischen Wachstum zugrundeliegende städtebauliche Struktur und die unterschiedlichen Etappen seiner Expansion kann man visuell nur noch aus der Vogelperspektive gebührend erfassen.

Fantastische Fotomotive

Natürlich kann man von Land mit viel Glück aus einem der Hotelrestaurants in 200 m Höhe auch einen Eindruck von der Ausdehnung Dubais gewinnen. Deutlich besser ist seit 2010 die Sicht auf Dubai aus 400 m Höhe von der Aussichtsplattform des Burj Khalifa, aber auch von hier sieht man immer nur einen Teil des neuen Dubai. Vergleichbar mit dem Erlebnis eines Rundflugs sind diese Möglichkeiten selbstredend nicht.

In den kleinen, sicheren Wasserflugzeugen von Seawings gibt es ausschließlich Fensterplätze. Der Flug beginnt entweder in der Innenstadt am Creek oder weit draußen im Westen am Hotel Jebel Ali Golf Resort & Spa. Der Pilot fliegt eine Route entlang der Küste, dreht dann direkt am Jebel Ali oder am Creek um und fliegt über das Festland entlang der Sheikh Zayed Road zurück (oder umgekehrt).

Da man sich während des Fluges im Flugzeug bewegen kann, kommt jeder Gast – was Aussicht und Fotografieren betrifft – garantiert auf seine Kosten. Fragen zum Flugzeug, zur Route und zu den Bauwerken beantwortet während des Fluges der Pilot.

Wohnen auf Palmwedeln

Besonders spektakulär ist der Blick auf eine künstliche Inselgruppe in Form einer Weltkarte und drei Palmen, die vor der Küste binnen weniger Jahre aus dem Sand des Meeres geschaffen wurden. Aus dem Flieger lässt sich die Dimension neuer Landgewinnung, mit der Dubai seine Küstenlänge von ehemals ca. 50 km jetzt verfünffacht hat, gut erkennen.

Eigentlich handelt es bei den Palmen um Halbinseln, denn sie sind durch ihren ›Stamm‹ (auf den Straßenschildern *trunk*) mit dem Festland verbunden. Insgesamt waren drei Palmen geplant, aber nur **The Palm Jumeirah** ist fertiggestellt. Ihre 17 ›Palmwedel‹ sind mit Tausenden von Villen bebaut und entlang des Stammes dehnen sich Dutzende von Apartmenthäusern aus. Auf der ca. 5 km vom Festland entfernten ›Krone‹ *(crescent)* steht seit 2009 das Hotel Atlantis. Ende 2010 eröffneten auf dem Crescent mit dem One&Only: The Palm, Dubai und dem Jumeirah Zabeel Saray zwei weitere sehr schöne Luxushotels.

Fertiggestellt sind auch die Aufschüttungsarbeiten an **The Palm Jebel Ali** im Westen Dubais. Sie ist doppelt so groß wie The Palm Jumeirah. Auch hier haben Interessenten – glaubt

man Nakheel – bereits 90 % der Immobilien erstanden, obwohl bisher nur Sand aufgeschüttet und noch kein einziger Stein vermauert wurde. Auch alle Baumaschinen wurden von dort bereits 2009 abgezogen. Aus der Luft sieht man dieses Kunstwerk aus hellem aufgeschüttetem Sand als komplette Palme.

Auch lassen sich die ersten aufgeschütteten Konturen der größten der drei Palmen, der **The Palm Deira**, östlich der Mündung des Creek aus der Luft erkennen. Dass diese dritte Palme jemals fertiggestellt wird, bezweifeln allerdings zurzeit die örtlichen Immobilienmakler.

Blick auf die Dubai Marina

Die ›zweite Erschaffung der Welt‹

Keine Verbindung zum Festland hat der künstliche Archipel The World, zwischen drei und acht Kilometern vor der Küste Dubais gelegen. Die Inselgruppe besteht aus 300 aufgeschütteten Inseln und Inselchen auf einer Gesamtfläche von 6 x 9 km. Als Ensemble sehen sie aus der Vogelperspektive wie eine geografisch annährend exakte Weltkarte aus. Jede der Inseln, die zwischen 2,5 und 10 ha groß sind, trägt den Namen eines Staates. Auch hier sind die Aufschüttungsarbeiten abgeschlossen, ist in Dubai quasi »die Welt ein zweites Mal erschaffen worden«, wie der Bauträger dieses Archipel werbend vorzustellen pflegt. Die Konturen der Kontinente sind aus der Luft gut zu erkennen. Wer welchen ›Staat‹ gekauft hat, ist Teil der Gerüchteküche in Dubai. Die Entscheidung über den Zuschlag traf der Herrscher persönlich. Viele berühmte Namen werden immer wieder genannt. Sicher ist nur, dass Sheikh Mohammed Bin Rashid Al Maktoum dem siebenmaligen Formel-1-Weltmeister Michael Schumacher 2008 eine der 300 Inseln geschenkt hat, und der chinesische Großinvestor Bin Hu sich die »Insel Shanghai« für 28 Mio. US-$ sicherte. Bebaut ist bis heute nur eine einzige Insel. Denn die Bebauung ist Sache des Inselbesitzers (www.theworld.ae).

Landmarks aus der Luft

Auch wenn man einige der Wolkenkratzer und insbesondere die architektonischen *landmarks* der Stadt an den Ufern des Creek oder entlang der Sheikh Zayed Road von einer Stadtrundfahrt her kennt, ist es dennoch unvergleichlich spektakulär, diese nebeneinander aufgereiht oder als Monolithen in noch unbebauter Umgebung von oben neu zu entdecken. Die Umrundung des Burj Khalifa, des neuen 828 m hohen Turms an der Sheikh Zayed Road, und des 321 m hohen Burj Al Arab, des wohl bekanntesten Hotels der Welt, komplettieren die Höhepunkte auf diesem Rundflug über die Stadt.

Aktiv

Baden

Im Meer – **Jumeirah Beach** 1: s. S. 274.
Im Spaßbad – **Wild Wadi Water Park** 2: s. S. 275.

Stadterkundung

Vom Wasser aus – **Abra-Fahrt** 3: s. Mein Tipp S. 265.
Aus der Luft – **Seawings** 4: s. Entdeckungstour S. 280.

Wellness

Traumhaft erholen – **Amara Spa:** im **Hotel Park Hyatt** 3, Tel. 04 602 12 34. Im Amara erfährt der Gast eine sehr individuelle Behandlung. Er kann wählen zwischen dem Shiffa-Hamam-Ritual mit Damaszener Rosenöl oder andalusischem Jasminöl, einer Aromatherapie und vielen Behandlungsarten mehr. Und es ist noch zu toppen: The Residential Spa Room sind Komfortsuiten mit eigenem Dampfbad, Massageliege und Behandlungsstuhl. Hier lässt es sich die Geschäftsfrau nach erfolgreichen Verhandlungen gut gehen.
Wellness über den Wolken – **Talise Spa:** im **Burj Al Arab** 10, Tel. 04 301 73 38, tgl. 8–23 Uhr. Man könnte sich auf dem Weg zum Spa im Burj verirren. Deshalb wird man im 18. Stock von einem Butler empfangen und durch das Wellnessparadies begleitet. Hier erwarten den Gast exklusive Anwendungen. Zum Schluss geht man in eines der Schwimmbecken, um bei einem unvergesslichen Blick über Dubai das neue Lebensgefühl zu genießen.

Abends & Nachts

Top-Spot – **1897:** im **Kempinski-Hotel Mall of the Emirates** 12, tgl. 18–2 Uhr, Tel. 04 341 00 00. Seit 1897 weiß man bei Kempinski, wie man Gäste verwöhnt. In dieser Bar ist das ganz besonders zu spüren. Die Auswahl der Drinks erfüllt selbst ausgefallene Wünsche, für Atmosphäre sorgen Kerzenlicht und dezente Pianomusik.
Unter den Wolken – **Sky View Bar:** im **Burj Al Arab** 10, Tel. 04 301 76 00, Sa–Do 13–2, Fr 19–2 Uhr; Sa–Do 13–17 Uhr High-Tea: 620 Dh; Di–So 20–24 Uhr Livemusik; Mindestverzehr 350 Dh. Eigentlich ist diese Bar in 200 m Höhe nur für Gäste des »World most luxury Hotel« gedacht, aber auch Nicht-Hotelgäste werden nach Voranmeldung eingelassen.
Dubais highest Sky Lounge – **Neos Sky Lounge:** im **The Address** 1, Tel. 04 436 88 88, tgl. 18–2.30 Uhr, Cocktails ab 60 Dh, Snacks ab 70 Dh. Der gläserne Aufzug, der die Gäste in den 63. Stock des Hotels The Address bringt, gibt bereits den Blick frei auf den gegenüberliegenden Burj Khalifa und das Licht- und Wasserschauspiel zu seinen Füßen. Im Neos kann man dann von oben dank eines 360°-Rundblicks das Schauspiel der *dancing fountains* alle 20 Minuten erleben. Kerzenlicht und Kristall, sehr gute Cocktails.

Infos

Tourismusbüro

s. Infobox S. 260

Verkehr

Bus: www.rta.ae, tgl. alle 20 Min. Verbindung mit Linie E 100 zwischen Abu Dhabi und Dubai. Ab Abu Dhabi Bus Station 5–23 Uhr, ab Dubai, Al Ghubaibah Bus Station, Al Karama, 6–21 Uhr, Fahrzeit 2 Std., Fahrpreis 25 Dh,
Individualverkehr: Für den Ausflug nach Dubai ist es sehr zu empfehlen, einen Wagen zu mieten (s. S. 25) oder man benutzt ein Taxi (ca. 200 Dh pro Strecke).

Sprachführer

Die Landes- und Amtssprache ist Arabisch. Arabisch wird von rechts nach links geschrieben. Die Schriftsprache besitzt 28 Konsonanten und die drei Vokale a, i und u. Lange und kurze Aussprache der Vokale verändert die Bedeutung des jeweiligen Wortes, außerdem können die Vokale auch hell oder dunkel ausgesprochen werden (wie e oder o), je nachdem welcher Konsonant sie begleitet.
Für die Transkription arabischer Begriffe und Namen gibt es keine Regeln, sie erfolgt nach Gehör. Deshalb findet man für dasselbe Wort oft unterschiedliche Schreibweisen, z. B. für Scheich Sheikh, Shaiq, Sheigh oder für Hafen Mina, Meena, Mena. Wir finden diese Varianten in der Reiseliteratur, in Zeitungen und Broschüren, sogar auf innerstädtischen Straßenschildern, obwohl es sich um denselben Ort handelt. In den Texten dieses Reiseführers wird die Transkription gewählt, die von der Tourismusbehörde Abu Dhabi Tourism Authority (ADTA) in ihren Karten und Veröffentlichungen benutzt wird, sodass der Leser bei der Lektüre diese sofort wiedererkennt.
Das ›klassische‹ Hocharabisch ist die Sprache des Korans; es wird heute vor allem in der Wissenschaft, Literatur und Presse verwendet. Im Alltag dominieren die verschiedenen Dialekte. Obwohl Englisch im Geschäfts- und Handelsleben ebenso verstanden wird wie in den Hotels und an allen touristischen Orten, sollte man sich vor dem Besuch auf der Arabischen Halbinsel zumindest ein paar arabische Redewendungen aneignen.

Grußformeln und Redewendungen

hallo	as salam aleykum, marhaba
willkommen	ahlan wa sahlan
auf Wiedersehen	ma'a salama
danke	shukran
bitte	afwan, men fadlak
tut mir leid/Entschuldigung	muti assif/udran
wie geht es Ihnen?	kaif halak?
macht nichts	maalish
ja/nein	na'am/la
wenn Gott will	in sha'allah
geh fort!	jalla!
wie viel	kam
es gibt	fi
es gibt nicht	ma fi
wie ist Ihr/dein Name?	ma ismak (zu einem Mann), ma ismik (zu einer Frau)
ich heiße ...	ismi ...
wo ist ...?	afwan aina ...
gut	zain

Unterwegs

Arzt	tabib
Auto	sayara
Bank	masraf
Berg/Hügel/Gebirge	jebel
Boot	safina
Botschaft	sifara
Bucht/Meeresarm	khor
Burg/Fort/Palast	qasr
Bus	autobis
arab. Café	gauwa
Flughafen	matar
Flugschein/Fahrschein	tazkara
Flugzeug	tayara
Geld	flus
geradeaus	dugri
Hafen	mina
Haus	dar/beit
Herberge, Hotel	funduk
Insel/Sandbank	jazirah
Krankenhaus	mustashfa
links	yasar
Markt	souq
Moschee	jami
Platz	meidan
Polizei	ashurta

Polizeistation	markaz il buliz
Post	barled
rechts	yamin
Restaurant	matam
Schiff	bakhira
Schlüssel	miftah
Stadt/Altstadt	medina
Straße	shari
Tal/trockenes Flussbett	wadi
Taxi	taksi
Teich/Wasserlauf	ghadir
Toilette	hammam
Tor	bab
Turm	burj
Wasserkanal (künstlich)	falaj
Wassertaxi	abra

Zeit

der Morgen	saba
der Abend	masa
die Nacht	layl
der Tag	yom
morgen	bukra
gestern	ams
sofort	halan
später	ba´den

Glossar

Abaya	langer, schwarzer Umhang der Frau
Agal	(meist) schwarze Kordel, die das Kopftuch der Männer hält
Amir, Emir	Fürst, Adliger
Burka	Gesichtsmaske der Frau (meist Plastik)
Dishdasha	langes, hemdähnliches Gewand der Männer
Diwan	Empfangsraum
Gutra/kafiya	weißes, schwarz-weißes oder rot-weißes Kopftuch der Männer
Hadsch	große Pilgerfahrt nach Mekka
Imam	religiöser (und weltlicher) Führer
Jami masjid	Freitagsmoschee, Versammlungsmoschee
Khaleej	(Arabischer) Golf
Medina	Stadt, Altstadt
Mirab	Gebetsnische (gen Mekka) in der Moschee
Qasr	Fort, Burg, befestigter Palast
Ramadan	islamischer Fastenmonat
Samsarat	Zollstelle, Handelsstätte, Karawanserei
Souq	Markt, Marktstraße
Thoub	langes, hemdähnliches Gewand der Männer
Umra	kleine Pilgerfahrt nach Mekka
Wadi	trockenes Flussbett, Tal

Zahlen (werden wie bei uns von links nach rechts gelesen)

1	wahed	17	sabatasha
2	itnin	18	tamaniatasha
3	talata	19	tisatasha
4	arba'a	20	ishrin
5	khamsa	21	wahed wa ishrin
6	sitta	30	talatin
7	seb'a	40	arba'in
8	tamania	50	khamsin
9	tisa'a	60	sittin
10	ashra	70	saba'in
11	ahadasha	80	tamanin
12	itnasha	90	tisa'in
13	talatasha	100	mia
14	arbatasha	200	mia'tin
15	khamsatasha	300	talata mia
16	sittatasha	1000	alf

Kulinarisches Lexikon

Frühstück

laban abadi	Joghurt
baid	Eier
chubs muhammar	Toastbrot
murabba	Marmelade
asal	Honig
sudjuq	Wurst
djubne	Käse
sukhar	Zucker

Vorspeisen und Suppen

mezze	Vorspeisen
achar/muqabilat	eingelegtes Gemüse
baba ganoush	Auberginenpüree
houmus	Kichererbsenbrei
labneh	Gurken-Joghurt-Salat
salata khadra	grüner Salat
salata tamtim	Tomatensalat
wara enab	mit Reis gefüllte Weinblätter
zaitun	Salat mit Oliven, Tomaten, Zwiebeln, Paprika und Petersilie
shurbar addas	Linsensuppe
shurbar khudar	Gemüsesuppe

Fleisch, Geflügel und Fisch

lahm	Fleisch
lahm mashwee	gegrilltes Fleisch
lahm muhammar	Fleischbraten
shishlick	Fleischspieß
kifta	Hackfleischbällchen
kharuf	Hammel
shish kabab	Lammfleisch am Spieß
dahrat	Lammrücken, gegrillt
dajaj	Hühnerfleisch
dajaj fi-l-furn	Backhähnchen
samak	Fisch
samak harra	gebratenes Fischfilet
samak mashwee	gegrillter Fisch
djambari mashwee	gegrillte Garnelen

Gemüse und Beilagen

chudar	Gemüse
aish/arous	Reis
maskoul	Reis mit Zwiebeln
muaddas	Reis mit Linsen
batatis mahile	frittierte Kartoffelscheiben mit Sesamöl
chubs/raghif	Fladenbrot
pitta	gefülltes Fladenbrot
samouni	Baguette
koussa mahsi	gefüllte Zucchini
falafel	frittierte Gemüsebällchen mit Kichererbsen oder Bohnen

Nachspeisen und Obst

fakiha	Obst
tamar	Datteln
baklawa	Blätterteig mit Mandeln und Nusssirup
basbousa	Mandel-Grieß-Kuchen
esh asaraya	Käsekuchen
halwa	halb Götterspeise, halb Nusskuchen
harissa	Maisgries mit Nüssen und Sirup
kich al fuqura	Mandel-Reis-Creme
kunafa	Teignudeln mit flüssigem Käse
mehabiya	Pudding mit Rosenwasser, Honig und Pistazien
muhammar	Reis mit Kardamom, Rosinen, Mandeln

Getränke

kawa/qahwa	Kaffee
chai/schai	Tee
halib	Milch
asir	Saft
ma/maq/muya	Wasser

Typische Gerichte und Zutaten

baharat	Gewürzmischung aus Koriander, Pfeffer, Zimt, Kümmel, Nelken, Paprika, Muskat

tahina	Paste aus Sesammehl, Knoblauch und Joghurt
taratur	syr. Knoblauchsoße
talal	scharfes Püree aus Tomaten, Zwiebeln, Petersilie, Paprika, Walnuss, Oliven
borek/fattayer	gewürzte Pastete mit Spinat und Quark
tabuleh	gehackte Petersilie, fein gewürfelte Tomaten und Zwiebeln, mit Zitronensaft, Minze und Weizenschrot
moutabel	gegrillte Auberginen mit Sesam-Knoblauch-Joghurt-Soße
sambusa	gefüllte, gebratene Teigtaschen
kubali	panierte Hackfleischbällchen
mashaqiq	gegrillter Spieß mit mariniertem Fleisch
ghuzi	gegrilltes ganzes Lamm auf Reis, mit Nüssen
hareis	Lamm mit gegartem Weizen
kabouli	Fleisch oder Fisch auf Reis mit Pinienkernen und Rosinen
kabsa	ganzes Lamm, gefüllt mit gewürztem Reis und Mandeln
kibde	dünne Streifen von Rindfleisch, Kartoffeln, Zwiebeln und Tomaten
kuba al aish	mit Reis gefüllte Lammfleischbällchen
kubbeh	Bällchen aus gehacktem Lammfleisch und Weizenschrot mit Pinienkernen
machbous	gewürzter Lammeintopf mit Reis
bastila	Huhn mit Mandeln im Teigmantel
quarmah dajaj	Curry aus Hühnerfleisch
samak narjeel	Fisch in Kokosmilchsoße
shawarma	gegrillte Lamm- oder Huhnstreifen mit Salat im Fladenbrot
shish tawouk	mariniertes Hühnerfleisch am Spieß mit Joghurtsoße
yakni	Gulasch mit Bohnen oder Erbsen
makaruna fi-l-furn	Nudelauflauf
foul medames	dicke Bohnen in einer Soße aus Zwiebeln, Tomaten, Karotten
sabaneq	Spinatgericht mit Koriander, Zwiebeln, Knoblauch, Zitrone, Olivenöl

Im Restaurant

Ich würde gerne einen Tisch reservieren.	Ana uridu an ahjiza tawilatan lau samaht.
Die Speisekarte, bitte.	Qa-imatu al ma'kulat, lau samaht.
Ich möchte bezahlen.	Al hisab lau samaht!
Wo sind bitte die Toiletten?	Aina al merhadh lau samaht?
Mittagessen	Ta'amu al gada'a
Abendessen	Ta'amu al ásha'a
(Tages-)Gericht	Wajbatu al yaum
(Trink-)Glas	Koub lil shurb

Register

Ich möchte mich sehr herzlich bei Dr. Caroline Lauer und Dr. Fee Lauer für die jahrelange verlässliche Zusammenarbeit bei der Erstellung meiner Reiseführer-Manuskripte bedanken. Ihr engagierter Einsatz hat auch wesentlich zum Zustandekommen dieses Buches beigetragen.

Mainz, Gerhard Heck

Der Autor: Als Historiker und Erziehungswissenschaftler lehrte Gerhard Heck an den Universitäten Poona (Indien), Riad (Saudi-Arabien) und Mainz. Seit drei Jahrzehnten schreibt er Reiseführer über den Nahen Osten, die Arabische Halbinsel, Mexiko und Zentralamerika. Abu Dhabi gehört zu seinen Lieblingsdestinationen, weil er die touristische Infrastruktur schätzt, arabische Gastfreundschaft hier noch gelebt wird, weil er gerne am Strand und in der Sonne liegt und von Ausflügen in die Wüste begeistert ist.

Abbildungsnachweis

Abu Dhabi Tourism and Culture Authority (TCA), Abu Dhabi Stadt: S. 9, 12 u. re., 13 u. li., 13 u. re., 16/17, 39, 56, 79, 82, 133, 156/157, 176 re., 177 li., 190, 196, 198, 202 li., 202 re., 206/207, 212/213, 218/219, 226 re., 240/241, 242/243

Anantara Hotel, Sir Bani Yas: S. 13 o. li., 200/201

DuMont Bildarchiv, Ostfildern: S. 11, 103 o. li.,167, 172 (Sasse)

Gerhard Heck, Mainz: S. 6, 134, 181, 208, 214, 282, 292

Hilton Hotel, Al Ain: S. 12 u. li., 256/257

Huber-Images, Garmisch-Partenkirchen: S. 13 o. re., 102 o. re., 130/131, 160 (Schmid)

iStockphoto, Calgary (Kanada): S. 149, 250

Volkmar E. Janicke, München: S. 80, 102 o. li., 113

laif, Köln: S. 12 o. re., 272/273 (Bella/Keystone Schweiz); 86 (Bibby/Financial Times/REA); 96 (Dombrowski); 227 li., 232/233, 258/259, 276 (Heeb); 224 (hemis.fr); 266 (hemis.fr/Mattes); 10, 48/49, 184 (Hub); 24, 76, 270 (Krause); Umschlagklappe vorn, 8, 21, 32, 176 li., 194/195 (Linkel); 7, 12 o. li., 37, 90, 94, 124, 144/145 (Martin/Le Figaro Magazine); 74 (Piepenburg)

Look, München: S. 246 (Dressler); 140 (Kreuzer); 203 li., 222 (Paynter); 121 (Stumpe)

Mauritius Images, Mittenwald: Titelbild, S. 126 (AGE); 72/73 (imagebroker/Gerhard); 226 li., 236 (imagebroker/von Poser)

picture-alliance, Frankfurt a. M.: S. 84/85 (Balkis Press/DB); 247 (Damm); 81 (DB); 60 (epa Waseem Obeid); 68/69 (Parsons/Photoshot); 93 (Schrader); 107 (UPI); 66, 268 (Weißbrod)

Visum, Hannover: S. 100/101, 258 li., 261, 280 (Goettlicher); 63 (Heimbach)

Kartografie

DuMont Reisekartografie, Fürstenfeldbruck

Umschlagfotos: Die Sheikh-Zayed-Moschee in Abu Dhabi Stadt (Titelbild); Wanderer auf Sir Bani Yas (Desert Islands) (Umschlagklappe vorn)

Hinweis: Autor und Verlag haben alle Informationen mit größtmöglicher Sorgfalt geprüft. Gleichwohl erfolgen alle Angaben ohne Gewähr. Bitte schreiben Sie uns! Über Ihre Rückmeldung und Ihre Verbesserungsvorschläge freuen wir uns: **DuMont Reiseverlag,** Postfach 3151, 73751 Ostfildern, info@dumontreise.de, www.dumontreise.de

4., aktualisierte Auflage 2016

Redaktion/Lektorat: K. John, S. Pütz; S. Pollex (Bildredaktion)
Grafisches Konzept: Groschwitz/Blachnierek, Hamburg
Printed in China

FSC
www.fsc.org
MIX
Papier aus verantwortungsvollen Quellen
FSC® C020056